Daniel Maier

Die rechtliche Förderung von Biokraftstoffen durch die Europäische Union und Deutschland im Hinblick auf das Leitbild der Nachhaltigkeit

Juristische Schriftenreihe

Band 296

LIT

Daniel Maier

Die rechtliche Förderung von Biokraftstoffen durch die Europäische Union und Deutschland im Hinblick auf das Leitbild der Nachhaltigkeit

LIT

Umschlagbild: Pia Niewöhner

D 30

Gedruckt auf alterungsbeständigem Werkdruckpapier entsprechend
ANSI Z3948   DIN ISO 9706

Bibliografische Information der Deutschen Nationalbibliothek
Die Deutsche Nationalbibliothek verzeichnet diese Publikation in der
Deutschen Nationalbibliografie; detaillierte bibliografische Daten sind
im Internet über http://dnb.d-nb.de abrufbar.

ISBN 978-3-643-14255-9 (br.)
ISBN 978-3-643-34255-3 (PDF)
Zugl.: Frankfurt am Main, Univ., Diss., 2018

© LIT VERLAG Dr. W. Hopf Berlin 2019
Verlagskontakt:
Fresnostr. 2   D-48159 Münster
Tel. +49 (0) 2 51-62 03 20
E-Mail: lit@lit-verlag.de   http://www.lit-verlag.de

Auslieferung:
Deutschland: LIT Verlag, Fresnostr. 2, D-48159 Münster
Tel. +49 (0) 2 51-620 32 22, E-Mail: vertrieb@lit-verlag.de
E-Books sind erhältlich unter www.litwebshop.de

DIE VORLIEGENDE ARBEIT

wurde im Wintersemester 2017 vom Fachbereich Rechtswissenschaften der Johann Wolfgang Goethe-Universität als Dissertation angenommen und bildet den Abschluss einer sich an das erste Staatsexamen anschließenden lehr- und ereignisreichen Zeit.

Ein großer Dank gebührt meinem Promotionsbeteuer und Erstgutachter, Herrn *Prof. Dr. Dr. Rainer Hofmann*, der mich bereits während des Studiums wohlwollend unterstützte und mir mit wertvollen Hinweisen und schnellen Rückmeldungen hinsichtlich meines Promotionsvorhabens jederzeit als fachkundiger und aufmerksamer Ansprechpartner zur Verfügung stand. Herr *Prof. Dr. Georg Hermes* übernahm freundlicherweise die Zweitbegutachtung, wofür ich mich auch herzlich bedanken möchte.

Meiner Kommilitonin, Richterin am Landgericht, *Dr. Charlotte Fuchs* danke ich für die gleichermaßen intelligenten, besonnen-reflektierten und fachlichen Impulse, die mir stets eine große Bereicherung und ermutigende Hilfestellung waren.

Als steten Förderer, Freund und Ausbilder möchte ich Herrn *Rechtsanwalt Werner Brust, Frankfurt am Main,* nicht unerwähnt lassen, der die Fertigstellung dieser Arbeit leider nicht mehr miterleben kann, sowie Herrn Oberstudienrat *Klaus Reinhard*, der die sicherlich nicht unbedingt dankbare Aufgabe des ersten Lektorats übernahm.

An dem Festhalten an der juristischen Ausbildung und der Fertigstellung dieser Arbeit haben zu einem nicht zu unterschätzenden Umfang auch meine Freunde und mir vertraute Personen außerhalb des juristischen und universitären Bereichs Anteil, die mich den Blick heben, das Wichtige vom Unwichtigen unterscheiden und manche, als erstrebenswertes Optimum suggerierte oder selbst eingeredete Zielvorgabe ins rechte Licht rücken ließen – John Dayo (voc), Andreas Grindl (git, voc), Francesco Pullara (bs, voc), *David Sarno (p, kb, voc, har)*.

Blanca Zabía Galíndez, LL.M. (NYU), miembro del cuerpo superior de adminstradores civiles del Estado, Madrid, durfte ich als geduldige und loyale Begleiterin viele Jahre an meiner Seite wissen und auch ihr gebührt ein großes „gracias por el apoyo incondicional".

Pia Niewöhner gilt mein Dank für die Entwicklung, Ausarbeitung und graphische Umsetzung der Umschlaggestaltung.

Es ist mir schließlich eine große Freude, an dieser Stelle auch meinen Eltern, *Monika und Wolfgang Maier*, zu danken. Ohne deren fortwährende Unterstützung und die mir von ihnen eröffneten Möglichkeiten wäre es nicht zum Abschluss und der Veröffentlichung dieser juristischen Dissertation gekommen.

INHALTSVERZEICHNIS

Seite

VORWORT 1

    Teil 1   Best - Case - Szenario einer europäischen Förderung von Biokraftstoffen.............................. 1

    Teil 2   Worst - Case - Szenario einer europäischen Förderung von Biokraftstoffen.............................. 5

EINLEITUNG 9

    Teil 1   Motivation zu dieser Arbeit 9
    Teil 2   Gang der Darstellung 10
    Teil 3   Zielsetzung dieser Arbeit 11

Kapitel 1: BIOKRAFTSTOFFE 13

    Teil 1   Zum Verhältnis von Biokraftstoffen und der Europäischen Union 13
    Teil 2   Das „Bio" in Biokraftstoff 15
    Teil 3   Unterteilung von Biokraftstoffen 17
            I.   Biokraftstoffe der ersten Generation – Alkohol vs. (Pflanzen-) Öl 19
            II. Biokraftstoffe der zweiten Generation 27
            III. Biokraftstoffe der dritten Generation 42
    Teil 4   Fazit 43

Kapitel 2: DER BEGRIFF DER NACHHALTIGKEIT 45

    Teil 1   Einleitung 45
    Teil 2   Historische Entwicklung des Nachhaltigkeitsbegriffs 46
            I.   Von den hauswirthlichen Nachrichten zur Klimakonferenz von Kopenhagen 46

	II. Fazit der historischen Entwicklung 53
Teil 3	Nachhaltigkeit: Säulen oder Ellipsen 54
	I. Das Säulenmodell 54
	II. Nachhaltigkeits-Ellipse 56
	III. Erweiterte Nachhaltigkeits-Ellipse 57
	IV. Kritische Würdigung der Modelle 58
Teil 4	Der Begriff der Nachhaltigkeit und nachhaltigen Entwicklung auf europäischer Ebene 60
	I. Der Begriff der Nachhaltigkeit im europäischen Primärrecht 60
	II. Anderer europäischer Umgang mit dem Begriff der nachhaltigen Entwicklung 62
	III. Fazit des europäischen Nachhaltigkeitsverständnisses 65
Teil 5	Probleme bezüglich des Begriffs der nachhaltigen Entwicklung 67
	I. Nachhaltigkeit - Wachstum - Entwicklung 67
	II. Starke und schwache Nachhaltigkeit 69
	III. Nachhaltige Entwicklung und intragenerationelle Gerechtigkeit 71
	IV. Nachhaltigkeit und intergenerationelle Gerechtigkeit 75
	V. Nachhaltigkeit vs. Umweltschutz 80
	VI. Nachhaltigkeit als kleinster gemeinsamer Nenner 81
	VII. Fazit 83
Teil 6	EXKURS: Nachhaltigkeit gemäß GBEP-Standard ... 85
	I. Die Global Bioenergy Partnership (GBEP) 85
	II. GBEP-Nachhaltigkeitsindikatoren 87
	III. Nachhaltigkeit gemäß GBEP und Stellungnahme 94
	IV. Abschließendes Fazit 100

Teil 7		Vorläufiges Fazit und Schlussfolgerungen zum Begriff der Nachhaltigkeit 104
	I.	Das Verständnis von Nachhaltigkeit 104
	II.	Nachhaltigkeit und Biokraftstoffe 106

Kapitel 3: DIE RECHTLICHE FÖRDERUNG VON BIOKAFTSTOFFEN IN DER EUROPÄISCHEN UNION 111

Teil 1		Einleitung 111
Teil 2		Die Verankerung des Umweltschutzes im europäischen Primärrecht 112
	I.	Europäische Umweltpolitik zwischen 1957 und 1986 112
	II.	Einheitliche Europäische Akte, Artikelverträge von Maastricht, Amsterdam, Nizza 116
Teil 3		Rechtsgrundlage für Biokraftstoffe fördernde Rechtsakte 136
	I.	Abgrenzung zwischen mehreren in Betracht kommenden Ermächtigungsgrundlagen 140
	II.	Verfahren des Europäischen Gerichtshofes 142
	III.	Rechtsgrundlagen der einschlägigen sekundärrechtlichen Rechtsakte zur Förderung von Biokraftstoffen 146
Teil 4		Die sekundärrechtliche Förderung von Biokraftstoffen durch die Europäische Union 151
	I.	Zur sekundärrechtlichen Förderung von Biokraftstoffen bis 2009 152
	II.	RL 2009/28/EG; Richtlinie zur Förderung der Nutzung von Energie aus erneuerbaren Quellen und zur Änderung und anschließenden Aufhebung der Richtlinien 2001/77/EG und

2003/30/EG (Erneuerbare-Energien-Richtlinie - RED) 180
III. RL 2009/30/EG; Richtlinie zur Änderung der Richtlinie über die Qualität von Otto- und Dieselkraftstoffen, (FQD-A) 204
IV. RL (EU) 2015/1513; Richtlinie zur Änderung der Richtlinie über die Qualität von Otto- und Dieselkraftstoffen und zur Änderung der Richtlinie zur Förderung der Nutzung von Energie aus erneuerbaren Quellen, (Biokraftstoffnovelle) 210

Teil 5 Nachhaltigkeit von Biokraftstoffen 240
I. THG-Bilanz 242
II. Nachhaltigkeit i.e.S. gemäß RED 245
III. Guter landwirtschaftlicher und ökologischer Zustand, Art. 17 Abs. 6 RED (Cross Compliance) i.V.m. Anhang II Teil A VO (EG) 73/2009 252
IV. Reduzierung des Verbrauchs landwirtschaftlicher Nutzfläche, insbesondere Minimierung von indirekten Landnutzungsänderungen 254
V. Vermeidung anderer mittelbarer negativer Konsequenzen 257
VI. Fazit zur Erfassung der Anforderungen an eine nachhaltige Biokraftstoffförderung durch die RED 278

Teil 6 Erfahrung mit der Umsetzung 280
I. Entwicklung des Anteils von Biokraftstoffen ... 280
II. Erarbeitung einer Methodologie zur Erfassung der Treibhausgasemissionen aus indirekter Landnutzungsänderung (Erwägungsgrund 85) 281
III. Erstellung von Listen mit den typischen Treibhausgasemissionen von Drittländern (Art. 19 Abs. 4 RED) 282

	IV.	Erfüllung der Berichtspflichten und sonstigen Arbeitsanweisungen 284
Teil 7	Stellungnahme zur Biokraftstoff- Förderung durch die EU 306
	I.	Ökologische Sphäre 308
	II.	Gesellschaftliche Sphäre 309
	III.	Ökonomische Sphäre 310
	IV.	Prozessuale, formelle Aspekte der Nachhaltigkeit 311
	V.	Inter- und Intragenerationelle Gerechtigkeit .. 313
	VI.	Fazit/ Empfehlungen 315

Kapitel 4: BIOKRAFTSTOFFPOLITIK IN DEUTSCHLAND 319

Teil 1	Historische Entwicklung des deutschen, für die Biokraftstoffindustrie relevanten Normengefüges ohne europäischen Einfluss (pre-RED) 319
	I.	Förderung von Biokraftstoffen bis 2004 320
	II.	Ordnungsrechtliche Förderung von Biokraftstoffen ab 2006 322
	III.	Entwurf einer Biomasse-Nachhaltigkeitsverordnung (BioNachV) 336
Teil 2	Förderung von Biokraftstoffen nach 2009; Förderung unter Einfluss der RED (post-RED) 341
	I.	Gesetz zur Änderung der Förderung von Biokraftstoffen 342
	II.	Nachhaltigkeitsverordnungen 356
Teil 3	Unterschiede und Gemeinsamkeiten zwischen dem (deutschen) BioNachV-Entwurf und der (europäischen) Biokraft-NachV 371
	I.	Nachhaltige Bewirtschaftung 372
	II.	Schutz natürlicher Lebensräume 374

	III.	Treibhausgasminderungspotenzial ...376
	IV.	Weitere Nachhaltigkeitsanforderungen ...378
Teil 4		Fazit der Gegenüberstellung von BioNachV-Entwurf und Biokraft-NachV ...382
Teil 5		Ausschau, zukünftige Entwicklungen ...384
	I.	Gesetz zur Umsetzung der RL 2009/28/EG zur Förderung der Nutzung von Energie aus erneuerbaren Quellen ...384
	II.	Problem THG-Regelung ab 2015 ...385
	III.	Umsetzung der Biokraftstoffnovelle ...386
Teil 6		Erfahrung mit der Umsetzung ...388
	I.	Anteil der Biokraftstoffe am Endenergieverbrauch im Verkehrssektor ...388
	II.	Erfüllung der Berichtspflichten und Arbeitsanweisungen ...390
	III.	Fazit ...397
Teil 7		Stellungnahme zur Biokraftstoff- Förderung durch Deutschland ...397

FAZIT: SOLA DOSIS FACIT VENENUM? ...403

Teil 1		Causa cessante cessat effectus ...403
Teil 2		Ein Fazit - Vorschläge zur Annäherung an eine nachhaltigere Biokraftstoffpolitik ...405
	I.	Zielgerichteteres Fördern (Unter- und Unter-Unterquoten) ...406
	II.	Beschaffung von Biomasse (Verfügbarkeit) ...407
	III.	Wissensmanagement, Continous Improvement, Transparenz ...410
	IV.	Verstärkte Bezugnahme zu bestehenden Regelwerken ...413
	V.	WTO ...415

ANHANG 1: LITERATURVERZEICHNIS 420

ANHANG 2: SCREENSHOTS DER ZITIERTEN INTERNETSEITEN 435

  I. 435
  II. 436
  III. 437
  IV. 438
  V. 439
  VI. 440
  VII. 441
  VIII. 442
  IX. 443
  X. 444
  XI. 445
  XII. 446
  XIII. 447
  XIV. 448
  XV. 449
  XVI. 450
  XVII. 451
  XVIII. 452
  XIX. 453
  XX. 454
  XXI. 455
  XXII. 456
  XXIII. 457
  XXIV. 458
  XXV. 459
  XXVI. 460
  XXVII. 461
  XXVIII. 462
  XXIX. 463

XXX.	464
XXXI.	465
XXXII.	466
XXXIII.	467
XXXIV.	468
XXXV.	469
XXXVI.	470
XXXVII.	471
XXXVIII.	472
XXXIX.	473
XL.	474
XLI.	475
XLII.	476
XLIII.	477
XLIV.	478
XLV.	479
XLVI.	480
XLVII.	481
XLVIII.	482
XLIX.	483
L.	484
LI.	485
LII.	486
LIII.	487
LIV.	488
LV.	489
LVI.	490
LVII.	491
LVIII.	492
LIX.	493
LX.	494
LXI.	495
LXII.	496

LXIII. 497
LXIV. 498
LXV. 499
LXVI. 500
LXVII. 501
LXVIII. 502

Abbildungsverzeichnis

Seite

Abbildung 1: Kriterien und Ansatzpunkte zur Kategorisierung von Biokraftstoffen 19
Abbildung 2: Erfassung von Biokraftstoffen der ersten Generation, ausgehend von dem ersetzten fossilen Diesel- oder Ottokraft-stoff (Benzin) 21
Abbildung 3: Herstellung von Biodiesel (vereinfachte Darstellung) 25
Abbildung 4: Herstellung von Bioethanol (vereinfachte Darstellung) 27
Abbildung 5: Erfassung von Biokraftstoffen der zweiten Generation, ausgehend von den zwei jeweils wesentlichen Verarbeitungs-prozessen 37
Abbildung 6: Herstellung von Bioethanol der zweiten Generation (vereinfachte Darstellung) 39
Abbildung 7: Herstellung von Biodiesel der zweiten Generation aus Synthesegas (vereinfachte Darstellung) 42
Abbildung 8: Das Säulenmodell (eigene Darstellung) 56
Abbildung 9: Nachhaltigkeit: Die Nachhaltigkeits-Ellipse (eigene Darstellung in Anlehnung an v. Geibler, Nachhaltigkeit, S. 66) 57

Abbildung 10: Nachhaltigkeit: Die erweiterte Nachhaltigkeits-Ellipse (eigene Darstellung in Anlehnung an v. Geibler, Nachhaltigkeit, S. 67) ... 58
Abbildung 11: Nachhaltigkeit: Die globale Nachhaltigkeits-Ellipse 106
Abbildung 12: Übersicht: Entwicklung und Verankerung von möglichen Ermächtigungsgrundlagen im europäischen Primärrecht zum Erlass von im Zusammenhang mit Biokraftstoffen stehendem Sekundärrecht. 134
Abbildung 13: Die deutsche Biokraftstoffförderung (eigene Darstellung) 360
Abbildung 14: Kraftstoffverbrauch von Pkw und Kombi in Millionen Litern 403

Tabellenverzeichnis

Tabelle 1: Ausgestaltung und Erkennungsmerkmale der drei Elemente des Nachhaltigkeitsverständnisses gemäß der GBEP 91
Tabelle 2: Quotenverpflichtungen im BImSchG gemäß BioKraftQuG 333
Tabelle 3: Quotenverpflichtungen im BImSchG gemäß BioKraftFÄndG 345
Tabelle 4: Wesentliche Unterschiede hinsichtlich der Nachhaltigkeitskriterien in dem BioNachV-Entwurf und der Biokraft-NachV 381

Digitale Literatur

Sofern auf Informationen und Texte zurückgegriffen wurde, die nur in digitaler Form via Internet erhältlich waren und keine abgeschlossene Abhandlung, Studie oder Publikation sind, so wird darauf im Dokument unter Angabe des „Web-links" und Verweis auf Anhang 2 (Screenshots der zitierten Internetquellen) gesondert hingewiesen.

Die Einbeziehung erfolgt, um dem Leser den Zugang zu weiteren Informationen zu ermöglichen, da die Einbeziehung, deren Informationsgehalt als dem Verständnis und der Vervollständigung der Abhandlung zweifellos zuträglich und weiterführend erachtet wird. Zugleich soll dem Leser der Zugriff zu weiteren, von Dritten veröffentlichten und deren Verständnis von der Förderung von Biokraftstoff durch Deutschland und die Europäische Union im Hinblick auf das Leitbild der Nachhaltigkeit wiedergebenden Informationen ermöglicht werden.

Die im Text enthaltenen externen Links konnten bis zum Zeitpunkt der Drucklegung eingesehen und abgerufen werden. Sofern einzelne Links in dem Zeitraum zwischen Drucklegung und Veröffentlichung dieser Arbeit als Publikation verändert wurden und nicht mehr „funktionieren", oder die hinter den Links liegenden Seiten aktualisiert wurden und andere oder sachfremde Texte und Dokumente wiedergeben, ist dies durch die immanent mit der in dieser Abhandlung bearbeiteten Thematik einhergehenden Weiterentwicklung bedingt.

Da das Internet bekanntermaßen aber „nicht vergisst" und die entsprechenden Dokumente oftmals an „anderer Stelle" zu finden sind, sollte eine eigenständige Internetrecherche unter Zuhilfenahme des Dokumentennamens die Einsichtnahme in das Dokument möglich machen.

Bei sämtlichen durch Links in Bezug genommenen Internetseiten oder Dokumenten handelt es sich ausnahmslos um von Dritten, ohne Mitwirkung des Autors erarbeitete und im Internet unentgeltlich zur Verfügung gestellte Informationen und Ausführungen zu dem jeweils behandelten Aspekt dieser Arbeit.

Hinweis: Neufassung der „Erneuerbare-Energien-Richtlinie"

Die in dieser Arbeit in Kapitel 3, Teil 4 dargestellten und die europäische Biokraftstoffpolitik maßgeblich abbildenden Sekundärrechtsakte der EU berücksichtigen die bis zur Annahme dieser Arbeit als juristische Dissertation im Wintersemester 2017 erlassenen und in Kraft getretenen Richtlinien.

Die am 11.12.2018 erlassene, am 21.12.2018 im Amtsblatt der Europäischen Union veröffentlichte und am 24.12.2018 in Kraft getretene Richtlinie (EU) 2018/2001 des Europäischen Parlaments und des Rates vom 11. Dezember 2018 zur Förderung der Nutzung von Energie aus erneuerbaren Quellen (Neufassung), fand insofern keinen Eingang und blieb unberücksichtigt.

„SOLA DOSIS FACIT VENENUM"

(Paracelsus, dritte defensio, 1538)

VORWORT

Teil 1 Best - Case - Szenario einer europäischen Förderung von Biokraftstoffen

Durch eine Förderung von Biokraftstoffen, zunächst primär der ersten Generation, tun sich, insbesondere für strukturschwache Regionen in Europa und für agrarisch geprägte Gebiete wie Rumänien, Bulgarien, Oberfranken und Ostdeutschland, neue „Absatzfelder" auf. Die dort angebauten Rohstoffe einer Biokraftstoffproduktion (Mais, Getreide, Raps, Triticale[1], Rüben) finden bei Biokraftstoffraffinerien großen Absatz. Durch langjährige Kontrakte, angesichts einer Zeitplanung durch die Europäische Union bis 2020, werden landwirtschaftlich geprägte Gebiete gefördert sowie die Wertschöpfung an sich. Ein gestärkter Mittelstand erbringt, durch die Planungssicherheit, seinerseits Investitionen und fördert dadurch weitere Unternehmen und Zulieferbetriebe, wie Technikunternehmen, Saatgutvertriebe, technische Dienstleister. Das zunehmende Bedürfnis nach Arbeitskräften, geschult und ungeschult, fördert den Zuzug in diese vormals ländlichen Gebiete und wirkt der negativen demographischen Entwicklung entgegen.

Die bisher in Europa bereits bestehenden hohen Anforderungen an die Produktsicherheit sowie Arbeitsschutzregelungen, Umweltschutz, Gewässerschutz, die Förderung einer Biodiversität, die strikte Vermeidung von genmanipuliertem Saatgut, die Einhaltung

---

[1] Triticale ist durch eine Kombination der Gattungen Triticum (Weizen) und Secale (Roggen) entstanden, um die Leistungsfähigkeit von Weizen mit der Anspruchslosigkeit von Roggen zu kombinieren; vgl. Kaltschmitt, Hartmann (Hrsg.), 2001, Energie aus Biomasse, S. 69.

essentieller arbeitsrechtlicher Konventionen - ggf. in Verbindung mit Mindestlöhnen - können innerhalb der EU problemlos durchgesetzt werden oder auf neu entstehende Produktionsketten ausgeweitet werden.

Durch die erhöhte Nachfrage an landwirtschaftlichen Produkten gelingt der Abbau bisher bestehender „Getreideberg". Da die in Europa verbrauchten Biokraftstoffe zu einem festgelegten Prozentsatz aus Rohstoffen europäischer Produktion hergestellt werden müssen, kann die europäische Produktion von landwirtschaftlichen Produkten auch tatsächlich in Europa verbraucht werden. Ferner werden die innereuropäischen Subventionen „der Landwirtschaft" sowie der Protektionismus gegenüber Importen von Drittländern überflüssig. Insbesondere afrikanische Länder, aber auch die Ukraine oder Brasilien, können Agrarprodukte nach Europa exportieren. Die bisher von diesen Ländern gegenüber der Europäischen Union verteidigten Handelsbeschränkungen werden im Gegenzug abgebaut.

Aufgrund der explizit formulierten Nachhaltigkeitskriterien können nur solche Rohstoffe bzw. fertige Biokraftstoffe nach Europa importiert werden, deren Wertschöpfungsketten vollständig und nachprüfbar kontrolliert und zertifiziert wurden. Die Anforderungen sind dabei mit Bedacht gewählt und ausdifferenziert formuliert, dass zugleich die Umwelt geschützt und den handelsrechtlichen Regeln der WTO genüge getan wird. Mittelbar werden durch Nachhaltigkeitskriterien, die insbesondere die Phase des Anbaus betreffen, Menschen- und Arbeitnehmerrechte exportiert sowie indigene Gruppen und gewohnheitsrechtlich bestehende Landnutzungsrechte geschützt. Methoden des „Land-Grabbing" sind verboten. Hohe Anforderungen an den Umgang der Landarbeiter mit Agrochemikalien schützen Mensch und Umwelt gleichermaßen und verhindern insbesondere eine Anreicherung der Giftstoffe durch eine Vermischung mit Trinkwasser. Das Verbot von Mono-

kulturen sowie der weit gefächerte Förderungsansatz durch die Europäische Union fördert die Biodiversität überall auf der Welt. Um den Anbau der jeweiligen Pflanzen besser zu kontrollieren, formulieren die Nachhaltigkeitsstandards sogenannte „no-go-areas", auf denen keine Pflanzen angebaut werden, wodurch Brandrodungen und eine andere „betriebswirtschaftlich orientierte Beschaffung von Anbauflächen" verhindert werden. Bereits bestehende Anbauflächen bleiben Kleinbauern und Kooperativen erhalten. Die Europäische Biokraftstoffpolitik eröffnet diesen sogar einen weiteren Absatzmarkt.

Durch die Förderung von Rohstoffen der Biokraftstoffe, die insbesondere in subtropischem Gefilde wachsen, wie Cassava oder Zuckerhirse, können auch Kleinbauern und Kooperative von der europäischen Biokraftstoffpolitik profitieren. Die konsequente Förderung von Pflanzen, die auch auf degradierten Flächen wachsen, wie etwa die Jatrophanuss, fördert die weltweite Zunahme landwirtschaftlicher Anbaufläche und wirkt der Wüstenbildung entgegen. Die verpflichtenden Nachhaltigkeitsstandards führen zu einem Aufwärtssog in diesen produzierenden Ländern bezüglich der Menschen- und Arbeitnehmerrechte.

Die hohen Nachhaltigkeitsstandards werden durch eine begrenzte Zahl unabhängiger Zertifizierungssysteme überwacht, die wiederum mit privaten, bewährten und, entsprechend der systematischen Vorgaben, geschulten Zertifizierungsstellen zusammenarbeiten.
Durch das Erfordernis eines Massenbilanzsystems und einer lückenlosen Rückverfolgung des produzierten Biokraftstoffs aufgrund der vorhandenen / lückenlosen Lieferpapiere ist eine Überprüfbarkeit und Rückverfolgbarkeit des Produktionsprozesses jederzeit möglich und Transparenz gewährleistet. Witness-Audits und unabhängige Expertenkommissionen erhöhen den Druck auf die Zertifizierungssysteme und deren Korrektheit.

Mittelfristig wird die in Europa verbindliche Biokraftstoffquote gesteigert, wodurch sich die Abhängigkeit von kraftstoffexportierenden, aber oftmals rechtsstaatlich zweifelhaften Ländern verringert und Europa seine geopolitische Position festigt.

Bei einer gleichzeitigen Förderung von Biokraftstoffen der zweiten und dritten Generation, die insbesondere in der Lage sind, die fest vorgeschriebenen Ersparnisse an CO_2 gegenüber konventionellen Kraftstoffen einzuhalten, verringert sich im Laufe der Zeit die Problematik von „Food vs. Fuel" sowie der Begrenztheit weltweiter Anbauflächen. Auch die Biokraftstoffe der ersten Generation müssen darstellen können, dass das fertige Produkt, Biodiesel oder Bio-Ottokraftstoff, unter Beachtung der kompletten Wertschöpfungsketten einen verminderten CO_2-Ausstoß haben. Dieses Delta wird ebenfalls im Laufe der Jahre vergrößert und so die Effizienz der Biokraftstoff-Wertschöpfungskette optimiert.

Europa wird zum Technologieführer. Dadurch wird die Biokraftstoff-Industrie in Europa über die Jahre immer effizienter und zugleich Jobmotor, Strukturförderer und umweltpolitischer Exportschlager bei dann nur noch minimal erforderlichen Anpassungen.

Teil 2 Worst-Case-Szenario einer europäischen Förderung von Biokraftstoffen

Durch eine Förderung von Biokraftstoffen, zunächst primär der ersten Generation, entsteht innerhalb kürzester Zeit eine ungeheure Nachfrage an Öl- und Stärkepflanzen. Schnell wird klar, dass die aus Soja, das insbesondere in Brasilien und den USA angebaut wird, oder Palmöl, das insbesondere in Malaysia und Indonesien angebaut wird, produzierte Biokraftstoffe gegenüber den aus heimischem Raps, Weizen oder aus heimischer Zuckerrübe etc. erzeugte Biokraftstoffe wohl wirtschaftlicher produziert werden, somit konkurrenzfähiger zu konventionellen Kraftstoffen sind, als Biokraftstoffe, die aus heimischen Öl- und Stärkepflanzen produziert werden. Die Rohstoffe aus „Übersee" werden auch bereits mit erheblich größerem Aufwand produziert. Unglücklicherweise können die Biokraftstoffe aus Soja oder Palmöl auch eine bessere CO_2-Bilanz aufweisen und mehr Kohlendioxid und andere Treibhausgase einsparen als Biokraftstoffe aus Raps, Weizen oder Zuckerrübe etc. Bereits an dieser Stelle sind die europäischen Biokraftstoffe eindeutig unterlegen. Europäische Biokraftstoffproduzenten beziehen zunehmend ihre Rohstoffe aus Drittländern. In Europa getätigte Investitionen durch Familien- und Kleinbetriebe müssen abgeschrieben werden. Eine zusätzliche Subvention der Öl- und Stärkepflanzen anbauenden Betriebe wird erforderlich und erhöht den landwirtschaftlichen Etat der Europäischen Union. Zugleich fordert die Europäische Union aber immer größere Treibhausgaseinsparpotenziale der Biokraftstoffe und eine Verwertung von Rest- und Abfallstoffen, so dass öl- und stärkebasierende Biokraftstoffe vom Markt gedrängt werden. Erhebliche Fördergelder fließen in die technische Entwicklung von Biokraftstoffen der dritten Generation, die immer noch nicht in großtechnischem Maße produziert werden können und gegenüber dem Forschungsstand in den USA und Asien weit unterlegen sind.

Drittländer, wie die USA oder Brasilien, erkennen zunehmend das Potenzial von Biokraftstoffen, verwenden die heimisch produzierten Rohstoffe zunehmend selbst und weigern sich, hinsichtlich der exportierten Rohstoffe die von der europäischen Union auferlegten Nachhaltigkeitsstandards anzuwenden und verbitten sich zugleich die Einmischung in nationale Angelegenheiten. GMO-Pflanzen und Monokulturen unter großzügiger Anwendung von Agrochemikalien sowie die Verringerung der Biodiversität werden zum Standard in diesen Ländern und fester Bestandteil der außereuropäischen Biokraftstoffindustrie. Zunehmend resistenter werdende Schädlinge müssen mit immer härteren Agrochemikalien bekämpft werden, um nicht ganze Industriezweige und – zumindest in den USA – ganze Bundesstaaten zu gefährden. Eine Abwärtsspirale nimmt ihren Lauf.

Durch eine konsequente Missachtung der ILO-Konventionen[2], nämlich die rücksichtslose Beschaffung von Anbauflächen und eine Entrechtung von indigenen Gruppen und Minderheiten, wird die Wirtschaftlichkeit gesteigert.

Verhandlungen im Rahmen der WTO werden zunehmend schwieriger, die europäischen Nachhaltigkeitsstandards werden durch das europäische Interesse an Rohstoffsicherheit kontinuierlich aufgeweicht.

Um die in Europa aufgebaute Biokraftstoffindustrie vor dem Ruin zu bewahren und diese mit Rohstoffen zu versorgen, werden Verstöße gegen Menschenrechts- und Arbeitsrechtsstandards hingenommen, zumal schon lange kein europäisches Druckmittel besteht und die Technologieführerschaft schon lange verloren gegangen ist. Um die mit den Anbau der Energiepflanzen beschäftigte und eine Vielzahl von Menschen beschäftigende europäische

---

[2] Internationale Arbeitsorganisation (ILO); ILO-Kernarbeitsnormen.

Agrarindustrie zu schützen, müssen die Importzölle für Getreide aus Afrika oder Südamerika erhöht werden. Die zu langsam auf die sinkende Nachfrage reagierende europäische Agrarindustrie erhöht die europäischen Getreideberge und führt zu weitreichenden Ressourcenverschwendungen. Importe aus Drittländern müssen unter allen Umständen verhindert werden.

Unmenschliche Arbeitsbedingungen und ein unverantwortlicher Umgang mit Agrochemikalien in den Drittländern bedrohen die Gesundheit von weit mehr Menschen als von den Menschen, die unmittelbar mit dem Anbau der Rohstoffe beschäftigt sind.

Die von der Europäischen Union formulierten „No-go areas" werden weitgehend missachtet, da, zumal nicht nachvollziehbar, die wirtschaftliche Attraktivität des weltweiten Biokraftstoffmarktes eine gnadenlose Beschaffung von Anbauflächen erfordert. Die ehemals zum Anbau anderer Pflanzen genutzten Flächen werden durch die Kraftstoffpflanzen absorbiert. Die vorherigen landwirtschaftlichen Akteure suchen indes ihr Heil in hochgradig schützenswerten Gebieten, begehen Brandrodung, die Trockenlegung von Torfmooren oder die Zerstörung von als Kohlenstoffsenken zu bezeichnende Flächen.

Die europäischen privat organisierten Zertifizierungssysteme erfüllen nur die grundlegenden von der Europäischen Union aufgelegten Nachhaltigkeitsstandards, suchen jedoch kontinuierlich nach Schlupflöchern, um ihre Attraktivität für die Vielzahl der zu zertifizierenden Akteure und Zertifizierungsstellen zu erhöhen.
Die langwierigen und oftmals Kontinente überschreitenden Lieferketten machen eine Rückverfolgbarkeit unmöglich und dienen vielmehr multinationalen Unternehmen zum Greenwashing.

Die zunehmende Komplexität der Biokraftstoffpolitik, geprägt von landwirtschaftlichen, betriebswirtschaftlichen und ökologischen

Prinzipien, macht eine Nachvollziehbarkeit durch den Brüsseler Beamtenapparat unmöglich. Eine Vielzahl von Lobbygruppen (Landwirtschaft, Mittelstand, Ölpflanzen, nachwachsende Rohstoffe, Automobil, Erdöl, Außenpolitik, Umweltschutz, indigene Völker, Agrochemikalien) nehmen ihrerseits Einfluss auf die europäischen Normgeber.

Dazu kommt ein weiterer Faktor wie der zunehmenden „Fleischhunger" von Schwellenländern, der bewirkt, dass sich die Lebensmittelpreise weiter erhöhen und somit die Not vieler Menschen, insbesondere des globalen Südens, verstärkt, zumal die Preiserhöhungen primär deren Grundlebensmittel erfassen.

Eine parallel erfolgende Forschung der Automobilindustrie erhöht die Effizienz der konventionellen Motoren derartig, dass Einsparungen an Kohlendioxidausstoß und Verbrauch „auch so" erreicht werden.

Die Europäische Union beendet die europaweite Förderung von Biokraftstoffen. Langfristige und weltweit auftretende Probleme werden nicht weiter verfolgt oder können sowieso nicht rückgängig gemacht werden.

EINLEITUNG

Teil 1   Motivation zu dieser Arbeit

Ausgangspunkt der Beschäftigung mit Biokraftstoffen als Thema einer juristischen Dissertation war die Faszination für eine möglicherweise geräuschlose Umstellung des Verkehrssektors auf eine pflanzliche Basis. Die Möglichkeiten der Förderung von Biokraftstoffen stehen einer Vielzahl von Gefahren gegenüber. Ist das Recht in der Lage, dieses Konfliktpotenzial zu erfassen und entsprechend zu handeln? Wie soll Rechtssetzung möglich sein, wenn man nicht weiß, was und wohin man etwas regeln möchte? Die Annäherung an dieses Thema durch diese Doktorarbeit zeigt, dass zumindest der Versuch bereits vielfach unternommen wurde.

Die Absicht dieser Arbeit besteht nun darin, die Thematik Biokraftstoffe aufzuarbeiten und die wesentlichen Schritte der Entwicklung darzustellen. Ausgangspunkt ist gerade die allgemeine Unkenntnis über Biokraftstoffe und das von entsprechender Lobbyarbeit getriebene, vorherrschende Halbwissen. Eine abschließende und zielführende Regelung einer Thematik ist nur möglich, wenn eine gedankliche Durchdringung aller Aspekte erfolgt.

Der neue Ansatz soll daher darin bestehen, auch die technischen Komponenten der Biokraftstoffproduktion darzustellen, und neben einer umfassenden Zusammenstellung der bisher vorhandenen, überwiegend juristischen Literatur und Rechtssetzung, eine Meinungsbildung zu ermöglichen. Biokraftstoffe sind von technischen, landwirtschaftlichen Entwicklungen geprägt und zeichnen sich durch eine globale Wertschöpfungskette aus. Rechtssetzung muss in der Lage sein, diese Komplexität zu erfassen und Details fremder Disziplinen in den Rechtssetzungsprozess einzubeziehen.

Wenn die Europäische Union vorgibt, eine nachhaltige, an dem Leitbild der Nachhaltigkeit / nachhaltigen Entwicklung orientierte Biokraftstoffpolitik betreiben zu wollen, muss zunächst der Vergleichsmaßstab herausgearbeitet werden („Benchmark")[3], um anschließend ermitteln zu können, inwiefern die konkrete Ausgestaltung der europäischen Biokraftstoffpolitik sich diesem Maßstab nähert und als Leitbild versteht.

Biokraftstoffe und Nachhaltigkeit kennt vermeintlich jeder. Diese Arbeit setzt nun erstmals die umfassend herausgearbeiteten Begriffe in ein Verhältnis zueinander[4].

Teil 2   Gang der Darstellung

Zunächst soll sich dem Objekt technisch genähert werden, nämlich dem Kraftstoff, egal in welchem Aggregatszustand er auch immer verwendet werden soll. Anschließend soll der Begriff der Nachhaltigkeit erarbeitet werden. Nachdem diese Grundlagen geschaffen sind und die Zielrichtung im besten Fall klar sein sollte, soll die Praxis untersucht werden, nämlich die historische Entwicklung des Umweltschutzes innerhalb der heutigen EU. Sodann soll die Umsetzung der wesentlichen europäischen Richtlinien auf diesem Gebiet innerhalb Deutschlands erläutert werden. Abschließend kann dann ein Vergleich gezogen werden zwischen den europäischen Vorgaben und der bereits zuvor existierenden nationalen Rechtsmaterie.

---

[3] Vgl. Kapitel 2 dieser Arbeit, S. 34 ff.
[4] Kapitel 3, Teil 5; Seite 170 ff.

Teil 3   Zielsetzung dieser Arbeit

Ziel dieser Arbeit ist es, die Tätigkeit der EU zum Thema der Förderung von Biokraftstoffen aus juristischer Sicht zu erörtern. Dabei soll dargestellt und festgestellt werden, ob und wie es dem regionalen Bündnis gelingt, Biokraftstoffe im Spannungsfeld von Umweltschutz und andere Faktoren (Wirtschaft, Landwirtschaft) im Sinne einer nachhaltigen Umweltpolitik zu fördern.

Wichtig ist dabei das Ziel eindeutig zu definieren, also „die" Nachhaltigkeit. Nur dann kann ein Urteil gefällt werden, ob und ggf. wo nachjustiert werden muss.

Wie sehen dann die nächsten Schritte aus. Möglich ist eine Feinjustierung oder aber die Totalrevision des bestehenden Regimes, sofern eine Kurskorrektur nicht mehr möglich erscheint.

KAPITEL 1: BIOKRAFTSTOFFE

Teil 1 Zum Verhältnis von Biokraftstoffen und der Europäischen Union

Die hier vorliegende Arbeit will sich mit Biokraftstoffen, deren Nachhaltigkeit und der rechtlichen Förderung durch die Europäische Union und Deutschland befassen. Bevor wir uns dem Begriff der Nachhaltigkeit nähern[5], um anschließend die konkrete Förderung von Biokraftstoffen durch die Europäische Union darstellen zu können[6], muss zunächst klar sein, um was für einen Stoff es sich denn eigentlich dreht, wenn von Biokraftstoffen die Rede ist. Zwar rücken Biokraftstoffe vermehrt in das Blickfeld der Öffentlichkeit, doch meist nur unter diesem einen Begriff. *„For many, biofuels are still relatively unknown. Either in liquid form such as fuel ethanol or biodiesel, or gaseous form such as biogas or hydrogen, biofuels are simply transportation fuels derived from biological (e.g. agricultural) sources."*[7]

Biokraftstoffe bilden neben der Wärme- und Kälteerzeugung sowie der Elektrizitätserzeugung die dritte Säule der europäischen Energiepolitik, wobei alle drei Sektoren von der 2009 erlassenen Richtlinie zur Förderung der Nutzung von Energien aus erneuerba-

---

[5] Vgl. Kapitel 2 dieser Arbeit.
[6] Vgl. Kapitel 3 dieser Arbeit.
[7] International Energy Agency (IEA), OECD 2004, Biofuels for Transport, S. 26.

ren Quellen[8] erfasst werden, um so eine einheitliche und konsistente europäische Regelung zur Förderung von erneuerbaren Energien zu bekommen.

Die wesentlichen nationalen und europäischen Rechtssetzungsakte definieren den Begriff der Biokraftstoffe nur unzureichend. Die Verordnung über Anforderungen an eine nachhaltige Herstellung von Biokraftstoffen[9] sowie die RED[10] bezeichnen Biokraftstoffe als flüssige oder gasförmige Kraftstoffe für den Verkehr, die aus Biomasse hergestellt werden, wobei unter „Biomasse" nach der deutschen Verordnung „Biomasse im Sinne der (deutschen) Biomasseverordnung [11] in der jeweils geltenden Fassung" zu verstehen ist.[12] Die europäische Richtlinie definiert Biomasse als den biologisch abbaubaren Teil von Erzeugnissen, Abfällen und Reststoffen der Landwirtschaft mit biologischem Ursprung (einschließlich pflanzlicher und tierischer Stoffe), der Forstwirtschaft und damit verbundener Wirtschaftszweige einschließlich der Fischerei und der Aquakultur sowie den biologisch abbaubaren Teil von Abfällen aus Industrie und Haushalten.[13]

Diese abstrakte Definition hilft aber nur bedingt weiter, wenn man sich dem Themenkreis „der Biokraftstoffe" nähern will, insbeson-

---

[8] Richtlinie 2009/28/EG des Europäischen Parlaments und des Rates vom 23. April 2009 zur Förderung der Nutzung von Energie aus erneuerbaren Quellen und zur Änderung und anschließenden Aufhebung der Richtlinien 2001/77/EG und 2003/30/EG.

[9] Verordnung über Anforderungen an eine nachhaltige Herstellung von Biokraftstoffen (Biokraftstoff-Nachhaltigkeitsverordnung - Biokraft-NachV).

[10] Directive 2009/28/EC of the European Parliament and of the Council on the promotion of the use of energy from renewable sources and amending and subsequently repealing Directives 2001/77/EC and 2003/30/EC; kurz: Renewable Energy Directive (daher nachfolgend: RED).

[11] Verordnung vom 21. Juni 2001 (BGBl. I S. 1234), die durch die Verordnung vom 9. August 2005 (BGBl. I S. 2419) geändert.

[12] Vgl. §2 Abs. 1 Biokraft-NachV bzw. Art. 2 lit i RED.

[13] Art. 2 lit e RED.

dere bezüglich der Frage, ob es einheitliche Probleme oder Lösungsansätze von „dem Biokraftstoff" gibt oder ob es vielmehr einer Differenzierung bedarf.

Teil 2 Das „Bio" in Biokraftstoff

Bereits der eigentliche Begriff „Biokraftstoff" ist nicht unumstritten. Häufig findet man auch den Begriff Agrokraftstoffe, der vor allem von Naturschutzverbänden verwendet wird.

Durch den Begriff Agrokraftstoffe soll zum Ausdruck gebracht werden, dass es sich bei den Kraftstoffen zwar um andere stoffliche Produkte als die konventionellen „fossilen" Kraftstoffe handelt und landwirtschaftliche Erzeugnisse bzw. pflanzliche Ausgangsstoffe die Grundlage dieser Kraftstoffe bilden.

Es soll aber auch hervorgehoben werden, dass der Begriff BIO-Kraftstoffe irreführend ist, da die biologische Komponente, im Sinne einer umweltfreundlichen Komponente, angezweifelt wird und auch bei als Biokraftstoff bezeichneten Kraftstoffe Umweltprobleme und negative Umweltauswirkungen in mehr oder weniger großem Umfang entstehen können. Auch die vielfältigen mittelbaren Probleme[14] der Biokraftstoffproduktion entlang der gesamten Produktionskette und vor allem auf der Ebene des Anbaus[15] des Rohmaterials fänden bei einer Verwendung des Begriffs Biokraftstoffe nicht ausreichend Berücksichtigung.

Im Rahmen dieser Arbeit soll aber der Begriff Biokraftstoff verwendet.

---

[14] Vgl. z.B. *Hees, Müller, Schüth* (Hrsg.), Caritas International, 2007, Volle Tanks -leere Teller.
[15] Vgl. Umweltinstitut München e.V., 2007, Münchner Stadtgespräch Nr. 47, Agro Sprit.

Zum einen ist der Begriff etabliert und findet eine weitläufige Anwendung. Dies ist zugegebenermaßen ein schwaches Argument. Jedoch verwenden auch die maßgeblich bearbeiteten Gesetzestexte auf europäischer Ebene, zum Beispiel die Erneuerbare-Energien-Richtlinie oder die deutsche Umsetzung dieser Richtlinie, zumindest bezogen auf die Nachhaltigkeitskriterien[16], die Verordnung über eine nachhaltige Herstellung von Biokraftstoffen[17] den Begriff Biokraftstoff.

Der Begriff Biokraftstoff ist außerdem umfassender als Agrokraftstoff, was den Eindruck entstehen lässt, dass nur solche Kraftstoffe erfasst sind, die unmittelbar aus den Erzeugungsprodukten der Agrarwirtschaft oder Landwirtschaft stammen. Gerade die Biokraftstoffe der zweiten Generation sollen gerade nicht aus Biomasse hergestellt werden, die extra für diese Produktion angebaut wurde. Insofern verschärft der Begriff Agrokraftstoff die „Food vs. Fuel"-Diskussion übermäßig und überflüssigerweise.

Der Begriff Biokraftstoff ist auch weitergehender und erfasst auch solche Kraftstoffe, die aus biogenen Abfallstoffen, etwa aus der Forstwirtschaft, sonstigen biogenen Stoffen (z.B. Gülle), oder Altspeiseöle, schnellwachsenden Hölzern oder Algen hergestellt werden, also aus Ausgangsstoffe, die ebenfalls nicht ohne weiteres der Agrarwirtschaft zuzuordnen sind. Es handelt sich um Kraftstoffe, die zwar stets aus biologischen Quellen, aber nicht immer unbedingt aus landwirtschaftlichen (Agrar-) Quellen stammen. *„Biofuels are simply transportation fuels, derived from biological (e.g. agricultural) sources."*[18] Wird das Präfix "bio" nicht mit einem

---

[16] Bezogen auf die Mengenverpflichtungen ist vor allem das Gesetz zum Schutz vor schädlichen Umwelteinwirkungen durch Luftverunreinigungen, Geräusche, Erschütterungen und ähnliche Vorgänge (Bundes-Immissionsschutzgesetz -BImSchG); die wesentliche deutsche Norm.
[17] Biokraft-NachV.
[18] IEA, OECD 2004, Biofuels for transport, S. 27.

"öko" oder "umweltfreundlich" gleichgesetzt, sondern vielmehr sinngemäß und seinem Wortlaut nach dem biologischen zugerechnet, so beschreibt der Begriff Biokraftstoffe das Endprodukt zutreffend und richtig.

Grundsätzlich sind als Biokraftstoff auch nicht nur die diesel- oder benzinersetzenden biologischen Substitute zu bezeichnen, sondern jede Art von Kraftstoff, der seinen Ursprung in einer natürlichen, erneuerbaren Quelle hat, somit auch gasförmige Kraftstoffe oder, letzten Endes, Ökostrom, sofern er im Verkehrssektor, in Elektroautos oder elektrisch betriebenen Schienenbahnen, verwendet wird.

Teil 3 Unterteilung von Biokraftstoffen

Fraglich ist, wie und ob Biokraftstoffe zu unterteilen und klassifizieren sind. Eine Unterteilung erscheint sinnvoll, da alleine die RED mehr als 28 verschiedene „Arten" von Biokraftstoffen aufzählt[19], die es zu erfassen gilt.

Die Ansatzpunkte für eine Unterscheidung sind vielfältig:
Angefangen von den landwirtschaftlichen Ausgangsprodukten, wie Soja, Mais, Weizen, Palm, Raps etc., über die zu verarbeitenden Zwischenprodukte, wie Stärke, Zucker, Cellulose, Pflanzenöl oder eine Unterscheidung auf Metaebene zwischen Biokraftstoffen der ersten Generation und der zweiten Generation.

Die Meta-Ebene erscheint hilfreich, um eine grundlegende Unterscheidung zu treffen. Ein Zugang zu dem Themengebiet der Biokraftstoffe wird erleichtert, wenn nur zwischen zwei verschiedenen Kategorien zu wählen ist. Allerdings bedarf die Unterscheidung zwischen Biokraftstoffen der ersten und zweiten Generation

---

[19] Vgl. Anhang V, Abschnitt D E RED.

eines gewissen technischen Verständnisses. Darüber hinaus ist auch die Unterscheidung zwischen den einzelnen Generationen nicht immer eindeutig, und mitunter werden auch „Zwischengenerationen" von Kraftstoffen genannt.[20]

Es bedarf somit innerhalb der Biokraftstoffe sowohl der ersten wie der zweiten Generation einer weiteren Differenzierung, was der avisierten eindeutigen Differenzierung und Klassifizierung zuwiderlaufen würde.

Zielführender erscheint daher eine Unterscheidung nach dem zu substituierenden (fossilen) Kraftstoffpendant. Zum einen ist diese Unterscheidung übersichtlich, da nur zwischen Dieselsubstituten und Ottokraftstoff[21]-Substituten zu unterscheiden ist. Zum anderen ist diese Unterscheidung zielführend, weil durch diese Unterscheidung eine weitere Ausdifferenzierung bezüglich der Biokraftstoffe[22] einfach und eindeutig vorzunehmen ist, nämlich dahingehend, ob aus Zucker gewonnener Alkohol (Ethanol) zu Bio-Ottokraftstoff oder Pflanzenöl zu Biodiesel verarbeitet wurde.

---

[20] Currently technologies are being developed for the production of so-called one-and-a-half generation biofuels, which have better properties, e.g. the upgrading (hydrogenation) of biodiesel to a higher-quality bio-based diesel, *Soetaert, Vandamme*, 2009, Biofuels, S. 95.
[21] Benzin.
[22] Zumindest bezüglich der zurzeit ausschließlich verwendeten und im großtechnischen Bereich produzierten Biokraftstoffe der ersten Generation.

Abbildung 1: Kriterien und Ansatzpunkte zur Kategorisierung von Biokraftstoffen

Kriterien und deren Ausgestaltung bzgl. der Gliederung von Biokraftstoffen					
Generation		1. Generation			2. Generation
Substitut		Benzin		Diesel	
Wesentlicher Verarbeitungsprozess		Vergärung	Veresterung	Thermo- oder biochemische Synthese	BtL-Verfahren
Erforderliches Zwischenprodukt		Pflanzenöl	Kohlenhydrate (Stärke, Zucker)	Zellulose- oder Lignozellulose	zellulosehaltige Biomasse
Rohstoff und Ausgangsmaterial		Ölpflanzen	stärkehaltige Pflanzen	zuckerhaltige Pflanzen	zellulosehaltiges Material

I. Biokraftstoffe der ersten Generation – Alkohol vs. (Pflanzen-) Öl

Letzten Endes können die Biokraftstoffe der ersten Generation dahingehend unterschieden werden, ob sie Benzin oder Dieselkraftstoff ersetzen. Während Benzin nämlich durch (Bio)Ethanol ersetzt wird, also einem Alkohol, der aus Zucker, Stärke oder Cellulose hergestellt werden kann, wird Diesel durch aufbereitete und veresterte Pflanzenöle ersetzt.

Diese Unterscheidung macht es relativ einfach, die einzelnen Rohstoffe zuzuordnen. So etwa Raps der Biodieselproduktion[23]

---

[23] Raps (beispielhaft) kann zu Rapsöl verarbeitet werden. Pflanzliche Öle können zu Biodiesel verarbeitet werden.

oder Zuckerrohr der Bioethanolproduktion[24]. Es bedarf also lediglich eines Gefühls dafür, ob eine Pflanze bzw. die Frucht regelmäßig zu Öl verarbeitet wird (Raps, Soja, Palm, Sonnenblume ...) oder ob eine Pflanze für ihren Zucker- oder Stärkegehalt, jeweils Kohlenhydrate, bekannt ist (Mais, Getreide - Weizen, Gerste, Triticale - Zuckerrohr, Zuckerrübe) und Ausgangsstoff für die Alkoholproduktion sein könnte.

Daneben gibt es noch exotischere Ausgangsstoffe wie die ölhaltige Jatropha-(Nuss), die stärkehaltige Cassava (Maniok) oder Topinambur und das zuckerhaltige Sweet Sorghum (Zuckerhirse).

Die gewählte Beschreibung der Früchte lässt aber auch bei diesen Exoten eindeutig erkennen, wofür die Stoffe gegenwärtig im Rahmen der Biokraftstoffproduktion verwendet werden.

---

[24] Zuckerrohr (Zucker; beispielhaft) kann zu Alkohol und somit auch zu Ethanol verarbeitet werden.

Abbildung 2: Erfassung von Biokraftstoffen der ersten Generation, ausgehend von dem ersetzten fossilen Diesel- oder Ottokraftstoff (Benzin)

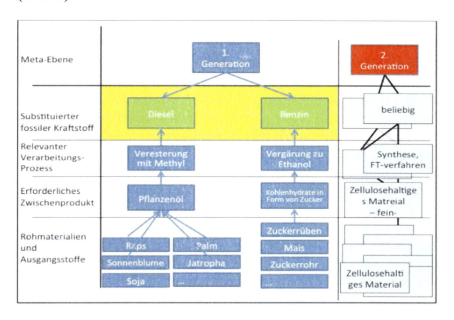

1. Produktion von Biodiesel

Die Herstellung von Biodiesel ist relativ aufwendig, da mehrere Verarbeitungsschritte erforderlich sind, um das fertige Produkt zu bekommen und nicht wie bei der Bioethanol-Produktion, bei der, vereinfacht gesagt, lediglich die Verarbeitung (Vergärung) von Zucker zu Alkohol ausreichend ist.

Ausgangsprodukte für die Produktion von Biodiesel sind, wie bereits oben erwähnt, pflanzliche Öle. Nach entsprechender Reinigung ist es daher grundsätzlich auch möglich gebrauchte Altspeiseöle, etwa aus Fritteusen, aufzubereiten und der Produktion von Biodiesel zuzuführen. Alle Früchte, aus denen die Gewinnung von

„Öl" möglich ist, eignen sich daher als Rohstoff der Biodieselproduktion.

"In Europe about 70% of the biodiesel is made from rapeseed[25], the world`s second largest source of plant oils, with most of the remainder coming from sunflower seeds. Nearly all of the biodiesel produced in the US comes from soybeans, the world`s largest source of plant oil."[26] Aufgrund der hervorragenden Ertragsmenge an pflanzlichem Öl bezogen auf ein Hektar Anbaufläche ist auch Palm(öl), insbesondere in den tropischen Gegenden, ein wichtiger Rohstoff[27] für die Biodieselproduktion.

Der erste Verarbeitungsschritt ist die Extraktion des Öls in Mühlen, durch Pressung der Saat oder einer chemischen Herauslösung mittels Lösungsmittel. Oftmals, insbesondere in großen Ölmühlen bei einer Ölsaatenverarbeitung von bis zu 4000 t Ölsaat pro Tag, wird eine Kombination aus Pressung und Extraktion angewendet, um eine optimale Ölausbeute zu erzielen.[28]
Bei diesem Verfahren wird im Anschluss an die wirtschaftlich vorteilhafte Pressung die im Presskuchen verbleibende Ölmenge nicht einer zweiten Pressung unterzogen, sondern mit einem Lösemittel extrahiert.[29] Damit wird ein wesentlich niedrigerer Restölgehalt im Extraktionsrückstand erzielt.

Endprodukte, zumindest die für die Kraftstoffproduktion relevanten Endprodukte, sind Pressrohöl bzw. Extraktionsrohöl.

---

[25] In den USA und Canada oftmals auch als Canola bezeichnet, um eine negative konnotierte Nähe zu "to rape" zu vermeiden.
[26] Worldwatch Institute, 2007, Biofuels for transport, S. 24.
[27] Worldwatch Institute, 2007, Biofuels for transport, S. 24.
[28] Vgl. *Kaltschmitt, Hartmann* (Hrsg.), 2001, Energie aus Biomasse, S. 538.
[29] Vgl. *Kaltschmitt, Hartmann* (Hrsg.), 2001, Energie aus Biomasse, S. 539.

Das derart gewonnene Rohöl ist in den seltensten Fällen direkt für eine weitere Nutzung geeignet. Die Aufbereitung des Rohöls, das dadurch von freien Fettsäuren, Farbstoffen, Aldehyden, Ketonen, Phosphatiden, Kohlenhydraten, Schleimstoffen, Wachsen, Saatteilchen, Schmutz, Schwermetallen und Pestiziden befreit wird, nennt man Raffination. [30]

Das Endprodukt der chemischen Raffination wird nach der Entfärbung als Teilraffinat und nach Abschluss der Behandlung als Vollraffinat oder vollraffiniertes Pflanzenöl bezeichnet [31]

Das so gewonnene und gereinigte aufbereitete Öl ist jedoch weiterhin „nur" Pflanzenöl und bedarf noch einer weiteren Verarbeitung, bevor der fertige Biodiesel fertiggestellt ist. *„Due to differences in the properties of straight vegetable oil[32] compared to diesel fuel (primarily its high viscosity, especially at cooler temperatures) „neat" SVO cannot be used in normal diesel engines. In order to run (vehicles) on SVO, engines must be refitted (often by attaching a mechanism for pre-heating the oil)."*[33]

Meistens erfolgt eine Anpassung des Kraftstoffs und weniger des Motors durch eine Veresterung der Öle zu Ölmethylester[34] in einer Veresterungsanlage. Diese Veresterung, zumeist mit Hilfe von Methyl, führt auch zu den häufig synonym verwendeten Begriffen für Biodiesel wie FAME, RME, PME. Beim Einsatz von Methanol zur Umesterung von Pflanzenöl wird das Umesterungsprodukt chemisch exakt als Fettsäuremethylester (Fatty Acid Methyl Ester -

---

[30] Vgl. *Kaltschmitt, Hartmann* (Hrsg.), 2001, Energie aus Biomasse, S. 539.
[31] Vgl. *Kaltschmitt, Hartmann* (Hrsg.), 2001, Energie aus Biomasse, S. 546.
[32] SVO.
[33] Worldwatch Institute, 2007, Biofuels for transport, S. 18.
[34] Vgl. *Kaltschmitt, Hartmann* (Hrsg.), 2001, Energie aus Biomasse, S. 557.

FAME) oder kurz Pflanzenölmethylester (z.B. Rapsölmethylester - RME; Palmölmethylester - POME, etc.) bezeichnet[35].

Abschließend sind noch die verschiedenen Kuppel- und Nebenprodukte[36] der Biodieselproduktion zu nennen. Das bei der Ernte anfallende Stroh wird größten Teils nach der Ernte untergepflügt und dient somit zur Verbesserung des Bodens, mithin als Dünger.

Alternativ, aber gegenwärtig kaum praktiziert, kann das Stroh ggf. als Strohpellets zu Strom „verbrannt" werden[37], oder, was derzeit in der großtechnischen Erprobung erfolgt[38], bei der Herstellung von Biokraftstoffen der zweiten Generation als Zellulose[39] Verwendung finden.[40]

Der feste Rückstand aus der Ölgewinnung, also der Presskuchen der Pressung und der Extraktionsschrot bei Lösemittelextraktion, kann als Futtermittel, als organischer Dünger, als Brennstoff oder als Rohstoff bei der Biogasproduktion verwendet werden und ist ein wichtiger Bestandteil hinsichtlich der Senkung der Produktionskosten von Biodiesel und einer Steigerung der Wirtschaftlichkeit.

Das bei der Umesterung anfallende Glycerin findet als Rohstoff in der Nahrungsmittel-, Chemie-, Pharma- und Kosmetikindustrie vielfältige Einsatzmöglichkeiten.[41]

---

[35] Vgl. *Kaltschmitt, Hartmann* (Hrsg.), 2001, Energie aus Biomasse, S. 558.
[36] Vgl. die ausführliche Diskussion bei *Kaltschmitt, Hartmann* (Hrsg.), 2001, Energie aus Biomasse, S.577.
[37] FnR, 2006, Marktanalyse nachwachsende Rohstoffe, S. 79 ff.
[38] https://www.process.vogel.de/clariant-startet-zellulose-ethanol-anlage-in-straubing-a-372052/ (letztmalig abgerufen am 09.06.2019), Anhang 1.I.
[39] Siehe Kapitel 2, Teil 3, II, 2 dieser Arbeit.
[40] FnR, 2009, Biokraftstoffe – eine vergleichende Analyse, 2. Auflage, S 64.
[41] *Kaltschmitt, Hartmann* (Hrsg.), 2001, Energie aus Biomasse, S. 580.

Abbildung 3: Herstellung von Biodiesel (vereinfachte Darstellung)

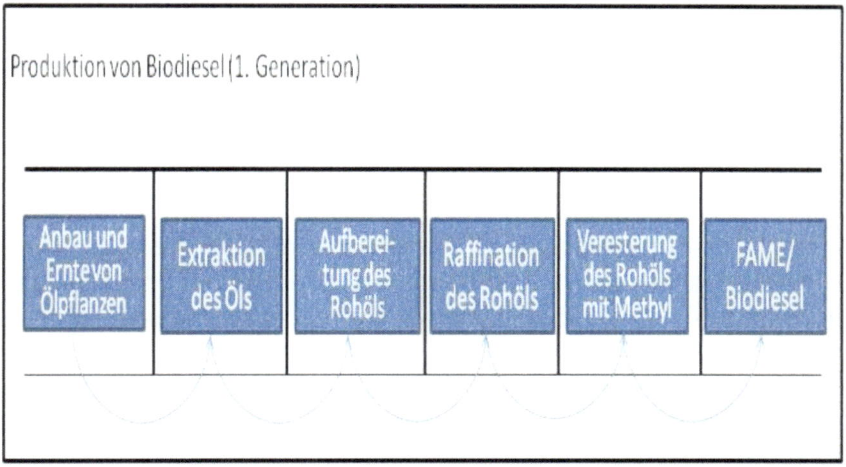

Produktion von Biodiesel (1. Generation)

| Anbau und Ernte von Ölpflanzen | Extraktion des Öls | Aufbereitung des Rohöls | Raffination des Rohöls | Veresterung des Rohöls mit Methyl | FAME/ Biodiesel |

2. Produktion von (Bio-) Ethanol

Die Ethanolproduktion erfolgt durch eine biochemische Spaltung von Kohlenhydraten, durch einen Gärprozess, hin zu Alkohol.
Zucker, Stärke und jegliche Form von Zellulose sind Kohlenhydrate, so dass diese auch als Ausgangsstoff für die Ethanolgewinnung in Frage kommen. Für die Herstellung von Biokraftstoffen der ersten Generation werden jedoch nur die zucker- und stärkehaltigen Teile (Früchte) einer Pflanze verwendet.

Konkret kann nur Zucker durch die alkoholische Gärung in Ethanol und Kohlendioxid umgewandelt werden. Stärkehaltige organische Stoffe bedürfen zur Alkoholgewinnung daher vor der eigentlichen Fermentation eines entsprechenden Zwischenschrittes.[42]

---

[42] *Kaltschmitt, Hartmann* (Hrsg.), 2001, Energie aus Biomasse, S. 597.

Die Grundlage jeder Alkoholgewinnung aus Biomasse stellt die alkoholische Gärung dar.

Dabei handelt es sich um eine biochemische Spaltung von Kohlenhydraten, die durch das Zusammenwirken von mikrobiellen Enzymen ausgelöst wird und unter Ausschluss von Sauerstoff abläuft.

Während Zucker (Glucose, Fructose) recht kurzkettig ist und daher einfach zu Alkohol vergoren werden kann, müssen die langkettigeren, aber auch Glucose enthaltenen chemischen Verbindungen von stärke- und zellulosehaltigen organischen Stoffen, zunächst aufgespalten werden.

Da Stärke von der sie vergärenden Hefe nicht unmittelbar verarbeitet werden kann, muss sie zunächst vor der Fermentation in vergärbaren Zucker umgewandelt werden. *„Starches – polymers that are often thousands of sugar molecules long – must first be catalyzed into simple sugars."*[43] Bei diesem Zucker handelt es sich entweder um Glucose oder Maltose, die aus zwei Glucosebausteinen aufgebaut sind. Um im technischen Maßstab Stärke möglichst vollständig zu vergärbarem Zucker abzubauen, sind zwei Gruppen von stärkeabbauenden Enzymen erforderlich, die die Stärke „verflüssigen" und sodann „verzuckern". [44]

Häufig verwendete Zuckerpflanzen sind Zuckerrohr, vermehrt in wärmeren Gegenden, und Zuckerrübe, die auch in Europa angebaut werden kann. Sweet Sorghum (Zuckerhirse) ist eine etwas unbekanntere Zuckerpflanze.

Als Rohstofflieferant für Stärke, die dann zu Zucker weiterverarbeitet werden kann, dienen Mais (vor allem in den USA), Topi-

---

[43] Worldwatch Institute, 2007, Biofuels for transport, S. 14.
[44] Vgl. *Kaltschmitt, Hartmann* (Hrsg.), 2001, Energie aus Biomasse, S. 598.

nambur und Cassava (Maniok) als stärkehaltige „Knollen", wobei auch die Kartoffel grundsätzlich als Ethanol-Rohstoff Verwendung finden könnte,[45] und schließlich jegliches Getreide, wobei Weizen, Gerste, Roggen und Triticale besonders zur Ethanolproduktion geeignet erscheinen.[46]

Abbildung 4: Herstellung von Bioethanol (vereinfachte Darstellung)

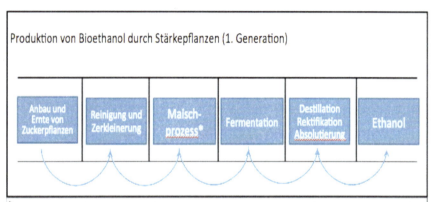

II. Biokraftstoffe der zweiten Generation

Eines der immer wieder im Zusammenhang mit Biokraftstoffen vorgetragenen „Probleme" (von Biokraftstoffen) ist der ihnen zugeschriebene Konflikt mit Lebensmitteln, d.h., dass die Rohstoffe für Biokraftstoffe oftmals essbare Pflanzen sind, die auch der

---

[45] Vgl. *Kaltschmitt, Hartmann* (Hrsg.), 2001, Energie aus Biomasse, S. 84.
[46] Vgl. *Kaltschmitt, Hartmann* (Hrsg.), 2001, Energie aus Biomasse, S. 89.

Lebensmittelindustrie zugeführt werden könnten, statt dessen aber zu einem „Luxusprodukt" wie Kraftstoff verarbeitet werden.

Alle oben aufgeführte Rohstoffe können und werden auch als Lebensmittel verwendet, so dass der Konflikt „Food vs. Fuel" vorgezeichnet zu sein scheint.

Soll man Mais anbauen, um daraus Benzin herzustellen oder soll er eines der wesentlichen Grundnahrungsmittel für große Bevölkerungsgruppen sein? Wenn man Mais anbaut, um daraus Bioethanol herzustellen, dann kann dafür ja auch genmanipuliertes Saatgut verwendet werden, um einen besonders hohen Ertrag zu erhalten. Im Ergebnis nimmt dadurch der Anbau von Mais zur Biokraftstoffproduktion dem Lebensmittelanbau weniger Platz weg. Da Genmais gerade nicht verzehrt wird, droht zudem keine unmittelbare Gefahr für den Menschen oder die Umwelt.

Die Jatrophanuss bildet hier zwar eine Ausnahme, da sie nicht essbar bzw. giftig ist und auch auf erodierten Flächen wächst. Grundsätzlich gilt jedoch eine einfache Regel: Je besser der Boden, umso besser und höher der Ertrag. Um richtig zu gedeihen, brauche sie genauso gute Bedingungen wie jede andere Pflanze. Außerdem soll der Anbau von Jatropha extrem wasserintensiv sein, was gerade in den Anbauregionen häufig ein knappes Gut ist.[47]

Es besteht somit stets eine latente Konkurrenz zur landwirtschaftlich genutzten Anbaufläche.
Der Konflikt „Food vs. Fuel" verlagert sich somit nach „vorne", auf die Ackerfläche.

---

[47] Vgl. Technology Review, Der große Durst der Jatropha, http://www.heise.de/tr/artikel/Der-grosse-Durst-der-Jatropha-276525.html (letztmalig abgerufen am 08.06.2019), Anhang 1.II.

Als mögliche Ansatzpunkte einer Lösung all dieser Probleme werden immer wieder die sogenannten „Biokraftstoffe der zweiten Generation" genannt, die auch die Erneuerbare-Energien-Richtlinie[48] – RED – in ihren Erwägungsgründen[49] mehrmals zitiert. Gemäß Erwägungsgrund 9 RED sind die verbindlichen Beimischungsquoten für Biokraftstoffe zu den bisher verwendeten Kraftstoffen Benzin und Diesel sogar nur dann angemessen, sofern die Herstellung auf nachhaltige Weise erfolge (und) Biokraftstoffe der zweiten Generation kommerziell zur Verfügung stünden (…). Auffällig ist hierbei die Gleichsetzung von nachhaltigen Biokraftstoffen und solchen der zweiten Generation, die also anscheinend „per se" nachhaltig sind.

Gemäß Erwägungsgrund 66 soll die Gemeinschaft daher im Rahmen der RED angemessene Maßnahmen ergreifen, einschließlich der Förderung von Nachhaltigkeitskriterien für Biokraftstoffe und der Entwicklung von Biokraftstoffen der zweiten und dritten Generation. Wie noch herausgearbeitet wird, findet eine Förderung von Biokraftstoffen der zweiten und dritten Generation aber nur in der Art statt, dass zunehmend anspruchsvollere Mindestanforderungen an das Treibhausgaseinsparpotenzial von Biokraftstoffen gestellt werden, die mittelfristig nur von eben solchen Biokraftstoffen erfüllt werden können. Unterquoten etc. gibt es nicht.

Wenngleich die RED keine Definition darüber liefert, was unter Biokraftstoffen der zweiten Generation zu verstehen ist, können aus dem Wortlaut der Richtlinie dennoch gewisse Rückschlüsse gezogen werden. Art. 22 RED nennt „Biokraftstoffe, die aus Abfäl-

---

[48] Richtlinie 2009/28/EG des Europäischen Parlaments und des Rates vom 23. April 2009 zur Förderung der Nutzung von Energie aus erneuerbaren Quellen und zur Änderung und anschließenden Aufhebung der Richtlinien 2001/77/EG und 2003/30/EG; hier Kurztitel: Erneuerbare-Energien-Richtlinie.
[49] Vgl. Erwägungsgrund 9, 66; RED.

len, Reststoffen, zellulosehaltigem Non-Food-Material und lignocellulosehaltigem Material" hergestellt werden. Und Anhang V, Teil B zählt solche Kraftstoffe auf, die „im Januar 2008 nicht oder nur in vernachlässigbaren Mengen auf dem Markt waren", nämlich Ethanol, Fischer-Tropsch-Diesel, DME[50] und Methanol, die jeweils entweder aus Abfallholz, Holz oder Kulturholz oder im Fall von Ethanol auch aus Weizenstroh hergestellt wurden. Was aber eint die aufgelisteten Kraftstoffe, und ist die Aufzählung abschließend?

Die Begriffsvielfalt, die Produktionswege und die Anwendungsmöglichkeiten von Biokraftstoffen der zweiten Generation sind ebenso vielfältig und verwirrend wie die Produktionsprozesse bei Biokraftstoffen der ersten Generation. Eine Einordnung fällt sogar noch schwerer, da sich die Biokraftstoffe der zweiten Generation gerade dadurch auszeichnen, dass sie auf eine viel größere Menge an Rohstoffen und Ausgangsmaterialien zurückgreifen können und die relativ einfache Unterscheidung in Pflanzen, die zu Zucker verarbeitet werden können, und Ölpflanzen, wie im Rahmen der Biokraftstoffe der ersten Generation, daher ausscheidet.

Nichtsdestotrotz ist eine Unterscheidung aber erforderlich, um zu wissen, von was man redet und was Gegenstand dieser Arbeit und der immer wiederkehrenden Forderungen nach einer verstärkten Förderung von Biokraftstoffen der zweiten Generation ist. Können die Hoffnungen, die an die Biokraftstoffe der zweiten Generation geknüpft werden, Realität werden oder bringen diese Kraftstoff sogar andere, bisher nicht bekannte Probleme, mit sich?

Wenngleich die Ausgangsstoffe und Rohmaterialien für die Herstellung von Biokraftstoffen der zweiten Generation vielfältiger sind als bei den Biokraftstoffen der ersten Generation, kann je-

---

[50] Dimethylether.

doch hinsichtlich des Herstellungsprozesses ein gemeinsamer Ansatzpunkt gefunden werden, der eine Kategorisierung der Biokraftstoffen der zweiten Generation ermöglicht.

Biokraftstoffe der zweiten Generation zeichnen sich nämlich dadurch aus, dass entweder die ganze Pflanze und damit auch ggf. nur minderwertige Teile einer Pflanze, also solche Teile, die bisher eher als Abfallprodukt behandelt wurden, zu Biokraftstoff umgewandelt werden können und damit entscheidende Vorteile gegenüber den als Biokraftstoffen der ersten Generation bezeichneten Diesel- und Benzinsubstitute haben.

Die Umwandlung der ganzen Pflanze ist jedoch nur durch eine überschaubare Anzahl von Prozessen möglich. Ausgangspunkt ist jeweils zellulosehaltige Biomasse, die wiederum aus drei wesentlichen Komponenten besteht.

"To acknowledge its mix of components, cellulosic biomass is often referred to a lignocellulosic biomass."[51] Zwar ist der Name „zellulosehaltige Biomasse" eigentlich irreführend, da Zellulose, als Hauptbestandteil von pflanzlichen Zellwänden, quasi in allen Pflanzen vorkommt und somit jede Pflanze als zellulosehaltige Biomasse bezeichnet werden könnte. Lignocellulosepflanzen sind im Zusammenhang der Biokraftstoffproduktion solche geeignete Pflanzen, bei denen ein wesentlicher Anteil der von ihnen gebildeten und als biogener Festbrennstoff nutzbaren Biomasse aus unterschiedlichen Anteilen von Cellulose, Lignin und Hemicellulose besteht.[52]

Klassischerweise bestehen Pflanzen und Bäume aus 40 % - 55 % Zellulose, 20 % - 40 % Hemicellulose und 10 % - 25 % Lignin, wobei

---

[51] Worldwatch Institute, 2007, Biofuels for transport, S. 46.
[52] *Kaltschmitt, Hartmann* (Hrsg.), 2001, Energie aus Biomasse, S. 57.

mitunter auch versucht wird, diese Werte bzw. die jeweiligen Pflanzen zu modifizieren, um eine besonders hohe Ausbeute von einem der drei Stoffe zu erlangen.[53]

Während bei der Herstellung von Biokraftstoffen der zweiten Generation nun teilweise der Fokus auf den zellulosehaltigen Teil der Pflanze gelegt wird, etwa bei der Herstellung von Zellulose-Ethanol, der ähnlich wie bei den benzinersetzenden Biokraftstoffen der ersten Generation durch eine enzymatische Umwandlung (Vergärung) produziert wird, können bei anderen Verfahren alle drei Komponenten der Pflanze zu Biokraftstoffen verarbeitet werden. Das letztgenannte Verfahren ist die Umwandlung von aus Biomasse gewonnenem Synthesegas in flüssige Biokraftstoffe, was häufig auch als Biomass to Liquid - BtL - bezeichnet wird.

Eine Unterscheidung wie bereits bei den Biokraftstoffen der ersten Generation in benzinsubstituierende Verfahren (Vergärung der Biomasse zu Zellulose-Ethanol) und dieselkraftstoffsubstituierende Verfahren (Umwandlung der Biomasse in Synthesegas und sodann in flüssige Kraftstoffe) ist bei den Biokraftstoffen der zweiten Generation jedoch nicht zu empfehlen, da aus Synthesegas eben nicht nur Biodiesel, sondern eine Vielzahl von Produkten, wie Wasserstoff, Methanol, Dimethylether und unter anderem auch Ottokraftstoff, also Bioethanol hergestellt werden kann.[54]

Wesentlicher Vorteil beider Ansätze ist, dass die drei Komponenten nicht örtlich begrenzt in einer Pflanze vorkommen, wie etwa die Stärke, die man nur aus den Körnern der Maispflanze gewinnt, sondern dass jeder Teil der Pflanze alle drei Komponenten enthält und somit die Herstellung von z.B. Zellulose-Ethanol auch noch

---

[53] Vgl. Worldwatch Institute, 2007, Biofuels for transport, S. 46.
[54] Worldwatch Institute, 2007, Biofuels for transport, S. 64.

nach der Maisernte mit dem verbleibenden Rest, mit Blättern und Stroh etc., möglich ist.

Ähnlich verhält es sich mit Verfahren, die alle drei Komponenten zu Biokraftstoffen verarbeiten können (BtL), da auch hier der bisher nicht genutzte Teil einer Pflanze oder bisher nicht genutzte Pflanzen wie schnellwachsende Bäume oder Abfallstoffe aus dem Pflanzenanbau und der Holzproduktion verarbeitet werden können. Bestenfalls kann die Frucht einer Pflanze dem Lebensmittelmarkt zugeführt werden, während aus dem verbleibenden Rest Biokraftstoffe hergestellt werden können.

Da zudem die verfügbare Menge an Ausgangsmaterial wesentlich größer ist, wenn man die ganze Pflanze verarbeiten kann und nicht nur der Maiskolben oder das Rapskorn verarbeitet werden, erhöht sich bei Biokraftstoffen der zweiten Generation auch der Kraftstoffertrag in Litern pro bewirtschaftetem Hektar Ackerland, zumal neben dem Biokraftstoff, der aus Reststoffen hergestellt wird, primär eine andere Verwendung mit den angebauten Pflanzen bezweckt wird.[55] Nach der hier vorgenommenen Beschreibung[56]

---

[55] Vgl. FnR, 2009, Biokraftstoffe – eine vergleichende Analyse, 2. Auflage, S. 20 (BtL) und S. 25 (Bioethanol aus Lignocellulose / Stroh).

von Biokraftstoffen der zweiten Generation handelt es sich also um solche Biokraftstoffe, die durch die Verarbeitung einer gesamten Pflanze hergestellt werden und für die Rohmaterialien verwendet werden können, die nicht in Konkurrenz zum Lebensmittelmarkt stehen oder bisher als Abfall- oder Beiprodukt keine Verwendung hatten und daher, ohne andere Märkte wesentlich zu beeinträchtigen, der Biokraftstoffproduktion zugeführt werden können.

Ein Vergleich mit den in der RED aufgelisteten sogenannten „Kraftstoffen, die im Januar 2008 nicht oder nur in vernachlässigbaren Mengen auf dem Markt waren"[57] und somit nicht zu den Biokraftstoffen der ersten Generation gehören, da diese schließlich in großer Menge auf dem Markt waren, unterstützt die Annahme, dass von Biokraftstoffen der zweiten Generation gesprochen werden kann, wenn diese durch eine thermische oder biochemische Synthese oder durch das BtL-Verfahren aus einem Synthesegas hergestellt werden. Alle in Anhang V Teil B RED ge-

---

[56] Die RED spricht in Erwägungsgrund 66 auch von Biokraftstoffen der dritten Generation. Hierunter versteht man zum Beispiel Biokraftstoffe, die aus Algen produziert werden (vgl. Erwägungsgrund 89 RED), wobei entweder ein Öl aus den Algen extrahiert wird, oder die (Bio-)Masse der Algen zur Weiterproduktion verwendet wird. Die Biokraftstoffe der dritten Generation zeichnen sich jedenfalls dadurch aus, dass nicht nur keine Konkurrenz zum Lebensmittelmarkt besteht, sondern, da die Algen etc. in eigens dafür gebauten Wasserbecken angebaut bzw. gezüchtet werden können, auch keine Flächenkonkurrenz zu sonstigen landwirtschaftlichen Produkten besteht. Da die Algen zur Fotosynthese darüber hinaus auch noch CO_2 aus der Atmosphäre benötigen oder dieses Treibhausgas den Algen direkt zugeführt werden kann, ergeben sich für Algenkraftstoffe ferner bisher unerreichte Treibhausgaseinsparwerte, die die Biokraftstoffe der dritten Generation zu einer interessanten Alternative machen könnten. Currently aquatic biomass is recognized as third-generation source of biofuels. Vgl. *Aresta* (Hrsg.), 2010, Carbon Dioxide as a Chemical Feedstock, S. 341.

[57] Vgl. Anhang V, Teil B RED.

nannten Kraftstoffe können nämlich durch die beiden Verfahren erzeugt werden.

Ethanol aus Weizenstroh, Abfallholz oder Kulturholz kann durch eine thermische/ biochemische Synthese hergestellt werden. Die anderen in Anhang V, Abschnitt B RED aufgeführten „Biokraftstoffe, die „im Januar 2008 nicht oder nur in vernachlässigbaren Mengen auf dem Markt waren", können jeweils durch die BtL-Methode aus Synthesegas gewonnen werden.[58] Die Produktionsverfahren, die für die Produktion von Biokraftstoffen der ersten Generation verwendet werden, sind nämlich entweder nicht geeignet, die Ausgangsstoffe[59] zu verarbeiten oder sie können das gewünschte Endprodukt[60] nicht produzieren.

Der Aufbau der jeweils verwendeten Biomasse ist jedoch wichtig, um das optimalere Produktionsverfahren zu bestimmen, da zumindest das Verfahren der Vergärung primär den zellulosehaltigen Teil der Biomasse verarbeitet, während das Verfahren der Umwandlung in Synthesegas und Verflüssigung besser mit Biomasse mit einem hohen Lignigehalt funktioniert.

Da Lignin für die Festigkeit von Pflanzen verantwortlich ist und daher vermehrt in Bäumen und holzartigen Materialien vorkommt[61], werden vor allem schnell wachsende Hölzer wie Pappeln

---

[58] Vgl. Anhang V, Teil B RED. Vgl. IEA, OECD 2004, Biofuels for transport, S. 43.
[59] z.B. Weizenstroh.
[60] z.B. Dimethylether.
[61] Lignin ist eine dreidimensional vernetzte, aromatische Kohlenwasserstoffverbindung. Es ist in der Zellwand von verholzten Pflanzen wie Gräsern, Stauden, Sträuchern und Bäumen eingelagert und dient dort als Festigungselement. Neben der Zellulose ist Lignin der häufigste organische Stoff der Erde, vgl. Bundesministerium für Bildung und Forschung/ Biosicherheit/ Lexikon/ Lignin. http://www.pflanzenforschung.de/biosicherheit/lexikon/810.lignin.html (letztmalig abgerufen am 08.06.2019), Anhang 1.III.

und Weiden, aber auch Robinie und Erle[62], sogenannte Kurzumtriebshölzer,[63] hierfür verwendet.

Für das Verfahren der Vergärung anderer Lignocellulosepflanzen eignen sich vor allem Schilfgräser, Rutenhirse/Rohrglanzgras oder Futtergräser, da diese einen höheren Zellulose- und niedrigeren Lignin- und Hemicellulosegehalt haben[64].

"This (basic chemical) content is important in determining a feedstock`s suitability for different conversion processes. Agricultural residues, such as sugar cane leaves, tend to be bulkier (lighter weight) and typically have greater amounts of ash than do woody crops such as poplar. As a result, this feedstock tends to be more difficult to gasify. Thus, there has been more a focus on using crop residues or tall energy crops for enzymatic conversion to ethanol, particularly since they also tend to have a higher intrinsic sugar content and smaller amount of lignin. In contrast, woody crops, because of their higher lignin content, are considered somewhat more attractive feedstocks for gasification and conversion to synthetic diesel fuel."[65]

---

[62] Vgl. Brandenburgische Energie Technologie Initiative, Energieholz, S.10.
[63] Oft auch Kurzumtriebsplantagen – KUP.
[64] *Kaltschmitt, Hartmann* (Hrsg.), 2001, Energie aus Biomasse, Kapitel 3.1 Lignocellulosepflanzen, S. 57 ff.
[65] Worldwatch Institute, 2007, Biofuels for transport, S. 47.

Abbildung 5: Erfassung von Biokraftstoffen der zweiten Generation, ausgehend von den zwei jeweils wesentlichen Verarbeitungsprozessen

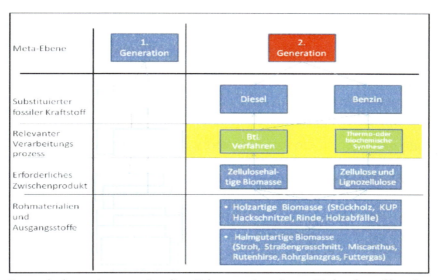

Festzuhalten ist somit die Erkenntnis, dass Biokraftstoffe der zweiten Generation nicht in Konkurrenz zu Lebensmittel stehen und aus der gesamten Biomasse einer Pflanze produziert werden können.

Neben der verwendeten Biomasse, den Ausgangsstoffen, unterscheidet also vor allem das Produktionsverfahren die Biokraftstoffe der zweiten Generation von solchen der ersten. Bei den Produktionsverfahren von Biokraftstoffen der zweiten Generation handelt es sich entweder um die Umwandlung von zellulosehaltiger oder lignocellulosehaltiger Biomasse in Zucker oder um das BtL-Verfahren, in dem Biokraftstoffe aus Synthesegas hergestellt werden.

1. **Umwandlung von zellulosehaltiger oder lignocellulosehaltiger Biomasse**

Die im nachfolgenden Teil dargestellte Herstellungsweise von Biokraftstoffen der zweiten Generation zeichnet sich dadurch aus, dass versucht wird, die in jeder Holz- und halmgutartigen Biomasse vorkommende Lignocellulose, zumindest teilweise, in Zuckermoleküle aufzuspalten. Aus den Zuckermolekülen kann sodann Ethanol hergestellt werden.

Lignocellulose ist ein robuster Verbund aus Zellulose, Hemizellulose und Lignin, deren Anteile sich in Abhängigkeit der jeweiligen Biomasse (z. B. Eichenholz, Weizenstroh) leicht unterscheiden können. [66]

Da diese Stoffe letztlich von der Pflanze u. a. aus Zuckerkomponenten synthetisiert wurden, können sie auch vom Grundsatz her wieder in diese Komponenten aufgespalten werden. Eine Ausnahme bildet das Lignin, bei dem dies aufgrund des sehr stabilen molekularen Aufbaus und des damit verbundenen sehr hohen technischen Aufwands bisher nicht der Fall ist.[67]

"Different technologies for producing biofuels from cellulosic feedstock use different components of the biomass. So called enzymatic conversion technology focuses on processing the core sugar components of cellulose and hemicelluloses into ethanol." [68]

Zellulose ist aus Glucosemolekülen (Glukosemonomere) aufgebaut. Um die in pflanzlichen Rohstoffen wie z.B. Holz enthaltenen

---

[66] *Bötcher, Hampel, Kügemann, Lüdeke-Freund* (Hrsg.), 2014, Biokraftstoffe, S: 169.
[67] *Bötcher, Hampel, Kügemann, Lüdeke-Freund* (Hrsg.), 2014, Biokraftstoffe, S. 169.
[68] Worldwatch Institute, 2007, Biofuels for transport, S. 46.

Glukosemonomeren einer Alkoholproduktion zugänglich zu machen, müssen diese zunächst im Wege einer Hydrolyse freigesetzt werden, um sie dann vergären und in Ethanol umwandeln zu können.

Die Hydrolyse erfolgt mittels eines Hochdruck-Dampfverfahrens oder durch die Behandlung mit konzentrierter oder verdünnter Säure. Hierbei wird die langkettige Zellulose in Glucose, also in Zuckermoleküle aufgespalten, die wiederum zu Ethanol verarbeitet werden können.[69] Aus heutiger Sicht dürfte eine Kombination zwischen der enzymatischen und der säure-induzierten Katalyse am ehesten die Chance haben, der Verzuckerung von Lignocellulose zur Marktbedeutung zu verhelfen.[70]

Nachdem die Zuckermoleküle herausgebrochen wurden, schließt sich ein biochemisches Verfahren an, welches sich an der Herstellung von Bioethanol orientiert, wie es im Rahmen der Biokraftstoffproduktion der ersten Generation beschrieben wurde.[71] Letzten Endes wird Zellulose, das auch ein Kohlenhydrat ist, nur langkettiger als Zucker oder Stärke, zu Zucker durch eine Kombination aus thermischen, biologischen und chemischen Verfahren runter gebrochen[72].

Abbildung 6: Herstellung von Bioethanol der zweiten Generation (vereinfachte Darstellung)

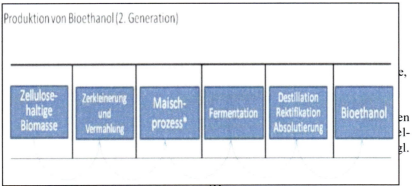

- Die Produktion von Bioethanol der zweiten Generation entspricht grundsätzlich der der ersten Generation. Da jedoch nicht mit, der Fermentation ohne weiteres zugänglichem Zucker gearbeitet wird, sondern mit Zellulose, muss diese zunächst, wie auch Stärke, in vergärbare Glucose aufgespalten werden.
- Die Unterschiede liegen somit vor allem in dem aufwändigeren Aufschlussverfahren (Maischverfahren), da Zellulose wesentlich resistenter ist als Stärke, die relativ einfach zu Glucose aufgespalten werden kann (Vgl. Kaltschmitt, Hartmann (Hrsg.) 2001, Energie aus Biomasse, S. 612

2. Biokraftstoffe aus (Bio-) Synthesegas, BtL

Das im Folgenden beschriebene Verfahren ist geeignet, um verschiedene Biokraftstoffe herzustellen. Diese Biokraftstoffe entstehen letzten Endes immer durch die Umwandlung von Biomasse in Synthesegas und der anschließenden Verflüssigung des Synthesegases in einen Biokraftstoff. Dieser Biokraftstoff der zweiten Generation wird oftmals daher auch als BtL – Biomass to Liquid – bezeichnet.

BtL ist aber meist nur der Oberbegriff für eine große Zahl von unterschiedlich bezeichneten Biokraftstoffen.[73] Andere, häufig vorzufindende Begriffe, sind zum einen „synthetische Biokraftstoffe", aufgrund des als Zwischenprodukt agierenden Synthesegases[74] „SunFuel" oder „Sun-Diesel" genannt, wobei diese Namensgebung wohl primär unter Marketinggesichtspunkten entstand[75]. Zum anderen „Designerkraftstoffe", da sich die derart hergestell-

---

[73] Vgl. FnR, 2009, Biokraftstoffe – eine vergleichende Analyse, 2. Auflage, S. 83.
[74] Vgl. FnR, 2005, Schriftenreihe „Nachwachsende Rohstoffe", Bd. 25, Synthetische Biokraftstoffe.
[75] Vgl. Volkswagen AG, 2005, Sunfuel – der Weg zur nachhaltigen Mobilität, http://docplayer.org/10224613-Sunfuel-der-weg-zur-nachhaltigen-mobilitaet.html
(letztmalig abgerufen am 08.06.2019), Anhang 1.IV.

ten Kraftstoffe passgenau an die Anforderungen heutiger Verbrennungsmotoren anpassen lassen und in ihren Nutzungseigenschaften regelrecht „maßgeschneidert" werden können, was zu einer Verringerung der Abgas- und Rußpartikelemissionen führen soll.[76]

"So-called gasification systems meanwhile, use a gasifier to convert all three main components of biomass to a "syngas" which can then be used to produce liquid fuel such as synthetic diesel and/or other fuels."[77]

Die bekannteste thermochemische Herstellung von Biokraftstoffen der zweiten Generation ist die thermo-chemische Spaltung von zellulosehaltiger Biomasse in ein sogenanntes Syn- oder Synthesegas, wobei auch die Begriffe des Produkt- oder Schwachgases (LCV – Low Carbon Value Gas) sowie des Holzgases[78] häufig Verwendung finden. Allen Gasen gemeinsam ist aber, dass sie nur ein Zwischenprodukt sind und anschließend durch ein hochtechnisiertes Katalyseverfahren (zumeist durch das Fischer-Tropsch-Verfahren) in flüssige Biokraftstoffe verarbeitet werden.[79]

Mit diesem zweistufigen Verfahren wurde zunächst Biodiesel hergestellt. Jedoch kann das Synthesegas in eine Vielzahl von Endprodukten, u.a. in Wasserstoff, Methanol, Dimethylether und Ottokraftstoffe, umgewandelt werden.[80] Die Herstellung von Biokraftstoffen der zweiten Generation gestaltet sich jedoch schwieriger als wohl zunächst gedacht. Ein Vorzeigeobjekt der ostdeutschen Technologieförderung, die über lange Jahre als Technologieführer auf dem Gebiet der Produktion von BtL-Biokraftstoffen gehandelten Choren Industries GmbH aus Freiberg

---

[76] FnR, 2009, Biokraftstoffe – eine vergleichende Analyse, 2. Auflage, S. 83.
[77] Worldwatch Institute, 2007, Biofuels for Transport, S. 47.
[78] *Kaltschmitt, Hartmann (Hrsg.)*, 2001, Energie aus Biomasse, S. 427.
[79] Vgl. Worldwatch Institute, 2007, Biofuels for Transport, S. 64.
[80] Vgl. Worldwatch Institute, 2007, Biofuels for Transport, S. 64.

in Sachsen, hat am 08.07.2011 zusammen mit zwei Tochtergesellschaften Insolvenz angemeldet.[81]

Die vom Karlsruher Institut für Technologie (KIT) entwickelte, im Jahr 2014 in Betrieb genommene Pilotanlage für ein neuartiges Herstellungsverfahren von BtL musste mit insgesamt 27 Mio. Euro gefördert werden.[82]

Abbildung 7: Herstellung von Biodiesel der zweiten Generation aus Synthesegas (vereinfachte Darstellung)

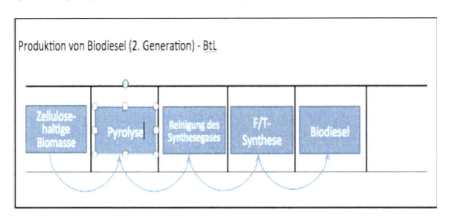

III. Biokraftstoffe der dritten Generation

Die Definition von Biokraftstoffen der dritten Generation fällt nochmal schwerer, da sich insbesondere die RED überhaupt nicht

---

[81] http://www.biomasse-nutzung.de/choren-schliest-sud-chemie-offnet-%E2%80%93-Biokraftstoffe-der-2-generation-weiterhin-auf-der-suche, (letztmalig abgerufen am 08.06.2019), vgl. Anhang 1.V.

[82] http://www.carmen-ev.de/mobilitaet/1307-fortschrittliche-Biokraftstoff-pilotanlage-in-betrieb-genommen (letztmalig abgerufen am 08.06.2019), vgl. Anhang 1.VI.

mit einer weitergehenden Konkretisierung beschäftigt, sondern nur die Begrifflichkeit verwendet (siehe oben).

Wenn Biokraftstoffe der zweiten Generation die „Food vs. Fuel-Problematik" umgehen, müssten Biokraftstoffe der dritten Generation, als Weiterentwicklung, ein anderes, wesentliches Problem der Biokraftstoffproduktion angehen. Es handelt sich bei Biokraftstoffen der dritten Generation um solche Kraftstoffe, deren Herstellungsprozess insbesondere die zunehmend begrenzter werdende Anbaufläche nicht belasten. Diese Voraussetzungen erfüllen aber nur sogenannte Algenkraftstoffe, bei denen Algen künstlich gezüchtet werden und sodann aus den Algen eine Art Algenöl extrahiert wird oder die angefallene Biomasse in „altbewährter Weise" zu Biogas vergoren und nach einem weiteren Verfahrensschritt [83] als Biokraftstoffe verwendet werden können.

Teil 4   Fazit

Wenn von Biokraftstoffen die Rede ist, geht es zwar somit tatsächlich erst mal nur um flüssige oder gasförmige Kraftstoffe für den Verkehr, die aus Biomasse hergestellt werden[84], doch lohnt sich eine nähere Betrachtung und Unterteilung, um mögliche Chancen und Gefahren der einzelnen Kraftstoffe einschätzen und bewerten zu können.

Gerade da die Produktionsprozesse der Biokraftstoffe und die Anforderungen an die Rohmaterialien derart unterschiedlich sind, wäre eine verallgemeinernde Bewertung von „Biokraftstoffen" zu kurz gegriffen.

---

[83] Biogas to liquid – BtL.
[84] Vgl. Art. 2 UA 2 lit i RED.

Nur wenn es gelingt, Biokraftstoffe zu definieren und zu kategorisieren, können zukünftige Kritiken, Förderungen oder Modifikationen zielgenau platziert werden und somit konstruktiv sein.

Allerdings muss man sagen, dass die Förderung nach dem „Gießkannen-Prinzip", wie es auch im Rahmen des deutschen Gesetzes für den Vorrang Erneuerbarer Energien (EEG) erfolgt, durchaus seine Berechtigung hat, da somit die verschiedenen Technologien im Konkurrenzkampf zueinander stehen und sich theoretisch diejenigen Biokraftstoffe und Technologien behaupten, die sich im direkten Vergleich durchsetzen. Wenngleich biologisch-nachhaltige Ansätze hierbei zunächst völlig unberücksichtigt bleiben, kann jedoch immerhin die Dezentralität und höhere Biodiversität dieses Ansatzes möglicherweise zu einer stärkeren Nachhaltigkeit beitragen.

KAPITEL 2: DER BEGRIFF DER NACHHALTIGKEIT

Teil 1 Einleitung

Bevor im dritten und vierten Kapitel dieser Arbeit die europäische Umwelt- und Biokraftstoffpolitik dargestellt wird, soll sich zunächst dem Begriff der Nachhaltigkeit angenähert und geschaut werden, ob die mit diesem Begriff verbundene Zielsetzung geeignet ist, als Leitbild für die europäische Biokraftstoffpolitik herangezogen zu werden. Ist es überhaupt erstrebenswert, eine „nachhaltige" Biokraftstoffpolitik zu fördern?

Die Erneuerbare-Energien-Richtlinie[85] nennt den Begriff „Nachhaltigkeit"/ „nachhaltig" alleine sechsunddreißig Mal in ihren einleitenden Erwägensgründen, so dass wohl schon aus der Häufigkeit der Nennung geschlossen werden kann, dass ein wesentliches Ziel der RED die Förderung einer „nachhaltigen" Energie (-politik) ist.[86]

Wenngleich die Begriffe „Nachhaltigkeit" oder die oftmals synonym verwendete „nachhaltige Entwicklung" heutzutage beinahe allgegenwärtig sind und zumindest begrifflich allgemein bekannt sein dürften, fällt es jedoch schwer, genau festzulegen, was unter Nachhaltigkeit zu verstehen ist. Aufgrund der vielseitigen Verwendung der Begrifflichkeit ist wohl oftmals der Kontext des Ge-

---

[85] Richtlinie 2009/28/EG des Europäischen Parlaments und des Rates vom 23. April 2009 zur Förderung der Nutzung von Energie aus erneuerbaren Quellen und zur Änderung und anschließenden Aufhebung der Richtlinien 2001/77/EG und 2003/30/EG; Kurztitel: Erneuerbare-Energien-Richtlinie.
[86] Es ist anerkannt, welche Möglichkeiten Innovation und eine nachhaltige, wettbewerbsfördernde Energiepolitik für das Wirtschaftswachstum bieten, vgl. Erwägungsgrund 3, RED.

brauchs entscheidend. Ohne einen konkreten Bezug ordnet jeder dem Begriff Nachhaltigkeit andere Attribute zu und sieht andere Politikfelder von dem Begriff erfasst.

Die potentielle Grenzenlosigkeit des Nachhaltigkeitsbegriffs ist freilich Stärke und Schwäche zugleich.[87] Es droht aber auch, dass der Begriff zu einem Plastikwort verkommt – einerseits unendlich formbar, andererseits die Vorstellung einer geformten Stereotypie weckend.[88]

Doch der Befund, dass eine begriffliche Einordnung schwerfällt, sagt nichts über die Notwendigkeit eines solchen Unterfangens. Abstrakte Debatten werden mit abstrakten Begriffen geführt, so auch im Bereich Umwelt und Entwicklung. Wenngleich auch Begrifflichkeiten wie Gerechtigkeit und Frieden sich kaum eindeutig definieren lassen, legt dies nicht den Schluss der rechtlichen Irrelevanz dieser Begriffe nahe.[89]

Teil 2 Historische Entwicklung des Nachhaltigkeitsbegriffs

I. Von den hauswirthlichen Nachrichten zur Klimakonferenz von Kopenhagen

Als Ursprung des Nachhaltigkeitsbegriffs wird regelmäßig die Sylvicultura Oeconomica oder „hauswirthliche Nachricht und Naturmäßige Anweisung zur wilden Baum-Zucht" des Oberberghauptmannes Hans Carl von Carlowitz aus Freiberg genannt. Darin schrieb von Carlowitz 1713: „…wird deshalb die oft größte Kunst/

---

[87] *Rehbinder*, Das deutsche Umweltrecht auf dem Weg zur Nachhaltigkeit, in: NVwZ 2002, S. 661.
[88] *Ninck*, 1997, Zauberwort Nachhaltigkeit, S.45.
[89] Vgl. *Braune*, 2005, Rechtsfragen der nachhaltigen Entwicklung, S. 68.

Wissenschaft/ Fleiß und Einrichtung hiesiger Lande darinnen beruhen, wie eine sothane Conservation und Anbau des Holtzes anzustellen, dass es eine contiunuierliche beständige und nachhaltende Nutzung gebe (...).

Der Begriff der Nachhaltigkeit stammt also aus der Forstwirtschaft des 18. Jahrhunderts, die erkannte, dass sich der Boden zur Holzproduktion nur dann dauerhaft zu unternehmerischen Zwecken nutzen ließe, wenn man den Wald nicht insgesamt radikal abholzte, sondern auch die Regeneration ermöglichte, d.h. die Entnahme- und Regenerationsmenge sich entsprächen.[90]

Nachhaltigkeit war wirtschaftlich geprägt und ökologische Komponenten waren nur mittelbarer Zweck zur Aufrechterhaltung wirtschaftlicher Prosperität. Auch heutzutage wird der Begriff noch teilweise als Synonym für Dauerhaftigkeit und dauerhaften „wirtschaftlichen" Erfolg verwendet.[91]

Der forstwirtschaftliche Nachhaltigkeitsbegriff differenzierte sich Mitte des 20. Jahrhunderts bezüglich einer einzelbetrieblichen-wirtschaftlichen Nachhaltigkeit, die den Wald als Betrieb und den Nutzen für dessen Besitzer in den Blick nahm, und einer sozialethischen Nachhaltigkeit, die den Wald als Teil des menschlichen Lebensraumes und den Nutzen für die Gesellschaft betrachtete, aus.[92]
Innerhalb des modernen Völkerrechts wird die „Bering Sea (Fur Seals) Arbitration"[93] als eine der ersten[94] Quellen genannt, die die

---

[90] Vgl. *Frenzel*, 2005, Nachhaltigkeit als Prinzip, S. 20.
[91] *Ekardt* sieht in Begriffen wie nachhaltiger Braunkohleabbau jedoch die Schwelle zur Pervertierung des Begriffs „nachhaltig" überschritten. Vgl. *Ekardt*, Eine kurze Anmerkung, in: ZfU 2008, S. 223 ff.
[92] *Zürcher*, 1965, Die Idee der Nachhaltigkeit, S. 131.
[93] Digest of intl. Cases on the Law of the Sea 2007, S. 141 ff.
[94] Vgl. *Braune*, 2005, Rechtsfragen der nachhaltigen Entwicklung, S. 38.

Verbindung und Interdependenz von Ökonomie und Ökologie aufgriff. Auch hier ging es jedoch darum, die Natur „nur" unter ökonomischen Gesichtspunkten, also als Rohstofflieferant, zu schützen und weniger um ihrer selbst willen. Als die USA Alaska 1867 erwarben, erhielten sie auch die Seebärenindustrie der Pribilof-Inseln. Um diese Industrie langfristig zu erhalten, regelte die USA in den Folgejahren die Fangquoten für Seebären in der Beringsee, was insbesondere von englischen Fischern missbilligt wurde.

1980 nannte die World Conservation Strategy der International Union for Conservation of Nature and Natural Resources bereits (die) drei Dimensionen der nachhaltigen Entwicklung. *„For development to be sustainable it must take into account of social and ecological factors, as well as economic ones, of the living and non-living resource base, and of the long term as well as the short-term advantages and disadvantages of alternative actions."*[95]

Es wurde bereits von der „nachhaltigen Entwicklung" und weniger der „Nachhaltigkeit an sich" gesprochen. Diese vermeintlich geringe Abwandlung ist aber von wesentlicher Bedeutung. Zum einen, da dadurch zum Ausdruck kommt, dass auch die Entwicklung selbst nachhaltig erfolgen muss. Zum anderen, was sich als „formelle" Komponente der Nachhaltigkeit herausstellen soll, erhält die Nachhaltigkeit ein zeitliches, prozessuales Element, das den Weg von Ausgangsstadium zu einem nachhaltigen Zielstadium beschreibt. Nachhaltigkeit war kein Zustand, der aus dem Nichts heraus erreicht werden kann, sondern immer verbunden mit einem Prozess.

---

[95] World Conservation Strategy – Living Resource Conservation for Sustainable Development, International Union for Conservation of Nature and Natural Resources (IUCN), and United Nations Environment Programme (UNEP) and the World Wildlife Found (WWF), 1980; http://data.iucn.org/dbtw-wpd/edocs/WCS-004.pdf (letztmalig abgerufen am 08.06.2019), Anhang 1.VII.

Die als Brundtland-Kommission, benannt nach der ihr vorsitzenden ehemaligen norwegischen Ministerpräsidentin Gro Harlem Brundtland, bekannte „World Commission on Environment and Development (WCED)"[96], die sich verstärkt dem Zusammenhang zwischen der wirtschaftlichen Entwicklung und der Umwelt widmen sollte, beschreibt 1987 in ihrem Bericht „Our common future" den recht allgemein gefassten, aber weitgehend anerkannten Begriff (einstimmig gebilligt durch die Generalversammlung der Vereinten Nationen) der Nachhaltigkeit wie folgt: *„Sustainable Development is development that meets the needs of the present without compromising the ability of future generations to meet their own needs."*[97]

Die drei zuvor genannten Bereiche werden als Schlüsselfaktoren, aber auch Hauptsorgenpunkte, der weiteren globalen Entwicklung herausgestellt. *„Until recently, the planet was a large world in which human activities and their effects were neatly compartmentalized within nations, within sectors (energy, agriculture, trade), and within broad areas of concern (environment, economics, social)."*

In Kapitel 1, I. „Symptoms and Causes" werden die die Zukunft bedrohenden Probleme wie Armut, mangelnde oder heterogene Entwicklung, natürliche Ausbeutung und wirtschaftliches Wachstum, zueinander ins Verhältnis gesetzt und jeweils die gegenseitigen Wechselwirkungen aufgezeigt. *„Environment and development are not separate challenges; they are inexorably linked. Development cannot subsist upon a deteriorating environmental resource base; the environment cannot be protected when growth leaves out of account the costs of environmental destruction.*

---

[96] WCED, 1987, Our common future, http://www.un-documents.net/our-common-future.pdf (letztmalig abgerufen am 08.06.2019), Anhang 1.VIII.
[97] WCED, 1987, Our Common Future, S. 41, http://www.un-documents.net/our-common-future.pdf (letztmalig abgerufen am 08.06.2019), Anhang 1.VIII.

These problems cannot be treated separately by fragmented institutions and policies."

Kapitel 1, II greift die Verknüpfung der großen globalen Probleme wieder auf und führt jeweils mit Beispielen aus, dass Umweltprobleme zu weiteren Umweltproblemen führen. Außerdem stehen Umweltprobleme oftmals in Zusammenhang mit zu viel oder mangelnder wirtschaftlicher Entwicklung. Umwelt- und wirtschaftliche Probleme sind schließlich oft durch soziale und politische Umstände bedingt.[98]

Das zweite Kapitel des Brundtland-Berichts trägt die Überschrift „Auf dem Weg zur nachhaltigen Entwicklung" und erläutert die zuvor wiedergegebene Definition der nachhaltigen Entwicklung wie folgt: *"Sustainable development contains within it two key concepts: The concepts of „need", in particular the essential needs of the world's poor, to which overriding priority should be given, and, the idea of limitations imposed by state of technology and social organization on the environments ability to meet present and future needs."*

Durch ein "anderes" Wachstum – eben nachhaltigeres- sollte ein globales, alle Völker tangierendes Wachstum erreicht werden und dadurch die drei großen globalen Problemfelder Umwelt, wirtschaftliche Entwicklung und sozialer Fortschritt in gegenseitigen Ausgleich gebracht werden. Die Wechselwirkung der drei Sektoren sollte in eine positive Wechselwirkung umgewandelt werden. Wichtig waren die Betonung der Einbeziehung „globaler Interessen" sowie die Beachtung der zeitlichen Perspektive, also die Einbeziehung zukünftiger Bedürfnisse in heutige Entscheidungs-

---

[98] WCED, 1987, Our Common Future, Chapter I, Part II, New Approaches to Environment and Development.

findungsprozesse.[99] Die nachhaltige bzw. dauerhafte Entwicklung im Sinne des Brundtland-Berichts stellte also eine Verfremdung des ursprünglichen Nachhaltigkeitsbegriffs dar, da eine Erweiterung (des forstwirtschaftlichen/ ökonomischen Begriffs) auf ökologische und soziale Aspekte erfolgte.[100]

Die starke Verknüpfung von Umweltinteressen mit dem Thema Nachhaltigkeit scheint dazu geführt zu haben, dass insbesondere die Öffentlichkeit den Begriff der Nachhaltigkeit nur noch primär unter dem Gesichtspunkt der Ökologie wahrnimmt, mithin als Synonym für umweltfreundliches Handeln. Damit wäre eine vollkommene Kehrtwende gegenüber dem ursprünglichen Nachhaltigkeitsbegriff aus der Forstwirtschaft erreicht worden.

Ein gefühlter Vorrang der ökologischen Interessen verstärkte sich durch die Klima-Konferenzen von Rio de Janeiro, Kyoto, Berlin, Johannesburg und Kopenhagen, wenngleich die Konferenzen weiter von der Dreidimensionalität ausgingen, ohne dem umweltpolitischen Aspekt tatsächlich einen Vorrang zu gewähren.[101]

Sicherlich wurde etwa in der Riokonferenz dem Umweltschutz eine wichtige Rolle zugesprochen, jedoch muss wohl berücksichtigt werden, dass die Rolle umweltrechtlicher Belange für die zukünftige schadensfreie Entwicklung der Welt bisher weniger stark hervorgehoben wurde und daher die besondere Hervorhebung der Relevanz der Beachtung der Umwelt dazu geführt haben könnte, dass dieser Aspekt alleine mit dem Begriff der Nachhaltigkeit in Verbindung gesetzt wurde.

---

[99] Diese beiden Komponenten sollen später noch unter den Stichworten „inter-" und „intragenerationelle Gerechtigkeit" besprochen werden.
[100] *Frenzel*, 2005, Nachhaltigkeit als Prinzip, S. 22.
[101] Vgl. *Frenzel*, 2005, Nachhaltigkeit als Prinzip, S. 27.

Tatsächlich aber konzentrierten sich auch die Rio-Prinzipien auf die (wirtschaftliche) Entwicklung, die jedoch Umweltbelange berücksichtigen muss.[102] Die „Erklärung von Johannesburg über nachhaltige Entwicklung" spricht in Nummer fünf eindeutig wieder von der Dreidimensionalität der Nachhaltigkeit.[103]

Droht nun aber dem Begriff der Nachhaltigkeit durch die Erweiterung der von dem Konzept der Nachhaltigkeit betroffenen Sektoren die Gefahr der Konturenlosigkeit? Ist Nachhaltigkeit am Ende nicht mehr als ein Instrument zur Integration von drei gegensätzlichen Bereichen?[104]

"The EC Fifth Action Programme is entirely marked by sustainability. Its main aim is to achieve the integration of environmental policy considerations into other policies of Community relevance. This demand (...) is difficult to achieve in classic environmental policy, which separates environmental and economic concerns, policies and actors. However it forms the core of sustainability,

---

[102] Vgl. Principle 2-4 Rio Declaration: States have (…) the sovereign right to exploit their own resources pursuant to their own environmental and development policies (…). The right to development must be fulfilled so as to equitably meet development and environmental needs of present and future generations. In order to achieve sustainable development, environmental protection shall constitute an integral part of the development process and cannot be considered in isolation from it.

[103] (…) to advance and strengthen the interdependent and mutually reinforcing pillars of sustainable development – economic development, social development and environmental protection. Vgl. http://www.earthsummit2002.org/es/preparations/global/Decision%20-%20CSD%2011%20Final.pdf (letztmalig abgerufen am 08.06.2019), Anhang 1.IX.

[104] Jachtenfuchs formuliert dies zumindest im Anschluss an die Analyse des europäischen Verständnisses von Nachhaltigkeit; vgl. Jachtenfuchs, 1996, International policy making as a learning process, S.168.

which considers the environment and the economy as an inseparable unit."[105]

Dann wäre aber Nachhaltigkeit nicht mehr als der unausgewogene Versuch des Ausgleichs zwischen Ökonomie und Ökologie.

Diese Reduzierung der Nachhaltigkeit auf ein Konzept einer unausgewogenen Verknüpfung von mehreren Politikbereichen greift aber zu kurz.

Bereits im Brundtland-Bericht wurde betont, dass die Verknüpfung von Ökonomie, Ökologie und Sozialem zu einer gegenseitigen Stärkung der Bereiche führen soll und führen kann. Durch Befolgung des Grundgedankens der Nachhaltigkeit werden die vermeintlich widersprüchlichen Sektoren zu sich gegenseitig ergänzenden Komponenten einer einheitlichen Entwicklung, die dann als nachhaltig zu bezeichnen ist.

II. Fazit der historischen Entwicklung

Nachhaltigkeit hat sich zu einem Begriff entwickelt, der sich inzwischen auf allen Ebenen der Entscheidungsfindung und der Rechtssetzung etabliert hat. Eine genaue Definition bezüglich des Verständnisses des gebrauchten Begriffs wird selten gegeben und oftmals müssen aus dem Zusammenhang mit der geregelten Materie Rückschlüsse auf die jeweilige Bedeutung von Nachhaltigkeit und nachhaltiger Entwicklung gezogen werden.

Die oben genannte Definition der Brundtland-Kommission ist sicherlich ein guter Ansatz, angesichts einer Vielzahl von Autoren, die sich mit dem Begriff der Nachhaltigkeit beschäftigen. Auch

---

[105] *Atkinson, 2011*, Sustainability in European Environmental Policy, S. 16.

deshalb gibt es über 70 Definitionen des Begriffs,[106] wobei die drei Komponenten Soziales, Ökologie und Ökonomie hierbei jedoch regelmäßig fester Bestandteil sind.

Unklar ist aber das genaue Verhältnis der einzelnen Bestandteile zueinander, ob die drei Elemente noch durch weitere Ebenen ergänzt werden müssen und ob Nachhaltigkeit überhaupt etwas Positives ist.

Eine abschließende Bestimmung und ein Verständnis des Begriffs Nachhaltigkeit sind mit der Erfassung diese drei konträren, aber irgendwie zusammenhängenden Bereiche noch nicht erreicht.

Teil 3 Nachhaltigkeit: Säulen oder Ellipsen

Das Konzept der Nachhaltigkeit wird oftmals modellhaft dargestellt, um wesentliche Merkmale zu skizzieren und verständlich zu machen. Als gutes Beispiel dienen das Säulenmodell und die Nachhaltigkeits-Ellipse. Beide Modelle stimmen grundsätzlich aber dahingehend überein, dass die Sphären Ökonomie, Ökologie und Soziales von dem Begriff der Nachhaltigkeit erfasst sind.

I. Das Säulenmodell

Nachhaltigkeit und nachhaltige Entwicklung wurden seit dem Brundtland-Bericht 1987 oftmals mit dem Drei-Säulen-Modell dargestellt, bei dem die Nachhaltigkeit auf den drei gleichberechtigten Säulen Ökologie, Ökonomie und Soziales beruht. Hierbei wird Nachhaltigkeit als ein mehrdimensionales Konzept gesehen,

---

[106] *Beaucamp*, 2002, Das Konzept der zukunftsfähigen Entwicklung, S. 21; Vgl. die Auflistung von 18 teils konträren Definitionen bei *Ninck*, 1997, Zauberwort Nachhaltigkeit, S. 51 ff.

das von einer sozialen, einer ökologischen und einer ökonomischen Dimension ausgeht und diese als gleichrangige Ziele darstellt.[107]

Die Mehrdimensionalität des Leitbildes ist sicherlich ein wichtiger Aspekt der Nachhaltigkeit und wird durch das Säulenmodell gut erfasst. Dennoch hat das Säulenmodell auch Schwächen, da es an einer integrativen Betrachtungsweise fehlt, da Zielkonflikte zwischen den Dimensionen nicht thematisiert werden.[108] Ekardt lehnt das Säulenmodell gänzlich ab, da schon begrifflich eine Trennung ökologischer, ökonomischer und sozialer Aspekte kaum möglich ist und führt als Beispiel (u.a.) die Gesundheit an, die sowohl ein soziales wie auch ökologisches Ziel, aber auch ein ökonomisches Ziel sein kann.[109]

---

[107] *Von Geibler, 2010,* Nachhaltigkeit in globalen Wertschöpfungsketten, S. 65.
[108] M.w.N. *von Geibler, 2010,* Nachhaltigkeit in globalen Wertschöpfungsketten, S. 66.
[109] *Ekardt, 2006,* Das Prinzip der Nachhaltigkeit, S. 27 f.

Abbildung 8: Das Säulenmodell (eigene Darstellung)

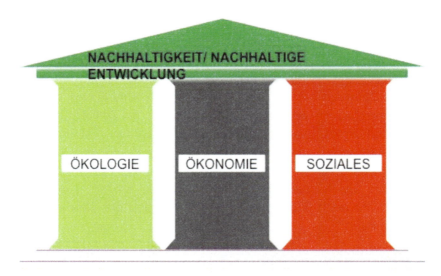

II. Nachhaltigkeits-Ellipse

Leicht modifiziert stellt die Nachhaltigkeits-Ellipse das Konzept der Nachhaltigkeit dar. Hier wird die „Ökosphäre" als begrenzendes bzw. umschließendes Element, die Gesellschaft als Subsystem der Natur und die ökonomische Dimension wiederum als Subsystem des Sozialen dargestellt. Damit ergibt sich eine hierarchische Struktur zwischen den Systemelementen und eine treffendere Erfassung der Beziehung innerhalb des Systems.[110]

Die Ökosphäre ist umschließendes Element und begrenzt die beiden anderen Sphären. Jede Ausweitung der ökonomischen oder sozialen Sphäre führt zu einer Verkleinerung der verbleibenden Ökosphäre. Jede Verkleinerung der Ökosphäre an sich führt zu

---

[110] *Birkmann*, 2004, Monitoring und Controlling, S. 29.

weniger Entwicklungsmöglichkeiten der ökologischen und sozialen Sphäre.

Abbildung 9: Nachhaltigkeit: Die Nachhaltigkeits-Ellipse (eigene Darstellung in Anlehnung an v. Geibler, Nachhaltigkeit, S. 66)

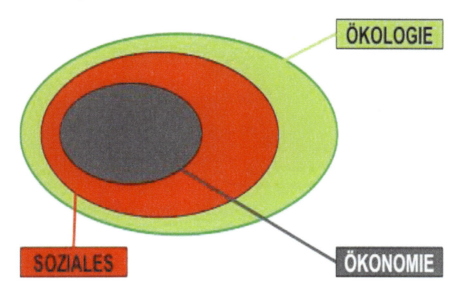

III. Erweiterte Nachhaltigkeits-Ellipse

In der erweiterten Nachhaltigkeits-Ellipse ist die Ökonomie nicht gänzlich in die Gesellschaftssphäre integriert, sondern durchbricht diese teilweise und hat auch Schnittstellen zur Ökologie. Die Ökosphäre bleibt aber abschließendes Element und behält somit ihre Position innerhalb der Hierarchie der einzelnen Sphären.

Abbildung 10: Nachhaltigkeit: Die erweiterte Nachhaltigkeits-Ellipse (eigene Darstellung in Anlehnung an v. Geibler, Nachhaltigkeit, S. 67)

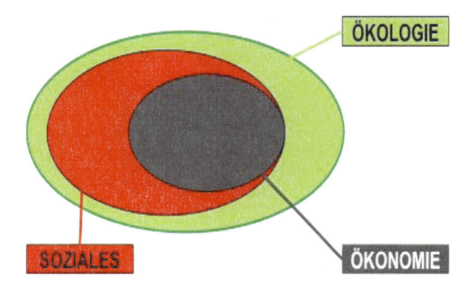

IV. Kritische Würdigung der Modelle

Das Drei-Säulen-Modell ist ungeeignet, die komplexen Zusammenhänge der Nachhaltigkeit zu erklären. Zum einen ist Nachhaltigkeit mehr als nur die Koordinierung von Ökologie, Ökonomie und Sozialem, zum anderen spielen noch andere Faktoren in den Begriff der Nachhaltigkeit hinein.[111]

Darüber hinaus stellt die Nachhaltigkeits-Ellipse die Interdependenz der drei wesentlichen Komponenten der Nachhaltigkeit besser dar als drei voneinander mehr oder weniger isoliert zu

---

[111] Vgl. *Ekardt, 2005*, Das Prinzip der Nachhaltigkeit, S. 27.

betrachtende Säulen.[112] Durch die Darstellung der Nachhaltigkeit als Ellipse, mit einer äußeren Hülle der Ökologie, wird deutlich, dass die ökologische Hülle zum einen den bestimmenden Rahmen festlegt und außerdem jede Veränderung in einer der drei Bereiche unmittelbar Auswirkungen auf die anderen Bereiche hat. Wenn bestimmte Entwicklungen nicht umweltverträglich sind und über die Tragfähigkeit kritischer ökologischer Systeme hinausgehen, ist die Leistungskraft der Umwelt geschwächt und langfristige Bedürfnisse der Gesellschaft können nicht befriedigt werden. Auch der Ökonomie fehlen dann die essentiellen Grundlagen für ein Bestehen.[113]

Noch präziser erscheint daher das erweiterte Nachhaltigkeits-Ei, welches die Interdependenz aller drei Sphären am besten darstellt, da Wechselwirkungen zwischen allen Sphären zu beachten sind. Beispielsweise ist ein Wald ein biophysischer Teil der Natur und gleichzeitig auch ein Produktionsort der Forstwirtschaft.[114] Umstände in der ökologischen Sphäre wirken sich also mitunter auch unmittelbar auf die ökonomische Sphäre aus und nicht nur mittelbar über die gesellschaftlich-soziale Sphäre.

Bisher bleiben also zwei wesentliche Faktoren festzuhalten. Die multiple Interdependenz der drei Sphären sowie das umschließende und abschließend begrenzende Element der ökologischen Sphäre, die die Hierarchie der einzelnen Sphären anführt und Voraussetzung für den Bestand der anderen Sphären ist.

---

[112] Vgl. *Ekardt, 2005*, Das Prinzip der Nachhaltigkeit, S. 27.
[113] *Von Geibler*, 2010, Nachhaltigkeit in globalen Wertschöpfungsketten, S. 66.
[114] *Von Geibler*, 2010, Nachhaltigkeit in globalen Wertschöpfungsketten, S. 67.

Teil 4 Der Begriff der Nachhaltigkeit und nachhaltigen Entwicklung auf europäischer Ebene

Auch auf europäischer Ebene erfuhr der Begriff der nachhaltigen Entwicklung auf mehreren Ebenen Beachtung und er rückte vermehrt in den Fokus der europäischen Politik. Möglicherweise ist der europäische Umgang[115] mit dem Konzept der Nachhaltigkeit oder der nachhaltigen Entwicklung geeigneter, sich dem Begriff zu nähern.

I. Der Begriff der Nachhaltigkeit im europäischen Primärrecht

Auf europäischer Ebene bekam der Begriff der Nachhaltigkeit bzw. der nachhaltigen Entwicklung erst in den späten neunziger Jahren gewisse Signifikanz, nachdem er 1997 mit dem Vertrag von Amsterdam in den EG-Vertrag implementiert wurde.
Zwar erwähnte 1992 bereits der Vertrag von Maastricht das Nachhaltigkeitskonzept, aber „nur" in Art. 130u EGV, wonach die (...) nachhaltige, wirtschaftliche und soziale Entwicklung der Entwicklungsländer gefördert werden sollte. Ferner besagte die „Erklärung zur Beurteilung der Umweltverträglichkeit der Gemeinschaftsmaßnahmen", im Anschluss an den Vertrag über die Europäischen Union[116], dass sich die Kommission verpflichtet, bei ihren Vorschlägen voll und ganz den Umweltauswirkungen und dem Grundsatz des nachhaltigen Wachstums Rechnung zu tragen und dass die Mitgliedsstaaten sich verpflichten, dies bei der Durchführung zu tun.

---

[115] Vgl. Die ausführliche, chronologische Darstellung der europäischen Nachhaltigkeitsdebatte in: *Atkinson*, 2011, Sustainability in European Environmental Policy, S. 15.
[116] http://www.politische-union.de/euv/euv3.htm (letztmalig abgerufen am 08.06.2019), Anhang 1.X.

Der Vertrag von Amsterdam aus dem Jahr 1999 rückte die nachhaltige Entwicklung jedoch an eine pointiertere Stelle, da gemäß Art. 2 EGV eine harmonische, ausgewogene und nachhaltige Entwicklung des Wirtschaftslebens gefördert wird. Durch den neu eingeführten Art. 3 c EGV sollten Erfordernisse des Umweltschutzes bei der Festlegung und Durchführung der Gemeinschaftspolitiken zur Förderung einer nachhaltigen Entwicklung einbezogen werden.

Der Vertrag von Lissabon aus dem Jahr 2007 brachte ebenfalls nochmal Änderungen bezüglich der Verankerung der Nachhaltigkeit im europäischen Primärrecht. Der Erwägungsgrund sieben der Präambel des Vertrags über die Europäische Union wurde dahingehend geändert, dass nun der Wille manifestiert wurde, den wirtschaftlichen und sozialen Fortschritt der Völker der EU unter Berücksichtigung des Grundsatzes der nachhaltigen Entwicklung zu fördern.

Der Vertrag zur Gründung der Europäischen Gemeinschaft wurde dahingehend geändert, dass gemäß Art. 5 des Vertrags von Lissabon nicht mehr nur bezüglich der in Art. 3 EGV enumerativ aufgelisteten Politiken der Umweltschutz zu beachten ist, sondern dass die Erfordernisse des Umweltschutzes bei der Festlegung und Durchführung der (allen) Unionspolitiken, insbesondere zur Förderung einer nachhaltigen Entwicklung, einbezogen werden müssen.

Eine nähere Ausgestaltung des Begriffs der nachhaltigen Entwicklung erfolgte im Primärrecht bisher nicht. Es entsteht jedoch der Eindruck, dass die nachhaltige Entwicklung primär die Beachtung und Einbeziehung von umweltrechtlichen Aspekten in andere Politikfelder meint. Oder aber, dass nachhaltige Entwicklung, zumindest auch, die Beachtung umweltpolitischer Themen erfordert, so dass neben der Umwelt noch Platz für andere zu beachtende Aspekte bliebe.

Gerade die Änderungen durch den Vertrag von Lissabon deuten darauf hin, dass nachhaltige Entwicklung nicht die Entwicklung „um jeden Preis", sondern vielmehr die dauerhafte Entwicklung meint, die, aufgrund der Beachtung gewisser naturgegebener Grenzen, im Einklang mit natürlichen Ressourcen steht und die Regenerationsfähigkeit der Umwelt gewährleistet, mithin essentiell für die wirtschaftliche und soziale „Leistungsfähigkeit" der europäischen Staatengemeinschaft ist.

Im Hinblick auf die europäische primärrechtliche Verankerung ist Nachhaltigkeit zwar „wachstumsgeprägt", sie sollte aber dennoch mehr als nur als eine umweltrechtliche Querschnittsklausel interpretiert werden, da dies zu unverbindlich wäre.

II. Anderer europäischer Umgang mit dem Begriff der nachhaltigen Entwicklung

Bei der Tagung des Europäischen Rates 2001 im Juni 2001 in Göteborg wurde die erste „European Sustainable Development Strategy - EDS" beschlossen.

Dort wurde die nachhaltige Entwicklung als die Erfüllung der Bedürfnisse der derzeitigen Generation verstanden, ohne dadurch die Erfüllung der Bedürfnisse künftiger Generationen zu beeinträchtigen, wodurch es erforderlich wird, die Wirtschafts-, Sozial- und Umweltpolitik so zu gestalten, dass sie sich gegenseitig verstärken.[117] Das europäische Nachhaltigkeitsverständnis griff hierbei die Definition der Brundtland-Kommission auf und übernahm deren Nachhaltigkeitsbegriff.

---

[117] http://www.consilium.europa.eu/ueDocs/cms_Data/docs/pressData/de/ec/00200-r1.d1.pdf (letztmalig abgerufen am 09.06.2019), Anhang 1.XI.

Der „Lissabonstrategie" wurde eine dritte Dimension, die Umweltdimension, hinzugefügt, welche das europäische Engagement für wirtschaftliche und soziale Erneuerung ergänzen sollte.

Der Europäische Rat wählte hierzu in einem ersten Schritt eine Reihe von Zielen und Maßnahmen aus, die als allgemeine Anhaltspunkte für die künftige Politikgestaltung in vier vorrangigen Bereichen dienen sollten, nämlich Klimaänderungen, Verkehr, Gesundheit der Bevölkerung und natürliche Ressourcen, und die die Beschlüsse, die der Europäische Rat in Stockholm zu sozialen und wirtschaftlichen Fragen gefasst hatte, ergänzen sollten.

2006 erfolgte eine Erneuerung und Überarbeitung der Nachhaltigkeitsstrategie. In Schlussfolgerungen des Vorsitzenden des Europäischen Rates vom 16./ 17. Juni 2005[118], also noch vor der finalen Überarbeitung der Nachhaltigkeitsstrategie, heißt es, dass nachhaltige Entwicklung ein Hauptziel aller Politikbereiche der Europäischen Gemeinschaft ist und als solches im Vertrag festgehalten wird.
Die 2006 vom Europäischen Rat angenommene Erneuerte Europäische Nachhaltigkeitsstrategie[119] greift wieder das bereits bekannte (Brundtland-Kommission-) Verständnis von Nachhaltigkeit auf, wonach die Bedürfnisse heutiger Generationen erfüllt werden sollen, ohne die Erfüllung der Bedürfnisse zukünftiger Generationen zu gefährden.[120]

---

[118] http://register.consilium.europa.eu/pdf/de/05/st10/ st10255.de 05.pdf (letztmalig abgerufen am 09.06.2019), Anhang 1.XII.
[119] Ratsdokument 10917/06 vom 26.6.2006;
http://register.consilium.europa.eu/pdf/de/06/st10/st10917.de06.pdf
(letztmalig abgerufen am 08.06.2019), Anhang 1.XIII.
[120] The needs of the present generation should be met without compromising the ability of future generations to meet their own needs.

Erläuternd wird anschließend ausgeführt, dass das Ziel der nachhaltigen Entwicklung die Bewahrung der Fähigkeit der Erde ist, das Leben in all seiner Vielfalt zu beherbergen. Nachhaltige Entwicklung baut auf den Grundsätzen der Demokratie, der Gleichstellung der Geschlechter, der Solidarität, der Rechtsstaatlichkeit und der Achtung der Grundrechte, wozu Freiheit und Chancengleichheit gehören, auf. Sie strebt eine kontinuierliche Verbesserung der Lebensqualität und des Wohlergehens auf unserem Planeten für die heute lebenden und für die künftigen Generationen an. Zu diesem Zweck fördert sie eine dynamische Wirtschaft und Vollbeschäftigung sowie ein hohes Maß an Bildung, an Schutz der Gesundheit, an sozialem und territorialem Zusammenhalt und an Umweltschutz in einer friedlichen und sicheren Welt, in der die kulturelle Vielfalt geachtet wird.[121]

Um diese Ziele in Europa und weltweit zu erreichen, verpflichten sich die Europäische Union und ihre Mitgliedsstaaten, allein und mit Partnern, folgende Zielsetzungen und Prinzipien anzustreben und zu respektieren, wobei als Hauptziele:
- Umweltschutz,
- soziale Gerechtigkeit und Zusammenhalt,
- wirtschaftlicher Wohlstand und
- dem Nachkommen internationaler Verpflichtungen

genannt werden.
Mit der obigen Zusammenstellung von Attributen, die man der nachhaltigen Entwicklung zuschreibt und die sie beinhalten soll, wird das Konzept der nachhaltigen Entwicklung zu einem Leitbild, das sich jeder Griffigkeit entledigt. Nachhaltige Entwicklung als

---

[121] Ratsdokument 10917/06 vom 26.6.2006;
http://register.consilium.europa.eu/pdf/de/06/st10/st10917.de06.pdf
(letztmalig abgerufen am 08.06.2019), Anhang 1.XIII.

Garant für ein gutes Leben und Schablone zur Herbeiführung des Weltfriedens.

Immerhin formuliert die neue europäische Nachhaltigkeitsstrategie sechs „zentrale Herausforderungen", deren Ausgestaltung und Umsetzung als essentiell für eine nachhaltige Entwicklung angesehen werden[122]. Zu diesen sechs zentralen Herausforderungen zählen:
- Begrenzung der Klimaänderung und saubere Energie,
- nachhaltiger Verkehr,
- nachhaltiger Konsum und nachhaltige Produktion,
- Erhaltung und Bewirtschaftung natürlicher Ressourcen,
- Gesundheit,
- globale Herausforderungen in Bezug auf Armut und nachhaltige Entwicklung.

III. Fazit des europäischen Nachhaltigkeitsverständnisses

Die europäische Ausgestaltung der nachhaltigen Entwicklung ist eher ungeeignet, um sich ihr zu nähern und ein größeres Verständnis zu erlangen.

Zwar enthalten die Ausführungen des Europäischen Rates in dessen neuer europäischen Nachhaltigkeitsstrategie gewisse Differenzierungen (vier Hauptziele und sechs zentrale Herausforderungen), die eine Griffigkeit vermitteln, doch bleibt es schwierig, sich der nachhaltigen Entwicklung durch den Begriff des nachhaltigen

---

[122] Vgl. Ratsdokument 10917/06 vom 26.6.2006; http://register.consilium.europa.eu/pdf/de/06/st10/st10917.de06.pdf (letztmalig abgerufen am 08.06.2019), Anhang 1.XIII.

Verkehrs, des nachhaltigen Konsums und der nachhaltige Produktion zu nähern.

Unter Berücksichtigung der obigen Schlussfolgerungen zur primärrechtlichen Verankerung der nachhaltigen Entwicklung kann aus europäischer Sichtweise nachhaltige Entwicklung somit wie folgt erklärt werden. Nachhaltige Entwicklung ist die Berücksichtigung multipler Politikfelder unter besonderer Beachtung von Umweltinteressen, die zu einer Entwicklung führt, die für keine der drei Sphären besonders hervorzuhebende negative Auswirkungen hat. In einer Welt voller Dependenzen kann ein Entwicklungsschritt, sofern er langfristig Bestand haben will, nur dann gelingen, wenn (durch ihn) widerstreitende Interessen in Einklang gebracht werden.

Meint nachhaltige Entwicklung also das Erreichen eines Zieles unter Beachtung aller irgendwie tangierten Politikbereiche, so dass nachhaltige Entwicklung nur eine prozessuale Vorlage darstellt. Oder ist die nachhaltige Entwicklung die Entwicklung einer zivilisierten, hochtechnisierten und mit anderen gegenwärtigen und zukünftigen Gesellschaften interagierenden Gesellschaft. Der Aspekt der Nachhaltigkeit stellt hierbei sicher, dass alle relevanten Politik- und Existenzbereiche berücksichtigt werden.

Dann würde das Konzept der nachhaltigen Entwicklung zur politischen Weltformel, jedoch, wie die obigen Ausführungen des Rates der Europäischen Union zeigen, mit beinahe beliebig erweiterbaren Variablen.

Dann besteht die Gefahr, dass die praktische Konkordanz divergierender Regelungsziele zum gefährlichen Nullsummenspiel wird, wenn letztlich alles mit allem in einen unmöglichen Ausgleich gebracht werden soll.[123]

---

[123] *Kotzur*, Nachhaltigkeit im Völkerrecht, in: Jahrbuch des Öffentlichen Rechts der Gegenwart, 2009, S. 524.

Bezogen auf die europäische Ebene ist die nachhaltige Entwicklung wohl tatsächlich mehr Leitbild einer integrierten, umfassenden Politik, die sich aufgrund der vielfältigen Anknüpfungspunkte, insbesondere aber der drei Sphären Ökologie, Ökonomie und Gesellschaft, und der Berührung aller Politikfelder der Europäischen Union sich einer gewissen Griffigkeit entzieht und als Leitbild heutige Bedürfnisse befriedigen soll, ohne die Befriedigung der Bedürfnisse zukünftiger Generationen zu gefährden.

Im Ergebnis muss man damit sagen, dass die Europäische Union den Begriff der nachhaltigen Entwicklung als Synonym für etwas verwendet, dass die Europäische Union selbst gar nicht definiert. Innerhalb der Europäischen Union ist daher der Begriff der nachhaltigen Entwicklung kaum mehr als eine Phrase.

Teil 5   Probleme bezüglich des Begriffs der nachhaltigen Entwicklung

Gewisse Attribute und Merkmale der nachhaltigen Entwicklung werden immer wieder und bei mehreren Autoren diskutiert. Auch der von Brundtland und der Europäischen Union verwendete Nachhaltigkeitsbegriff ist keinesfalls ohne Kritik geblieben.

Eine Erläuterung dieser Probleme erscheint hilfreich, um sich dem Begriff weiter zu nähern und um dessen Tücken und die Probleme bei der Umsetzung des Begriffs in nationales oder internationales Recht zu verstehen.

I.   Nachhaltigkeit - Wachstum - Entwicklung

Ein immer wiederkehrendes Problem in der Literatur ist, ob der Begriff der nachhaltigen Entwicklung ein Wachstum beinhaltet. Während der gleichnamige Bericht des Club of Rome 1972 die

„Grenzen des Wachstums" allmählich gekommen sah und, um diese Schwelle zu vermeiden, drastische Einschnitte als unvermeidlich ansah, geht das Prinzip der nachhaltigen Entwicklung des Brundtland Berichts hingegen von qualitativem Wachstum aus.[124]

„The concept of sustainable development does imply limits - not absolute limits but limitations imposed by the present state of technology and social organization on environmental resources and by the ability of the biosphere to absorb the effects of human activities. But technology and social organization can be both managed and improved to make way for a new era of economic growth."

Gerade da Armut oftmals ein nicht nachhaltiges Verhalten nach sich zieht, kann wirtschaftliches Wachstum entscheidend sein, um eine nachhaltige Entwicklung zu erreichen. Der Brundtland-Bericht rechtfertigt die grundsätzliche Gutheißung des globalen Wachstums damit, dass Wachstum bei ärmeren Ländern nur möglich ist, wenn die Nachfrage nach den Gütern dieser Länder durch steigende Exporte in wohlhabendere Länder wächst. Damit sind die Wachstumsmöglichkeiten der Entwicklungsländer vom Wachstum der Industrieländer abhängig, da in diesem Fall mit einer steigenden Nachfrage von Exporten der Entwicklungsländer zu rechnen ist.[125]

Wirtschaftswachstum findet seine Rechtfertigung in der Umverteilung von Einkommenszuwächsen der Industrieländer und der reichen Schichten der Entwicklungsländer. Es steht im Einklang mit dem Ziel einer nachhaltigen Entwicklung, wenn es den allgemeinen Prinzipien der Nachhaltigkeit und der Forderung, andere nicht auszubeuten, nicht widerspricht.[126]

---

[124] *Frenzel*, 2005, Nachhaltigkeit als Prinzip, S. 24.
[125] *Hofer, Scheelhaase, Wolf*, 1998, Nachhaltige Entwicklung im Energiesektor, S. 48.
[126] Vgl. World Commission on Environment and Development 1987, Our Common Future, S. 43.

Oftmals wird aber zwischen Wachstum und Entwicklung unterschieden, wobei Wachstum dann oft als etwas Negatives (unreglementiert, unkontrolliert), im Sinne eines Verbrauchs auf Kosten anderer, verstanden wird und die Entwicklung als qualitative Veränderung, die sich auf eine Vielzahl wünschenswerter und positiver Ziele in der Gesellschaft beziehen kann und zudem geordnet, zielgerichtet und vorhersehbar abläuft.

Wesentlicher Unterschied ist, dass die Entwicklung gesteuert werden kann und sowohl qualitativ wie auch quantitativ den jeweiligen Zielen angepasst werden kann.

Nachhaltigkeit kann also Wachstum beinhalten, sofern sich dieses Wachstum geordnet entwickelt und reglementiert ist und ggf. auch gedrosselt werden kann.

II. Starke und schwache Nachhaltigkeit

Die Theorie der starken und schwachen Nachhaltigkeit ist ein sehr ökonomischer und wirtschaftlich geprägter Ansatz, um Nachhaltigkeit zu beschreiben[127], was auch daher abzuleiten ist, dass alle drei Sphären unter einem einheitlichen Begriff des Kapitalstocks zusammengefast werden[128]. Beide Begriffe haben gemein, dass sich die Nachhaltigkeit aus Sachkapitalien[129], Naturkapitalien[130] und Humankapitalien[131] zusammensetzt. Die ökonomische, ökologische und gesellschaftliche Sphäre wird mit einem Kapitalstock gleichgesetzt.[132]

---

[127] m.w.N. Grundwald, Kopfmüller, 2012, Nachhaltigkeit, S. 65.
[128] vertiefend: Mathis, Nachhaltige Entwicklung und Generationengerechtigkeit, S.167 ff.
[129] Technische Hilfsmittel, Infrastruktur, Werkzeuge etc.
[130] Rohstoffe, Naturräume, Flora und Fauna etc.
[131] Arbeitskraft, Wissen, Technologie, Gesundheit etc.
[132] Mathis, Nachhaltige Entwicklung und Generationengerechtigkeit, S.166.

Das Gesamtkapital setzt sich zusammen aus den drei verschiedenen Arten von Kapitalien und bildet als Ganzes die Nachhaltigkeit ab.
Gemäß dem Konzept der starken Nachhaltigkeit sind die einzelnen Kapitalstöcke nicht substituierbar. Die vollumfängliche Aufrechterhaltung des Naturkapitals, des von Menschen maßgeblich aufgebauten Sachkapitals und auch des Humankapitals ist ein zwingendes Erfordernis, weil sie gegenseitig nicht ersetzbar sind, sondern sich vielmehr ergänzen.

Schwache Nachhaltigkeit verlangt hingegen nur, dass sich das Gesamtkapital nicht verringert. Ein Minus am Naturkapital kann demnach durch ein Plus an Sachkapital kompensiert werden. Solange die Verringerung eines Kapitalstocks durch einen der anderen Kapitalstöcke substituiert wird und sich das Gesamtkapital somit nicht verringert, kann weiterhin von Nachhaltigkeit gesprochen werden.

Diese Vorstellung ist aber wenig schlüssig, da nicht nachvollzogen werden kann, wie begrenzte, endliche natürliche Ressourcen durch, der ökonomischen oder gesellschaftlichen Sphäre zuzuordnenden Werte adäquat ersetzt werden könnten.

Die bewahrende Komponente des Nachhaltigkeitsprinzips bliebe damit unbeachtet, da eine Ersetzung einer Sphäre durch eine andere zu der vollständigen Verdrängung dieser führen könnte. Nachhaltigkeit und nachhaltige Entwicklung kann aber nur bei einem konstruktiven Zusammenspiel der drei Kapitalstöcke funktionieren. Kein Kapitalstock kann durch einen anderen ersetzt werden, vielmehr benötigt jeder Kapitalstock, jede Sphäre, die Existenz der anderen zwei Sphären.

Der Brundtland-Bericht formuliert eindeutig, dass nur durch die Beachtung der Interdependenz von Ökonomie, Ökologie und

Sozialem ein Fortschritt erzielt werden kann.[133] (Positive) Entwicklung ist nur im Rahmen der natürlichen Regenerationsfähigkeit der natürlichen Ressourcen möglich.[134]

Die schwache Nachhaltigkeit ist abzulehnen. Wie bereits im Rahmen der Diskussion um Nachhaltigkeitsmodelle angesprochen, setzt nämlich das ökologische System den Rahmen für die ökonomische Entwicklung im Sinne einer unverzichtbaren, begrenzenden Bedingung.[135] Wachstum der ökonomischen Sphäre ist nur innerhalb der abschließend bestimmenden ökologischen Sphäre möglich.

Eine Ignorierung wirtschaftlicher und gesellschaftlicher Akteure ist aber ebenfalls wenig zielführend. Politik wäre sonst nicht mehr in der Lage, die Umsteuerung im Sinne eines „sustainable developments" weiter zu verfolgen, da die Verkennung der gesellschaftlichen Auswirkungen einer auf Nachhaltigkeit ausgerichteten Wirtschaft zu einer Unmöglichkeit der Beibehaltung eben jener Wirtschaftspolitik führen könnte.[136]

III. Nachhaltige Entwicklung und intragenerationelle Gerechtigkeit

Durch die Wachstumskomponente erhielt der Nachhaltigkeitsbegriff eine globale Komponente, da sich angesichts von derart verschiedenen Ausgangslagen zwischen dem globalen Norden und dem globalen Süden gefragt werden musste, wer wie weit und zu wessen Gunsten wachsen bzw. sich entwickeln darf. Oder ob die

---

[133] http://www.un-documents.net/ocf-02.htm#I
(letztmalig abgerufen am 08.06.2019), Anhang 1.XIV.
[134] "Without compromising the ability to meet the needs of future generations".
[135] Vgl. *Hofer, Scheelhaase, Wolf*, 1998, Nachhaltigkeit im Energiesektor, S. 59.
[136] *Hofer, Scheelhaase, Wolff*, 1998, Nachhaltige Entwicklung im Energiesektor, S. 60.

Entwicklung vielmehr im Sinne einer Umverteilung zu verstehen ist, die auch nur dann funktionieren kann, wenn ein globaler Maßstab angesetzt wird.

Eckardt[137] spricht diesbezüglich von der „intragenerationellen Gerechtigkeit", die die Nachhaltigkeit umfassen muss – also einen Ausgleich zwischen den verschiedenen Völkern der Erde.
Die Nachhaltigkeit in der Rio-Deklaration handelt von der integrierten Bewältigung intragenerationeller globaler Problemlagen.[138]

Grundsatz sieben der Rio-Deklaration[139] nimmt die Beachtung des Gefälles zwischen Industrie- und Entwicklungsländern auf und benennt die Notwendigkeit eines globalen Ausgleichs. Die Rio-Deklaration dokumentiert die Einsicht der Staaten, dass Entwicklung und Umwelt nicht mehr voneinander getrennt betrachtet werden können, dass eine den Umweltschutz berücksichtigende Bewirtschaftung aller Ressourcen notwendig ist und insgesamt der ungleich ungünstigeren Ausgangslage der Entwicklungsländer durch Solidaritätsmaßnahmen der Industriestaaten Rechnung getragen werden muss.[140]

Einigkeit scheint darin zu bestehen, dass eine Adaption der Lebensverhältnisse der Industrieländer durch Entwicklungs- und Schwellenländer nicht das Ziel einer nachhaltigen Entwicklung sein kann und die begrenzten Ressourcen der Erde verkennen würde.

---

[137] *Ekardt*, 2005, Das Prinzip der Nachhaltigkeit.
[138] *Ekardt*, Eine kurze Anmerkung, in: ZfU 2008, S. 231.
[139] Die Riodeklaration ist ein Dokument der Riokonferenz, die insgesamt 5 Dokumente produzierte, die auf den Begriff nachhaltige Entwicklung zumindest Bezug nehmen. Neben der Riodeklaration zählen noch die UN Klimarahmenkonvention, die Konvention über biologische Vielfalt, die Agenda 21 und die Waldgrundsatzerklärung zu den „Ergebnissen" der Riokonferenz. Vgl. Braune 2005, Rechtsfragen der nachhaltigen Entwicklung, S. 45 ff.
[140] *Schröder*, Sustainable Development, in: AVR 1996, S. 255.

Die Hoffnung sei irreal, Nachhaltigkeit als triviales Konzept zu verstehen, welches sich bequem an die bisherige Lebenspraxis anschmiege[141].

Wenn von der nachhaltigen Entwicklung die Rede ist und nicht von nachhaltigem Wachstum, also aufgrund des Wortlauts nicht ohne weiteres von einer quantitativen und geordneten Verbesserung ausgegangen werden darf, sondern vielmehr davon, dass eine qualitative Verbesserung angestrebt wird, würde der Begriff der Nachhaltigkeit verkannt werden, wenn in diesem Zusammenhang von einem Rückschritt gesprochen würde.

Dass die nachhaltige Entwicklung aber grundsätzlich auch ein Wachstum beinhalten kann, ist nicht ausgeschlossen und läuft diesem, auch bezüglich des globalen Nordens, nicht grundsätzlich entgegen. Wenngleich Entwicklungen oftmals auch mit strukturellen Einschnitten verbunden sind, die eine gewisse Zeit der Adaption benötigen, könnte versucht werden, diese Veränderung als Fortschritt (quantitatives, horizontales Wachstum) zu bewerten.

Ein Rückschritt in archaische Lebensformen, zumal diese oftmals ineffizienter und weniger nachhaltig waren, ist bei einer Befolgung des Prinzips der nachhaltigen Entwicklung nicht zu befürchten.
Die globale intragenerationelle Gerechtigkeit erfasst auch den Problemkreis unterschiedlicher Verantwortung und die Beachtung verschiedener Ausgangslagen. Entwicklungs- und Schwellenländer haben ihrerseits nämlich oftmals Probleme mit dem Nachhaltigkeitsbegriff, da er als herrschaftssicherndes Instrumentarium verstanden wird, da Entwicklungsländer möglicherweise zunächst ein rein wirtschaftliches, unreglementiertes Wachstum bevorzu-

---

[141] *Ekardt*, 2005, Das Prinzip der Nachhaltigkeit, S. 185.

gen und erst dann auch die ökologischen Aspekte der Nachhaltigkeit in den Wachstumsprozess einfließen lassen würden.[142]

Angesichts solcher Vorbehalte gegen den Nachhaltigkeitsbegriff verwundert auch eine Formulierung in Art. 3 Abs. IV der UN-Klimarahmenkonvention nicht, die besagt, dass die Vertragsparteien das Recht (!) haben, eine nachhaltige Entwicklung zu fördern und dies auch tun sollen. Diese Formulierung irritiert zunächst, zumindest wenn man davon ausgeht, dass jeder so viel fördern kann wie er möchte, ohne dass man ihm dazu erst das Recht zu erteilen braucht.

Prinzip sechs der Rio-Deklaration greift diese Sorge auf und fordert eine besondere Rücksichtnahme der einzelstaatlichen Voraussetzungen. *„The special situation and needs of developing countries, particularly the least developed and those most environmentally vulnerable, shall be given special priority. International actions in the field of environment and development should also address the interests and needs of all countries."*[143]

Nachhaltigkeit ist also ein Entwicklungsprozess, der nicht im Gegensatz zu Wachstum stehen muss, sondern vielmehr eine qualitative Verbesserung beinhalten kann. Aufgrund der nachgerückten Entwicklung einzelner Länder beinhaltet die nachhaltige Entwicklung aber auch deren Recht, sich zu entwickeln. Dies kann jedoch nicht durch aufoktroyierte Verhaltensweisen erfolgen, sondern nur im Rahmen eines dynamischen Prozesses, der die örtlichen Gegebenheiten einbezieht. Kann die Entwicklung kurzfristig nicht nachhaltig erfolgen, so beinhaltet die globale Wachstumskomponente des Nachhaltigkeitsbegriffs auch Anstrengungen bereits

---

[142] Vgl. m.w.N. *Frenzel* 2005, Nachhaltigkeit als Prinzip, S. 47.
[143] http://environmentandhumanrights.org/resources/Rio%20Declaration.pdf (letztmalig abgerufen am 08.06.2019), Anhang 1.XV.

weiter entwickelter Länder in Form von Unterstützungen und eigenen Einschränkungen. Nachhaltige Entwicklung soll jedenfalls, unter Berücksichtigung des Konzepts der intragenerationellen Gerechtigkeit, die Entwicklung auf Kosten anderer ausschließen.

IV. Nachhaltigkeit und intergenerationelle Gerechtigkeit

Eine wesentliche Komponente, die mit dem Nachhaltigkeitsbegriff häufig in Verbindung gebracht wird und besonders durch das Verständnis von Brundtland und der Europäischen Union aufgegriffen wurde, ist die zeitliche Komponente des Konzepts, die einen wichtigen Aspekt zum Verständnis des Begriffs darstellt.

Bereits der Brundtland-Bericht spricht von nachhaltiger Entwicklung als Entwicklung, die den heutigen Interessen gerecht wird, ohne die Möglichkeiten zukünftiger Generationen zu schmälern. Neben der globalen (Nord-Süd) Komponente (intragenerationelle Gerechtigkeit) beinhaltet Nachhaltigkeit demnach also auch noch eine zeitliche Komponente (intergenerationelle Gerechtigkeit).
Die Idee, wonach die nachhaltige Entwicklung das Bewusstsein über die Konsequenzen des eigenen Handelns für zukünftige Generationen beinhalten ‚zukünftige Problemfelder ermitteln und diesen proaktiv beggegnen soll, findet man häufig und ist eine oft genannte Komponente der nachhaltigen Entwicklung.

So etwa in dem „Programm der Europäischen Gemeinschaft für Umweltpolitik und Maßnahmen im Hinblick auf eine dauerhafte und umweltgerechte Entwicklung" aus dem Jahr 1993. Wenn wir die Herausforderungen annehmen wollen, die sich im Bereich Umwelt in der letzten Dekade des Jahrtausends stellen werden, und uns darum bemühen wollen, den Weg einer nachhaltigen Entwicklung einzuschlagen, dann müssen wir uns auf die Ursachen von Umweltverschmutzung und Erschöpfung der natürlichen

Ressourcen konzentrieren, statt, wie bisher, abzuwarten, bis Probleme auftauchen.[144]

In dem Fortschrittsbericht 2004 der deutschen Bundesregierung heißt es, dass jede Generation ihre Aufgabe lösen muss und sie nicht den nachkommenden Generationen aufbürden darf- das ist der Grundgedanke nachhaltiger Entwicklung. Dies schließt die globale Perspektive[145] ausdrücklich mit ein.[146]

Die Komponente der intergenerationellen Gerechtigkeit ergibt sich schließlich auch unmittelbar aus der oben dargestellten Stellung der ökologischen Komponente an der (hierarchischen) Spitze der drei Sphären. Da natürliche Ressourcen stets eine gewisse Regenerationszeit brauchen bzw. mitunter gänzlich endlich sind, ist das eigene Handeln auch unter diesem Gesichtspunkt zu bewerten, und die Konsequenzen für die nahe und ferne Zukunft sind zu berücksichtigen. Diese Zeitkomponente kannte sogar schon der ursprüngliche, in der bereits erwähnten „hauswirthlich Nachricht und Naturmäßige Anweisung zur wilden Baum-Zucht" verwendete Nachhaltigkeitsbegriff.
Im Rahmen des Umweltrechts eröffnet der Nachhaltigkeitsgrundsatz eine Dimension, die bisher vernachlässigt worden ist, nämlich die Beachtung des Zeithorizonts.[147]

---

[144] Amtsblatt Nr. C 138 vom 17/05/1993 S. 0001 – 0004, http://eur-lex.europa.eu/LexUriServ/LexUriServ.do?uri=CELEX:41993X0517:DE:HTML (letztmalig abgerufen am 08.06.2019), Anhang 1.XVI.
[145] Somit besteht auch eine Beziehung zwischen der inter- und der intragenerationellen Gerechtigkeit.
[146] *Schröder*, Vorwort zum Fortschrittsbericht 2004 der deutschen Bundesregierung: Perspektiven für Deutschland. Unsere Strategie für nachhaltige Entwicklung, BT.-Drucks. 15/4100, S.4.
[147] *Rehbinder*, Das deutsche Umweltrecht auf dem Weg zur Nachhaltigkeit, in: NVwZ 2002, S. 661.

Das Vorsorgeprinzip erhebt (zwar) schon länger den Anspruch, den Schutz von Menschen und Umwelt weit in den Bereich potentieller Risiken vorzuverlagern. Dagegen fehlt ihm eine eigenständige Zukunftsdimension. Neben der Beachtung der Auswirkungen des eigenen Handelns für zukünftige Generationen hat die Zeitkomponente des Nachhaltigkeitsgrundsatzes also auch noch einen weiteren prozessualen Ansatz.

Nachhaltigkeit setzt auch bezüglich der Frage an, wie mit einer Problemstellung umgegangen und wie die Abarbeitung derselben angegangen werden soll – Nachhaltigkeit als Prozess.[148]

Rehbinder sieht das Konzept der Nachhaltigkeit auch im Spannungsfeld von theoretisch vorstellbarer Zielsetzung und politischer und wirtschaftlicher Realität „gefangen". Der Integrationsanspruch der Planung hat sich wegen zu weitgehender Koordinationsaufgaben, Problemen der Datenbeschaffung und Informationsverarbeitung, der gesteigerten Konfliktträchtigkeit und der Akzeptanzprobleme nicht einlösen lassen.[149] Anzustreben ist (daher) vielmehr eine Nachhaltigkeitsstrategie, die sich insbesondere hinsichtlich der Nachhaltigkeitsziele und Nachhaltigkeitsprojekte auf Schwerpunkte staatlichen Handelns konzentriert, entwicklungsoffen bleibt und an Stelle nicht einlösbarer, umfassender Verbindlichkeitsansprüche auf weiche Koordinierung und sektorale Politikentwicklung ausgerichtet ist.[150]

Die Problematik eines Verständnisses von Nachhaltigkeit als Prozess und prozessualer Maxime ist offensichtlich. Inwiefern ist es

---

[148] *Rehbinder*, Das deutsche Umweltrecht auf dem Weg zur Nachhaltigkeit, in: NVwZ 2002, S. 662.

[149] *Rehbinder*, Das deutsche Umweltrecht auf dem Weg zur Nachhaltigkeit; in NVwZ 2002, S. 663.

[150] Vgl. m.w.N. *Rehbinder*, Das deutsche Umweltrecht auf dem Weg zur Nachhaltigkeit, in NVwZ 2002, S. 663.

jedoch zulässig, Problemen aus dem Weg zu gehen und deren Behebung auf den bevorstehenden Prozess zu verschieben. Ab wann verliert das Konzept den Anspruch der Nachhaltigkeit. Wer kontrolliert, ob Nachhaltigkeit vorliegt, wenn es zulässig wäre, bezüglich der Bearbeitung und Einbeziehung einzelner Aspekte auf später zu vertrösten.

Auf der anderen Seite gilt es aber auch Nachhaltigkeitsprozesse und -strategien zu initiieren. Bei der Komplexität der Nachhaltigkeitspolitik, infolge der Unsicherheit über deren wirtschaftliche und gesellschaftliche Folgen, der Notwendigkeit, erst Suchprozesse für problemadäquate Lösungen zu initiieren und der Abhängigkeit des Nachhaltigkeitsprozesses von einem Wertewandel in Wirtschaft und Gesellschaft[151], bleibt vielleicht nichts anderes übrig, als eine nachhaltige Gesamtlösung zwar zu formulieren, aber zunächst (nur) unvollständige Teilaspekte politisch umzusetzen. Aufgegriffen werden sollen die Teilaspekte, deren Bearbeitung eine wirtschaftliche und gesellschaftliche Akzeptanz finden, wo ausreichend informationeller Sachstand vorliegt und wo ausreichend Leidensdruck hinsichtlich überschaubarer und konkretisierbarer Teilaspekte vorhanden ist.

Dieser Ansatz wurde bereits oben angesprochen, wonach zuerst eine allgemeine undifferenzierte Förderung von Biokraftstoffen erfolgt und diese später differenziert und konkretisiert wird wenn erste Daten vorliegen oder entsprechender technischer Fortschritt. Sofern dieser Kompromiss unter der Prämisse geschlossen wird, dass die ursprünglich formulierte nachhaltige Gesamtlösung stets das zu erreichende Maximalziel bleibt und der initiierte Weg der politischen konkreten Umsetzung immer so flexibel bleibt, dass sukzessive neue Problemfelder in den politischen Prozess

---

[151] *Rehbinder*, Das deutsche Umweltrecht auf dem Weg zur Nachhaltigkeit, in: NVwZ 2002, S. 665.

integriert und neue Erkenntnisse umgesetzt werden können, ist der prozessuale Aspekt der Nachhaltigkeit nicht als Rückschritt zu betrachten, sondern als ein wichtiger Aspekt des Nachhaltigkeitsbegriffs.

Der Grat zwischen einem Verbummeln wichtiger und unaufschiebbarer Entscheidungen bzw. dem Einknicken vor wirtschaftlicher und gesellschaftlicher Trägheit und der langfristigen und steten Verfolgung zufriedenstellender und zielführender Gesamtlösungen ist sehr schmal.

Dennoch sollte die zeitliche Komponente der Nachhaltigkeit nicht nur auf die intergenerationelle Gerechtigkeit, sondern auch auf die oben beschriebene prozessuale Komponente erweitert werden.

Die Anpassung eines Konzeptes an zukünftige Begebenheiten durch die heutige Einbeziehung der Konsequenzen des eigenen Handelns für nachfolgende Generationen, aber auch das Verständnis dafür, dass Entwicklungsprozesse stets flexibel bleiben müssen, um unerwarteten Auswirkungen begegnen zu können, ist demnach wichtiger Bestandteil der nachhaltigen Entwicklung. Problematisch wäre und ist es jedoch, wenn die anfänglich flexibel gestalteten Strukturen verhärten und die prozessuale Komponente des nachhaltigen Ansatzes selbst eine Weiterentwicklung verhindert oder das Anfangsstadium nicht optimiert wird. Die einmal definierten Probleme dürfen nicht in Vergessenheit geraten, sondern müssen durch regelmäßige Berichtspflichten beobachtet und ggf. abgearbeitet werden. Würde diesen Berichtspflichten nicht nachgekommen, käme es zu eben jener Verhärtung und zu einem Stillstand der Entwicklung. Durch Sanktionsmechanismen könnte eine Spannung aufrecht erhalten werden, da das Thema Biokraftstoffe regelmäßig auf die politische Agenda käme und dadurch auch in den Fokus der Öffentlichkeit, von Verbänden und von Medien.

V. Nachhaltigkeit vs. Umweltschutz

Während insbesondere Schwellen- und Entwicklungsländer die ökonomische Komponente ihres Wachstums durch den Nachhaltigkeitsbegriff bedroht sehen, da sie eine Überbewertung der ökologischen Komponente befürchten, gibt es auch Stimmen, die dem Nachhaltigkeitsbegriff deswegen mit Vorbehalten gegenüber stehen, da er die Ziele der Umweltbewegung untergräbt.

Wenn man davon ausgeht, dass Nachhaltigkeit zumindest auch den Ausgleich von ökologischen, ökonomischen und sozialen Interessen herbeiführen will, so stellt dies denklogisch einen Rückschritt der Umweltpolitik gegenüber der alleinigen Verfolgung ökologischer Ziele dar. Doch ist eine ausschließliche Befolgung ökologischer Interessen aufgrund daraus resultierender ökonomischer und sozialer Risiken[152] zu einseitig, als dass eine dauerhafte Entwicklung erreicht werden könnte.

Die Verknüpfung von umweltpolitischen mit wirtschaftspolitischen Themen ist doch gerade auch dazu geeignet, umweltrechtliche Themen zu „pushen" und deren Akzeptanz (in der Wirtschaft) zu fördern, da erkennbar der Ausgleich zu anderen, für das Wachstum wichtigen Themenfeldern gesucht wird und Teil des Konzeptes ist. Als Beispiel könnte man das Schlagwort der „Energiewende als Jobmotor" nennen oder die durch das auf Langfristigkeit angelegte Konzept der nachhaltigen Entwicklung herbeigeführte Investitions- und Forschungsbereitschaft großer wirtschaftlicher Akteu-

---

[152] Vgl. Kapitel 2, Teil 5, III dieser Arbeit: „Starke und schwache Nachhaltigkeit".

re als Innovationsförderer, das letzten Endes auch allen zu Gute kommt.

Die Möglichkeiten für den Umweltschutz, über den Nachhaltigkeitsbegriff zur Querschnittsklausel aufzusteigen, sind weitaus erstrebenswerter als mögliche Kompromisse, die im Rahmen einer Abwägung mit sozialen und wirtschaftlichen Aspekten eingegangen werden.

Auch unter Zugrundelegung der oben skizzierten starken Nachhaltigkeit und einem Verständnis von Nachhaltigkeit im Sinne der „Nachhaltigkeits-Ellipse", bei dem der ökologische Kapitalstock als begrenzende Sphäre verstanden wird, innerhalb derer eine Entwicklung überhaupt nur möglich ist, ist durch das Konzept von nachhaltiger Entwicklung eine Beschneidung umweltrechtlicher Belange nicht zu befürchten.

VI. Nachhaltigkeit als kleinster gemeinsamer Nenner

Meint also „nachhaltige Entwicklung" schlicht die ausgewogene Verfolgung ökologischer, ökonomischer und sozialer Belange. Im Rahmen der Diskussion des „europäischen Nachhaltigkeitsbegriffs" wurde bereits schon angesprochen, ob Nachhaltigkeit nur die recht unspektakuläre Botschaft beinhaltet, dass politische Entscheidungen verschiedene (heutige) Belange in Einklang bringen sollten[153].

Nach Eckardt sollte dies aber das Wesen jeder politischen Entscheidung sein.[154] Ist Nachhaltigkeit also nur die Umschreibung einer politischen Entscheidungsfindung und findet sie sich deswe-

---

[153] *Ekardt*, 2005, Das Prinzip der Nachhaltigkeit, S. 27.
[154] *Ekardt*, 2005, Das Prinzip der Nachhaltigkeit, S. 27.

gen derart oft in internationalen und nationalen Gesetzesvorhaben, quasi als Beschreibung des Entscheidungsfindungsprozesses.

Ist das Besondere des Nachhaltigkeitsprozesses etwa die Fähigkeit durch einen Begriff mehrere Politikfelder zu erfassen und durch einen einzelnen Begriff Anstrengungen auf verschiedensten Ebenen bezüglich eines Zieles anzuregen.

Bei einer Verfolgung des Nachhaltigkeitsgrundsatzes werden meist mehrere Politikfelder und Bereiche der Gesellschaft berücksichtigt.[155] So wird etwa für die regionale europäische Ebene die „nachhaltige Entwicklung" als verbindendes Glied zwischen der Europäischen Gemeinschaft als Wirtschafts- und als Umweltgemeinschaft verstanden[156].

Ist das verbindende, konsensstiftende Wesen des Nachhaltigkeitsbegriffs zugleich dessen Geheimnis? Ist Nachhaltigkeit nun ein Synonym für die Möglichkeit, alles und jede Position miteinander in Einklang zu bringen? Damit wäre man wieder bei dem Punkt angelangt, dass die Überladung des Begriffs der Nachhaltigkeit am Ende zur Konturenlosigkeit und Ergebnislosigkeit führt.

Braune nennt diese „Komponente" nur eine von mehreren des Nachhaltigkeitsbegriffs, nämlich das „Integrationsprinzip", gewissermaßen die prozessuale Seite der nachhaltigen Entwicklung, die bestimmte Verfahrensschritte voraussetzt[157]. Die Verschmelzung von ursprünglich konträren Sachgebieten soll gewährleisten, dass

---

[155] *Rehbinder*, Das deutsche Umweltrecht auf dem Weg zur Nachhaltigkeit in: NVwZ 2002, S. 661.

[156] Vgl. *Frenz*, Deutsche Umweltgesetzgebung und Sustainable Development in: ZG 1999, 143 ff.

[157] *Braune*, 2005, Rechtsfragen der nachhaltigen Entwicklung, S. 64.

Argumente der Gegenseite gehört werden und in den Entscheidungsprozess einfließen.[158]

Eine Reduzierung auf prozessuale Aspekte ist aber nicht weitgehend genug, da nur bei einer Einbeziehung von (auch) materiellen Aspekten und Gesichtspunkten der Grad der Nachhaltigkeit gemessen und bewertet werden kann, was im Laufe dieser Abhandlung bezogen auf Biokraftstoffe noch erfolgen soll.

VII. Fazit

Nachdem man sich mit verschieden formulierten, sich oftmals aber teilweise widersprüchlichen Aspekten der Nachhaltigkeit auseinandergesetzt hat, wird der Begriff der nachhaltigen Entwicklung griffiger.

Der Entwicklungsprozess scheint eine sehr wichtige Komponente zu sein. Das Zeitmoment ergibt sich auch unmittelbar durch die Begrenztheit der natürlichen Sphäre und deren Erfordernis der Regenration.
Außerdem ist die Beachtung der drei Sphären Ökologie, Ökonomie und Gesellschaft/ Soziales ein wesentliches Element. Die drei Sphären sind so in Einklang zu bringen, dass jede Sphäre, auf den anderen Sphären aufbauend, selbst expandieren kann und dadurch auch den anderen Sphären mehr zu Entwicklungsmöglichkeiten verhilft. Die Sphären sind gleichwertig zueinander. Ein Aufrechnen ist nicht möglich und lediglich der Aspekt der Irreparabilität[159] kann dazu führen, dass eine Sphäre vorrangig zu beachten ist und bestimmt, wie schnell der Entwicklungsprozess zu einer nachhaltigen Politik verläuft.

---

[158] *Braune*, 2005, Rechtsfragen der nachhaltigen Entwicklung, S. 64.
[159] Z.B. die Endlichkeit einer natürlichen Ressource, die Ausrottung einer Spezies oder die Vertreibung oder Auflösung einer indigenen Volksgruppe.

Werden in den Begriff der Nachhaltigkeit noch weitere Attribute reingelesen und mit dem Prozess einer nachhaltigen Entwicklung eine Vielzahl von wünschenswerten, aber ihrerseits widersprüchlichen, unbestimmten und außerhalb der eigentlichen Zielsetzung liegenden, Eigenschaften verbunden, führt dies schnell zu einer Konturenlosigkeit.
Hierdurch werden die Anforderungen an eine nachhaltige Politik schnell überzogen und Ansprüche geschaffen, denen nicht entsprochen werden kann.

Hier greift das Korrektiv einer dauerhaften Anpassung und Verbesserung, das dem Erreichen der optimalen oder nachhaltigen Lösung etwas Zeit verschafft.
Es besteht jedoch die latente Gefahr, dass suboptimale Lösungen zu lange hingenommen werden. Es gibt natürliche Ressourcen, die endlich sind und für die ein zu langes Warten unwiderrufliche Konsequenzen mit sich bringen. Außerdem gibt es bisher keinen Indikator dafür, welche Kompromisse im Rahmen der anfänglichen Ausgestaltung einer nachhaltigen Politik eingegangen werden dürfen.

Ein engmaschiges Kontroll- und Überwachungssystem ermöglicht eine fortlaufende Optimierung. Durch die Formulierung von eindeutigen Zielen kann im Vorhinein zum Beispiel festgelegt werden, ob die beabsichtigte Regelung ein Wachstumselement beinhalten und über welchen Zeitraum sich die Regelung erstrecken soll.

Teil 6 EXKURS: Nachhaltigkeit gemäß GBEP-Standard

I. Die Global Bioenergy Partnership (GBEP)

Die Global Bioenergy Partnership (GBEP)[160] wurde zur Unterstützung der Entwicklung und der Kommerzialisierung von erneuerbarer Energie 2005 von den G8[161] + 5[162] Staaten gegründet, um die Kosteneffektivität der Bioenergieproduktion, den Einsatz von Biomasse und Biokraftstoffen, insbesondere in Entwicklungsländern, wo Bioenergie ein wesentlicher Energieträger ist, zu fördern.

Im Laufe eines Konsultationsprozesses zwischen Industrie- und Entwicklungsländern, internationalen Agenturen und dem privaten Sektor kam es zur Ausarbeitung eines Weißbuches[163], in dem fünf Bereiche[164] der zukünftigen Zusammenarbeit festgeschrieben wurden:
- Die Unterstützung der nationalen und regionalen Politikprozesse im Bereich Bioenergie,
- die zukünftige Erleichterung der internationalen Kooperation im Bereich Bioenergie,
- die Förderung der Entwicklung von Bioenergie-Projekten und Märkten,

---

[160] Deutsch: GBEP - Globale Bioenergie Partnerschaft.
[161] USA, Canada, Japan, Russland, Großbritannien, Italien, Deutschland, Frankreich.
[162] VR China, Brasilien, Indien, Mexico, Südafrika.
[163] GBEP, 2005, White Paper.
http://www.globalbioenergy.org/fileadmin/user_upload/docs/WhitePaper-GBEP.pdf (letztmalig abgerufen am 08.06.2019), Anhang 1.XVII.
[164] GBEP, 2005, White Paper, S. 23,
http://www.globalbioenergy.org/fileadmin/user_upload/docs/WhitePaper-GBEP.pdf (letztmalig abgerufen am 08.06.2019), Anhang 1.XVII.

- die Sicherstellung der Gewinnung von Biomasse durch Information und Entwicklung,
- die Förderung der Entwicklung und des Transfers von Biomassekonversionstechniken.

Die G8-Treffen von Heiligendamm, Hokkaido, Aquila, Muskoka und Deauville verlängerten jeweils das Mandat der Global Bioenergy Partnership (GBEP) und bestärkten die Partnerschaft in ihrem Vorhaben, die Entwicklung von Bioenergie zu begleiten und zu bestärken, indem Richtlinien und Leitsätze für den weltweiten Biomasseanbau gefunden werden sollten.

GBEP sieht seine Hauptaktivitäten auf den Gebieten von nachhaltiger Entwicklung, Klimawandel und Lebensmittel- und Energiesicherheit. In Übereinstimmung mit dem 2006 festgelegten Aufgabenbereich[165] sollte sich die unmittelbar beginnende Arbeitsaufnahme insbesondere vier besonders zu beachtenden Bereichen widmen. Die dazu eingerichteten „Task Forces" beschäftigten sich mit:

- der Vereinfachung der nachhaltigen Entwicklung von Bioenergie,
- der Entwicklung einer gemeinsamen Methodik zur Festlegung der konkreten Treibhausgaseinsparungen durch die Verwendung von Bioenergie,
- der Verbesserung und Bewerbung des Umgangs mit Biomasse/ Bioenergie,
- der Steigerung des Kenntnisstandes und Informationsaustausch auf dem Gebiet der Bioenergie.

---

[165] GBEP, 2006, Terms of Reference, http://www.globalbioenergy.org/fileadmin/user_upload/gbep/docs/TOR_text_only_updated_November_2012.pdf (letztmalig abgerufen am 08.06.2019), Anhang 1.XVIII.

Die „Task Force on Sustainability", die im Jahr 2008 unter der Führung von Großbritannien eingerichtet wurde und gegenwärtig von Schweden weitergeführt wird, beschäftigte sich mit der Entwicklung von erheblichen, praxisrelevanten und wissenschaftlich fundierten Kriterien und Indikatoren sowie „best practice examples" bezüglich der Nachhaltigkeit von Bioenergie.

II. GBEP-Nachhaltigkeitsindikatoren

Im Mai 2011 konnte nun, nach einigen Jahren der Forschung, der Konsultation und des Informationsaustausch ein erster Erfolg verbucht werden: In Washington DC wurden Nachhaltigkeitsindikatoren für Bioenergie beschlossen, auf die man sich im Laufe intensiver internationaler Verhandlungen geeinigt hatte.

1. Ausarbeitung der Nachhaltigkeitsindikatoren

Die Task Force on Sustainability der GBEP traf sich zum ersten Mal im Juni 2008 und legte sich bereits bei diesem ersten Treffen auf vier wesentliche Bereiche fest, die im Rahmen der Entwicklung von Nachhaltigkeitsindikatoren berücksichtigt werden müssen, nämlich „Environmental", „Economic", „Social" und „Energy Security".

Bei einem letzten Treffen im Mai 2011[166] wurden die vier Bereiche der Nachhaltigkeitsindikatoren weiter ausdifferenziert, und es

---

[166] Nachdem die Task Force on Sustainability im Jahr 2011 vorübergehend geschlossen wurde, nahm die Task Force ihre Arbeit im Anschluss an das jährliche Treffen im November 2014 erneut auf, wobei ihre Zielsetzung darin bestand, einen Leitfaden zur Umsetzung und Einführung der Nachhaltigkeitskriterien zu entwerfen (implementation guide on the use of the GBEP Sustainability Indicators for Bioenergy). Dieser Leitfaden wurde im Mai 2015 vorgestellt und einen Monat später vom Präsidium der GBEP bestätigt.

wurde sich schließlich auf je acht Nachhaltigkeitsindikatoren der drei übergeordneten Bereiche[167] „Environmental", „Economic" und „Social" geeinigt. „Energy Security" wurde in den Bereich „Economic" integriert und stellt keinen eigenständigen, übergeordneten Nachhaltigkeitsbereich mehr dar.

Im Rahmen Environmental Pillar wurden folgende Nachhaltigkeitsindikatoren aufgestellt:

- Lifecycle GHG emissions
- Soil quality
- Harvest levels of wood resources
- Emissions of non-GHG air pollutants, including air toxics
- Water use and efficiency
- Water quality
- Biological diversity in the landscape
- Land use and land-use change related to bioenergy feedstock production

Innerhalb des Social Pillar wurden folgende Nachhaltigkeitsindikatoren definiert:
- Allocation and tenure of land for new bioenergy production
- Price and supply of a national food basket
- Change in income
- Jobs in the bioenergy sector
- Change in unpaid time spent by women and children collecting biomass
- Bioenergy used to expand access to modern energy services
- Change in mortality and burden of disease attributable to indoor smoke
- Incident of occupational injury, illness and fatalities

---

[167] Im Programm selbst als Pillar bezeichnet.

Der Economic Pillar wurde in folgende acht Indikatoren unterteilt:
- Productivity
- Net energy balance
- Gross value added
- Change in the consumption of fossil fuels and traditional use of biomass
- Training and requalification of the workforce
- Energy diversity
- Infrastructure and logistics for distribution of bioenergy
- Capacity and flexibility of use of bioenergy

Die einzelnen Indikatoren wurden von GBEP weiter ausdifferenziert und konkretisiert und beschrieben. So wird z.B. der Indikator *"water quality"* weiter differenziert in *"pollutant loadings to waterways and bodies of water attributable to fertilizer and pesticide application for bioenergy feedstock cultivation, and expressed as a percentage of pollutant loadings from total agricultural production in the watershed"* sowie *"pollutant loadings to waterways and bodies of water attributable to bioenergy processing effluents, and expressed as a percentage of pollutant loadings from total agricultural processing effluents in the watershed"*.[168]

Ähnlich verhält es sich mit den anderen Indikatoren, wobei die Ausdifferenzierung mit teilweise bis zu fünf Unterpunkten sehr kleinteilig ausfällt. Grundsätzlich fehlt immer eine Wertung, ab wann ein Befund zum Handeln auffordern soll. Es fehlt ein Ausgangs- oder Referenzwert.[169]

Die Indikatoren sind zwar nicht rechtlich verpflichtend, sollen aber Leitfadencharakter für künftige nationale Bioenergiestrategien haben. Die Indikatoren geben Regierungen zentrale Anhaltspunkte, ob nationale Politiken, Programme und Projekte zur Bioenergie

---

[168] GBEP 2011, Sustainability Indicators, S.22.
[169] Wie groß darf der „change in unpaid time spent by women and children collecting biomass" sein? Was ist eine zulässige Größe unbezahlter Arbeit?

nachhaltig sind.[170] Die Autoren der Nachhaltigkeitsindikatoren betonen besonders das Zustandekommen der Indikatoren, da diese erstmals zwischen Industrie-, Entwicklungs- und Schwellenländern entwickelt wurden.[171]

---

[170] Öko-Institut e.V., 2011, Nachhaltigkeitsindikatoren für Bioenergie international anerkannt,
https://www.oeko.de/aktuelles/2011/nachhaltigkeitsindikatoren-fuer-bioenergie-international-anerkannt// (letztmalig abgerufen am 20.06.2019), Anhang 1.XIX.

[171] Vgl. Öko-Institut e.V., 2011, Nachhaltigkeitsindikatoren für Bioenergie international anerkannt,
https://www.oeko.de/aktuelles/2011/nachhaltigkeitsindikatoren-fuer-bioenergie-international-anerkannt// (letztmalig abgerufen am 20.06.2019), Anhang 1.XIX.

Tabelle 1: Ausgestaltung und Erkennungsmerkmale der drei Elemente des Nachhaltigkeitsverständnisses gemäß der GBEP.

GBEP's work on sustainability indicators was developed under the following three pillars, nothing interlinkages between them:		
Environmental	**Social**	**Economic**
GBEP considers the following themes relevant, and these guided the development of indicators under this pillar:		
Greenhouse gas emissions, Productive capacity of the land and ecosystems, Air quality, Water availability, use efficiency and quality, Biological diversity, Land-use change, including indirect effects (In light of discussion on the issue and considering the state of the science on quantifying possible indirect land-use change (iLUC) impacts of bioenergy, it has not yet been possible to include an indicator on ILUV.	Price and supply of a national food basket, Access to land, water and other natural resources, Labor conditions, Rural and social development, Access to energy, Human health and safety.	Resource availability and use efficiencies in bioenergy production, conversion, distribution and end-use, Economic development, Economic viability and competitiveness of bioenergy, Access to technology and technological capabilities, Energy security / Diversification of sources and supply, Energy security / Infrastructure and logistics for distribution and use.

Environmental	**Social**	**Economic**
INDICATORS		
1. Life-cycle GHG emissions	9. Allocation and tenure of land for new bioenergy production	17. Productivity
2. Soil quality	10. Price and supply of a national food basket	18. Net energy balance
3. Harvest levels of wood resources	11. Change in income	19. Gross value added
4. Emissions of non-GHG air pollutants, including air toxics	12. Jobs in the bioenergy sector	20. Change in consumption of fossil fuels and traditional use of biomass
5. Water use and efficiency	13. Change in unpaid time spent by women and children collecting biomass	21. Training and requalification of the workforce
6. Water quality	14. Bioenergy used to expand access to modern energy services	22. Energy diversity
7. Biological diversity in the landscape	15. Change in mortality and burden of disease attributable to indoor smoke	23. Infrastructure and logistics for distribution of bioenergy
8. Land use and land-use change related to bioenergy feedstock production	16. Incidence of occupational injury, illness and fatalities	24. Capacity and flexibility of use

2. Anwendung des GBEP-Standards

Die theoretische Festsetzung und die Einigung auf Nachhaltigkeitsindikatoren ist, wenngleich nicht einfach, so doch zunächst unverbindlich und die konkrete Anwendung wird oftmals nicht berücksichtigt. Um den Erfolg eines ausgearbeiteten, relativ konkreten und niedergeschriebenen GBEP-Nachhaltigkeitsstandard nicht durch Probleme bei der Anwendung und Umsetzung zu gefährden, wurde im Jahr 2014, während des jährlichen GBEP-Treffen der Vorschlag unterbreitet, die Task Force on Sustainability wieder zu aktivieren [172] und mit der Ausarbeitung eines Leitfaden zur Umsetzung und Einführung der Nachhaltigkeitskriterien zu betrauen.[173] Der „Scope of work[174] for the production of an implementation guide on the use of the GBEP Sustainability Indicators for Bioenergy" wurde im Juni 2015 von dem Steering committee bestätigt und damit freigegeben.

Die Vorgabe sieht vor, dass konkretere Definitionen und Methoden erarbeitet und in die Indikatoren integriert werden müssen[175], dass festgelegt wird, welche Ressourcen[176] für einen erfolgreichen Umsetzungsprozess vorhanden, bzw. beteiligt sein müssen[177] und dass die praktische Umsetzung der Indikatoren durch die Bereitstellung von Excel-Templates oder webbasierten Computer-Modellen, die eine Datenerhebung, die Supervision des Prozesses und den Informationsaustausch zwischen den beteiligten Akteuren ermöglichen, erleichtert wird[178].

Anschließend nennt die Vorgabe, bezogen auf jeden der 24 Nachhaltigkeitsindikatoren, die Relevanz eines von insgesamt fünf Faktoren, die beachtet werden müssen, um feststellen zu können, in welchem Umfang den Anforderungen des jeweiligen Indikators

---

[172] „re-opened".
[173] Implementation Guide on the use of the GBEP Sustainability Indicators für Bioenergy, vgl. Fn. 161.
[174] Nachfolgend: Vorgabe.
[175] Integration of definitions and methodologies, vgl. GBEP 2015, Scope of work for an Implementation Guide, S. 3.
[176] Experten, Informationen, Akteure (Steakholders) etc.
[177] Ensuring an effective implementation of the indicators, vgl. GBEP 2015, Scope of work for an Implementation Guide, S. 3.
[178] Enhancing the practicality of the indicators, S.4.

bereits entsprochen wird bzw. inwiefern ein Entwicklungsprozess stattfindet. Diese Faktoren sind:
- die zu erwartenden wesentlichen Probleme[179],
- die Verwendung/ Ermittlung adäquater Datensätze[180],
- die Erforderlichkeit ggf. den Aufbau von fachlicher Expertise, „Kapazitäten"[181],
- indikatorspezifische Besonderheiten[182],
- sonstige Erfordernisse[183].

Einen Zeitrahmen gibt die Vorgabe nicht vor, so dass derzeit nicht absehbar ist, ob und wann eine solche Umsetzungshilfe veröffentlicht wird und ob es überhaupt möglich ist, eine universelle, verständliche, aber trotzdem zielführende Anwendungshilfe zu formulieren.

III. Nachhaltigkeit gemäß GBEP und Stellungnahme

Die Nachhaltigkeitsindikatoren der GBEP erfassen zwar zum einen die bekannte Dreiteilung der Nachhaltigkeit in einen wirtschaftlichen, ökologischen und sozialen/ gesellschaftlichen Bereich, sind jedoch Nachhaltigkeits-Indikatoren und weniger Nachhaltigkeits-Kriterien.
Grundsätzlich positiv zu bewerten sind die ausformulierten sozialen und ökonomischen Indikatoren und die damit verbundene weitergehende Herangehensweise bei der Entwicklung der Indika-

---

[179] „Major challenges", GBEP 2015, Scope of work for an Implementation Guide, S.5.
[180] „Data availability/ Data appropriateness", GBEP 2015, Scope of work for an Implementation Guide, S. 5.
[181] „Capacity building", GBEP 2015, Scope of work for an Implementation Guide, S.5.
[182] „Other fundamental obstacle", GBEP 2015, Scope of work for an Implementation Guide, S. 5.
[183] „Comments", GBEP 2015, Scope of work for an Implementation Guide, S. 5.

toren. Allerdings entsteht dadurch auch wieder die Gefahr der Konturenlosigkeit und Überforderung des Nachhaltigkeitsbegriffs.

Die gemeinsame Zusammenarbeit von Industrie-, Entwicklungs-, und Schwellenländern erhöht die Akzeptanz der Indikatoren und eine spätere Implementierung. Die Anwendbarkeit der Indikatoren auf alle Arten und jegliche Verwendung von Biomasse, also nicht nur für den Verkehrssektor, sondern auch auf die Strom- und Wärmeerzeugung, wird dem tatsächlichen Anwendungsbereich von Biomasse gerecht und ist sinnvoll, da mittelfristig wohl nicht nur die Biomasse, die für den Biokraftstoffbereich angebaut wird, sondern auch Biomasse für die Stromerzeugung[184] oder die Wärmeerzeugung[185] nachhaltig erzeugt werden muss.

Langfristig müssen wohl jede Biomasse und sämtliche Agrarprodukte Nachhaltigkeitskriterien erfüllen und nicht nur die Biomasse zur Herstellung von Energie.

Es ist nicht nachvollziehbar und kontraproduktiv, wenn wir mit nachhaltigen Biokraftstoffen Auto fahren, aber Balkonmöbel aus Tropenhölzer sind, Bananen auf hochgradig biodiversen Ackerflächen angebaut werden oder das Pflanzenöle, welche die Basis für Schmier- und Verfahrensstoffe, Farben und Lacke oder Produkte der Pharma- und Kosmetikindustrie sind aus nicht nachhaltig angebauter Biomasse hergestellt werden.[186]

Insofern greift sogar die GBEP, die nur die Bioenergie im Fokus hat, zu kurz. Der Bezug zur Bioenergie kommt wohl daher, dass

---

[184] Mais für die Herstellung und anschließende Verstromung von Biogas.
[185] Anbau von schnell wachsenden Hölzern zur Herstellung und Verfeuerung von Holzpellets.
[186] Vgl. die verschiedensten Anwendungsgebiete von Biomasse Fachagentur nachwachsende Rohstoffe (FnR), 2006, Marktanalyse nachwachsende Rohstoffe.

durch die Verwendung von Bioenergie vor allem eine Reduzierung des Ausstoßes von Treibhausgasen erhofft wird und dieses Ziel einer besonderen Regelungsdichte bedarf.[187] Besser wäre es daher gewesen, direkt eine Global Biomass Partnership – GBMP – aufzubauen

In Bezug auf die Herbeiführung zeitnaher konkreter Ergebnisse ist die Erarbeitung und Formulierung von Indikatoren weniger zielführend. Es ist zwar sicherlich einfacher, Indikatoren aufzustellen, die allgemeiner gefasst werden können und nur die möglichen negativen Begleiterscheinungen der Biomasseproduktion erfassen und nicht die Einzelheiten einer nachhaltigen Biomasseproduktion regeln müssen. Die Indikatoren eignen sich aber in erster Linie dafür, eine bestehende Biomassepolitik zu überprüfen, etwa im Rahmen eines Benchmarks.

Fraglich ist aber, inwiefern die Indikatoren dazu geeignet sind, als Blaupause für eine zukünftige Biokraftstoffpolitik verwendet zu werden. Ist es möglich eine Biokraftstoffpolitik zu gestalten, die ex ante so formuliert wird, dass „Verletzungen, Krankheiten und Todesfälle die im Rahmen der Biomasseproduktion auftreten, im Vergleich zu vergleichbaren Sektoren", nicht zunehmen.[188]

Die Indikatoren bleiben recht vage in ihrer Ausgestaltung. Dies mag entweder an den unterschiedlichsten Parteien liegen, die beim Vereinbarungsprozess beteiligt waren, oder an der Erkennt-

---

[187] Auf europäischer Ebene findet man eine ähnliche Gewichtung vor. Durch die hier als Biokraftstoffnovelle bezeichnete Richtlinie (EU) 2015/ 1513 sollen vor allem die indirekten Landnutzungsänderungen vermindert werden und dadurch die positive Treibhausgasbilanz von Biokraftstoffen langfristig gewahrt werden.

[188] Indicator 16: Incidences of occupational injury, illness and fatalities in the production of bioenergy in relation to comparable sectors, vgl. GBEP 2011, Sustainability Indicators, S. 166.

nis, dass nur so die verschiedensten weltweit vorzufindenden Bedingungen einigermaßen erfasst werden.

Der Ansatz der GBEP war also ein anderer als der, der mit der Aufstellung von Nachhaltigkeitskriterien in der RED verbunden wird.

Die GBEP formuliert in erster Linie Indikatoren, die die möglichen Konsequenzen einer Bioenergieproduktion erfassen und, sofern die Indikatoren durch die Bioenergieproduktion in einem Land tangiert werden, ein Reagieren des jeweiligen Landes auf den entsprechenden Gebieten fördern soll. Die Indikatoren zählen meistens negative Folgen einer Bioenergiepolitik auf. Die Biokraftstoffprogramme sollen so ausgerichtet sein, dass diese Folgen ausbleiben oder, sofern diese Folgen identifiziert werden, die Politik hierauf entsprechend reagiert.

Teilweise formulieren die Indikatoren aber auch positive Folgen einer Bioenergiepolitik, wie etwa den Zuwachs an Arbeitsplätzen im Bereich der Biomasseproduktion[189]. Bleibt eine solche, als positiv zu bewertende Folge aus, soll dies vermutlich ebenso zum Handeln anregen.

Die Indikatoren stellen also eher Bedingungen auf, in deren Rahmen sich eine Biomasseproduktion einpendeln soll. Es fehlt jedoch an konkreten Nachhaltigkeitskriterien, die im Vorhinein gesetzt werden können. Die Ausgestaltung der jeweils nationalen Regelungen bleibt den Staaten überlassen. Sie selbst müssen durch nationale Gesetzgebung dafür sorgen, dass sich die nationale Biomasseproduktion „im Rahmen" bewegt. GBEP gibt den Ländern ein Instrumentarium zur Hand, mit dem nachträglich die nationa-

---

[189] Vgl. GBEP 2011, Sustainability Indicators, S.23. *Jobs in the bioenergy sector – Net job creation as a result of bioenergy production and use, total and disaggregated (if possible) as follows: skilled/ unskilled; temporary/ indefinite.*

len Biomassepolitiken überprüft und ggf. konfiguriert werden können. Der Schwerpunkt liegt eher auf der nachträglichen Überprüfung und weniger auf der präventiven Aufstellung von konkreten Anforderungen. *„Measured over time, the indicators will show progress towards or away from a sustainable development path as determinated nationally."*[190] Dieses Problem erkannte auch die GBEP selbst und veröffentlichte im Jahr 2015 eine Arbeitsanweisung für die wiedereröffnete "Task Force on Sustainability". Diese soll nun eine universelle Umsetzungshilfe entwickeln, die dazu beitragen soll, den GBEP-Standard zu Implementieren.

Die Umsetzungshilfe soll diesbezüglich Ausführungen machen und festlegen, welche Grundlagen zu schaffen, Schritte zu gehen und Maßnahmen zu ergreifen sind.

Das Aufstellen von Indikatoren ist geeignet, um die Biomasseproduktion in verschiedenen Ländern und unter verschiedenen Bedingungen zu überwachen und in nachhaltige Bahnen zu lenken. Wenn man aber nur Aussagen darüber trifft, welche negativen Auswirkungen verhindert und welchen negativen Begleiterscheinungen entgegnet werden sollen, ist dies nur dann hilfreich, sofern bereits ein bestehendes nationales oder regionales Programm zur Förderung des Anbaus von Biomasse besteht.

Fraglich ist aber der Nutzen der GBEP-Indikatoren, sofern ein nationales Programm zur Förderung des Anbaus der Biomasse neu aufgebaut werden soll. So lassen sich aus dem Indikator *„Soil quality – Percentage of land for which soil quality, in particular in terms of soil organic carbon, is maintained or improved out of total land on which bioenergy feedstock is cultivated or harvested"* Nachhaltigkeitskriterien formulieren.

---

[190] GBEP 2011, Sustainability Indicators, S.11.

Insbesondere im ökonomischen und sozialen Bereich ist es aber regelmäßig so, dass hier der Anbau der Biomasse mittelbar und zeitversetzt zu negativen oder positiven Konsequenzen führt, also etwa die Zunahme von Kinder- und Zwangsarbeit im Anbaugebiet, die zunehmende Missachtung von bestehenden Landnutzungsrechten oder die Zunahme sozialen Konflikten um die knapper werdende Ressource Ackerfläche. Auch das Auslaugen des Bodens durch Monokultur oder durch eine inadäquate Nutzung von Agrochemikalien, steigende Lebensmittelpreise, weniger Arbeitslose, höherer Energieverbrauch durch zunehmende Industrialisierung lassen sich nur ex-post feststellen.

Diese Effekte präventiv zu erfassen gestaltet sich als sehr schwierig. Insbesondere auch deshalb, weil die negativen Effekte zum Zeitpunkt der Regelung noch nicht bekannt waren oder erst durch ein verändertes Verhalten der Marktakteure entstehen. Kann eine Regelung überhaupt in der Lage sein alle Probleme zu erfassen, also auch solche, die außerhalb des staatlichen Territoriums aufgrund ganz eigener regionaler Dynamiken entstehen. Es bedarf dafür in jedem Fall eines zusätzlichen Monitoring-Systems.

Oftmals ist es fraglich, ob Reaktionen eines Staates den erhofften Erfolg bringen und ab wann ein Befund, den man im Rahmen eines GBEP-Nachhaltigkeitsindikatoren-Assessments feststellt, den Gesetzgeber überhaupt zum Handeln veranlassen soll. Wie ist es zu bewerten, wenn die Biomasseproduktion zwar zu einem Anstieg der Arbeitsplätze und Beschäftigten in diesem Sektor führt, aber die meisten Arbeitsplätze zeitlich befristet sind und nur unqualifizierte Arbeitnehmer in die Erwerbstätigkeit führt und zugleich die Zahl der schweren körperlichen Verletzungen im Biomassesektor rapide ansteigen.[191]

---

[191] Vgl. GBEP 2011, Sustainability Indicators, S.23. 12. Jobs in the bioenergy sector vs. 16. Incidence of occupational injury, illness and fatalities.

Ob die zu erstellende Umsetzungshilfe[192] geeignet sein wird, dieses Problem zu beheben, wird bezweifelt. Die sozioökonomischen Probleme dürften soweit variieren, dass ex ante kaum einheitlichen Aussagen darüber getroffen werden können sollten, wie entsprechenden Indikatoren genügt werden kann. Besteht die Umsetzungshilfe hingegen vorwiegend in der Empfehlung Datenmaterial zu beschaffen Ressourcen aufzubauen und Expertise zu erlangen, ist eine solche Umsetzungshilfe nicht zielführend. Es bleibt abzuwarten, wie das Ergebnis aussehen wird.

Unklar ist bei den Nachhaltigkeitsindikatoren schließlich auch, ob Aspekte der intra- und intergenerationellen Gerechtigkeit berücksichtigt werden und berücksichtigt werden sollen.

Die Nachhaltigkeitsindikatoren lesen sich so, dass jeweils nur ein Land oder eine Region als Referenzgröße herangezogen wird, ohne die Auswirkungen der nationalen Biomassepolitik auf andere Länder zu berücksichtigen. Oder kann man aufgrund der am Entscheidungsfindungsprozess beteiligten verschiedenen Akteure von u.a. Entwicklungs- und Industrieländern darauf schließen, dass die Indikatoren per se auch die intragenerationelle Gerechtigkeit berücksichtigen? Dies ist wohl nicht der Fall.

IV. Abschließendes Fazit

Während die Aufstellung von Nachhaltigkeitsindikatoren geeignet ist, die Entwicklungen der Biomasseproduktion und ihre Auswirkungen im ökologischen, ökonomischen und sozialen Bereich wissenschaftlich zu begleiten, sind die GBEP-Indikatoren zu allgemein gefasst, um als Nachhaltigkeitskriterien unmittelbar angewendet zu werden. Klar wird durch die Nachhaltigkeitsindikatoren,

---

[192] Implementation guide on the use of the GBEP Sustainability Indicators für Bioenergy.

dass die Berücksichtigung der drei Sektoren wesentliche Voraussetzung für Nachhaltigkeit ist.

Eine weitere Schlussfolgerung ist aber auch, dass davon ausgegangen wird, dass die wenigsten internationalen Biomasseprogramme gegenwärtig tatsächlich nachhaltig sind oder zukünftige nationale Programme zur Förderung des Biomasseanbaus von Anfang an nachhaltig sein werden.

Vielmehr geht die GBEP davon aus, dass Nachhaltigkeit, also die Erfüllung der Nachhaltigkeitsindikatoren, im Rahmen eines längeren Adaptationsprozesses erreicht wird. Anhand der Indikatoren kann überprüft werden, ob nationale Politiken und Programme zur Bioenergie nachhaltig sind.[193] Diese Großzügigkeit führt allerdings dazu, dass eine temporäre Unvollkommenheit der nationalen Biomasseprogramme hingenommen werden kann, sofern das Fernziel Nachhaltigkeit klar formuliert ist und die Entscheidungsträger und Programmverantwortlichen das Biomasseprogramm einer regelmäßigen Überprüfung unterziehen, um dann auch ggf. auch Nachbesserungen vorzunehmen. Diese eindeutige Zielsetzung nimmt die GBEP aber gerade nicht vor.

GBEP führt nicht aus, ob Defizite innerhalb eines Bereiches wie „Environmental Pillar" durch die anderen Bereiche „Social Pillar" bzw. „Economic Pillar" kompensiert werden können oder ob in jedem Bereich eine gewisse Punktzahl erreicht werden muss.

Bedeutet Nachhaltigkeit oder die nachhaltige Biomasse- und Bioenergienutzung also nichts anderes als „Continuous

---

[193] Öko-Institut e.V. 2011, Nachhaltigkeitsindikatoren für Bioenergie international anerkannt, *https://www.oeko.de/aktuelles/2011/nachhaltigkeitsindikatoren-fuer-bioenergie-international-anerkannt/* (letztmalig abgerufen am 21.06.2019), Anhang 1.XIX..

Improvement"- die antizipierte Bereitschaft, ein Verfahren stetig verbessern zu wollen und die entsprechenden Maßnahmen, sofern erforderlich, zu ergreifen? Eine Verfahrensoptimierung? Damit würde die Nachhaltigkeit erneut als eine Verfahrensmaxime verstanden, die den Entscheidungsfindungsprozess und nach Entscheidungsentschluss die Verwirklichung der getroffenen Entscheidung im Rahmen der fortlaufenden Optimierung und Anpassung zu einem finalen Ziel charakterisiert.

Dies würde insofern Sinn ergeben, wenn Nachhaltigkeit zumindest auch, als wesentliches Element, die Beachtung von Interessen aus der Sphäre der Ökonomie, Ökologie und Gesellschaft aufweist.

Da diese Berücksichtigung von widerstreitenden Interessen aber immer schwieriger wird und ein ausgewogener Konsens oftmals zunächst nicht möglich ist, beinhaltete Nachhaltigkeit auch ein Zeitmoment im Sinne einer Zeitspanne, die als Optimierungsphase verstanden wird. Dadurch würden lähmend lange Entscheidungsfindungsprozesse verhindert und unvollkommene Lösungen könnten getroffen werden, weil sich der getroffenen „Lösung" eine Phase der Optimierung anschließt, in der sich widerstreitende Interessen durch die fortschreitende Entwicklung von Technologien oder durch die fortschreitende Akzeptanz der Bevölkerung und die sukzessive Anpassung der gesellschaftlichen Verhältnisse, auflösen würden und sich tatsächlich nachhaltige Lösungen entwickeln könnten.

Nachhaltigkeit als Modell der Entscheidungsfindung, Optimierung und Zielvorstellung zugleich. Durch diese zeitversetzte Optimierung müssten sich jedoch alle Projekte, die Nachhaltigkeit als ihre Handlungsmaxime ausweisen, eine erhebliche Kritik gefallen lassen. Von Beginn an könnten Glaubwürdigkeit und Ambitionen in Frage gestellt werden. Zudem führt die Funktionstüchtigkeit der leicht zu realisierenden, nicht perfekten Lösung, schnell zu einer Selbstzufriedenheit, die eine nachträgliche Anpassung erschwert.

Der Schwerpunkt der GBEP-Indikatoren liegt wohl auf den Indikatoren selbst und der Erstellung eines Orientierungs-Kataloges. Diese Orientierung und die Anpassung an das von GBEP erstellte Optimum ist jedoch ein wesentlicher Bestandteil und sollte als prozessuale Komponente des Nachhaltigkeitsbegriffs aufgenommen werden, da die Gefahr, sich mit unvollkommenen Lösungen zufrieden zu geben, geringer eingeschätzt wird, als die prozessual implementierte Verpflichtung, einmal gefundene Entschlüsse, einem stetigen Monitoring einschließlich Fortentwicklung und Optimierung zu unterwerfen. Ob es hierzu nämlich tatsächlich kommt, hängt von der Disziplin und Zielstrebigkeit der beteiligten Akteure ab.

EXKURS: Ende

Teil 7 Vorläufiges Fazit und Schlussfolgerungen zum Begriff der Nachhaltigkeit

Die Ausführungen zum Thema Nachhaltigkeit wurden begonnen mit einem Überblick über die historische Entwicklung des Begriffs Nachhaltigkeit und der darin enthaltenen Aspekt des Übergangs zur nachhaltigen Entwicklung. Anschließend wurden wichtige Ausführungen zu den drei wesentlichen Elemente/ Sphären des Begriffs Nachhaltigkeit herausgearbeitet und sich mit weiteren Attributen zum Begriff der Nachhaltigkeit auseinandergesetzt, die anschließend als sinnvoller oder abzulehnender Bestandteil des Begriffs nachhaltige Entwicklung bewertet wurden. Somit liegen nun wichtige Informationen vor, die, ausreichend bewertet, dazu verwendet werden sollen, eine eigene Bestimmung des Begriffs nachhaltige Entwicklung zu formulieren.

I. Das Verständnis von Nachhaltigkeit

Nachhaltigkeit ist ein Konstrukt, das materielle und prozessuale Komponenten sowie Aspekte der inter- und intragenerationellen Gerechtigkeit beinhaltet, wobei sich Gehalt und Umfang an der Tragweite des Sachverhalts orientiert, dem Nachhaltigkeit zugeordnet werden soll.

- Materiell beinhaltet Nachhaltigkeit die Verknüpfung von drei Sphären, nämlich der Ökonomie, der Ökologie und dem Sozialen/ Gesellschaftlichen, wobei es eine Interdependenz zwischen und unter den Sphären gibt. Die drei Sphären sind nicht abstrahiert voneinander zu betrachten, sondern stehen in Wechselwirkung zueinander. Die Sphären sind gleichwertig und nur die Gefahr, durch unmittelbare oder mittelbare Folgen des eigenen Handelns eine Sphäre irreparabel zu beeinträchtigen, kann einer Sphäre eine Vorrangstellung einräumen.

- Die prozessuale Komponente ergibt sich aus der natürlich begrenzten Regenerationsfähigkeit der Umwelt, die der ökologischen Sphäre zugeordnet ist sowie dem Zeitraum, der erforderlich ist, um Erfahrungen hinsichtlich der Auswirkungen des eigenen Handelns auf schützenswerte Belange zu sammeln. Außerdem sind die Anforderung und Erwartungen, die drei Sphären so in Einklang zu bringen, dass jede Sphäre, auf den anderen Sphären aufbauend, selbst expandieren kann und dadurch auch den anderen Sphären zu mehr Entwicklungsmöglichkeiten verhilft, so hoch, dass dieses Optimum kaum beim ersten Ansetzen erreicht werden kann. Eine Annäherung an dieses Ideal erfolgt im Rahmen eines Prozesses. Prozessual beinhaltet Nachhaltigkeit daher die Entwicklung. Fernziele müssen formuliert werden, wobei auch suboptimale Lösungen zu Beginn des Prozesses akzeptiert werden können, wenn das Gesamtkonzept Instrumente zur regelmäßigen Kontrolle, Überprüfung, Anpassung und Fortentwicklung beinhaltet, deren Einhaltung durch einen Sanktionsmechanismus sicher gestellt wird.

- Die Vermeidung von Beeinträchtigungen der Sphären, gepaart mit der prozessualen, zeitlichen, mithin mehrere Generationen betreffenden Komponente, verpflichtet zur Beachtung einer intergenerationellen Gerechtigkeit, da nur so die Sphären über einen längeren Zeitraum im wesentlichen erhalten werden können. Durch die Beachtung der Grundsätze der intragenerationellen Gerechtigkeit werden negative Auswirkungen auf Dritte verringert und dadurch der zunehmenden Globalisierung Rechnung getragen. Je weitreichender Gehalt und Umfang des den Anspruch der Nachhaltigkeit erfüllenden Sachverhalts ist, desto mehr müssen regionale, nationale oder globale Auswirkungen berücksichtigt werden.

Abbildung 11: Nachhaltigkeit: Die globale Nachhaltigkeits-Ellipse

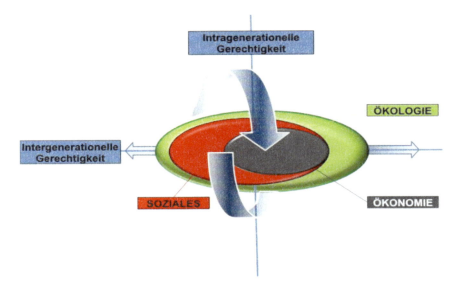

II. Nachhaltigkeit und Biokraftstoffe

Das oben skizzierte weite Verständnis von Nachhaltigkeit wird durchaus als positives und erstrebenswertes Leitbild einer Biokraftstoffpolitik verstanden.

Obwohl die Gefahr droht, dass Erwartungen und Ziele, die mit der Nachhaltigkeit verbunden werden, zu einer gewissen Konturenlosigkeit und Überladung führen können, ist nicht ersichtlich, welche der oben erwähnten Komponenten weggelassen werden könnten, um dem Konzept der nachhaltigen Entwicklung weiterhin gerecht zu werden. Durch die Unterteilung in formelle und materielle Anforderungen an die Nachhaltigkeit soll erreicht werden, eine Konturenlosigkeit des Nachhaltigkeitsbegriffs zu vermeiden. Hat der Nachhaltigkeitsbegriff eine gewisse Griffigkeit erlangt, bestimmt die Materie, die diesem Anspruch gerecht werden will, Inhalt und Umfang.

Die Anwendung des Konzeptes auf den Bereich der Biokraftstoffe führt sicherlich auch zu einer Beschränkung des Radius der Handlungen, da die Verknüpfung mehrerer Sektoren/ Sphären und die Beachtung der Gerechtigkeitselemente zu einer Begrenzung der Handlungsalternativen führen.

Biokraftstoffe zeichnen sich nun dadurch aus, dass sie für mehrere Sektoren relevant sind. Der Anbau der Rohstoffe erfolgt in der Landwirtschaft. Der gesamte Verarbeitungsprozess führt zu Arbeitsplätzen und zur wirtschaftlichen Entwicklung. Die Verfügbarkeit von Kraftstoffen ist wesentliche Voraussetzung für die Beibehaltung der in der heutigen Gesellschaft sehr wichtigen Mobilität, unter Einsparung von schädlichen Treibhausgasen. Meistens sind zudem auch noch mehrere Länder oder sogar Kontinente von der Wertschöpfungskette erfasst.

Obwohl Biokraftstoffe also die drei Sphären der Nachhaltigkeit tangieren, sind Biokraftstoffe nicht per se als nachhaltig zu bezeichnen. Dies wäre nur dann der Fall, wenn der vollständige Herstellungs- und Verarbeitungsvorgang sowie der abschließende Verbrauch von Biokraftstoffen den Anforderungen der Nachhaltigkeit entspräche, angefangen von dem Anbau der Rohstoffe bis zur Auslieferung an den Endverbraucher und die Verwendung durch diesen. Würde man den Lebenszyklus von Biokraftstoffen untergliedern, müsste jedes Glied der Wertschöpfungskette dem Anspruch der Nachhaltigkeit gerecht werden.

Ob Nachhaltigkeit bei einem Massenkonsumgut wie Kraftstoff tatsächlich erreicht werden kann, soll und kann hier noch nicht beantwortet werden. Das zu Beginn erwähnte Zitat von Paracelsus soll zumindest Zweifel an diesem Ziel ausdrücken.

Muss eine nachhaltige europäische Energie- und Kraftstoffpolitik auch strukturelle Reformen und nicht „nur" die Ersetzung eines Konsumgutes durch ein anderes beinhalten? In der RED wird, sogar an pointierter Stelle, nämlich bereits in Erwägungsgrund 1, ausgeführt, dass eine Energiewende nur bei einer gleichzeitigen Energieeinsparung bzw. Steigerung der Effizienz gelingen kann.

Aufgrund der Erwägensgründe der RED ist davon auszugehen, dass sich diese an dem Begriff der Nachhaltigkeit messen lassen will. Dies gilt für die Energiepolitik im Allgemeinen[194] wie auch für die Biokraftstoffpolitik im Speziellen.[195] Insbesondere hinsichtlich einer globalen und derart vielschichtigen Biokraftstoffindustrie sind die in Einklang zu bringenden Interessen und die zu beachtenden Rechtsgüter zahlreich und ist das Vorhaben entsprechend komplex. Aufgrund der formellen Komponente der Nachhaltigkeit kann sich die Nachhaltigkeit von Biokraftstoffen aber auch erst im Rahmen eines Prozesses entwickeln, sofern dieser Prozess bewusst herbeigeführt und kontinuierlich weiterverfolgt und zu Ende gebracht wird.

Das grundsätzlich vorhandene Potenzial von Biokraftstoffen, durch eine geschickte Verknüpfung von ökonomischen, ökologischen und gesellschaftlichen Aspekten, diese Aspekte zu fördern oder sogar zu stärken, nährt die Hoffnung, die in Biokraftstoffe, als wichtiges Element einer nachhaltigen Energiepolitik, gesteckt wird. Nicht mehr, nicht weniger.

---

[194] Es ist anerkannt, welche Möglichkeiten Innovation und eine nachhaltige, wettbewerbsfördernde Energiepolitik für das Wirtschaftswachstum bieten, vgl. Erwägungsgrund 3, RED.

[195] Der Europäische Rat hat auf seiner Tagung im Juni 2008 erneut auf die Nachhaltigkeitskriterien und die Entwicklung von Biokraftstoffen der zweiten Generation hingewiesen und betont, dass die möglichen Auswirkungen auf die landwirtschaftliche Lebensmittelproduktion bewertet und gegebenenfalls entsprechende Abhilfemaßnahmen ergriffen werden müssen. (...), vgl. Erwägungsgrund 9, RED.

Es ist nun zu schauen, ob die europäische Biokraftstoffpolitik, wie sie in ihrer bisherigen Ausgestaltung in Form der RED und der sie novellierenden Richtlinie 2015/1513[196] Einzug in das positive Recht gefunden hat, als nachhaltig zu bezeichnen ist.

---

[196] Richtlinie (EU) 2015/1513 des Europäischen Parlaments und des Rates vom 9. September 2015 zur Änderung der Richtlinie 98/70/EG über die Qualität von Otto- und Dieselkraftstoffen und zur Änderung der Richtlinie 2009/28/EG zur Förderung von Energie aus erneuerbaren Quellen. Nachfolgend: Biokraftstoffnovelle.

KAPITEL 3: DIE RECHTLICHE FÖRDERUNG VON BIOKAFTSTOFFEN IN DER EUROPÄISCHEN UNION

Im Folgenden wird die Förderung von Biokraftstoffen in der Europäischen Union aus juristischer Sicht untersucht.

Nachdem zunächst die Verankerung des Umweltschutzes und des Prinzips der nachhaltigen Entwicklung im Primärrecht herausgestellt wird, werden sodann die Entwicklungen im Sekundärrecht mit den begleitenden und auf den Erlass des Sekundärrechts abzielenden Äußerungen von Kommission, Rat und Parlament dargestellt.

In diesem zweiten, den Schwerpunkt darstellenden Schritt, wird jedoch weniger das europäische Umweltrecht als solches, sondern die Entwicklung bezüglich der Förderung von Biokraftstoffen im Besonderen untersucht.

Teil 1   Einleitung

Die Beachtung und der Erhalt der Umwelt war stets ein erwähntes Anliegen der Europäischen Union. Was aber konkret darunter zu verstehen werden soll, wird meist nicht ausgeführt. Der Überbegriff Umwelt ist viel zu undifferenziert, als dass man damit arbeiten könnte. Es bedarf einer Ausdifferenzierung und insbesondere eines Indikators dafür, ab wann die Umweltpolitik ihrer selbst wegen gemacht wird und bis wann die Beachtung von umweltbezogenen Belangen vielmehr der Beseitigung von wirtschaftlichen Ungleichheiten dient.

Teil 2 Die Verankerung des Umweltschutzes im europäischen Primärrecht

Der heute als Europäische Union bezeichnete Zusammenschluss von Staaten ist selbst das Produkt eines Entwicklungsprozesses. Geopolitische Veränderungen führten oftmals dazu, dass die Europäische Union den eigenen Entwicklungsprozess vorrangig steuern und sich selbst weiterentwickeln und anpassen musste. Parallel hierzu gab es aber auch eine stetige Entwicklung der Politik, die die Institutionen der EU ausübten. Die Umweltpolitik war hierbei steter Bestandteil der politischen Integration.

I. Europäische Umweltpolitik zwischen 1957 und 1986

Die Anfänge der Entstehung der heutigen Europäischen Union in Form Europäischen Gemeinschaften waren zunächst ausschließlich wirtschaftlich geprägt. Die Europäischen Gemeinschaften bildeten sich einerseits aus der Gemeinschaft für Kohle und Stahl[197], gegründet durch den am 23. Juli 1952 in Kraft getretenen Vertrag von Paris[198], und andererseits aus der Europäischen Wirtschaftsgemeinschaft[199] und der Europäischen Atomgemeinschaft[200], welche durch die am 25. März 1957 unterzeichneten Römischen Verträge gegründet wurden. Von da an teilten sich die Europäische Wirtschaftsgemeinschaft und die Europäische Atomgemeinschaft durch das „Abkommen über gemeinsame Organe für die europäischen Gemeinschaften vom 25. März 1957" eine

---

[197] Europäische Gemeinschaft für Kohle und Stahl (EGKS).
[198] Montanvertrag.
[199] Europäische Wirtschaftsgemeinschaft (EWG).
[200] Europäische Atomgemeinschaft (Euratom).

parlamentarische Versammlung, einen Gerichtshof und einen Wirtschafts- und Sozialausschuss mit der EGKS.
Wirtschaftliche Interessen führten neben dem politischen Interesse, die Macht der europäischen Nationalstaaten, insbesondere Deutschlands, durch eine verstärkte regionale Zusammenarbeit besser austarieren zu können, zu einer regionalen wirtschaftspolitischen Zusammenarbeit auf europäischer Ebene. Zwar beschränkte sich die EWG nicht wie der Montanvertrag und der Euratomvertrag auf eine Teilintegration, sondern sollte vielmehr durch Beseitigung der wirtschaftlichen Grenzen in Westeuropa die Volkswirtschaften von sechs Mitgliedsstaaten zu einem großen Wirtschaftsraum vereinigen.[201] Das Endziel des Vertrages war die Einführung einer gemeinsamen Politik auf den verschiedensten Gebieten der „Wirtschaft".[202]

Gemäß Art. 2 EWGV[203] war es die Aufgabe der Gemeinschaft, durch die Errichtung eines Gemeinsamen Marktes und die schrittweise Annäherung der Wirtschaftspolitik der Mitgliedsstaaten eine harmonische Entwicklung des Wirtschaftslebens innerhalb der Gemeinschaft, eine beständige und ausgewogene Wirtschaftsausweitung, eine größere Stabilität, eine beschleunigte Hebung der Lebenshaltung und engere Beziehungen zwischen den Staaten zu fördern, die in dieser Gemeinschaft zusammengeschlossen waren. Auch Art. 6 EWGV unterstrich den wirtschaftlichen Charakter des Bündnisses, da die Mitgliedsstaaten (nur) ihre Wirtschaftspolitik koordinieren sollten.
Gemäß Art. 8 EWGV sollte in einer Übergangszeit von zwölf bis höchstens fünfzehn Jahren ein gemeinsamer Markt verwirklicht werden.

---

[201] Vgl. *Wohlfahrt, Everling, Glaesner* 1960, Die Europäische Wirtschaftsgemeinschaft, XX.
[202] Vgl. *Wohlfahrt, Everling, Glaesner* 1960, Die Europäische Wirtschaftsgemeinschaft, XXI.
[203] Vertrag zur Gründung der Europäischen Wirtschaftsgemeinschaft (EWGV).

Der Fusionsvertrag[204] von 1965 regelte und vollendete in erster Linie die „Verschmelzung" der Gemeinschaftsorgane. Er führte zur Entstehung neue Organe für die Europäischen Gemeinschaften, nämlich eines Rates[205] und einer Kommission[206], was durch die Zusammenlegung und Ersetzung von bereits in den Gesellschaften bestehender Organe erfolgte[207].

Diese verwaltungstechnischen Änderungen führte aber ebenso wenig zu einer Verankerung oder Beachtung des Umweltschutzes innerhalb des Primärrechts. Es blieb zunächst weiterhin bei einer auf wirtschaftliche Integration ausgerichteten Europäischen Union. Jedoch wurden bereits 1965 mehrere Forschungsprogramme und Einzelforschungen auf der Grundlage des Art. 55 EGKSV[208] durch die Gemeinschaft gefördert, die man heute der Umweltpolitik zuschreiben würde, wie etwa die technische Bekämpfung der Luftverunreinigung zum Schutze der Arbeitskräfte gegen die Gefahren von Staubemissionen in Berg- und Stahlwerken und Gasemissionen in der Stahlindustrie.[209]

---

[204] Vertrag zur Einsetzung eines gemeinsamen Rates und einer gemeinsamen Kommission der Europäischen Gemeinschaften, vom 8. April 1965.
[205] Der Rat der Europäischen Gemeinschaften, vgl. Kapitel 1 Fusionsvertrag
[206] Die Kommission der Europäischen Gemeinschaften, vgl. Kapitel 2 Fusionsvertrag.
[207] Vgl. z.B. Kapitel 1, Art. 1Fusionsvertrag, Es wird ein Rat der Europäischen Gemeinschaften (...) eingesetzt. Dieser Rat tritt an die Stelle des Besonderen Ministerrats der Europäischen Gemeinschaft für Kohle und Stahl, des Rates der Europäischen Wirtschaftsgemeinschaft und des Rates der Europäischen Atomgemeinschaft.
[208] 1. Die Hohe Behörde hat die technische und wirtschaftliche Forschung für die Erzeugung und die Steigerung des Verbrauchs von Kohle und Stahl sowie für die Betriebssicherheit in diesen Industrien zu fördern. Sie hat zu diesem Zweck eine geeignete Zusammenarbeit zwischen den vorhandenen Forschungsstellen zu organisieren. Vertrag zur Gründung der EGKS (EGKSV).
[209] *Behrens*, 1976, Rechtsgrundlagen der Umweltpolitik der EG, S. 25.

Nachdem der Club of Rome gegen Ende der 1960er Jahre die Begrenztheit des Wachstums aufgrund der Begrenztheit der natürlichen Ressourcen beschrieb, erließ die Europäische Kommission im Jahr 1971 ihre erste Stellungnahme bezüglich einer gemeinschaftlichen Umweltpolitik[210], in der unter anderem gefordert wurde, den technischen Fortschritt nicht zu Lasten der Umwelt unbegrenzt voran zu treiben.[211] Auf dem Pariser Gipfel von 1972 wurden die europäischen Institutionen aufgefordert, ein Aktionsprogramm auf dem Gebiet der Umweltpolitik zu erarbeiten.[212] Bereits vor dem Pariser Gipfel ergingen aber schon Richtlinien und Verordnungen, die der Umweltpolitik zuzuordnen waren, so etwa die Richtlinie über die Einstufung, Kennzeichnung und Verpackung gefährlicher Stoffe[213] oder die Richtlinie über den freien Warenverkehr für Kristallglas, mit der nämlich bestimmte Höchstgrenzen für den Bleigehalt nicht überschritten werden durften.[214] Ausschlaggebend für die Befassung mit umweltrelevanten Sachverhalten waren jedoch meist nicht umweltschutzpolitische, sondern allein wettbewerbs- und wirtschaftspolitische Überlegungen.[215]
Dass dem Umweltschutz eine besondere Aufmerksamkeit gewidmet wird, wurde ein Jahr später dennoch schon als „europäische Tradition" bewertet.[216]

Nach drei Umweltprogrammen in den Jahren 1973[217], 1977[218] und 1983[219], von denen das letzte im Jahr 1986 auslief, hatte sich ein

---

[210] SEC(71) 2616, *First communication on a Community policy for the environment.*
[211] SEC(71) 2616, S. 3.
[212] *de Ruyt*, 1989, L'acte unique européen, S.213. *C'est le sommet de Paris 1972 qui invita les institutions européennes à élaborer un "programme d'action" en matière d'environnement*- Bull CE, n. 10/1972, p. 9 et suiv.
[213] RL 67/548/EWG.
[214] RL 69/493/EWG.
[215] *Behrens*, 1976, Rechtsgrundlagen der Umweltpolitik der EG, S. 25.
[216] Vgl. Kommission, 6. Gesamtbericht (1972), S. 8.
[217] Erstes umweltpolitisches Aktionsprogramm, ABl. 1973 Nr. C 112 S. 1.

Handeln der Gemeinschaft auf dem Gebiet der Umweltpolitik fast schon etabliert. Das vierte Umweltprogramm startete 1987[220], ein Jahr nach der Einheitlichen Europäischen Akte (EEA)[221].

II. Einheitliche Europäische Akte, Artikelverträge von Maastricht, Amsterdam, Nizza

Die Kompetenz der Europäischen Gemeinschaft richtete sich von Anfang an nach dem Prinzip der begrenzten Einzelermächtigung und wurde durch den Vertrag von Lissabon nur ansatzweise modifiziert, da sich auch aus Art. 5 Abs. 1 EUV[222] weiterhin ein Festhalten am Prinzip der begrenzten Einzelermächtigung herauslesen lässt.

Das Prinzip besagt, dass die Organe der EU nur dann rechtsetzend tätig werden können, wenn ihnen bezüglich eines Rechtsetzungsaktes die Kompetenz ausdrücklich übertragen wurde. Die Frage, ob der EU überhaupt die Kompetenz zur Regelung einer bestimmten Angelegenheit zukommt ist deshalb von so großer Bedeutung, weil die Wahl der Kompetenzgrundlage auch über Organkompetenz, Handlungsformen und Verfahren entscheidet.[223]
Demzufolge verfügt die EU nicht über eine Allzuständigkeit, die sogenannte „Kompetenz-Kompetenz"[224], aus der sie sich eigen-

---

[218] Zweites umweltpolitisches Aktionsprogramm, ABl. 1977 Nr. C 139 S. 1.
[219] Drittes umweltpolitisches Aktionsprogramm, ABl. 1983 Nr. C 46 S. 1.
[220] Viertes umweltpolitisches Aktionsprogramm, ABl. 1987 Nr. C 328 S.1.
[221] Vgl. m.w.N. *de Ruyt*, 1989, L´acte unique européen, S. 213, 214. *Trois programmes d´action successifs furent lances par la Communauté, en 1973, en 1977 et en 1983, ce dernier expirant en 1986.*
[222] Für die Abgrenzung der Zuständigkeiten der Union gilt der Grundsatz der begrenzten Einzelermächtigung. Vertrag über die Europäische Union (EUV).
[223] *Calliess* in: *Calliess, Ruffert* (Hrsg.), 2016, EUV/AEUV, 5. Auflage, Art. 5, Rn. 9.
[224] *Calliess* in: *Calliess, Ruffert* (Hrsg.), 2016, EUV/AEUV, 5. Auflage, Art. 5, Rn.6.

mächtig neue Kompetenzen zusprechen können. Vielmehr bleiben die Mitgliedsstaaten die Herren der Verträge, was sich auch aus Art. 1 Abs. 1 EUV[225] entnehmen lässt, wonach die Mitgliedsstaaten der Union Kompetenzen „aus freien Stücken"[226] übertragen.

Somit konnte die Europäische Gemeinschaft nicht mal "einfach so" umweltpolitische Themen regeln, sondern musste die Rechtssetzungsakte stets auf eine explizite Ermächtigungsgrundlage stützen.

Wie zuvor gezeigt, wurden die Kompetenzen der EU kontinuierlich erweitert und die Rechtsgrundlagen oftmals den Politikfeldern, auf die sich die EU Politik beziehen sollte, angepasst- zuletzt Art. 194 Abs. 1 Vertrag über die Arbeitsweise der Europäischen Union[227] bezüglich der Europäischen Energiepolitik. [228]
Die Wahl der richtigen Ermächtigungsgrundlage ist von wesentlicher Bedeutung für die Rechtmäßigkeit des Handelns. Fehlt es an einer einschlägigen Ermächtigungsgrundlage, so ist, dem Prinzip der begrenzten Einzelermächtigung folgend, der Erlass von Sekundärrecht nicht möglich.[229] Deckt die Rechtsgrundlage nicht die geregelte Materie ab oder kollidiert sie mit spezielleren Rechts-

---

[225] Vertrag über die Europäische Union. Nachfolgend: EUV.
[226] *Calliess* in: *Calliess*, *Ruffert* (Hrsg.), 2016, EUV/AEUV, 5. Auflage, Art. 5, Rn.6.
[227] Vertrag über die Arbeitsweise der Europäischen Union. Nachfolgend: AEUV.
[228] Die Energiepolitik der Union verfolgt im Geiste der Solidarität zwischen den Mitgliedsstaaten im Rahmen der Verwirklichung oder des Funktionierens des Binnenmarkts und unter Berücksichtigung der Notwendigkeit der Erhaltung und Verbesserung der Umwelt folgende Ziele: a) Sicherstellung des Funktionierens des Energiemarkts; b) Gewährleistung der Energieversorgungssicherheit in der Union; c) Förderung der Energieeffizienz und von Energieeinsparungen sowie Entwicklung neuer und erneuerbarer Energiequellen und d) Förderung der Interkonnektion der Energienetze.
[229] *Haratsch*, Kompetenz und Kompetenzausübung der EU, in: Bitburger Gespräche 2008/ II, S. 86.

grundlagen, so kann dies zur Nichtigkeit des gesamten Rechtsaktes führen.[230]

Wie in der obigen Abbildung 2-5 dargestellt, gab und gibt es verschiedene auf Umweltpolitik bezogene „Kompetenzstränge", die über die Jahre in das europäische Primärrecht implementiert wurden und im Laufe der Jahre auch nicht herausgenommen wurden. Dennoch kommt nur eine relativ begrenzte Zahl von Politikfeldern und Ermächtigungsgrundlagen zum Erlass von umweltrechtlichem Sekundärrecht in Betracht.

1. Binnenmarkt

Die zuvor genannten Umweltprogramme sowie die erlassenen Richtlinien und Verordnungen beruhten auf den Ermächtigungsgrundlagen der Art. 100[231] EWGV und 235[232] EWGV. Da unterschiedliche Anforderungen an den Umweltschutz das Erreichen von wirtschaftlich einheitlichen Bedingungen gefährdete, wurden oft und gerne die Kompetenzen des Art. 100 EWGV und Art. 235 EWGV als Ermächtigungsgrundlage verwendet, wodurch aber erneut zum Ausdruck kommt, dass die ersten Gesetzgebungsakte im Bereich Umwelt zunächst keinen Selbstzweck verfolgten, sondern sich der wirtschaftlichen Integration des Wirtschaftsraumes unterordneten. Das Heranziehen der allgemein formulierten Er-

---

[230] Vgl. EuGH, Rs. C – 376/98. Werbung und Sponsoring zugunsten von Tabakerzeugnissen.

[231] Der Rat erlässt einstimmig auf Vorschlag der Kommission Richtlinien für die Angleichung derjenigen Rechts- und Verwaltungsvorschriften der Mitgliedsstaaten, die sich unmittelbar auf die Errichtung oder das Funktionieren des Gemeinsamen Marktes auswirken. (...).

[232] Erscheint ein Tätigwerden der Gemeinschaft erforderlich, um im Rahmen des gemeinsamen Marktes eines ihrer Ziele zu verwirklichen, und sind in diesem Vertrag die hierfür erforderlichen Befugnisse nicht vorgesehen, so erlässt der Rat einstimmig auf Vorschlag der Kommission und nach Anhörung der Versammlung die geeigneten Vorschriften.

mächtigungsgrundlagen „Gemeinsamer Markt"/ „Binnenmarkt" war jedoch eher unglücklich und mit dem Prinzip der begrenzten Einzelermächtigung nur schwer in Einklang zu bringen.

Die umweltbezogene Binnenmarkt – Kompetenz wurde „erst" wieder durch den Vertrag von Amsterdam umfassend erweitert, der die Art. 100a Abs. 3 – 5 EWGV durch acht Absätze ersetzte, wobei das System des EWGV, wonach einzelstaatliche Maßnahmen aus Umweltschutzgründen trotz europäisch anders lautenden Harmonisierungsmaßnahmen beibehalten oder eingeführt werden durften, erweitert und perfektioniert wurde.

Sollte ein einzelstaatlicher Sonderweg gemäß dem in Art 100a Abs. 5, 6 EWGV beschriebenen Verfahren durch die Kommission gebilligt werden, sah Art. 100a Abs. 7 sogar vor, dass die Kommission umgehend prüfen sollte, ob eine Anpassung der gemeinschaftlichen Regelung entsprechend der einzelstaatlichen Maßnahme erfolgen sollte. Damit sollte ein kontinuierlich steigendes Schutzniveau erreicht werden, zumal die einzelstaatlichen Maßnahmen als Multiplikatoren fungieren würden. Art. 12 des Vertrags von Amsterdam nummerierte Art 100a EGV zu Art. 95 EGV. Der Vertrag von Lissabon[233] änderte lediglich das formelle Procedere des seit dem Vertrag von Amsterdam angelegten einzelstaatlichen Sonderwegs in Umweltfragen. Einzelstaatliche Maßnahmen zum Schutz der Umwelt durften nur dann beibehalten oder eingeführt werden, sofern das Parlament und der Rat bzw. der Rat oder die Kommission eine Harmoniserungsmaßnahme erlassen hatte, also die einzelstaatliche singuläre Regelung auf alle Länder der EU erweiterte. Der Hinweis auf das Gesetzgebungsverfahren gemäß Art. 251 EGV wurde gestrichen.

---

[233] Vertrag von Lissabon zur Änderung des Vertrags über die Europäische Union und des Vertrags zur Gründung der Europäischen Gemeinschaft, unterzeichnet in Lissabon am 13. Dezember 2007" (ABl. 2007/C 306/01).

Der Vertrag von Lissabon, der am 13.12.2007 von 27 Regierungen in Lissabon unterzeichnet wurde, ist entgegen den Plänen, die von einem „Verfassungsvertrag" ausgegangen waren, auch ein Änderungsvertrag bzw. Artikelvertrag. Der „Vertrag über die Europäische Union" sowie der nun als „Vertrag über die Arbeitsweise der Europäischen Union" benannte bisherige EG-Vertrag sollten zusammen die einheitliche und einzige Rechtspersönlichkeit der neuen EU bilden.[234]

Der Lissaboner Reformvertrag sollte 90 % des Ergebnisses der Regierungskonferenz 2004 über einen Verfassungsvertrag übernehmen[235] und kann faktisch auch als verfassungsmäßige Grundordnung der Union[236] bezeichnet werden. Entgegen den Plänen des Verfassungsvertrages ist die EU-Grundrechte-Charta kein unmittelbarer Bestandteil des EUV/ AEUV-Systems, erlangt aber durch einen Verweis in Art. 6 Abs. 1 EUV Verbindlichkeit und primärrechtliche Qualität[237]. Der Vertrag von Lissabon besteht im Wesentlichen aus den beschlossenen Änderungen des Vertrags zur Gründung der Europäischen Gemeinschaft bzw. des Vertrags über die Europäische Union.

Mit dem 2007 beschlossenen und am 1. Dezember 2009 in Kraft getretenen Vertrag von Lissabon wurde die Europäische Gemeinschaft mit der Europäischen Union verschmolzen. Von den drei Gemeinschaften blieb damit nur die Euratom übrig, die durch ein Protokoll mit der EU verbunden ist.

Durch den Vertrag von Lissabon erfolgte eine beinahe Totalrevision der bisherigen Vertragsgrundlagen. Diese umfasste auch die umweltrelevanten bisherigen Regelungen. Sowohl im Vertrag zur

---

[234] *Oppermann, Classen, Nettesheim*, 2016, Europarecht, 7.Auflage, S. 16.
[235] Ausführlich: *Hummer, Obwexer*, 2009, Der Vertrag von Lissabon, S. 69 ff.
[236] *Oppermann, Classen, Nettesheim*, 2016, Europarecht, 7.Auflage, S. 16.
[237] Mit Ausnahmen für Großbritannien und Polen.

Gründung der Europäische Gemeinschaft wie auch im Vertrag über die Europäischen Union in ihrer zu diesem Zeitpunkt geltenden Fassung erfolgten Änderungen, die auch das umweltpolitische Primärrecht der Union erfassten.

Der bisher im Vertrag zur Gründung der Europäischen Gemeinschaft als Artikel 95 nummerierte Artikel wurde im Vertrag von Lissabon (Art.2) zu Art. 94 und im Vertrag über die Arbeitsweise der Europäischen Union unter der Nummer Art. 114 AEUV geführt.[238]

2. Umwelt

Die missliche Lage, dass die Europäische Wirtschaftsgemeinschaft viele Jahre die umweltbezogenen Gesetzgebungsakte auf die Kompetenz zur Herstellung des Binnenmarktes stützen musste, wurde durch die am 17. Februar 1986 unterzeichnete und am 01.07.1987 in Kraft getretene Einheitliche Europäische Akte dahingehend geändert, dass die „Politiken der Gemeinschaft", die bisher in sechs Titel aufgegliedert waren durch die Aufnahme des Titels „VII. Umwelt" Art. 130 r – t EWGV, der durch Art. 25 EEA eingefügt wurde, erweitert wurden. Die faktisch schon mehrere Jahre erfolgte Befassung mit umweltpolitischen Themen sowie die zeitliche Nähe des „Pariser Gipfels" mit der Umweltkonferenz der Vereinten Nationen in Stockholm sorgten für eine relativ unproblematische Implementierung der explizit formulierten umweltpolitischen Kompetenzen, wodurch eine auf den Art. 235 EWGV gestützte Umweltpolitik nicht mehr zulässig sein sollte.

Das Fehlen einer ausdrücklichen primärrechtlichen Ermächtigungsgrundlage führte somit dazu, dass mit der Einheitlichen Europäischen Akte ein entsprechender Kompetenztitel eingeführt

---

[238] Vgl. Art. 5 Vertrag von Lissabon.

wurde. Die Einheitliche Europäische Akte erweiterte zwar auch die Kompetenzen zur Herbeiführung der Funktionstüchtigkeit des Binnenmarktes durch die Einführung des Art 100a, durch den Maßnahmen bereits bei vorliegen einer qualifizierten Mehrheit beschlossen werden konnten. Eine ausdrückliche Bezugnahme zur Umweltpolitik gab es allerdings nicht.

Der neue eingefügte Art. 130r EWGV nannte in Absatz 1 als Ziel der gemeinschaftlichen Umweltpolitik die Erhaltung der Umwelt, sie zu schützen und ihre Qualität zu verbessern. Außerdem sollte zum Schutz der menschlichen Gesundheit beigetragen und eine umsichtige und rationale Verwendung der natürlichen Ressourcen gewährleistet werden. Zugleich wurde aber im Anschluss an die EEA festgestellt, dass die Tätigkeit der Gemeinschaft auf dem Gebiet des Umweltschutzes sich nicht störend auf die einzelstaatliche Politik der Nutzung der Energieressourcen auswirken dürfe.[239]

Interessant ist, dass die Erfordernisse des Umweltschutzes gemäß Art. 130r Abs. 2 EWGV „Bestandteil" der anderen Politiken der Gemeinschaft sein sollten. Hierdurch erhielt der Umweltschutz durch den ausdrücklichen Wortlaut des Primärrechts eine Querschnittsfunktion, wodurch er sich faktisch über jegliches Handeln der Gemeinschaft erstreckte. Gemäß Art. 130r Abs. 4 EWGV musste die Gemeinschaft jedoch den Grundsatz der Subsidiarität beachten.[240] Dennoch bleibt die Wertigkeit des Umweltschutzes

---

[239] Erklärung Nummer 9 im Anschluss an die EEA, (Einheitliche Europäische Akte, EEA).
[240] Die Gemeinschaft wird im Bereich der Umwelt nur insoweit tätig, als die in Absatz 1 genannten Ziele besser auf Gemeinschaftsebene erreicht werden können (…).

hervorzuheben, die sich vor allem in einer Auswirkung auf andere Tätigkeitsfelder der Gemeinschaft zeigte.[241]

Gemäß dem neu eingefügten Art. 130s EWGV beschloss der Rat auf Vorschlag der Kommission und nach Anhörung des Europäischen Parlaments und des Wirtschafts- und Sozialausschusses einstimmig über das Tätigwerden der Gemeinschaft in dem Bereich der Umweltpolitik. Art. 130s EWGV stellte somit von nun an die Ermächtigungsgrundlage für die gemeinschaftliche, in Art. 130r EWG dargelegte Umweltpolitik dar.

Der ursprüngliche Plan der Kommission, auch für den Bereich „Umwelt" das Prinzip der qualifizierten Mehrheit einzuführen, scheiterte an den Vorbehalten der Staaten, die zu große Einschnitte für ihre Industrie fürchteten.[242] Auch ein Kompromiss, dass zwischen Rahmenbeschlüssen und darauf basierenden konkreten Maßnahmen zu unterscheiden wäre, wobei die ersteren zwar einstimmig hätten getroffen werden müssen, für die Maßnahmen sodann aber die qualifizierte Mehrheit ausgereicht hätte, wurde von den Mitgliedsstaaten als nicht praktikabel und unklar abgelehnt und schließlich das Einstimmigkeitserfordernis festgelegt.

Da es, wie oben beschrieben, jedoch grundsätzlich möglich war, über Art. 100a EWGV Harmonisierungsmaßnahmen, gemäß Art. 100a Abs. 3, 4 auch auf dem Umweltsektor mit lediglich qualifizierter Mehrheit vorzunehmen, wurde durch die EEA neben den Grundlagen der europäischen Umweltpolitik auch das Problem der richtigen Ermächtigungsgrundlage auf diesem Gebiet gesetzt, da

---

[241] *Zuleeg*, in: *von der* Groeben, Schwarze (Hrsg.), 2003, Vertrag über die EU, 6. Auflage, Art. 1, Rn. 48.

[242] *de Ruyt, 1989, L'acte unique européen, S.217. Mais d'emblée, plusieurs Etats membres firent valoir que les décision en la matière pouvaient avoir de grandes répercussions pour l'industrie, créant ainsi des discriminations, et refusèrent d'abandonner l'unanimité.*

die Effektivität der europäischen Umweltpolitik durch das Prinzip der qualifizierten Mehrheit mit dem Protektionsgedanken der Mitgliedsstaaten zu Meinungsverschiedenheiten bezüglich der richtigen Ermächtigungsgrundlage führen sollte. Wenn eine Maßnahme sowohl der Binnenmarktharmonisierung wie auch dem Umweltschutz dienen sollte, würde es schwierig werden, die richtige juristische Grundlage zu finden – zumal verschiedene Verfahren mit diesen verbunden wären.[243]

Art. 130t EWGV griff nur ein, wenn es bereits zu einer Gemeinschaftsregelung nach Art. 130s gekommen war.[244] Die Schutzverstärkungsklausel des Art. 130t EWGV ist inzwischen in Art. 193 AEUV geregelt und weist die Besonderheit auf, dass dauerhafte Ausnahmen vom Unionsstandard möglich sind.[245] Zulässig war und ist allerdings nur eine Verstärkung[246] der Schutzmaßnahmen und auch nur, wenn sie sich unmittelbar auf die Regelung des EU-Aktes beziehen.[247]

Das Ergreifen von über die Verstärkung hinausgehenden, zusätzlichen Maßnahmen, um etwa die Ziele der EU-Maßnahme effektiver und schneller zu erreichen, ist allerdings nicht über Art. 193 AEUV möglich. Die Zulässigkeit solcher Regelungen richtet sich

---

[243] *de Ruyt*, 1989, L´acte unique européen, S. 218. *Reste que, pour des masures combinant les deux préoccupations dans des proportions plus ou moins égales, il ne sera pas toujours facile de choisir la base juridique adéquatées.*
[244] *Krämer*, in: *von der Groeben, Thiesing, Ehlermann* (Hrsg.), 1999, Kommentar zum EU-Vertrag, Art. 130 t, Rn. 6.
[245] *Käller* in: *Schwarze* (Hrsg.), 2012, EU-Kommentar, 3. Auflage, Art. 193 AEUV, Rn. 2.
[246] Strengere Grenzwerte, frühere Einhaltung der Grenzwerte, Verbot statt Begrenzung der behandelten Schadstoffen, vgl. m.w.N. *Käller* in: *Schwarze* (Hrsg.), 2012, EU-Kommentar, 3. Auflage, Art. 193 AEUV, Rn. 6.
[247] *Käller* in: *Schwarze* (Hrsg.), 2012, EU-Kommentar, 3. Auflage, Art. 193 AEUV Rn. 5.

nach den allgemeinen Grundsätzen nationaler Maßnahmen.[248] Das Ergreifen von vollständig anderen „zusätzlichen" Maßnahmen durch die Mitgliedsstaaten musste sich nach den allgemeinen Grundsätzen der Zulässigkeit nationaler Maßnahmen richten und war nicht von Art. 130t EWVG erfasst.[249]

Durch den Vertrag von Maastricht erfuhren auch die Art. 130r-t EWG, also der mit „Umwelt" überschriebene Titel VII des EWG-Vertrages, keine inhaltliche Änderung. Durch den Vertrag von Amsterdam wurden aus dem Art. 130r-t die Artikel 174, 175 und 176.
Hinzuweisen ist besonders auf den neugefassten Art 130r Abs. 2 Satz 3 EWG, der nun die Querschnittsfunktion des Art. 130r Abs2 Satz2 EWG übernahm, da die Erfordernisse des Umweltschutzes von nun an nicht mehr nur Bestandteil der anderen Politiken waren, sondern (aktiv) bei der Festlegung und Durchführung anderer Gemeinschaftspolitiken „einbezogen"[250] werden mussten.

Der Querschnittscharakter des Art. 130r Abs. 2 EGV wurde durch den Vertrag von Amsterdam wieder revidiert. Es wurde allerdings hervorgehoben, dass eine Umweltpolitik der Gemeinschaft die unterschiedlichen Begebenheiten in den einzelnen Regionen zu beachten und auf den Grundsätzen der Vorsorge und Vorbeugung und des Verursacherprinzips zu beruhen hatte.

Die Änderung des Art 130s Abs. 2 durch den Vertrag von Maastricht konzentrierte sich darauf, dass das Einstimmigkeitserforder-

---

[248] *Käller* in: *Schwarze* (Hrsg.), 2012, EU-Kommentar, 3. Auflage, Art. 193 AEUV, Rn.6.
[249] M.w.N. *Käller* in: *Schwarze* (Hrsg.), 2012, EU-Kommentar, 3. Auflage, Art. 193, Rn. 6.
[250] An dem Erfordernis der Einbeziehung wurde festgehalten. Es findet sich inzwischen in Art. 11 EUV (vgl. nachfolgende Abschnitt: 3. Querschnittsklausel).

nis gelockert wurde und nun im Regelfall eine Mehrheitsentscheidung getroffen wurde. Erweitert wurde die Kompetenz auf Maßnahmen, welche die Wahl eines Mitgliedstaates zwischen verschiedenen Energiequellen und die allgemeine Struktur seiner Energieversorgung erheblich berühren[251], wobei dabei wiederum das Einstimmigkeitserfordernis eingehalten werden musste, sofern die Regelung des Energiesektors unter umweltrelevanten Gesichtspunkten die allgemeine Struktur der Energieversorgung „erheblich berührten". Damit erfolgte an dieser Stelle bereits eine zaghafte Vermengung von Energie- und Umweltpolitik.

Durch den Vertrag von Maastricht wurde Art 130t EGV dahingehend modifiziert, dass verstärkte Schutzmaßnahmen der Mitgliedsstaaten, über die Maßnahmen nach Art. 130s EGV hinaus, weiterhin beibehalten oder ergriffen werden durften, sofern diese mit dem (EG) Vertrag vereinbar sind. Die weitergehenden nationalen Schutzmaßnahmen mussten von nun an der Kommission notifiziert werden.

Die zuletzt also in den Art 174 – 176 EGV verankerten, die Umweltpolitik regelnden Kompetenzen wurden durch Art. 5 des Vertrags von Lissabon zu den Artikel 191 – 193 AEUV.

3. Querschnittsklausel / „Metakompetenz Umwelt"

Wenngleich die Kompetenz zur Rechtssetzung von Umwelt oder Energierecht niemals als Querschnittklausel oder Metakompetenz bezeichnet wurde, lässt sich dennoch bei einer Durchsicht der Verträge feststellen, dass umweltbezogene Belange und das Stichwort der nachhaltigen Entwicklung oftmals und bereits von Anfang an, also ab der ausdrücklichen Einbeziehung der Umweltpolitik in die Kompetenzen der EU durch die EEA „vor die Klam-

---

[251] Art. 130 s Abs. 2 Sp. 3 EGV.

mer" der Kompetenzen gezogen und dadurch ausdrücklich hervorgehoben wurden.

Diese Querschnittsklauseln regelten, ob bzw. wie Belange des Umweltschutzes bei der Rechtssetzung auf andere Politikfelder zu berücksichtigen waren oder auf diese Politikfelder hätten Einfluss nehmen sollen. Damit wurde der Umweltpolitik ein wichtiger Stellenwert eingeräumt, durch den ausdrücklichen Wunsch, die Umweltpolitik bei allen anderen Politiken berücksichtigt zu wissen. Zugleich wurde der Umweltpolitik aber auch Konturenschärfe und Greifbarkeit genommen.

Eine vollständige Neuerung im Sinne einer Erweiterung der europäischen Kompetenzen auf die Umweltpolitik brachte der Unterabschnitt „VI. Umwelt" der EEA, in dem durch Art. 25 EEA der EWG-Vertrag um den Titel VII und mehrere, den Umweltschutz erfassende Artikel, erweitert wurde.

Die politische Einigung bezüglich des „neuen Kompetenztitels" Umwelt wurde zwischen den Mitgliedsstaaten relativ unproblematisch getroffen, wenngleich eine gemeinschaftliche Umweltpolitik mit 12 Jahren erst relativ kurz Bestand hatte.

Der neue eingefügte Art. 130r EWGV nannte in Absatz 1 als Ziel der gemeinschaftlichen Umweltpolitik die Erhaltung der Umwelt, sie zu schützen und ihre Qualität zu verbessern. Außerdem sollte zum Schutz der menschlichen Gesundheit beigetragen und eine umsichtige und rationale Verwendung der natürlichen Ressourcen gewährleistet werden. Zugleich wurde aber im Anschluss an die EEA festgestellt, dass die Tätigkeit der Gemeinschaft auf dem

Gebiet des Umweltschutzes sich nicht störend auf die einzelstaatliche Politik der Nutzung der Energieressourcen auswirken darf.[252]

Interessant ist, dass die Erfordernisse des Umweltschutzes gemäß Art. 130r Abs. 2 EWGV „Bestandteil der andern Politiken der Gemeinschaft" sein sollten. Hierdurch erhielt der Umweltschutz durch den ausdrücklichen Wortlaut des Primärrechts die zuvor genannte Querschnittsfunktion und eine horizontale Dimension.

Der Vertrag von Maastricht, mit dem 1992 die Europäischen Gemeinschaften mit der Gemeinsamen Außen- und Sicherheitspolitik und der Zusammenarbeit in dem Bereich Justiz und Inneres unter dem politischen, durch die drei Säulen getragenen Dach der Europäischen Union zusammengeführt wurden, nannte bereits in seiner Präambel den festen Willen, im Rahmen der Verwirklichung des Binnenmarktes sowie der Stärkung des Zusammenhalts und des Umweltschutzes den wirtschaftlichen und sozialen Fortschritt ihrer Völker zu fördern und Politiken zu verfolgen, die gewährleisten, dass Fortschritte bei der wirtschaftlichen Integration mit parallelen Fortschritten auf anderen Gebieten einhergehen. Hinsichtlich des Umweltschutzes ließ sich aus dieser Aussage vor allem herauslesen, dass die Union keinen wirtschaftlichen Fortschritt um jeden Preis anstrebe und die Union sich die Stärkung des Umweltschutzes auf die Fahnen geschrieben habe.[253]

Im Anschluss an den Vertrag von Maastricht wurde schließlich noch eine „Erklärung zur Beurteilung der Umweltverträglichkeit der Gemeinschaftsmaßnahmen" verfasst, wonach die Kommission sich verpflichtete, bei ihren Vorschlägen voll und ganz den Umweltauswirkungen und dem Grundsatz des nachhaltigen Wachstums Rechnung zu tragen, wonach die Mitgliedsstaaten sich ver-

---

[252] Erklärung Nummer 9 im Anschluss an die EEA.
[253] *Zuleeg* in: *von der Groeben, Schwarze* (Hrsg.), 2003, Vertrag über die EU, 6. Auflage, Präambel EU, Rn. 11.

pflichteten, dies bei der Durchführung (von Gemeinschaftsrecht) ebenfalls zu tun.

Art. 2 Nr. 4 des Vertrags von Amsterdam griff die horizontale Komponente wieder auf und fügte Art. 3c in den EG-Vertrag ein, wonach die Erfordernisse des Umweltschutzes bei der Festlegung und Durchführung der in Art. 3 genannten Gemeinschafts-Politiken und Maßnahmen, insbesondere zur Förderung einer nachhaltigen Entwicklung „einbezogen" werden sollten. Umweltschutz sollte nun nicht nur gemäß der Präambel des EU-Vertrages sondern auch gemäß Art 3c EG-Vertrag bei dem politischen Handeln der Gemeinschaft grundsätzlich beachtet werden. Durch die Umnummerierungen der Artikel durch den Vertrag von Amsterdam wurde Artikel 3c EG-Vertrag zum eigenständigen Artikel 6.

Bereits der durch den Vertrag von Maastricht neu formulierte Art. 2 EGV nannte als eines der Ziele der Gemeinschaft die Förderung eines nichtinflationären, umweltverträglichen Wachstums. Gemäß Art. 2 EGV in der Gestalt, die er durch Artikel 2 Nr. 2 des Vertrags von Amsterdam erhielt, sollte eine „harmonische, ausgewogene und nachhaltige Entwicklung des Wirtschaftslebens" gefördert werden. Der Umweltschutz erfuhr hierdurch eine Ausweitung auf sämtliche andere Politikbereiche der Gemeinschaft und strahlte über Art. 2 EGV auf andere Sektoren aus.

Durch den Vertrag von Amsterdam wurde der siebte Erwägungsgrund neu gefasst: „In dem Willen, im Rahmen der Verwirklichung des Binnenmarkts sowie der Stärkung des Zusammenhalts und des Umweltschutzes den wirtschaftlichen und sozialen Fortschritt ihrer Völker unter Berücksichtigung des Grundsatzes der nachhaltigen Entwicklung zu fördern und Politiken zu verfolgen, die gewährleisten, dass Fortschritte bei der wirtschaftlichen Integration mit parallelen Fortschritten auf anderen Gebieten einhergehen".

Damit fand der Begriff der nachhaltigen Entwicklung explizit und der Begriff der Nachhaltigkeit mittelbar Einzug in den Vertrag über die Europäische Union.

Im Rahmen der Politiken sollen der wirtschaftliche und soziale Fortschritt gefördert werden. Ausdrücklich genannt werden Binnenmarkt, Stärkung des Zusammenhalts und Umweltschutz, also Punkte, die die Beachtung ökonomischer, gesellschaftlicher und ökologischer Aspekte betreffen. Wie sich im weiteren Verlauf dieser Arbeit zeigen wird, sind diese drei Aspekte die maßgeblich zu berücksichtigenden Aspekte bezüglich der Frage, was unter Nachhaltigkeit zu verstehen ist.

Der Vertrag von Lissabon übernimmt den Wortlaut des Erwägungsgrundes, der nun jedoch an neunter Stelle zu finden ist.

Leitende Grundsätze hinsichtlich des Ziels des wirtschaftlichen und sozialen Fortschritts sollen dabei die Idee der nachhaltigen Entwicklung und die Parallelität von wirtschaftlichem Fortschritt und dem Fortschritt auf anderen Gebieten sein.[254] Erwägungsgrund 9 macht dadurch deutlich, dass der wirtschaftliche Fortschritt nicht um jeden Preis, sondern verbunden mit sozialem Fortschritt und einer Stärkung des Umweltschutzes unter Berücksichtigung des Grundsatzes der nachhaltigen Entwicklung sowie außerdem auch Fortschritten auf anderen Gebieten anstrebt.[255]

Die seit dem Vertrag von Amsterdam in Art. 6 EGV verankerte Querschnittsklausel hinsichtlich des Umweltschutzes durch Einbeziehung des Prinzips der nachhaltigen Entwicklung in die (alle) Politiken der EU, wurde, gemäß Art. 5 des Vertrags von Lissabon, leicht modifiziert, zu Art. 11 AEUV. Die Modifizierungen bezogen

---

[254] *Kadelbach* in: *von der Groeben, Schwarze, Hatje* (Hrsg.), 2015, Europäisches Unionsrecht, 7. Auflage, Bd.1, Präambel, Rn. 15.
[255] Vgl. m.w.N. *Streinz* in: *Streinz* 2012, EUV/ AEUV, 2. Auflage, Präambel, Rn. 12.

sich jedoch lediglich darauf, dass nicht mehr nur bezüglich der in Art. 3 EGV enumerativ aufgelisteten Politiken der Umweltschutz zu beachten ist, sondern dass die Erfordernisse des Umweltschutzes bei der Festlegung und Durchführung der (aller) „Unionspolitiken und Maßnahmen", insbesondere zur Förderung einer nachhaltigen Entwicklung, einbezogen werden müssen. Einbeziehung erfordert die Berücksichtigung der Belange des Umweltschutzes im Rahmen der anderen Tätigkeiten der Europäischen Union. Die Interessen und Ziele des Umweltschutzes und des jeweils anderen Bereichs sind bei jeder Tätigkeit miteinander abzuwägen und zu einem möglichst schonenden Ausgleich zu bringen.[256]

Seit dem Vertrag von Maastricht wurde die Betonung des Umweltschutzes durch eine Aufwertung zur Querschnittsklausel stets mit dem Ideal der nachhaltigen Entwicklung verknüpft. Nur die durch die EEA erfolgten Änderungen hatten diesen Bezug noch nicht.

4. Energie

Die Kompetenz zur Regelung einer Energiepolitik war viele Jahre nicht im Kanon der europäischen Kompetenzen verankert. Es bedurfte einiger Zeit, bis wahrgenommen wurde, dass es einer einheitlichen europäischen Energiepolitik bedurfte. Wesentliche Umweltprobleme wären dadurch anzugehen und dafür wären auch Einbußen hinsichtlich der nationalen Autonomie, Energieversorgung und der geopolitischen Ausrichtung durch die Mitgliedsstaaten hinzunehmen.

Durch den Artikel G Nr. 3 des Vertrags von Maastricht wurde in Art. 3 Abs. 1 lit. t EGV der Gemeinschaft die Kompetenz für Maß-

---

[256] *Käller* in: *Schwarze* (Hrsg.), 2012, EU-Kommentar, 3. Auflage, Art. 11 AEUV, Rn. 12.

nahmen in den Bereichen Energie, Katstrophenschutz und Fremdenverkehr zugeschrieben. Durch den Vertrag von Amsterdam wurde Art. 3 Abs. 1 lit.t EGV zu Art. 3 Abs. 1 lit. u EGV.

Einen eigenständigen „Kompetenztitel Energie" gibt es jedoch erst seit dem Vertrag von Lissabon. Als wesentliche Neuerung im Bereich der europäischen Umwelt- und Energiepolitik wurde in den AEUV ein neuer Titel XX „Energie" eingefügt. Durch Artikel 2 Nr. 147 des Vertrags von Lissabon wurde an dieser Stelle der Art. 176 a EGV eingefügt.

So seltsam es, angesichts der in Folge zu diskutierenden, in einer Vielzahl bis dato bereits erlassenen Sekundärrechtsakte der Union auf dem Gebiet der Umwelt- und Energiepolitik erscheinen mag, verfügte die Union bis dato über keine ausdrückliche Kompetenz zur Regelung von energiepolitischen Fragen, und das trotz der enormen umwelt-, wirtschafts- und geopolitischen Relevanz des Energiesektors.

Bis zu diesem Zeitpunkt musste zwischen einer europäischen Energieumweltpolitik und einer europäischen Energiebinnenmarktpolitik unterschieden werden, wobei erstere auf den „Kompetenztitel-Umwelt" (Art. 191 ff. AEUV) und letztere auf dem Kompetenztitel-Binnenmarkt (Art. 114 AEUV) beruhten. Diese vermeintlich simple Unterscheidung führte oftmals zu Abgrenzungsschwierigkeiten, was im Folgenden noch dargestellt wird.

Wenngleich auch die Umweltpolitik über die Art. 191 ff. AEUV erhebliche Eingriffe in den Energiesektor der Mitgliedsstaaten ermöglichte, wurde es mitunter als Dilemma verstanden, dass eine Energiepolitik auf Gemeinschaftsebene immer nur dann betrieben werden konnte wenn sich hierfür eine andere, die Energiepolitik miterfassende, Kompetenz finden ließ[257].

Durch den neuen Titel XX „Energie" wurde durch Art. 176a Abs. 1 EG nun geregelt, dass die Energiepolitik der Union im Geiste der Solidarität zwischen den Mitgliedsstaaten im Rahmen der Verwirklichung oder des Funktionierens des Binnenmarktes und unter Berücksichtigung der Notwendigkeit der Erhaltung und Verbesserung der Umwelt folgende Ziele habe: Die Sicherstellung des Funktionieren des Energiemarktes[258], die Gewährleistung der Energieversorgungssicherheit der Union[259], die Förderung der Energieeffizienz und von Energieeinsparungen sowie die Entwicklung neuer und erneuerbarer Energiequellen[260] und die Förderung der Interkonnexion der Energienetze[261].

Durch den Artikel 5 des Vertrages von Lissabon wurde der Artikel 176a zu Artikel 194 und der Hinweis auf den Artikel 175 EGV durch Artikel 192 AEUV ersetzt. Somit erfolgte auch eine systematische Verbindung zwischen Umwelt- und Energiepolitik.

---

[257] Vgl. Haratsch 2009, Kompetenz und Kompetenzausübung der EU in: Bitburger Gespräche, 2008, S. 83.
[258] Art. 176a Abs. 1a EG.
[259] Art. 176a Abs. 1b EG.
[260] Art. 176a Abs. 1c EG.
[261] Art. 176a Abs. 1d EG.

Abbildung 12: Übersicht: Entwicklung und Verankerung von möglichen Ermächtigungsgrundlagen im europäischen Primärrecht zum Erlass von im Zusammenhang mit Biokraftstoffen stehendem Sekundärrecht.

Einheitliche Europäische Akte (EEA)	Maastricht	Amsterdam	Lissabon
	Präambel EUV (Förderung des wirtschaftlichen Fortschritts der europäischen Völker im Rahmen des (u.a.) Umweltschutzes)		**Präambel** Vertrag von Lissabon (Fester Wille, den wirtschaftlichen und sozialen Fortschritt der Völker der Europäischen Union „unter Berücksichtigung des Grundsatzes der **nachhaltigen Entwicklung**" zu fördern)
	Art. 2 (Ziel: nicht inflationäres, umweltverträgliches Wachstum)	Art. 2 (**nachhaltige Entwicklung** des Wirtschaftslebens) – **Querschnittsklausel**	Art. 2c Abs. 2 AEUV (Geteilte Zuständigkeit der EU auf dem Gebiet von „Umwelt" und „Energie")
	Art. 3 lit k **Umweltpolitik**	Art. 3 lit l **Umweltpolitik**	

Einheitliche Europäische Akte (EEA)	Maastricht	Amsterdam	Lissabon
	Art. 3 lit t (Energie, Katastrophenschutz, Fremdenverkehr)	Art. 3 lit u (Energie, Katastrophenschutz, Fremdenverkehr)	
		Art. 6 **Querschnittsklausel** (Einbeziehung der Erfordernisse des Umweltschutzes zur Förderung einer nachhaltigen Entwicklung)	Art. 11 **Querschnittsklausel** (Einbeziehung der Erfordernisse des Umweltschutzes zur Förderung einer nachhaltigen Entwicklung)
Art. 100a Binnenmarkt		Art. 95 Binnenmarkt	Art. 114 Binnenmarkt
Art. 130 r Umwelt (**Querschnittsklausel**)		Art 174 Umwelt	Art. 192 Umwelt
Art. 130 s Umwelt		Art. 175 Umwelt	Art. 192 Umwelt
Art. 130 t Umwelt		Art. 176 Umwelt	Art. 193 Umwelt
			Art. 194 Energie

Einheitliche Europäische Akte (EEA)	Maastricht	Amsterdam	Lissabon
	Im Anschluss an den Vertrag von Maastricht „Erklärung zur Beurteilung der Umweltverträglichkeit der Gemeinschaftsmaßnahmen", wonach die Kommission sich verpflichtete, bei ihren Vorschlägen voll und ganz den Umweltauswirkungen und dem Grundsatz des nachhaltigen Wachstums Rechnung zu tragen. **Querschnittsklausel**		

Teil 3 Rechtsgrundlage für Biokraftstoffe fördernde Rechtsakte

Die Kompetenz der Europäischen Gemeinschaft richtet sich nach dem Prinzip der begrenzten Einzelermächtigung. Dieses fand sich bisher ausdrücklich in Art. 5 Abs. 1 EGV und wurde auch im Vertrag von Lissabon in Art. 5 EUV übernommen.

Das Prinzip besagt, dass die Organe der EU nur dann rechtsetzend tätig werden können, wenn ihnen bezüglich eines Rechtssetzungsaktes die Kompetenz übertragen wurde. Es handelt sich um ein Prinzip, wonach die Gemeinschaft nur solche Materien regeln kann, die ihr im Vertrag zugewiesen sind, die sich bei einer Regelung auf die vertraglich vorgesehenen Instrumente beschränkt und Anwendung und Vollzug der Norm grundsätzlich den Mitgliedsstaaten zuweist.[262]

Die Organe der Europäischen Gemeinschaft verfügen somit nicht über eine Allzuständigkeit, die sogenannte „Kompetenz-Kompetenz", aus der sie sich eigenmächtig neue Kompetenzen zusprechen könnten.[263]

So wurden die Kompetenzen der EU kontinuierlich erweitert und die Rechtsgrundlagen oftmals den Politikfeldern, auf die sich die EU-Politik beziehen soll, angepasst – zuletzt Art. 194 AEUV bezüglich der Europäischen Energiepolitik.

Die Wahl der richtigen Ermächtigungsgrundlage ist von wesentlicher Bedeutung für die Rechtmäßigkeit des Handelns. Fehlt es an einer einschlägigen Ermächtigungsgrundlage, so ist, dem Prinzip der begrenzten Einzelermächtigung folgend, der Erlass von Sekundärrecht nicht möglich.[264]

Somit ist die Wahl der Rechtsgrundlage wesentlicher Bestandteil des Gesetzgebungsverfahrens, und es darf keinesfalls leichtfertig eine mehr oder weniger passende Norm als Rechtsgrundlage

---

[262] M.w.N. *Calliess* in: *Calliess, Ruffert* (Hrsg.), 2016, EUV/ AEUV, 5. Auflage, Art. 5 EUV, Rn.6 ff.
[263] *Calliess* in: *Calliess, Ruffert* (Hrsg.), 2016, EUV/ AEUV, 5. Auflage, Art. 5 EUV, Rn.6.
[264] *Haratsch*, Kompetenz und Kompetenzausübung der EU, in: Bitburger Gespräche 2008/ II, S. 86.

gewählt werden. Deckt die Rechtsgrundlage nicht die geregelte Materie ab oder kollidiert sie mit spezielleren Rechtsgrundlagen, kann dies zur Nichtigkeit des gesamten Rechtsaktes führen.[265]

Die Wahl nicht nur einer ausdrücklichen, sondern auch der richtigen Kompetenzgrundlage ist deshalb von Bedeutung, da unterschiedliche Rechtsgrundlagen unterschiedliche Verfahren vorschreiben, so dass sich Fragen vertikaler Kompetenzkonflikte mit Fragen horizontaler Kompetenzkonflikte vermischen.[266]

Darüber hinaus kommt auch durch das Vorhandensein von sogenannten Schutzverstärkungsklauseln bei manchen Rechtsnormen[267] der Wahl der Rechtsgrundlage eine erhebliche Bedeutung zu, da je nach Rechtsgrundlage die Mitgliedsstaaten befugt sein können, einzelstaatliche Maßnahmen (trotz gemeinschaftlichen Handelns) zu erlassen oder beizubehalten. Schutzklauseln und Schutzergänzungsklauseln[268] können auch unterschiedlich streng sein, so dass auch aus diesem Grund eine Differenzierung erforderlich ist. Fehlen Schutzverstärkungsklauseln, so haben die Mitgliedsstaaten keine Möglichkeit, einzelstaatliche Sonderwege zu gehen.

Das Beispiel der gemeinsamen EU-Energiepolitik, die der EU bereits durch den Vertag von Maastricht[269] zugeschrieben wurde, wobei die hierzu korrespondierende ausdrückliche Ermächtigungsgrundlage jedoch erst durch den Vertrag von Lissabon Eingang in das europäische Primärrecht fand, zeigt jedoch, dass of-

---

[265] Vgl. EuGH, Rs. C – 376/98. Werbung und Sponsoring zugunsten von Tabakerzeugnissen.
[266] *Calliess* in: *Calliess, Ruffert* (Hrsg.), 2016, EUV/ AEUV, 5. Auflage, Art. 5 EUV, Rn. 9.
[267] Z.B. Art. 95 Abs. 4, 5 EGV bzw. Art. 114 Abs. 4, 5 AEUV.
[268] Vgl. z.B. Art. 176 EGV bzw. Art. 95 Abs. 5, 6 EGV.
[269] Vgl. Art. 3 Abs. 1 lit. u EG.

fensichtlich eine sehr rege Energiepolitik auch ohne ausdrückliche energiepolitische vertragliche Kompetenzgrundlage betrieben werden konnte.[270]

Eine Rechtssetzung durch europäische Organe ist immer dann möglich, wenn die Gemeinschaft tätig werden kann. Man spricht von der Kann-Frage.[271] Dies ist dann der Fall, wenn sich eine Maßnahme im Hinblick auf die Ziele des Vertrages begründen lässt und kumulativ eine hinreichende Rechtsgrundlage vorliegt.[272] Die Ziele des Vertrages sind in Art. 2 EGV genannt, zu denen in Verbindung mit Art. 3 EGV auch die hierin aufgezählten Politiken zählen. Die Rechtsgrundlage ist innerhalb des europäischen Primärrechts zu suchen und beim Vorliegen der jeweiligen Tatbestandsvoraussetzungen zu bejahen.

Die Energiepolitik konnte durch die vertragliche Zuschreibung dieser Politik durch die EU wahrgenommen werden und erfolgte immer dann, wenn sich eine ausdrückliche Ermächtigungsgrundlage finden ließ, mit der „auch" energiepolitische Fragestellungen geregelt werden durften.

Die Rechtssetzung durch Organe der Europäischen Gemeinschaft soll aber auch nur dann erfolgen, wenn der Grundsatz der Subsidiarität beachtet wird.[273] Gemäß Art. 5 Abs. 2 EGV gilt dies zumindest bezüglich der nicht-ausschließlichen Kompetenzen der Gemeinschaft.

---

[270] *Haratsch*, Kompetenz und Kompetenzausübung der EU, in: Bitburger Gespräche 2008/ II, S. 92.
[271] *Calliess* in: *Calliess, Ruffert* (Hrsg.), 2016, EUV/ AEUV, 5. Auflage, Art. 5 EUV, Rn. 9.
[272] *Calliess* in: *Calliess, Ruffert* (Hrsg.), 2016, EUV/ AEUV, 5. Auflage, Art. 5 EUV, Rn. 8 f.
[273] Vgl. Art. 5 Abs. 2 EGV.

Die Unterscheidung zwischen ausschließlicher und konkurrierender Kompetenz bzw. ausschließlicher Kompetenz und geteilter Zuständigkeit[274] erfolgte erst durch den Vertrag von Lissabon[275], so dass bis zu diesem Zeitpunkt nur einige wenige Politikbereiche unstreitig der ausschließlichen Kompetenz der Europäischen Gemeinschaft zugeordnet wurden. Hierzu zählten die gemeinsame Handelspolitik, die Erhaltung der Fischbestände, das interne Organisations- und Verfahrensrecht sowie der Zolltarif und das materielle Zollrecht. Dies wurde durch den Vertrag von Lissabon explizit in Art 3 AEUV übernommen.

I. Abgrenzung zwischen mehreren in Betracht kommenden Ermächtigungsgrundlagen

Die Besonderheit bei Biokraftstoffen besteht darin, dass sie bzw. ihre Produktion im Spannungsfeld mehrerer Politiken stehen. So betrifft die eindeutige Bezeichnung und Kennzeichnung von Biokraftstoff als solchen den Handel im Binnenmarkt[276]. Die Herstellung von Biokraftstoffen erfolgt aus natürlichen Rohstoffen, so dass auch der Landwirtschaftssektor, zumindest bis zur endgültigen Verarbeitung der Rohstoffe zu Kraftstoff, betroffen sein könnte[277]. Biokraftstoffe dienen jedoch außerdem der Verringerung von Treibhausgasen, verfolgen somit umweltpolitische Zielsetzungen[278]. Die Anwendung der Kraftstoffe erfolgt im Verkehrssek-

---

[274] Mit „geteilte Zuständigkeit" wird die bisher als nicht ausschließliche Kompetenz bezeichnete Zuständigkeit verstanden. Vgl. m.w.N. Calliess in: *Calliess, Ruffert* (Hrsg.), 2016, EUV/ AEUV, 5. Auflage, Art. 5, Rn. 27, i.V.m. Art. 4. Rn.1.
[275] Vgl. Art. 2-4 AEUV.
[276] Art. 4 Abs. 2 lit. a AEUV, Art. 26 f. AEUV.
[277] Art. 4 Abs. 2 lit. d AEUV, Art. 38 ff. AEUV.
[278] Art. 4 Abs. 2 lit. e AEUV, Art. 191 ff. AEUV.

tor[279], und Kraftstoffe sind Energieträger, so dass auch die europäische Verkehrs- bzw. Energiepolitik[280] tangiert sein könnte.

Insbesondere die europäische Kompetenz zur Harmonisierung des Binnenmarktes gemäß Art. 114 AEUV wird oftmals leichtfertig als Ermächtigungsgrundlage herangezogen, doch dient nicht jeder sekundärrechtliche Akt von Gemeinschaftsorganen, wenngleich er sich auf alle Mitgliedsstaaten der Europäischen Union erstreckt und zu einer Vereinheitlichung der nationalen Rechtsordnungen führt, der Förderung des Binnenmarktes. Nach ständiger Rechtsprechung des EuGH darf sich die Gemeinschaft nicht auf die Binnenmarktkompetenz berufen, wenn der zu erlassene Rechtsakt die Marktbedingungen in der Gemeinschaft nur „nebenbei" harmonisiert.[281]

Ähnlich dürfte es sich auch mit der umweltpolitischen Rechtsgrundlage gemäß Art. 192 AEUV verhalten. Wenngleich der Beachtung des Umweltschutzes, wie bereits dargestellt und auch im Vertrag über die Arbeitsweise der Europäischen Union übernommen[282], eine Querschnittsfunktion zukommt, die bei der Durchführung der anderen Unionspolitiken beachtet werden muss, kann nicht davon ausgegangen werden, dass die Ermächtigungsgrundlagen Art. 192 AEUV jeglichen, den Umweltschutz auch irgendwie berührenden Sekundärrechtsakt umfasst.

Nicht jeder noch so geringe Ökologiebezug reicht demnach aus, um eine Maßnahme den Art. 174 ff EGV bzw. Art. 191 ff. AEUV zuzuweisen. Grundsätzlich galt daher: Ein Rechtsakt der „spezifische" bzw. „hauptsächlich" Maßnahmen im Umweltbereich zum Gegenstand hat und „nur beiläufig" bzw. „mittelbar" Auswirkun-

---

[279] Art. 4 Abs. 2 lit. g AEUV, Art. 90 ff. AEUV.
[280] Art. 4 Abs. 2 lit. i AEUV, Art. 194 AEUV.
[281] M.w.N. EuGH Rs. 376/98, Rn. 33.
[282] Vgl. Art. 11 AEUV.

gen auf andere Politikfelder der Union hat, ist auf Art. 192 AEUV zu stützen.[283]

Im Fall von zwei oder mehreren tatbestandsmäßig einschlägigen Rechtsgrundlagen ist, nachdem die grundsätzliche Kompetenz der Gemeinschaft zum Handeln bereits im Rahmen einer vertikalen Kompetenzabgrenzung (gegenüber den Mitgliedsstaaten) bejaht wurde, anschließend noch eine horizontale Kompetenzabgrenzung vorzunehmen, um die richtige Rechtsgrundlage zu finden.

II. Verfahren des Europäischen Gerichtshofes

Der Europäische Gerichtshof zieht im Rahmen der Bewertung der Rechtmäßigkeit einer Rechtsgrundlage gemäß ständiger Rechtsprechung objektive, gerichtlich nachprüfbare Umstände heran, zu denen insbesondere das (objektive) Ziel und der Inhalt des Rechtsaktes gehören.[284] Das objektive Ziel und der Inhalt des Rechtsaktes müssen von der Rechtsgrundlage umfasst sein.

Insbesondere die in der Vorschrift enthaltenen Erwägensgründe stehen hierbei für die Ziele des Gemeinschaftsgesetzgebers bezüglich des jeweiligen Rechtsaktes.[285] Die Erwägensgründe und Vorschriften müssen als verkörperte und objektivierte Ziele der Maßnahme verstanden werden.[286]

Der EuGH hat in mehreren Entscheidungen festgestellt, dass „nur nebenbei" herbeigeführte Rechtsfolgen nicht geeignet sind, die

---

[283] *Calliess* in: *Calliess, Ruffert* (Hrsg.), 2016, EUV/ AEUV, 5. Auflage, Art. 192, Rn. 27.
[284] Vgl. m.w.N. EuGH, Rs. C-301/60, Rn. 60.
[285] Vgl. EuGH, Rs. C-301/60, Rn. 66-72. EuGH, Rs. C – 42/97, Rn. 44, Sprachliche Vielfalt.
[286] *Oschmann*, Scheitert die europäische Richtlinie für erneuerbare Energien, in: ZNER 2001, S. 85.

Wahl einer Rechtsgrundlage zu rechtfertigen[287]. Vielmehr ist auf die finale Wirkung einer Regelung abzustellen, so dass das Ziel einer Maßnahme entscheidend für die Abgrenzung zweier in Betracht kommender Rechtsgrundlagen ist und der Zielsetzung insofern Vorrang vor dem Inhalt eingeräumt wird.
Verfolgt eine Maßnahme zwei oder mehrere Ziele, so ist die Entscheidung letztlich von dem Schwerpunkt des Regelungsziels des Rechtsaktes abhängig.[288]

Ergibt die Prüfung vom objektiven Ziel einer Maßnahme und eines Inhalts, dass zwei Rechtsgrundlagen in Betracht kommen, so ist in einem nächsten Schritt festzustellen, welcher Hauptzweck[289] ein Rechtsakt verfolgt. Die konkrete Abgrenzung zwischen zwei Rechtsgrundlagen nimmt der Gerichtshof nämlich anhand einer subjektiven Sicht vor, die auf den Hauptzweck und nicht auf die (tatsächliche) Wirkung einer Maßnahme abstellt.[290] Diese wird, wenn überhaupt[291], nur nachrangig und ergänzend herangezogen[292]. Auch dieser Prüfungsschritt kann jedoch zu dem Ergebnis kommen, dass zwei Rechtsgrundlagen gleichwertig zu bewerten sind und sich die Frage stellt, wie man mit dieser Situation umgeht. Hierbei müssen die jeweiligen Rechtsgrundlagen nicht mal auf den gesamten Sekundärrechtsakt passen, sondern verschiedene Rechtsgrundlagen können zur Regelung einzelner Teile des Sekundärrechtsaktes verwendet werden.

---

[287] Vgl. etwa EuGH Slg. 1993, Abfallrichtlinie Rn. 19, 20.
[288] *Oschmann*, Scheitert die europäische Richtlinie für erneuerbare Energien, in: ZNER 2001, S. 85.
[289] EuGH, Slg. 1993, I 939.
[290] *Hailbronner, Jochum*, 2006, Binnenmarkt und Grundfreiheiten, S. 19.
[291] Verneinend: *Hailbronner, Jochum*, 2006, Binnenmarkt und Grundfreiheiten, S. 20. A.A. Kahl in: *Calliess, Ruffert* (Hrsg.), 2011, EUV/AEUV, 4. Auflage, Art. 95, Rn. 83.
[292] *Kahl* in: *Calliess, Ruffert* (Hrsg.), 2011, EUV/ AEUV, 4. Auflage, Art. 95, Rn. 83.

1. Zulässigkeit der Doppelabstützung

Unter Doppelabstützung versteht man, wenn ein Rechtsakt der Gemeinschaft auf mehrere Rechtsgrundlagen gestützt wird. In mehreren Entscheidungen hielt der EuGH[293] den Erlass von auf zwei Rechtsgrundlagen gestützten Sekundärrechtsakten für möglich, sogar erforderlich, sofern der Rechtsakt nach seinem Ziel und Inhalt untrennbar zwei Bereiche betrifft und soweit nicht aus Gründen der Subsidiarität, Spezialität oder wegen eines feststellbaren Schwerpunktes einer Vertragsbestimmung Vorrang vor anderen Rechtsgrundlagen hat.[294]

Es liegt sodann also ein Fall von bifinalen oder bigegenständlichen Maßnahmen vor, bei denen die oben skizzierte Schwerpunkttheorie zu keiner Zuordnung der Maßnahme zu einer Rechtsgrundlage führt[295].

Wesentliche Voraussetzung einer Doppelabstützung ist jedoch, dass die jeweiligen durch die Rechtsgrundlagen vorgesehenen Verfahren bezüglich des Erlasses des Sekundärrechts sich nicht unterscheiden.

Insbesondere in dem konfliktträchtigen Bereich von Binnenmarktharmonisierung und umweltpolitischen Maßnahmen ist dabei zu beachten, dass zwar Art. 114 AEUV und Art. 192 AEUV das gleiche ordentliche Gesetzgebungsverfahren vorsehen, aber Art. 192 Abs. 2 AEUV bezüglich bestimmter Umweltpolitikbereiche das besondere Gesetzgebungsverfahren vorsieht, das Art. 114 AEUV nicht kennt. Dafür eröffnet Art. 114 Abs. 4 und 5 AEUV den Mitglieds-

---

[293] Vgl. EuGH Rs. C-42/97, Rn. 42, 43.
[294] *Oschmann*, Scheitert die europäische Richtlinie für erneuerbare Energien, in: ZNER 2001, S. 86.
[295] Vgl. *Kahl* in: *Calliess, Ruffert* (Hrsg.), 2011, EUV/ AEUV, 4. Auflage, Art. 114, Rn. 88.

staaten unter besonderen Bedingungen die Möglichkeit, einzelstaatliche Maßnahmen beizubehalten oder nach einer Harmonisierungsmaßnahme einzuführen, was wiederum Art. 192 AEUV nicht vorsieht.

2. Explizite Zulässigkeit der Doppelabstützung

In der Vergangenheit sind jedoch Rechtsakte erlassen worden, die auf Art. 175 EGV und Art. 95 EGV (entspricht heute Art. 192 und Art. 114 AEUV) basieren[296] und bei denen die binnenmarktbezogene Rechtsgrundlage (Art. 95 EGV) differenziert nur für bestimmte Vorschriften des Rechtsaktes herangezogen wurde.[297]
Stellt die Verordnung eindeutig klar, dass sie nicht in Gänze einen Mischcharakter aufweist, sondern einzelne, explizit hervorgehobene Regelungen auf unterschiedlichen Rechtsgrundlagen beruhen, soll dies rechtmäßig sein. Begründet wird dies damit, dass angesichts eines sich hieran orientierenden klaren zukünftigen Umgangs mit den Schutzergänzungsklauseln, inwiefern und bezüglich welcher Normen die Schutzergänzungsklauseln geltend gemacht werden können, eine Doppelabstützung auch bei unterschiedlichen Schutzergänzungsklauseln erfolgen kann.[298]

Etwas anderes soll gelten, wenn die potentiell in Betracht kommenden Rechtsgrundlagen unterschiedliche Verfahren vorsehen. In einem solchen Fall ist die „demokratiefreundlichere", also die

---

[296] RL 2006/66/EG über Batterien und Akkumulatoren sowie und zur Aufhebung der RL 91/157/ EWG und VO (EG) Nr. 842/2006 über bestimmte fluorierte Treibhausgase, vgl. Käller in: *Schwarze* (Hrsg) 2012, EU-Kommentar, 3. Auflage Art. 192 AEUV Rn. 14.
[297] *Käller* in: *Schwarze* (Hrsg.), 2012, EU-Kommentar, 3. Auflage, Art. 192, Rn. 14.
[298] Vgl. *Käller* in: *Schwarze* (Hrsg.), 2012, EU-Kommentar, 3. Auflage, Art. 192, Rn. 14.

das Europäische Parlament stärker beteiligende Rechtsgrundlage zu wählen.[299]

III. Rechtsgrundlagen der einschlägigen sekundärrechtlichen Rechtsakte zur Förderung von Biokraftstoffen

1. Die Biokraftstoffrichtlinie, RL 2003/30/EG

Die Biokraftstoffrichtlinie[300] der Europäischen Union wurde auf die umweltrechtliche Ermächtigungsgrundlage Art. 175 EGV gestützt. Die Richtlinie wurde zur Förderung der Verwendung von Biokraftstoffen oder von anderen erneuerbaren Kraftstoffen im Verkehrssektor erlassen, womit die rationelle Verwendung natürlicher Ressourcen gemäß Art. 174 EGV gefördert und Kohlendioxidemissionen verringert werden sollten.[301] Die aus ökologischer Sicht erforderliche Verringerung der Abhängigkeit vom Öl sollte ebenso erreicht werden, wie die Einhaltung der Ziele des Kyoto-Protokolls.[302] Primäres Ziel der Richtlinie war somit der „Umweltschutz", so wie es auch Art. 1 BiokraftRL nennt. Die Harmonisierung von technischen Normen und Qualitätsnormen der Biokraftstoffe, um deren Akzeptanz und Verbreitung auf dem Markt zu fördern, waren zwar auch, aber eher nachrangiges Ziel der Richtlinie und sollten eher dazu dienen, zumindest die bestehenden Umweltbelastungen durch die Verwendung von Biokraftstoffen nicht zu erhöhen.[303] Die eigentliche Richtlinie nennt lediglich in Art. 2 Abs. 3, 5 BiokraftRL technische Vorschriften, so dass der Schwerpunkt eindeutig auf dem Umweltschutz durch Einführung der Biokraftstoffe und weniger auf dem innergemeinschaftlichen

---

[299] *Kahl* in: *Calliess, Ruffert* (Hrsg.), 2011, EUV/ AEUV, 3. Auflage, Art. 114 AEUV, Rn.88.
[300] Biokraftstoffrichtlinie (nachfolgend: BiokraftRL).
[301] Vgl. RL 2003/30/EG, Erwägungsgrund 2-4.
[302] RL 2003/30/EG, Erwägungsgrund 5-6.
[303] Vgl. RL 2003/30/EG, Erwägungsgrund 13, 14, 27.

Handel durch Harmonisierung der technischen Vorschriften der (bereits eingeführten) Biokraftstoffe ruht.

2. Die Erneuerbare-Energien-Richtlinie, RL 2009/28/EG

Die Erneuerbare-Energien-Richtlinie[304] kennt eine Doppelabstützung und wird gestützt auf Art. 175 Abs. 1 EGV, sowie, bezogen auf die Art. 17, 18 und 19 RED, auf Art. 95 EGV, also sowohl auf die europäische Umwelt- als auch die Binnenmarkt-Kompetenz.[305]
Die Art. 17[306], 18[307], 19[308] RED sind die zentralen Normen bezüglich der Förderung von Biokraftstoffen im Hinblick auf die Nachhaltigkeit. Neben den Art. 3, Art. 5 Abs. 5 RED werden in den erstgenannten Artikeln in Verbindung mit den Anhängen zur RED alle wesentlichen Vorschriften bezüglich der Biokraftstoffe, einschließlich der Regelungen zu den Nachhaltigkeitskriterien und der Berechnung der Treibhausgasemissionen geregelt.

Fraglich ist, ob der Aspekt der Biokraftstoffe, insbesondere der umfangreiche Nachhaltigkeitskatalog der RED, tatsächlich durch Art. 95 EGV geregelt werden durfte und nicht auch von Art. 175 EGV erfasst wird, wie der überwiegende restliche Teil der RED.
Im Vergleich zu den anderen zwei Energiesektoren, die durch die RED geregelt werden, der Elektrizitäts- und der Wärme- und Kältesektor, zeichnet sich der Biokraftstoffsektor dadurch aus, dass sich diese geregelte Energiequelle am ehesten handeln lässt. Biokraftstoffe müssen, im Gegensatz zu Strom, bei dem dies bereits

---

[304] RL 2009/28/ EG; Erneuerbare-Energien-Richtlinie (EG).
[305] Vgl. RL 2009/28/EG, Einleitung.
[306] Nachhaltigkeitskriterien für Biokraftstoffe und flüssige Brennstoffe.
[307] Überprüfung der Einhaltung der Nachhaltigkeitskriterien für Biokraftstoffe und flüssige Biobrennstoffe.
[308] Berechnung des Beitrags von Biokraftstoffen und flüssigen Biobrennstoffen zum Treibhauseffekt.

der Fall ist, kohärente Eigenschaften aufweisen, um europaweit eine unproblematische Verwendung zu finden.[309] Gemäß den Erwägensgründen der Richtlinie dienen die Nachhaltigkeitsvorschriften auch der Erreichung einer vorgeschriebenen Biokraftstoffquote durch Erleichterung des innergemeinschaftlichen Handelns[310], mithin dem Funktionieren des Binnenmarktes. Auch Erwägungsgrund 16 RED spricht zunächst davon, den Handel von Biokraftstoffen innereuropäisch und weltweit zu forcieren und durch die entsprechende Gesetzgebung eine Kohärenz bei den Kraftstoffspezifikationen und bei der Verfügbarkeit zu erreichen. Durch die Richtlinie soll die Produktion und der Handel mit nachhaltigem Biokraftstoff vorangetrieben werden. Vorrangiges Ziel ist somit die Harmonisierung des Binnenmarktes, bei der die Nachhaltigkeitskriterien „lediglich" Bedingung für den anvisierten Handel sind.[311]

Hauptzweck ist daher die Förderung des Handels (mit nachhaltigen Biokraftstoffen) und die Harmonisierung der Anforderungen an „nachhaltige" Biokraftstoffe. Somit ist es unproblematisch, dass die RED eine Doppelabstützung erfährt. Angesichts der Relevanz der Nachhaltigkeitskriterien für den Biokraftstoffhandel und der ausdrücklich differenzierenden Heranziehung der Ermächtigungsgrundlagen in Erwägungsgrund 94 RED ist gegen die gewählten Ermächtigungsgrundlagen kein Einwand geboten.

---

[309] Vgl. RL 2009/28/EG, Erwägungsgrund 16.
[310] Vgl. RL 2009/29/EG, Erwägungsgrund 94.
[311] Vgl. Art. 17 Abs. 8 RED.

3. Richtlinie zur Änderung der Kraftstoffqualitätsrichtlinie, RL 2009/30/EG

Die RL 2009/30/EG[312] ändert vorrangig die Richtlinie 98/70/EG[313] ab und kennt ebenfalls die Doppelabstützung.

Während der Großteil der Richtlinie auf Art. 95 EGV gegründet ist, werden Art. 1 Abs. 5 und Art. 2 RL 2009/30/EG explizit auf die umweltrechtliche Ermächtigungsgrundlage Art. 175 EGV gestützt.[314]

Art. 1 Abs. 5 RL 2009/30/EG fügt einen neuen Art. 7a in die Richtlinie 98/70/EG[315] ein, welcher die Dekarbonisierung regelt. Die Mitgliedsstaaten sollen die Anbieter von Kraftstoffen verpflichten, die Lebenszyklustreibhausgasemissionen pro Energieeinheit des gelieferten Kraftstoffs oder des Energieträgers bis zum 31. Dezember 2020 so stetig wie möglich um bis zu 10 % gegenüber dem in Absatz 5 Buchstabe b des Artikels genannten Basiswert für Kraftstoffe zu mindern.

Art. 2 RL 2009/30/EG regelt die Veränderung der Richtlinie 1999/32/EG zur Verringerung des Schwefelgehalts bestimmter

---

[312] Richtlinie zur Änderung der Richtlinie 98/70/EG im Hinblick auf die Spezifikationen für Otto-, Diesel- und Gasölkraftstoffe und die Einführung eines Systems zur Überwachung und Verringerung der Treibhausgasemissionen sowie zur Änderung der Richtlinie 1999/32/EG des Rates im Hinblick auf die Spezifikationen für von Binnenschiffen gebrauchte Kraftstoffe und zur Aufhebung der Richtlinie 93/12/EWG.
[313] Richtlinie des Europäischen Parlaments und des Rates über die Qualität von Otto- und Dieselkraftstoffen. Engl. Fuel Quality Directive - daher oftmals FQD abgekürzt.
[314] Vgl. Einleitung RL 2009/30/EG.
[315] Richtlinie über die Qualität von Otto- und Dieselkraftstoffen (sog. Fuel Quality Directive).

flüssiger Kraftstoffe und erweitert die Liste der Kraftstoffe, die bestimmte Anforderungen erfüllen müssen, um Schiffskraftstoffe.

Erwägungsgrund 44 der RL 2009/30/EG nennt als Ziel der Richtlinie die Sicherstellung eines Binnenmarktes für Kraftstoffe für den Straßenverkehr sowie für mobile Maschinen und Geräte und die Einhaltung eines Mindestmaßes an Umweltschutz bei der Verwendung dieser Kraftstoffe.[316] Abgesehen von diesem ausdrücklichen Bezug auf den Binnenmarkt beziehen sich insbesondere die ersten Erwägensgründe der Richtlinie jedoch zunächst auf umweltschutzrechtliche Überlegungen. Es ist zu beachten, dass die Richtlinie die (umweltschutzrechtlichen) Verpflichtungen der Gemeinschaft nennt, denen nun binnenmarktrelevante Taten folgen müssen. So hat sich „die Gemeinschaft" verpflichtet, die THG-Emissionen[317] zu mindern.[318] Und mit der Verringerung der Lebenszyklustreibhausgasemissionen von Kraftstoff kann dazu beigetragen werden, dass die Gemeinschaft ihre Ziele zur Verringerung der Treibhausgase (...) erreicht.[319]

Auch bei dieser Richtlinie ist der Hauptzweck die Beseitigung von den innergemeinschaftlichen Handel mit umweltfreundlicheren Kraftstoffen hemmenden Regeln und Normen, primär also die Harmonisierung der Gesetzeslage und nur sekundär die Einführung von konkreten Anforderungen an (die) umweltfreundlicheren Kraftstoffe. Die Harmonisierung erfolgt, um den Handel mit diesen Kraftstoffen zu fördern, und nicht, um Anforderungen an die Kraftstoffe zu formulieren.

Da ferner auch bei dieser Richtlinie einige Regelungen explizit auf die umweltrechtliche Ermächtigungsgrundlage gestützt werden,

---

[316] RL 2009/30/EG, Erwägungsgrund 44.
[317] Treibhausgasemissionen.
[318] Vgl. RL 2009/30/EG, Erwägungsgrund 3.
[319] Vgl. RL 2009/30/EG, Erwägungsgrund 4.

somit die Kompetenz zur Harmonisierung des Binnenmarktes nicht für umweltrechtliche Interessen im Übermaß beansprucht werden, sondern eine Differenzierung stattfindet, sind keine Bedenken gegen die gewählten Ermächigungsgrundlagen geboten.

4. Die Biokraftstoffnovelle, RL (EU) 2015/1513

Die Biokraftstoffnovelle verändert sowohl die Erneuerbare-Energien-Richtlinie wie auch die Fuel Quality Directive und stützt sich ebenfalls auf die Kompetenz zur Harmonisierung des Binnenmarktes, Art. 114 AEUV, sowie die umweltrechtliche Kompetenzgrundlage des Art. 192 Abs. 1 AEUV.

Obwohl mit dem Vertrag von Lissabon eine energiepolitikrechtliche Rechtsgrundlage in den Katalog der EU durch Art. 194 AEUV eingeführt wurde, verwendet die Biokraftstoffnovelle die umweltrechtliche Kompetenzgrundlage und stellt somit eine Kohärenz zu den bisherigen Rechtgrundlagen her. Es wäre inkonsequent, wenn Richtlinien und Artikel, die auf der umweltrechtlichen Ermächtigungsgrundlage erlassen wurden, nun durch einen anderen Kompetenztitel, nämlich Energie, geändert würden und dadurch die Rechtmäßigkeit des bisher verwendeten umweltrechtlichen Titels in Frage stellen würden.

Teil 4 Die sekundärrechtliche Förderung von Biokraftstoffen durch die Europäische Union

Die Entwicklung der Europäischen Union auf dem Gebiet der Umwelt- und Energiepolitik lässt sich nicht nur anhand der Ausgestaltung der primärrechtlichen Kompetenzen erkennen, sondern auch durch eine Betrachtung der Sekundärrechtsakte, die sich mit dem Gebiet erneuerbare Energien und hier insbesondere den

Biokraftstoffen auseinandersetzen. Die zunehmende Kenntnis der Materie führte zu immer komplexer werdenden Richtlinien und Verordnungen. Die Entwicklung verlief nicht immer geradlinig und gleichmäßig. Vielmehr mussten oftmals herbe Rückschlage erlitten und Erfahrungen gesammelt werden.

I. Zur sekundärrechtlichen Förderung von Biokraftstoffen bis 2009

Die Nutzung von Biokraftstoffen für den Verkehrssektor zur Ergänzung oder Substitution von herkömmlichen Otto- und Dieselkraftstoffen ist ein relativ junges Betätigungsfeld der EU.

Im Jahr 2000 überstieg der Anteil von Biokraftstoffen am Kraftstoffverbrauch des Verkehrssektors in der EU die 0,2 % Marke.[320] Es dauerte sodann nochmal fünf Jahre, bis ein Anteil von 1,06 % des europaweiten Kraftstoffverbrauchs durch Biokraftstoffe gedeckt wurde.[321]

Das Grünbuch der Kommission „Hin zu einer europäischen Strategie für Versorgungssicherheit"[322] nannte bereits im Jahr 2000 das Ziel der 20 %igen Substitution konventioneller Kraftstoffe durch alternative Kraftstoffe im Bereich des Straßenverkehrs bis 2020. Sollte es die Europäische Union nicht schaffen, die Abhängigkeit vom Öl drastisch zu reduzieren, würde jede zukünftige längere Ölkrise schnell kritische Konsequenzen mit sich bringen.[323]

---

[320] Kalkuliert auf der Basis des Energieinhalts am Benzin- und Dieselkraftstoffverbrauchs im Verkehr.
[321] http://epp.eurostat.ec.europa.eu/tgm/refreshTableAction.do?tab=table&plugin =1&pcode=tsdcc340&language=de (letztmalig abgerufen am 06.05.2017), Anhang 1.XXI.
[322] KOM(2000)769 endgültig.
[323] KOM(2001)769 endgültig, B,3.

Während sich einzelne europäische Länder bereits in den 90er Jahren für Biokraftstoffe zu interessieren begannen, befasste sich die Europäische Union erstmals im Jahr 2001 intensiv mit dem Thema.

Bis dahin fanden Biokraftstoffe nur im Rahmen der Festlegung von technischen, chemischen oder umweltbezogenen Spezifikationen von konventionellen Kraftstoffen Erwähnung[324] und wie bzw. ob diese Spezifikationen oder andere Anforderungen auch für Biokraftstoffe gelten sollen.[325] So etwa in der „Richtlinie 98/70/EG des europäischen Parlaments und des Rates vom 13. Oktober 1998 über die Qualität von Otto- und Dieselkraftstoffen und zur Änderung der Richtlinie 93/12/EWG des Rates. Es ging aber zu keiner Zeit um die Förderung von Biokraftstoffen. Weder um das Ob noch um das Wie der Förderung.

Die konkrete Förderung, zumindest bezüglich des Ob, begann im Jahr 2001, als die Kommission Rechtsetzungsvorschläge unterbreitete, die dann im Jahr 2003 in Form der RL 2003/30/EG („Biokraftstoffrichtlinie) und des Artikels 16 der RL 2003/96/EG (Rahmenrichtlinie über die Besteuerung von Energieerzeugnissen und elektrischem Strom) verabschiedet wurden.

Das Weißbuch von 2001, „die Europäische Verkehrspolitik bis 2010, Weichenstellung für die Zukunft"[326], nannte den multipolaren Ansatz, dem Biokraftstoffe dienen sollen: Umweltschutz, Verringerung der Abhängigkeit von Ölimporten, Klimaschutz, Aufwertung und Verbesserung des Arbeitsmarktes in der Landwirtschaft[327]. Die Ersetzung von nur 1 % des europaweiten Ver-

---

[324] Vorschläge zur Festsetzung von Spezifikationsniveaus, die auf Flüssiggas (LPG), Erdgas und Biokraftstoffe anwendbar sind.
[325] Vgl. Art. 9 Abs.3 Spiegelstrich 2 98/70/EG.
[326] KOM(2001) 370 endgültig.
[327] KOM(2001) 370 endgültig, Nr. 90.

brauchs an Kraftstoffen durch Biokraftstoffe sollte nach den Ausführungen 45.000 – 75.000 Arbeitsplätze schaffen, wobei man langfristig zu diesem Zeitpunkt (noch) 20 % des europaweiten Kraftstoffverbrauchs durch Biokraftstoffe ersetzen wollte.[328]

Um die Biokraftstoffproduktion zu fördern, wollte man im Jahr 2001 zum einen eine Richtlinie, die spätere Biokraftstoffrichtlinie, vorschlagen, in der zunächst durch eine Mindestquote von 2 % und bis 2010 6 % des nationalen Kraftstoffverbrauchs durch Biokraftstoffe, sei es pur oder beigemischt, ersetzt werden sollte. Zum anderen sollten steuerliche Anreize, wie in Form der späteren Energiesteuerrichtlinie[329], die Verbreitung von Biokraftstoffen fördern.[330]

1. Richtlinie über die Qualität von Otto- und Dieselkraftstoffen, 98/70/EC

Die Richtlinie über die Qualität von Otto- und Dieselkraftstoffen[331] stammt aus dem Jahr 1998. In dieser werden jedoch, wie bereits zuvor geschildert, die Biokraftstoffe nur beiläufig behandelt.

Die oft mit „FQD"[332] abgekürzte Richtlinie wurde und wird aber seit dem Jahr 1998 kontinuierlich weiterentwickelt und ergänzt[333], so dass jedes Mal auch die Richtlinie 98/70/EC erwähnt wird.[334] Befasst man sich mit einer europäischen Kraftstoff bzw. Bio-

---

[328] KOM(2001) 370 endgültig, Nr. 91.
[329] RL/2003/96/EG.
[330] KOM(2001)0370 endgültig, Nr. 91.
[331] Richtlinie 98/70/EC des Europäischen Parlaments und des Rates vom 13. Oktober 1998 über die Qualität von Otto- und Dieselkraftstoffen und zur Änderung der Richtlinie 93/ 12/ EWG.
[332] Aus dem englischen: Fuel Quality Directive.
[333] Zuletzt durch die Richtlinie (EU) 2015/1513.
[334] So etwa in der RL 2009/30/EG aber auch in der im Jahr 2015 erlassenen Biokraftstoffnovelle, RL (EU) 2015/1513.

kraftstoffpolitik, sollte man daher die Richtlinie 98/70/EC einordnen können. Für die gegenständliche Abhandlung ist die FQD aber erst seit ihrer Änderung durch die Richtlinie 2009/30/ EG interessant, da mit der Richtlinie 2009/30/EG verbindliche, sich auch in der Erneuerbare-Energien-Richtlinie wiederfindende, Nachhaltigkeitsindikatoren eingeführt wurden. Die Richtlinie 2009/30/EG wird jedoch, entsprechend der Chronologie der Rechtssetzungsakte, zu einem späteren Zeitpunkt dargestellt.

2. Die Biokraftstoffrichtlinie, 2003/30/EG

i. Förderung von Biokraftstoffen

Die Biokraftstoffrichtlinie[335] sollte die Verwendung von Biokraftstoffen oder anderen erneuerbaren Kraftstoffen als Ersatz für Otto- und Dieselkraftstoffe im Verkehrssektor fördern.[336] Es wurde ein multikausaler Ansatz verfolgt, um so auf einmal die Ziele Abwendung der Klimaveränderungen, umweltgerechte Energie-Versorgungssicherheit und Förderung erneuerbarer Energiequellen zu erreichen.[337]

Als Biokraftstoffe wurden flüssige oder gasförmige Verkehrskraftstoffe verstanden, die aus Biomasse hergestellt werden, wobei Biomasse der biologisch abbaubare Teil von Erzeugnissen, Abfällen und Rückständen der Landwirtschaft einschließlich pflanzlicher und tierischer Stoffe, der Forstwirtschaft und damit verbundener Industriezweige sowie der biologisch abbaubare Teil von Abfällen aus Industrie und Haushalten sein sollte[338]. Zu den Biokraftstoffen wurde insbesondere Bioethanol, Biodiesel, Biogas, Biomethanol,

---

[335] BiokraftRL.
[336] Vgl. Art. 1 BiokraftRL.
[337] Vgl. Art. 1 BiokraftRL.
[338] Vgl. Art. 2 Abs. 1 lit. a, b BiokraftRL.

Biodimethylether, Bio-ETBE[339], Bio-MTBE[340], synthetische Biokraftstoffe, Wasserstoff und reines Pflanzenöl gezählt.[341]

Andere erneuerbare Kraftstoffe waren Kraftstoffe, die keine Biokraftstoffe sind und aus erneuerbaren Energiequellen stammen und im Verkehrssektor verwendet werden, wobei zu den erneuerbaren Energiequellen erneuerbare nichtfossile Energiequellen (Wind, Sonne, Erdwärme, Wellen- und Gezeitenenergie, Wasserkraft, Biomasse, Deponiegas, Klärgas und Biogas) gezählt werden sollten.[342] Da man sich hierbei auf die RL 2001/77/EG bezog, die der Förderung der Stromerzeugung aus erneuerbaren Energiequellen im Elektrizitätsbinnenmarkt dienen sollte, ist davon auszugehen, dass durch die Einbeziehung anderer erneuerbarer Energiequellen vor allem die Entwicklung von Elektrofahrzeugen und die Verwendung von Strom als Energiequelle im Verkehrssektor durch die BiokraftRL berücksichtigt werden sollte.

ii. Förderungsziel Mindestanteile an Biokraftstoffen, gemessen am Energiegehalt

Die BiokraftRL sah vor, dass die Mitgliedsstaaten bis zu verschiedenen Stichtagen gewisse Mindestmengen an Biokraftstoffen und anderen erneuerbaren Kraftstoffen auf den nationalen Märkten in Verkehr gebracht haben sollten. Gemäß Art. 3 Abs. 1 lit. b BiokraftRL sollte bis zum 31. Dezember 2005 ein Anteil von 2% aller Otto- und Dieselkraftstoffe für den Verkehrssektor aus Biokraftstoffen und anderen erneuerbaren Kraftstoffen bestehen. Die Prozentzahl sollte sich auf den Energiegehalt (der im Verkehrssektor verwendeten Otto- und Dieselkraftstoffe) beziehen.

---

[339] Ethyl-tert-Butyl-Ether.
[340] Methyl-tert-Butyl-Ether.
[341] Vgl. mit den jeweiligen Definitionen Art. 2 Abs. 2 lit. a-j BiokraftRL.
[342] Vgl. Art. 2 Abs. 1 lit. c BiokraftRL i.V.m. Art. 2 lit. a RL 2001/77/EG.

Verschiedene Kraftstoffe haben verschiedene Energiegehalte. Aus der gleichen Menge Kraftstoff (z.B. 1 Liter) kann unterschiedlich viel Energie generiert und letztendlich unterschiedlich weit gefahren werden. Daher wurde der Energiegehalt als objektive Bezugsgröße genommen, um den Anteil von Biokraftstoffen zu ermitteln.

Bis zum 31. Dezember 2010 sollten 5,57 %, gemessen am Energiegehalt, aller Otto- und Dieselkraftstoffe für den Verkehrssektor aus Biokraftstoffen bestehen.

Die Vorgaben durch die Richtlinie wurden erheblich verpasst.

Ende 2007 erreichte der Anteil der Biokraftstoffe am Kraftstoffverbrauch des Verkehrs der Europäischen Union (27 Länder) lediglich 2,6 %, womit nur knapp die Vorgaben für das Jahr 2005 übertroffen wurden und nur Deutschland mit 8,37 % bereits die Vorgaben für das Jahr 2010 erreicht hatte, gefolgt von der Slowakei mit 4,91 %.[343]

Zwar muss man berücksichtigen, dass der Verbrauch von Biokraftstoffen zwischen den Jahren 2005 und 2007 um ca. 100 % zunahm, doch ging die Kommission davon aus, dass die Vorgaben für 2010 trotzdem nicht erreicht werden.[344]

    iii.   Förderung der Nachhaltigkeit

Die nur 9 Artikel umfassende, im Jahr 2003 erlassene Biokraftstoffrichtlinie[345] berücksichtigte den Nachhaltigkeitsgedanken bei Biokraftstoffen nur beiläufig.

---

[343] http://epp.eurostat.ec.europa.eu/tgm/refreshTableAction.do?tab=table&plugin=1&pcode=tsdcc340&language=de (letztmalig abgerufen am 06.05.2017), Anhang 1.XXI.
[344] KOM(2006) 848 endgültig, S. 9.
[345] Richtlinie (RL) 2003/30 EG (Biokraftstoffrichtlinie).

(a) Anforderungen an die Nachhaltigkeit

Der genaue Einsatz von Biokraftstoffen sollte (lediglich) von einer genauen Analyse der ökologischen, wirtschaftlichen und sozialen Auswirkungen begleitet werden, damit entschieden werden kann, ob eine Erhöhung des Anteils der Biokraftstoffe gegenüber den konventionellen Kraftstoffen sinnvoll ist.[346]
Die Konkurrenz der Biokraftstoffproduktion zu bestehenden Rohstoffmärkten wurde im Jahr 2003 überhaupt nicht thematisiert.

(b) Anforderung an die Einsparung von Treibhausgasen

Zwar sollten die Mitgliedsstaaten bei ihren Maßnahmen (zur Umsetzung der Richtlinie) die gesamte Klima- und Ökobilanz der verschiedenen Arten von Biokraftstoffen und anderen erneuerbaren Kraftstoffen berücksichtigen und konnten vorrangig die Kraftstoffe fördern, die - auch unter Berücksichtigung der Wettbewerbsfähigkeit und der Versorgungssicherheit – eine sehr gute kostengünstige Ökobilanz aufweisen.[347]
Konkrete Vorgaben bzgl. eines THG-Einsparpotenzial der Biokraftstoffe gegenüber konventionellen Kraftstoffen, bezogen auf die Produktion der Biokraftstoffe, einschließlich des Anbaus der Rohstoffe, deren Verarbeitung und der abschließenden Verwendung der Kraftstoffe, nannte die Biokraftstoffrichtlinie ebenfalls nicht.

3. Paradigmenwechsel in der Biokraftstoffförderung

Nachdem, wie geschildert, die BiokraftRL keine konkreten Nachhaltigkeitskriterien aufstellte, weder bezüglich des Herstellungsprozesses der Biokraftstoffe noch bezüglich einer Mindestmenge

---

[346] Vgl. RL 2003/30 EG, Erwägungsgrund 25.
[347] Vgl. Art. 3 Abs. 4 BiokraftRL.

an Treibhausgasen, die durch die Biokraftstoffe eingespart werden sollten, dafür aber die Quoten sehr ambitioniert waren, soll nun dargestellt werden, ob in der Folgezeit ein Umdenken erfolgte, da vermehrt auch die möglichen negativen Nebeneffekte von Biokraftstoffen wahrgenommen wurden. Zu denken ist hierbei insbesondere an Umweltbelastungen im Rahmen des Anbaus der Rohstoffe für die spätere Biokraftstoffproduktion, Konkurrenzen der Rohstoffe zu anderen Märkten und eine negative CO_2-Gesamtbilanz der Biokraftstoffe bei Berücksichtigung sämtlicher, während des Produktions- und Verwertungszyklus anfallender Emissionen.

i. KOM(2006) 34, Eine Strategie für Biokraftstoffe

Die Strategie für Biokraftstoffe im Jahr 2006 verfolgte die Ziele, Biokraftstoffe in der EU und in Entwicklungsländern stärker zu fördern, wobei – unter Berücksichtigung des Aspekts der Wettbewerbsfähigkeit – darauf geachtet werden sollte, dass ihre Erzeugung und Verwendung insgesamt umweltfreundlich ist und dass die Biokraftstoffe zu den Zielen der Lissabon-Strategie beitragen. Der Biokraftstoffnutzung sollte auf breiter Basis der Weg bereitet werden, indem durch den optimierten Anbau der geeigneten Rohstoffe, die Erforschung der Biokraftstoffe der „zweiten Generation", die Förderung der Marktdurchdringung durch größere Demonstrationsprojekte und die Abschaffung von nichttechnischen Hindernissen, die Wettbewerbsfähigkeit gesteigert werden sollte. Schließlich sollte noch untersucht werden, welche Möglichkeiten in den Entwicklungsländern und besonders in den von der Reform der EU-Zuckerregelung betroffenen Ländern bestehen, um Rohstoffe für Biokraftstoffe zu erzeugen, wobei festgelegt werden sollte, welche Rolle die EU bei der Förderung der nachhaltigen Biokraftstofferzeugung spielen könnte.[348]

---

[348] KOM(2006) 34 endgültig, S. 4.

Die Kommission stellte fest, dass eine Biokraftstoffstrategie nur zum Erfolg führen kann, wenn die Rohstoffversorgung gesichert ist, weswegen einige Bestimmungen der gemeinsamen Agrarpolitik überprüft und erforderlichenfalls geändert werden müssen.[349]

Wenngleich die Biokraftstoffproduktion durch Entwicklungsländer als Möglichkeit gesehen wurde, deren landwirtschaftliche Tätigkeit zu diversifizieren, die Abhängigkeit von fossilen Kraftstoffen, vor allem Erdöl, zu verringern und zu einem nachhaltigen Wachstum beizutragen, erwähnte die Kommission jedoch auch „Vorbehalte" in Bezug auf Umwelt, Wirtschaft und Soziales[350].

Es wurde befürchtet, dass durch die Rohstofferzeugung umweltsensible Gebiete wie Regenwälder unter Druck geraten könnten und Beeinträchtigungen bezüglich der Bodenfruchtbarkeit, der Verfügbarkeit und Qualität von Wasser sowie eine starke Zunahme von Schädlingsbekämpfungsmitteln zu erwarten seien.[351]
Gesellschafts- und entwicklungspolitische Vorbehalte wurden vor allem bezüglich der Konkurrenz zwischen der Erzeugung von Biokraftstoffen und Nahrungsmitteln formuliert.[352]

Den Vorbehalten und Befürchtungen sei deswegen einzeln nachzugehen und die jeweiligen Wirkungen seien durch eindeutige Gesetzesrahmen zu verhindern.[353]
Die Ausschöpfung der potentiellen Vorteile für die Umwelt erforderten somit eine Strategie, die sich darauf konzentriert, die Treibhausgasemissionswerte, gemessen an den Aufwendungen, insbesondere im Rahmen des Produktionsverfahrens zu optimieren, Umweltschäden durch die Produktion von Biokraftstoffen und

---

[349] KOM(2006) 34 endgültig, S. 5.
[350] KOM(2006) 34 endgültig, S. 7.
[351] KOM(2006) 34 endgültig, S. 7.
[352] „Food vs. Fuel".
[353] KOM(2006) 34 endgültig, S. 7.

den dafür erforderlichen Rohstoffen zu vermeiden und zu gewährleisten, dass die Verwendung von Biokraftstoffen nicht zusätzliche ökologische oder technische Probleme aufwirft.[354]

Der Anbau der Rohstoffe für die Biokraftstoffproduktion müsse auch angemessene Mindestumweltnormen beachten, die an die lokalen Gegebenheiten in der EU und in Drittländern anzupassen seien.

Wegen der potenziellen Beeinträchtigung der Artenvielfalt und der Böden wurden Bedenken namentlich hinsichtlich der Nutzung von stillgelegten Flächen und des Anbaus von Biokraftstoffen in ökologisch sensiblen Gebieten laut. Damit diese befürchtete Wirkung nicht eintritt, sollte darauf geachtet werden, wo Energiepflanzen generell in den Fruchtwechsel passen, um eine Beeinträchtigung der Biodiversität, die Verunreinigung der Gewässer, eine Bodenverschlechterung sowie die Zerstörung von Lebensräumen und die Störung von Arten in Gebieten mit hohem Naturwert zu verhindern.[355]

Die Nachhaltigkeitskriterien für die EU-Produktion sollten sich jedoch nicht auf den Anbau von Energiepflanzen beschränken, sondern sollten nach Maßgabe der Cross-Compliance-Regelung[356], die 2003 mit der GAP-Reform eingeführt wurde, für alle landwirtschaftlichen Flächen gelten. Diese Kriterien sollten zudem den

---

[354] KOM(2006) 34 endgültig, S. 7.
[355] KOM(2006) 34 endgültig, S. 10.
[356] Hierunter versteht man die Verknüpfung von Zahlungen (durch die EU an Landwirte) mit der Einhaltung von Standards in den Bereichen Umwelt, Lebensmittelsicherheit, Tier-/Pflanzengesundheit und Tierschutz sowie Arbeitssicherheit und darüber hinaus mit der Verpflichtung, alle Landwirtschaftsflächen des Betriebs in gutem agronomischem Zustand zu erhalten. ("Einhaltung anderweitiger Verpflichtungen" oder "Cross-Compliance"), vgl. http://ecologic.eu/de/1491
(letztmalig abgerufen am 08.06.2019), Anhang 1.XXII.

Vorteilen des Anbaus von Energiepflanzen im Rahmen von Fruchtfolgesystemen und in Randgebieten Rechnung tragen.[357]

Hinsichtlich sozialer Auswirkungen der Biokraftstoffproduktion bzw. des Anbaus der dafür benötigten Rohstoffe wurde festgestellt, dass beobachtet werden soll, wie sich die Nachfrage nach Biokraftstoffen auf die Preise von Produkten und Nebenerzeugnissen und deren Verfügbarkeit für konkurrierende Branchen sowie in der EU und in den Entwicklungsländern auf die Versorgung mit und die Preise von Lebensmitteln auswirkt.[358]

Da Biokraftstoffe damals wie heute, also zwölf Jahre später fast ausschließlich aus Pflanzen hergestellt werden, die auch für die Ernährung genutzt werden können, wurden Befürchtungen laut, dass die steigende weltweite Nachfrage nach Biokraftstoffen die Gefahr mit sich bringt, dass in den Entwicklungsländern weniger Lebensmittel zu erschwinglichen Preisen angeboten werden, weshalb diese Entwicklung eingehend beobachtet werden sollte.[359]

ii. KOM(2006)845, Mitteilung der Kommission, Fortschrittsbericht Biokraftstoffe

Der Fortschrittsbericht Biokraftstoffe behandelte zunächst die bisherige Umsetzung und die bisherigen Erfolge der BiokraftRL und kam zu dem Ergebnis, dass das in der BiokraftRL für das Jahr 2010 ins Auge gefasste Ziel voraussichtlich nicht erreicht werden wird.[360]

---

[357] KOM(2006) 34 endgültig, S. 10.
[358] KOM(2006) 34 endgültig, S. 10.
[359] KOM(2006) 34 endgültig, S. 13.
[360] KOM(2006) 845, S. 7.

Die Kommission hielt jedoch an der Förderung von Biokraftstoffen fest und wiederholte deren Vorteile, wie den Beitrag zur Versorgungssicherheit als auch den Beitrag zur Klimawandelpolitik. Die Kommission hob aber erneut hervor, dass Biokraftstoffe auch so produziert werden können, dass es nicht zu einer Reduzierung von Treibhausgasen kommt oder dass sogar die Umwelt auf andere Weise erheblich geschädigt wird. Dies sei zum Beispiel der Fall, wenn Naturlandschaften mit hoher Artenvielfalt in Anbauflächen umgewandelt werden.[361]

Daher wurde ein Handeln auf diesem Gebiet und weiterhin ein entschlossenes Vorgehen der Europäischen Union gefordert, da die Europäische Union im Verkehrssektor über einen jährlichen Markt für mehr als 300 Mio. Tonnen Öl verfügte und somit eher wahrgenommen wird und das gemeinsame Vorgehen konkretere Maßnahmen nach sich zieht, als von einzeln agierenden Mitgliedsstaaten ausgesandte Signale.

Die Kommission schlug vor, nachdem zunächst bis 2005 keine festen Verpflichtungen vorgeschrieben wurden und die BiokraftRL auch noch recht verhaltene Forderungen bezüglich einer Biokraftstoffquote aufstellte, nun, im nächsten Schritt, beachtliche Mindestziele für den künftigen Biokraftstoffanteil festzulegen, um so Entschlossenheit bezüglich der Erreichung der mit der Förderung von Biokraftstoffen verbundenen Zielsetzung zu signalisieren.[362]

Bevor man sich jedoch für ein 10 % Ziel einsetze, sei Gewissheit darüber nötig, dass die Förderung von Biokraftstoffen auch wirklich ein erstrebenswertes Ziel sei, die Verwendung von Biokraftstoffen tatsächlich zu einer Reduzierung der Treibhausgasemissionen führe, Biokraftstoffe jemals konkurrenzfähig sein

---

[361] KOM(2006) 845, S. 3.
[362] KOM(2006) 845, S. 9.

würden und dass die Förderung von Biokraftstoffen mit den Zielen des Umweltschutzes vereinbar sei, was etwa Artenvielfalt, Bodenerhaltung, Wasserqualität und Luftqualität anbelange.[363]

Hinsichtlich der wirtschaftlichen und ökologischen Auswirkungen der Biokraftstoffproduktion erkannte die Kommission zwar das Erfordernis einer Anpassung der Voraussetzungen an[364], insbesondere bezüglich der tatsächlichen THG-Reduzierung durch Biokraftstoffe, und es wurde auch generell festgestellt, dass sich die Bedingungen zu Zeiten des Erlasses der BiokraftRL deutlich von den heutigen Rahmenbedingungen unterschieden[365], jedoch wurden negative Auswirkungen der bisherigen Biokraftstoffpolitik verneint.[366]

Es wurde jedoch bezüglich der Reduktion von Treibhausgasemissionen negativ angemerkt, dass bei einzelnen Herstellungsverfahren (z.B. die Herstellung von Ethanol in kohlebefeuerten Anlagen, bei der Nebenprodukte anfallen, die als Tierfutter verwendet werden) sogar von höheren Treibhausgasemissionen auszugehen ist als bei

---

[363] KOM(2006) 845, S. 10.
[364] KOM(2006) 845, S. 10.
[365] KOM(2006) 845, S. 4.
[366] Der Fortschrittsbericht erwähnt die fortschreitende Zerstörung des indonesischen Urwalds, lehnt jedoch eine Verbindung zur Biokraftstoffförderung durch die EU ab, da vielmehr die Lebensmittelproduktion ausschlaggebend für die Abholzung ist, vgl. KOM(2006)845, S. 10.
Greenpeace betrachtet die Verwendung von Palmöl in Nahrungsmitteln als schwerwiegendes Problem
https://www.greenpeace.de/sites/www.greenpeace.de/files/publications/greenpeace-factsheet-palmoel-indonesien-20190118.pdf (letztmalig abgerufen am 20.06.2019), Anhang 1.XXIII.
Greenpeace verurteilt aber gleichermaßen die Verwendung von Palmöl in Haushalts- und Pflegeprodukten, und eben auch Biokraftstoffe, für die bis zu 10% der weltweiten Palmölproduktion verwendet wird
https://www.greenpeace.de/sites/www.greenpeace.de/files/publications/greenpeace-factsheet-palmoel-indonesien-20190118.pdf
(letztmalig abgerufen am 20.06.2019), Anhang 1.XXIV.

den herkömmlichen Kraftstoffen, die sie ersetzen sollen, und daher auch auf die Ethanolproduktion aus Zuckerrohr oder die Biodieselproduktion aus Palmöl und Soja zu setzen sei, ebenso wie auf die Förderung von Biokraftstoffen der zweiten Generation.[367]
Auch sei die Trockenlegung von Feuchtgebieten zur Produktion von Biokraftstoffen zu vermeiden, da dies ein Verlust an Kohlenstoffvorräten zur Folge habe, der erst in Hunderten von Jahren durch die jährlichen Treibhausgaseinsparungen (des auf der Fläche angebauten Biokraftstoffs) kompensiert werden könnte.[368]
Hinsichtlich sonstiger ökologischer Auswirkungen greift die Kommission auch die latente Gefahr für Regenwälder auf und betont die Wichtigkeit, diese nicht als Anbaufläche für die Rohstoffe zur Biokraftstoffgewinnung zu missbrauchen.[369]

Abschließend wird vorgeschlagen, die BiokraftRL zu überarbeiten, um darauf hinzuwirken, dass die Verwendung von Biokraftstoffen mit einer schlechten Wirkungsbilanz vermieden und die Verwendung von Biokraftstoffen mit einer guten Wirkungsbilanz in Bezug auf Umweltverträglichkeit und Versorgungssicherheit gefördert wird.[370]

iii. KOM(2006)848, Fahrplan für erneuerbare Energie

In dem „Fahrplan für erneuerbare Energien" sprach man sich für ein Zertifizierungssystem aus, um die Nachhaltigkeit der Biokraftstoffe zu erreichen und insbesondere die Abholzung der Regenwälder zu verhindern.[371] Es sollten Wege gefunden werden, um die Exporte von Biokraftstoffen, die unzweifelhaft zu einer Reduzierung der Treibhausgasemissionen führen und (auch) die

---

[367] Vgl. KOM(2006) 845, S. 13.
[368] Vgl. KOM(2006) 845, S. 13.
[369] Vgl. KOM(2006) 845, S. 14.
[370] KOM(2006) 845, S. 16.
[371] KOM(2006) 848, S. 8.

Abholzung von Regenwäldern nicht provozieren, zu unterstützen[372]. Die Kommission wollte als flankierende Maßnahme Anreize und Fördermaßnahmen für Biokraftstoffe initiieren, um zum Beispiel zu verhindern, dass Flächen mit großer biologischer Vielfalt zum Anbau von Rohstoffen für Biokraftstoffe genutzt und unerwünschte Prozesse bei der Erzeugung von Biokraftstoffen in Gang gesetzt würden.[373]

Da man anscheinend davon ausging, dass primär in der EU angebaute Rohstoffe für die Biokraftstoffproduktion herangezogen werden sollten, nur ergänzt durch tropischen Rübenzucker sowie kleinere Mengen von Soja und Palmöl[374], befasste man sich jedoch nicht weiter mit der Gefahr der Auswirkungen der Biokraftstoffförderung auf konkurrierende (internationale) Rohstoffmärkte und den damit verbundenen sozialen und mittelbaren Auswirkungen.

Vor der Schaffung des o.g. Zertifizierungssystems sollten jedoch zunächst weitere Untersuchungen und Gespräche geführt werden.

 iv. Schlussfolgerungen des Vorsitzes des Europäischen Rates März 2006, 2007, 2008

Im Europäischen Rat kommen die Staats- oder Regierungschefs der Mitgliedsstaaten der Europäischen Union und der Präsident der Kommission zusammen. Der Europäische Rat wurde 1974 eingerichtet und 1986 in der Einheitlichen Europäischen Akte rechtlich festgeschrieben. Bei den Tagungen des Europäischen Rates sind neben den Staats- oder Regierungschefs der Mitgliedsstaaten ihre Außenminister und ein Mitglied der Kommission anwesend. Der Europäische Rat kommt mindestens zweimal jährlich unter dem Vorsitz des Staats- oder Regierungschefs zusam-

---

[372] KOM(2006) 848, S. 8.
[373] KOM(2006) 848, S. 14.
[374] Vgl. KOM(2006) 848, S. 13.

men, der im Rat der Europäischen Union den turnusgemäß halbjährlich wechselnden Vorsitz innehat. In der Praxis hat es sich eingebürgert, dass der Europäische Rat mindestens vier Mal pro Jahr zusammenkommt und dass punktuell auch außerordentliche Ratstagungen einberufen werden.[375]
Im Rahmen der Strategie von Lissabon aus dem Jahr 2000 wurde beschlossen, die Tagung im März der Erörterung wirtschaftlicher, gesellschaftlicher und umweltpolitischer Themen vorzubehalten. Im Anschluss an jede Tagung werden die Schlussfolgerungen des Vorsitzes veröffentlicht.[376] Die Schlussfolgerungen sind ein wichtiger Impulsgeber und richtungsweisend für das zukünftige politische Vorgehen der Union.

(a) Schlussfolgerungen der Jahre 2006, 2007, 2008

Im Jahr 2006 wurde betont, dass die Energiepolitik den Anforderungen in vielen Politikbereichen gerecht werden müsse, damit Kohärenz in der internen und der externen EU-Politik erreicht werde. Als Teil einer Wachstumsstrategie und durch offene und wettbewerbsorientierte Märkte fördert die Energiepolitik die Investitionstätigkeit, die technologische Entwicklung sowie den Binnen- und Außenhandel. Sie ist sehr eng mit der Umweltpolitik verknüpft und steht auch in einem engen Zusammenhang mit der Beschäftigungs-, der Regional- und insbesondere der Verkehrspolitik. Außerdem gewinnen außen- und entwicklungspolitische Aspekte zunehmend an Bedeutung, wenn es darum geht, die energiepolitischen Ziele mit anderen Ländern zu fördern.[377] Als die drei

---

[375] Vgl. auch Art. 15 EUV.
[376] http://ec.europa.eu/archives/european-council/index_de.htm
(letztmalig abgerufen am 08.06.2019), Anhang 1.XXV.
[377] Schlussfolgerungen des Vorsitzes des Europäischen Rates, 23./24. März 2006, S. 13 http://data.consilium.europa.eu/doc/document/ST-7775-2006-INIT/de/pdf
(letztmalig abgerufen am 08.06.2019), Anhang 1.XXVI.

Ziele einer europäischen Energiepolitik wurden Versorgungssicherheit, Wettbewerbsfähigkeit und Nachhaltigkeit erklärt[378].
2007 wurde festgestellt, dass ein verbindliches Mindestziel von 10 % für den Anteil von Biokraftstoffen angemessen sei, sofern die Erzeugung nachhaltig erfolge und Biokraftstoffe der zweiten Generation kommerziell zur Verfügung stünden.[379] Ein zu entwickelnder kohärenter Gesamtrahmen müsse Kriterien und Bestimmungen enthalten, die eine nachhaltige Erzeugung und die Nutzung von Bioenergie gewährleisten und Konflikte zwischen verschiedenen Arten der Nutzung von Biomasse vermeiden.[380]

Ein Jahr später, 2008, wurde erneut betont, dass es zur Erreichung des Ziels der vermehrten Nutzung von Biokraftstoffen von wesentlicher Bedeutung sei, wirksame Nachhaltigkeitskriterien zu entwickeln und zu erfüllen[381].

Zwischen den Strategien in den Bereichen Klimawandel und biologische Vielfalt müssten größere Synergien geschaffen werden, um so in beiden Bereichen positive Effekte zu erzielen, insbesondere dadurch, dass mehr Nachdruck gelegt werde auf (...) Maßnahmen,

---

[378] Vgl. Schlussfolgerungen des Vorsitzes des Europäischen Rates, 23./24. März 2006, http://data.consilium.europa.eu/doc/document/ST-7775-2006-INIT/de/pdf
(letztmalig abgerufen am 20.06.2019), Anhang 1.XXVI).

[379] Schlussfolgerungen des Vorsitzes des Europäischen Rates, 8./9. März 2007, S. 21
https://register.consilium.europa.eu/doc/srv?l=DE&f=ST%207224%202007%20INIT (letztmalig abgerufen am 20.06.2019), Anhang 1.XXVII.

[380] Schlussfolgerungen des Vorsitzes des Europäischen Rates, 8./9. März 2007, S. 21
https://register.consilium.europa.eu/doc/srv?l=DE&f=ST%207224%202007%20INIT (letztmalig abgerufen am 20.06.2019), Anhang 1.XXVII.

[381] Schlussfolgerungen des Vorsitzes des Europäischen Rates, 13./14. März 2008, S. 13 http://register.consilium.europa.eu/pdf/en/08/st07/st07652-re01.en08.pdf (letztmalig abgerufen am 20.06.2019), Anhang 1.XXVIII.

die die Erzeugung und den Verbrauch von Biokraftstoffen und den Handel damit betreffen.[382]

(b)   Schlussfolgerungen der Jahre 2009 - 2015

Die Schlussfolgerungen des Jahres 2009 sind von der globalen Wirtschafts- und Finanzkrise geprägt. Zwar enthält auch dieser Bericht einen mit „Energie und Klimawandel" überschriebenen Abschnitt II, der sich zu umweltpolitischen Themen äußert, doch bleiben Biokraftstoffe unerwähnt. Ebenso verhält es sich mit den mit der Herstellung von Biokraftstoffen verbundenen Risiken oder mit der Einführung von Nachhaltigkeitskriterien für Biokraftstoffe.[383]

Die Schlussfolgerungen des Jahres 2010 gleichen denen aus dem Vorjahr. Auch im Jahr 2010 spielen Biokraftstoffe keine Rolle. Als letzter Punkt wird jedoch ausgeführt, dass es dringend notwendig ist, den anhaltenden Tendenzen beim Verlust an biologischer Vielfalt und bei der Degradation der Ökosysteme entgegenzuwirken.[384]

In den Schlussfolgerungen aus dem Jahr 2011 wird die Thematik Umwelt bzw. Energie nicht mal als eigener Abschnitt erwähnt.

---

[382] Schlussfolgerungen des Vorsitzes des Europäischen Rates, 13./14. März 2008, S. 13 http://register.consilium.europa.eu/pdf/en/08/st07/st07652-re01.en08.pdf (letztmalig abgerufen am 20.06.2019), Anhang 1.XXVIII.
[383] Schlussfolgerungen des Vorsitzes des Europäischen Rates, 19./20. März 2009, S.9.
https://www.consilium.europa.eu/uedocs/cms_data/docs/pressdata/de/ec/106824.pdf (letztmalig abgerufen am 20.06.2019), Anhang 1.XXIX.
[384] Schlussfolgerungen des Vorsitzes des Europäischen Rates, 19./20. März 2009, S.9.
https://www.consilium.europa.eu/uedocs/cms_data/docs/pressdata/de/ec/106824.pdf (letztmalig abgerufen am 20.06.2019), Anhang 1.XXIX.

Die Schlussfolgerungen des Jahres 2012 befassen sich unter anderem auch mit der Rio+20-Konferenz der Vereinten Nationen über nachhaltige Entwicklung und formulieren die recht allgemeine Forderung, dass die Konferenz Fortschritte im Hinblick auf den weltweiten Übergang zu einer grünen Wirtschaft erzielen soll, so dass der Schutz der Umwelt vorangebracht, zur Beseitigung der Armut beigetragen und ein CO_2-armes und ressourceneffizientes Wachstum gefördert wird. Eine Bezugnahme zur europäischen Förderung von Biokraftstoffen und inwiefern diese negative Auswirkungen hat oder das Erreichen der von der Rio+20-Konferenz der Vereinten Nationen abgeforderten Ziele unterstützt, erfolgt nicht.

Im Jahr 2013 wird das Thema Energie erst in der Sitzung des Europäischen Rates im Mai behandelt.
Neben Themen, die für diese Arbeit von geringerer Relevanz sind, wie etwa „Energiebinnenmarkt", „Verbundnetze" oder Ausbau einer „Energieinfrastruktur", wird auf das Grünbuch der Kommission mit dem Titel „Ein Rahmen für die Klima– und Energiepolitik bis 2030"[385] verwiesen.
Der Europäische Rat hat vor im März 2014, nachdem die Kommission konkretere Vorschläge vorgelegt hat, auf dieses Thema zurückkommen, um die diesbezüglichen politischen Optionen – unter Berücksichtigung der Ziele für die 21. „Vertragsparteienkonferenz"[386] (COP21), die 2015 stattfindet –zu erörtern.

---

[385] Grünbuch, ein Klimarahmen bis 2030. https://eur-lex.europa.eu/legal-content/DE/TXT/PDF/?uri=CELEX:52013DC0169&from=ENF , (letztmalig abgerufen am 20.06.2019), Anhang 1.XXX.
[386] UN climate change conference, Paris 2015, COP 21, vgl. http://www.cop21.gouv.fr/en
(letztmalig abgerufen am 06.11.2015), Anhang 1.XXXI.

Im März 2014 lag das oben genannte Grünbuch[387] zwar seit fast einem Jahr vor, es wurde jedoch nicht explizit behandelt. Vielmehr wurde erneut auf die Klimakonferenz in Paris im Jahr 2015 verwiesen. Mit einem solchen, gemeint ist das Grünbuch, vereinbarten Politikrahmen der EU zu Treibhausgasemissionen, zu erneuerbaren Energien und zur Energieeffizienz, würde für die Wirtschaftsakteure der EU die erforderliche Stabilität und Berechenbarkeit geschaffen und die Rolle der EU weltweit bestätigt werden.

Auf der Sitzung im Oktober 2014 ist es endlich soweit, dass sich der Europäische Rat mit dem „Rahmen für die Klima- und Energiepolitik bis 2030" befasst.[388] Das Thema Nachhaltigkeitskriterien sprechen die Schlussfolgerungen jedoch ebenso wenig an wie überhaupt das Thema der Biokraftstoffe.
Die Schlussfolgerungen des Europäischen Rates von seiner Sitzung am 19. und 20. März 2015 behandeln die Themen Energie oder Klima nicht in der Detailschärfe, wie der mehrmalige Verweis auf die Klimakonferenz und das Grünbuch der Kommission vermuten ließ.

Mit dem Grünbuch wurde sich bereits im Oktober 2014 befasst. Die Klimakonferenz in Paris findet dahingehend Erwähnung, dass der Europäische Rat ein eng abgestimmtes Handeln durch eine aktive europäische Klimadiplomatie im Vorfeld der 21. Konferenz der Vertragsparteien in Paris[389,] und, im Einklang mit dem vom Europäischen Rat auf seiner Tagung im Oktober 2014 festgelegten

---

[387] Vgl. Fn. 340.
[388] http://data.consilium.europa.eu/doc/document/ST-169-2014-INIT/de/pdf (letztmalig abgerufen am 08.06.2019), Anhang 1.XXXII.
[389] Da die Klimakonferenz vom 30.November 2015 bis zum 11. Dezember 2015 stattfindet, bleiben acht Monate für besagte „Klimadiplomatie".

ehrgeizigen Ziel, das im kürzlich von der EU und ihren Mitgliedsstaaten vorgelegten Beitrag festgehalten ist, unterstützt.[390]

Ansonsten behandeln die Schlussfolgerungen auch das Thema Energieunion. Die EU tritt demnach für die Schaffung einer Energieunion auf der Grundlage der Rahmenstrategie der Kommission ein (...) und fordert mehrere Maßnahmen. Hierzu zählt auch die „Entwicklung einer Technologie- und Innovationsstrategie für Energie und Klima, darunter zum Beispiel für erneuerbare Energiequellen der nächsten Generation, für Stromspeicherung und CO_2-Abscheidung und -Speicherung, für die Verbesserung der Energieeffizienz von Wohngebäuden sowie für nachhaltigen Verkehr.[391]

Betrachtet man die Schlussfolgerungen isoliert, entsteht der Eindruck, dass mit dem Erlass der Erneuerbaren-Energien-Richtlinie, die Nachhaltigkeitskriterien für Biokraftstoffe formuliert, was im weiteren Verlauf noch ausführlich dargestellt wird, das Thema Biokraftstoffe für mehrere Jahre von der Agenda verschwand.

    v.   KOM(2008)19 endgültig, Vorschlag für eine Richtlinie des Europäischen Parlamentes und des Rates zur Förderung der Nutzung von Energie aus erneuerbaren Quellen

Der Vorschlag der Kommission für die zukünftige RED erging nach Anhörung interessierter Kreise, wie Mitgliedsstaaten, Bürger,

---

[390] Tagung des Europäischen Rates (19. und 20. März 2015), Schlussfolgerungen http://data.consilium.europa.eu/doc/document/ST-11-2015-INIT/de/pdf (letztmalig abgerufen am 08.06.2019), Anhang 1.XXXIII.
[391] Tagung des Europäischen Rates (19. und 20. März 2015), Schlussfolgerungen, Teil I, 2, h,
http://data.consilium.europa.eu/doc/document/ST-11-2015-INIT/de/pdf (letztmalig abgerufen am 08.06.2019), Anhang 1.XXXIII.

Interessengruppen, NROs und Verbraucherorganisationen, die zwischen März und September 2006 stattfanden[392]. Als negativ bewerteten die Teilnehmer dieser Anhörung überwiegend den Druck auf Biomasseressourcen, die auch für andere Zwecke als zur Energieerzeugung industriell verwendet werden und dass deren verstärkte Nutzung zu Engpässen oder unerwünschten Umweltfolgen führen könnte.[393]

Zusammenfassend wurden in der letzten öffentlichen Anhörung drei Nachhaltigkeitskriterien vorgeschlagen, nämlich:
- dass Flächen mit großen Kohlenstoffbeständen nicht zur Herstellung von Biokraftstoffen umgewandelt werden sollen,
- dass Flächen mit großer biologischer Vielfalt nicht zur Herstellung von Biokraftstoffen umgewandelt werden sollen und
- dass mit den Biokraftstoffen ein Mindestmaß an Treibhausgaseinsparungen erzielt werden soll.[394]

Als konsultierte Sachverständige befasste sich das Zentrum für Europäische Wirtschaftsforschung (ZEW) in einer Studie mit den Auswirkungen der Festlegung von Zielen für Biokraftstoffe auf die Lebensmittelpreise.[395]

Schlussfolgernd wurden jedoch wesentliche Auswirkungen auf die Lebensmittelpreise als unwahrscheinlich betrachtet und auch der Bedarf an zusätzlich benötigter Anbaufläche als vernachlässigbare Variable: *„In our study the impacts of biofuel promotion on food prices turn out to be small. Land rents may rise considerably, but*

---

[392] Vgl. KOM(2008) 19 endgültig, S. 6.
[393] KOM(2008) 19 endgültig, S. 7.
[394] KOM(2008) 19 endgültig, S.7.
[395] ZEW 2007, Competitiveness effects of trading emissions and fostering technologies, to meet the EU Kyoto targets, http://www.zew.de/de/publikationen/publikation.php3?action=detail&nr=4131
(letztmalig abgerufen am 08.06.2019), Anhang 1.XXXIV.

agricultural producer prices are affected rather modestly and food consumer prices almost negligibly. Though these results are robust for alternative values of the relevant model parameter (see Annex 3c), partial equilibrium agricultural models show larger impacts on agricultural prices. Here one should bear in mind however, that the WorldScan model does not focus on the peculiarities of agricultural production and food production. In our 10 % biofuel target scenarios biofuel use is raised from 16 Mtoe in 2004 to 63 Mtoe in 2020 globally. According to IEA (2006) 13.8 mln ha was devoted to biofuel crop production in 2004. This is about 1 % of the global arable area. Without any yield improvements 54.3 mln ha would be needed worldwide in 2020 according to our 10 % scenarios. With an annual yield increase of 1.5 % of biofuel crops still 42.8 mln ha would be needed. Though this area is enormous, it would amount to only 3 % of current global arable acreage. Hence, large impacts on food prices are hardly to be expected."[396]

Eine zusätzlich erforderliche Anbaufläche von 42,8 Mio. ha, dem 2,5 fachen der landwirtschaftlich genutzten Fläche Deutschlands im Jahr 2013, bedeuten jedoch, bezogen auf die von der FIFA vorgegebene Spielgröße eines Fußballfeldes von 105 x 68 m, also 0,714 ha, einen Zuwachs der Anbaufläche von knapp 60 Millionen[397] Fußballfelder. Angesichts der zunehmenden Knappheit von nutzbarer Ackerfläche eine beeindruckende Zahl.

Da die konkrete Umsetzung des Richtlinienvorschlags weitgehend der schließlich verabschiedeten RED entspricht, werden die Anforderungen an die Nachhaltigkeit im Rahmen der eigentlichen Richtlinie besprochen und dabei wird auf eventuelle Abweichungen von dem Vorschlag der Kommission gesondert hingewiesen.

---

[396] ZEW 2007, Competitiveness effects of trading emissions and fostering technologies, to meet the EU Kyoto target, S.42.
[397] 59.94 Mio.

vi. Entschließung des Europäischen Parlaments vom 22. Mai 2008 zum Preisanstieg bei Lebensmitteln in der EU und in den Entwicklungsländern

Das Konfliktpotenzial zwischen der Biokraftstoffproduktion und dem Lebensmittelmarkt bezüglich der Konkurrenz zu bestimmten Rohstoffen trat insbesondere in Form der sogenannten Tortilla-Krise[398] in das Bewusstsein der Öffentlichkeit.
Hierzu kam es, da eine von den USA propagierte Bioethanolherstellung zu einem drastischen Rückgang der Maisexporte nach Mexico und zu einem verstärkten Import von mexikanischem Mais in die USA führte. Dieser zunehmende Warenverkehr in die USA führte wiederum zu einer Preisexplosion für Mais, so dass der in Mexiko als Grundnahrungsmittel verwendete Mais nicht mehr ausreichend zu erschwinglichen Preisen zur Verfügung stand.[399] Auf diese Entwicklung reagierte das Europäische Parlament mit einer Entschließung, wonach die Europäische Union das Thema Biokraftstoffe in Form der Erneuerbaren-Energien-Richtlinie umfassend regeln sollte.[400]

Hierbei wurde darauf hingewiesen, dass nach Jahren stabiler oder fallender Grundstoffpreise die Weltmarktpreise für Weizen in den 36 Monaten bis Februar 2008 um 181 % gestiegen waren, dass die Preise für Reis seit Januar 2008 um 141 % gestiegen waren und dass sich weltweit die Lebensmittelpreise insgesamt um 83 % erhöht hatten[401]. Außerdem wurde festgestellt, dass nach Aussagen der FAO 60–80 % der Verbraucherausgaben in Entwicklungs-

---

[398] http://www.tagesspiegel.de/weltspiegel/die-tortillakrise/806060.html (letztmalig abgerufen am 08.06.2019), Anhang 1.XXXV.
[399] *Heselhaus*, Biokraftstoffe und das Recht auf Nahrung, in: AVR 09, S. 93.
[400] Entschließung des Europäischen Parlamentes zum Preisanstieg bei Lebensmitteln, P6_TA(2008)0229.
[401] Entschließung des Europäischen Parlamentes zum Preisanstieg bei Lebensmitteln, P6_TA(2008)0229, A.

ländern auf Lebensmittel entfallen, in Industriestaaten dagegen nur 10-20 %, so dass einkommensschwache Haushalte am stärksten vom Anstieg der Lebensmittelpreise betroffen sind.[402]
Bezogen auf die Biokraftstoffproduktion wurde sodann gefordert, dass Nahrungsmittel Priorität vor Kraftstoffen erhalten müssen und dass die Biokraftstofferzeugung strengen Nachhaltigkeitskriterien unterworfen werden sollte: Nur solche Kraftstoffe sollten bei der Verwirklichung des in Bezug auf Biokraftstoffe vorgesehenen Mengenziels berücksichtigt werden[403].

Bezüglich der aktuellen europäischen Biokraftstoffpolitik, insbesondere bezogen auf den Agrarbereich, äußerte man sich dahingehend, dass die Subventionierung des Anbaus von Kulturen für die Erzeugung von Biokraftstoff nicht mehr gerechtfertigt ist, aber gegenwärtig nur 2- 3 % der landwirtschaftlichen Nutzfläche in der EU für diese Art der Erzeugung genutzt werden und dass Berichte in den Medien, die die Biokraftstoffe für die gegenwärtige Nahrungsmittelkrise verantwortlich machen, in Bezug auf die EU übertrieben sind.[404]

Jedoch wurde die Auffassung geteilt, dass sich die in den Vereinigten Staaten und anderen Ländern verfolgte Politik der Zuweisung von mehr Land für den Anbau von Mais zur Herstellung von Bioethanol negativ auf die Preise und die Verfügbarkeit von Mais und anderen Getreidearten auf dem Nahrungsmittelweltmarkt ausgewirkt hat.[405]

---

[402] Entschließung des Europäischen Parlamentes zum Preisanstieg bei Lebensmitteln, P6_TA(2008)0229, E.
[403] Entschließung des Europäischen Parlamentes zum Preisanstieg bei Lebensmitteln, P6_TA(2008)0229, 18.
[404] Entschließung des Europäischen Parlamentes zum Preisanstieg bei Lebensmitteln, P6_TA(2008)0229, 19.
[405] Entschließung des Europäischen Parlamentes zum Preisanstieg bei Lebensmitteln, P6_TA(2008)0229, 19.

Kommission und Mitgliedsstaaten wurden aufgefordert, die Verwendung und Erzeugung von Bioenergie der zweiten Generation, für die Wirtschaftsdünger[406] und landwirtschaftliche Abfallstoffe und keine landwirtschaftlichen Primärerzeugnisse verarbeitet werden, stärker zu fördern.[407]

    vii.   COM(2013) 169 final endgültig, GRÜNBUCH ein Rahmen für die Klima- und Energiepolitik bis 2030

Das Grünbuch erwähnt Biokraftstoffe an genau zwei Stellen. Zum einen werden Biokraftstoffe der zweiten Generation als neue innovative und förderungswürdige Technologie bezeichnet[408]. Außerdem sei es wichtig[409], hinsichtlich Biokraftstoffe für eine WTO-Kompatibilität[410] zu sorgen.

---

[406] Wirtschaftsdünger bzw. besser formuliert wirtschaftseigener Dünger sind solche wachstumsfördernde Stoffe, die unmittelbar und direkt im Rahmen der land- und forstwirtschaftlichen Tätigkeit anfallen und in einem Kreislauf der Natur zurück gegeben werden und von dieser besser absorbiert werden können. Hier zählen z.B. Stroh, Gülle, Jauche, Mist, Rindenmulch, Gärrest aus einer Biogasanlage, etc.

[407] Entschließung des Europäischen Parlamentes zum Preisanstieg bei Lebensmitteln, P6_TA(2008)0229, 20.

[408] Vgl. Grünbuch, ein Klimarahmen bis 2030, S. 8, http://eur-lex.europa.eu/LexUriServ/LexUriServ.do?uri=COM:2013:0169:FIN:DE:PDF (letztmalig abgerufen am 08.06.2019), Anhang 1.XXX.

[409] Vgl. Grünbuch, ein Klimarahmen bis 2030, S. 3, http://eur-lex.europa.eu/LexUriServ/LexUriServ.do?uri=COM:2013:0169:FIN:DE:PDF (letztmalig abgerufen am 08.06.2019), Anhang 1.XXX.

[410] Der Aspekt der WTO-Kompatibilität taucht an dieser Stelle das erste Mal auf, obwohl er nach der Meinung des Verfassers einen wesentlichen Bestandteil bezüglich der erfolgreichen Implementierung eines Biokraftstoff-Regimes darstellt, vgl. „FAZIT: SOLA DOSIS FACIT VENENUM, Kapitel III: Finale Forderungen", S. 267 ff.

4. Fazit bezüglich eines Paradigmenwechsels

Die vorstehend erwähnten Dokumente von Kommission und Europäischem Parlament und Europäischem Rat zeigen einen deutlichen Wandel in der europäischen Biokraftstoffpolitik, ausgehend von der recht unbeholfenen Regelung der BiokraftRL, hin zu einem Bewusstsein für die Komplexität der Biokraftstoffförderung.

Neben der Möglichkeit, durch die Biokraftstoffförderung die Abhängigkeit von Erdölimporten zu verringern, wird deutlich, dass auch die Gefahren einer Biokraftstoffförderung erkannt wurden, wie etwa dass Treibhausgasemissionen nicht automatisch durch die Verwendung von Biokraftstoffen reduziert werden. Der Anbau der Rohstoffe kann ferner zur Zerstörung von hochwertigen natürlichen Flächen führen. Außerdem können bestehende Rohstoffmärkte durch die anderweitige Verwendung der Rohstoffe zur Biokraftstoffproduktion unter Druck geraten.

Auffällig ist jedoch, dass eine unmittelbare Beziehung zwischen der europäischen Biokraftstoffpolitik und Konflikten in Mexiko bzw. Indonesien verneint wird. Die Förderung von Biokraftstoffen der zweiten Generation wird jedoch gefordert, da mit diesen die genannten Probleme gerade nicht entstehen sollen.

Das Bewusstsein für die Konfliktpotenziale spiegelt sich jedenfalls in den oben erwähnten Texten wider, wobei das Konfliktfeld der Biokraftstoffe vs. Umweltzerstörung durch unsachgemäßen Anbau der Rohstoffe als erheblicher angesehen wird als der unsachgemäße und verschwenderische Umgang mit Lebensmittel – „Food vs. Fuel".

Ferner ist festzustellen, dass die Dokumente, die vor dem Jahr 2009 erschienen sind, potentielle Probleme der Biokraftstoffpolitik erwähnen, anerkennen und auch größten Teils die Einführung von

Nachhaltigkeitskriterien fordern. Alles was nach dem Jahr 2009 veröffentlich wurde, also nach der Erneuerbare-Energien-Richtlinie, beschäftigt sich kaum mehr mit dem Thema Biokraftstoffe und noch weniger mit der Thematik Nachhaltigkeitskriterien.

Rechtfertigt die konkrete Ausgestaltung der Erneuerbare-Energien-Richtlinie und die mit ihr geschaffenen Rahmenbedingungen, dass seit dem Jahr 2009 die potenziellen Probleme einer Europäischen Biokraftstoffpolitik oder das Erfordernis von Nachhaltigkeitskriterien für den Anbau von Biomasse für die Biokraftstoffproduktion weitgehend von der energie- und umweltpolitischen Agenda verschwunden sind? Dies wäre nur dann der Fall, wenn die Erneuerbare-Energien-Richtlinie die europäische Biokraftstoffpolitik so ausgerichtet hätte, dass sie die oben herausgearbeiteten materiellen und prozessualen Elemente enthält und darüber hinaus auch die Aspekte der intra- und intergenerationellen Gerechtigkeit beachtet. Mit der RED hätte die europäische Biokraftstoffpolitik so ausgestaltet worden sein müssen, dass die Sphären Ökologie, Ökonomie und Soziales/ Gesellschaft nicht beeinträchtigt werden oder nur in der Art, das irreparable Schäden ausgeschlossen sind. Die von der Biokraftstoffpolitik ausgehenden und absehbaren mittelbaren oder unmittelbaren Beeinträchtigungen der Sphären hätten auf ein Minimum reduziert werden müssen. Auch unfertige Politikansätze wären akzeptabel gewesen, sofern die Biokraftstoffpolitik dann aber wenigstens Instrumente enthalten hätte, wodurch eine stetige Kontrolle, Optimierung und Weiterentwicklung der Biokraftstoffpolitik erfolgen würde.

II. RL 2009/28/EG; Richtlinie zur Förderung der Nutzung von Energie aus erneuerbaren Quellen und zur Änderung und anschließenden Aufhebung der Richtlinien 2001/77/EG und 2003/30/EG (Erneuerbare-Energien-Richtlinie - RED).

Die Richtlinie 2009/28/EG des Europäischen Parlaments und des Rates vom 23. April 2009[411] ist das bisher umfassendste Sekundärrecht der Europäischen Union auf dem Gebiet der regenerativen Energien.

Der im Jahr 2006 verabschiedete Fahrplan für erneuerbare Energien der Europäischen Kommission[412] sah die Möglichkeit des Erreichens der Ziele der Europäischen Union auf dem Gebiet der erneuerbaren Energien nur dann gegeben, wenn erneuerbare Energiequellen sowohl im Stromsektor, im Verkehrssektor und im Wärme- und Kältesektor als auch in allen Mitgliedsstaaten gleichermaßen gefördert werden.[413]

Da es bisher auch auf europäischer Ebene keine einheitliche Regelung gab, sondern die drei verschiedenen Sektoren (Strom, Wärme/Kälte, Verkehr) unterschiedlich gefördert und von europäischen Rechtssetzungsakten überhaupt erfasst waren[414] und somit,

---

[411] Richtlinie zur Förderung der Nutzung von Energie aus erneuerbaren Quellen und zur Änderung und anschließenden Aufhebung der Richtlinien 2001/77/EG und 2003/30/EG, Erneuerbare-Energien-Richtlinie, englisch: Renewable Energies Directive – „RED".

[412] KOM(2006) 848 endgültig.

[413] KOM(2006) 848 endgültig, S. 4.

[414] Während die Stromerzeugung aus erneuerbaren Quellen bereits seit 2001 durch die RL 2001/77/EG gefördert wurde, vgl. Bericht über die Fortschritte bei der Stromerzeugung aus erneuerbaren Energien (KOM (2006) 849) und die Biokraftstoffe seit 2003 durch die RL 2003/30/EG gefördert wurden, vgl. Bericht über die Fortschritte beim Einsatz von Biokraftstoffen und anderen erneuerbaren Kraftstoffen (KOM(2006) 845), wurde der Wärme und Kältesektor erst durch die umfassende „Erneuerbare-Energien- Richtlinie (EG)"; Richtlinie 2009/28/EG, erfasst und gefördert.

je nach Regelungs- und Förderungsdichte auch unterschiedliche Fortschritte in den einzelnen Sektoren zu verzeichnen waren[415], sollte nun eine Richtlinie erlassen werden, die die drei Bereiche der europäischen Energiepolitik umfasst.

In der Richtlinie mussten also Regelungen bezüglich der drei Energiesektoren Elektrizität (Strom), Kälte- und Wärmegewinnung sowie Biokraftstoffe getroffen werden.

Neben den Regelungen zur Gewinnung von Elektrizität aus regenerativen Energiequellen und den Regelungen bezüglich der Förderung von Biokraftstoffen, die bisher durch die Richtlinie 2001/77/EG (Strom) und 2003/30/EG (Biokraftstoffe) erfasst wurden, beinhaltet die RED nun also auch den dritten energierelevanten Bereich, die Kälte- und Wärmeerzeugung.

Bereits in dem 2007 verabschiedeten Kommissionsdokument "Fahrplan für erneuerbare Energien"[416], das aus einem Ersuchen des Europäischen Rates vom Frühjahr 2006 unmittelbar hervorgeht, wurde festgestellt, dass die (regenerativen) Energiesektoren, in denen europäische verbindliche Regelungen bestehen, also der Strom- und Biokraftstoffsektor, die besten Fortschritte erzielten und deutliche Zuwächse erhielten, während beim Einsatz erneuerbarer Energiequellen für die Wärme und Kälteerzeugung seit den 1990er Jahre so gut wie keine Fortschritte erzielt wurden.[417]

Aus diesem Grund, aber auch zur Vereinfachung von verwaltungstechnischen Hemmnissen, sollte eine alle drei Sektoren umspannende Richtlinie erlassen werden, um insbesondere Querschnittsfragen besser anzugehen.[418] Die Bündelung in einer einzi-

---

[415] Vgl. KOM(2006) 848 endgültig, S. 5 f. (Abbildung 1).
[416] KOM(2006) 848 endgültig.
[417] Vgl. Fahrplan für erneuerbare Energien, KOM(2006)848 endgültig, Nr. 2.4.
[418] Vgl. KOM(2008) 19 endgültig, Nr.5.

gen Richtlinie und in einem einzigen Aktionsplan sollte die Mitgliedsstaaten darin bestärken, Energiepolitik integrierter zu denken und sich auf eine bestmögliche Verteilung der Anstrengungen zu konzentrieren.[419]

1. Regelungsziel der RED

Die RED schreibt einen Rahmen für die Förderung von Energie aus erneuerbaren Quellen vor.[420] Die RED gibt Prozentsätze vor, die von den Mitgliedsstaaten bezüglich der Nutzung regenerativer Energien erreicht werden müssen. Unterschieden wird hierbei zwischen dem europaweiten Ziel, 20 % des Bruttoendenergieverbrauchs der Gemeinschaft durch regenerative Energiequellen zu erzeugen, und der mitgliedstaatlichen Verpflichtung, den Energieverbrauch im Verkehrssektor zu 10 % aus erneuerbaren Quellen zu decken.

Gegenstand der RED sind auch Nachhaltigkeitskriterien für Biokraftstoffe und flüssige Biobrennstoffen.[421]

2. Gemeinschaftsziel: 20 % des Bruttoendenergieverbrauchs aus regenerativen Energien

Art. 3 RED verpflichtet die Mitgliedsstaaten, einen gewissen Anteil ihres Bruttoendenergieverbrauches bis zum Jahr 2020 aus regenerativen Energiequellen zu beziehen. Die konkrete Verpflichtung eines jeden Staates ergibt sich aus Anhang I zur RED, der für Deutschland einen Wert von 18 % vorsieht.
Bereits der Richtlinienvorschlag der Kommission beschäftigte sich damit, ob die Zielsetzung bezüglich des End- oder Primärenergie-

---

[419] KOM(2008) 19 endgültig, Nr. 5.
[420] Art. 1 RED.
[421] Art. 1 RED.

verbrauchs gelten sollte. Auch wurde überlegt, wie das europaweite Einsparpotenzial von 20 % auf die Mitgliedsstaaten verteilt werden sollte.

i. Primärenergieverbrauch vs. Endenergieverbrauch

Bezüglich der Energieart, die als Richtgröße herangezogen werden sollte, entschied sich die Kommission, was auch in der Richtlinie übernommen wurde, für den Endenergieverbrauch. Das bedeutet sinngemäß, dass 20 % jeglicher europäischer Energie die ab 2020 verwendet wird, sei es als Strom, Energie zum Heizen und Kühlen oder als Antriebsenergie im Verkehrssektor, aus regenerativen Quellen stammen muss.

Das 1997 formulierte Ziel[422], 12 % regenerativer Energie im Verhältnis zum Primärenergieverbrauch anzusetzen, hatte sich als hinderlich für eine erfolgreiche Förderung der regenerativen Energien herausgestellt. Die Orientierung an dem Primärenergieverbrauch hat nämlich zur Folge, dass zwischen der Art der erneuerbaren Energie unterschieden wird und außerdem die Wärme- und Kernenergie stärker ins Gewicht fallen, so dass es noch schwieriger wird, die für den Anteil erneuerbarer Energiequellen festgelegten Ziele zu erreichen.[423]

Dies liegt daran, dass bei fossilen Primärenergieträgern ein natürlicher Heizwert bestimmt werden kann und sich danach der Primärenergiewert berechnen lässt. Wird etwa Strom aus Braunkohle gewonnen, so würde auf die Braunkohle abgestellt. Unter Berücksichtigung eines Umwandlungsfaktors und des Übertragungsverlustes, der durch den Transport des aus Braunkohle produzierten

---

[422] Vgl. Energie für die Zukunft: erneuerbare Energieträger. Weißbuch für eine Gemeinschaftsstrategie und Aktionsplan – KOM(97) 599.
[423] KOM(2008)19 endgültig, S.8.

Stroms zu den Verbrauchern entsteht, könnte von der verbrauchten Menge Strom auf die verwendete Primärenergie geschlossen werden.
Atomkraft, aber auch Wind, Sonne, Wasser haben jedoch keinen natürlichen Heizwert, so dass nach dem Wirkungsgradansatz ein Primärenergiewert bestimmt wird.

Dieser Ansatz gilt für die Bewertung solcher Energieträger, für die es keinen einheitlichen Umrechnungsmaßstab wie den Heizwert gibt. Dabei handelt es sich um Strom, um die Wasser- und Windkraft, die Photovoltaik sowie die Kernenergie. Bei der Bewertung der Kernenergie wird ein als repräsentativ erachteter physikalischer Wirkungsgrad bei der Energieumwandlung von 33 % zugrunde gelegt. Bei der Stromerzeugung aus Wasserkraft und anderen erneuerbaren Energieträgern (Wind, Photovoltaik), denen kein Heizwert beigemessen werden kann, wird der jeweilige Energieeinsatz dem Heizwert der erzeugten elektrischen Energie gleichgesetzt[424].

Während bei Atomkraft also ein Wirkungsgradansatz von 33 % angenommen wird, was bedeutet, dass für jede gewonnene kWh das Dreifache an Primärenergie aufgewendet werden muss, geht man bei Windkraft von 100 % aus, was dazu führt, dass der Wert der Endenergie dem Wert der Primärenergie entspricht.

Dies führt aber auch dazu, dass der Anteil von Kernenergie am Primärenergieverbrauch bei gleicher Endenergie viel höher bewertet wird und somit Verzerrungen entstehen.
Aber auch innerhalb der einzelnen erneuerbaren Energiequellen müsste differenziert werden, da aus Biomasse gewonnener Strom

---

[424] ÖKO-Institut 2003, EUROSTAT Vorhaben des Umweltbundesamtes, S. 17, http://www.umweltbundesamt.de/sites/default/files/medien/publikation/long/2613.pdf (letztmalig abgerufen am 08.06.2019), Anhang 1.XXXVI.

bezüglich des Primärenergieverbrauchs anders behandelt werden müsste als Strom, der aus Windkraft gewonnene wird.

So wird etwa, wenn Endenergie (z.B. Strom) sowohl aus Windkraft als auch aus Biomasse hergestellt wird, für den Herstellungsprozess durch Biomasse mehr Primärenergie gebraucht, da durch das dabei verwendete thermische Verfahren ein höherer Verlust entsteht und für eine Einheit Endenergie aus Biomasse im Vergleich zu einer Einheit Endenergie aus Wind der Faktor 2,4 veranschlagt wird.[425] Würden also jeweils 100 kWh Endenergie sowohl aus Wind als auch Biomasse verwendet, so würden dafür 100 kWh Primärenergie bezüglich der Windenergie und 240 kWh Primärenergie bezüglich der Biomasse angesetzt.

Der somit gewählte Bruttoendenergieverbrauch wird in Art. 2 lit. f. RED definiert. Demnach zählen hierzu die Energieprodukte, die der Industrie, dem Verkehrssektor, den Haushalten, dem Dienstleistungssektor einschließlich des Sektors der öffentlichen Dienstleistungen sowie der Land-, Forst- und Fischereiwirtschaft zu energetischen Zwecken geliefert werden, einschließlich des durch die Energiewirtschaft für die Elektrizitäts- und Wärmeerzeugung entstehenden Elektrizitäts- und Wärmeverbrauchs und einschließlich der bei der Verteilung und Übertragung auftretenden Elektrizitäts- und Wärmeverluste.

ii. Verteilung der 20 % auf die Mitgliedsstaaten

Bezüglich der konkreten Verteilung der 20 % regenerativer Energien, die die Gemeinschaft im Jahre 2020 bezüglich ihrer Endenergie verwenden soll, hat man sich verschiedene Methoden ausgedacht, wie diese 20 % auf die einzelnen Mitgliedsstaaten zu verteilen seien.

---

[425] KOM(2006) 848 endgültig, Fn.8.

So gab es etwa Modelle, die das Ressourcenpotenzial jedes Mitgliedstaates bei der Nutzung regenerativer Energien berücksichtigen, oder Modelle, die die Anwendung einer pauschalen Erhöhung des Anteils von 20 % auf alle Mitgliedsstaaten oder aber einer Gewichtung in Abhängigkeit vom Bruttoinlandsprodukt[426] vorsahen.

Die Kommission stellte fest, dass ein pauschaler, nach dem BIP abgestufter Ansatz am besten geeignet ist, da er einen einfachen, generellen und fairen Anstieg für alle Mitgliedsstaaten beinhaltet[427]. Berücksichtigt werden sollte jedoch auch die bereits in einem Mitgliedsstaaten vorhandene Struktur der regenerativen Energien, da so die frühzeitigen Fortschritte bei der Entwicklung erneuerbarer Energien, die „Frühstarter" unter den Mitgliedsstaaten, belohnt werden sollten.[428]

Eine generelle Verpflichtung von 20 % für jeden Mitgliedsstaat hätte hingegen nur eine Angleichung der Verhältnisse mit sich gebracht, ohne zusätzlich weiteres Potenzial der „Frühstarter" auszunutzen, da einige Mitgliedsstaaten bereits im Jahr 2005, dem Referenzjahr[429], 20 % und mehr ihres Endenergieverbrauchs aus regenerativen Energiequellen generierten.[430]

Vielmehr sei es angebracht, bei der Verteilung der prozentualen Verpflichtung so zu verfahren, dass die geforderte Gesamtsteigerung der Nutzung von Energie aus erneuerbaren Quellen zwischen den Mitgliedsstaaten auf der Grundlage einer nach ihrem Bruttoinlandsprodukt gewichteten gleichen Steigerung des Anteils eines

---

[426] BIP.
[427] KOM(2008) 19 endgültig, S. 9.
[428] KOM(2008) 19 endgültig, S. 9.
[429] Ausgangspunkt für den indikativen Pfad sollte 2005 sein, da dies das letzte Jahr ist, für das zuverlässige Daten über den Anteil von Energie aus erneuerbaren Quellen vorliegen; vgl. RL 2009/28/EG, Erwägungsgrund 21.
[430] Vgl. KOM(2008)19 endgültig, Anhang I.

jeden Mitgliedstaates aufgeteilt wird. Diese Steigerung solle entsprechend der Ausgangslage der Mitgliedsstaaten abgestuft werden und außerdem bisherige Anstrengungen der Mitgliedsstaaten zur Nutzung von Energie aus erneuerbaren Quellen berücksichtigen.[431]

3. Sonderbehandlung des Verkehrssektors: 10 % regenerativer Energien bezüglich des Endenergieverbrauchs im Verkehrssektor eines jeden Mitgliedstaates

Die Vorgaben für den Verkehrssektor werden von den übrigen zwei Energiesektoren, Elektrizität und Wärme- und Kälteerzeugung, getrennt behandelt.

Gemäß Art. 4 RED soll jeder Mitgliedstaat gewährleisten, dass sein Anteil an Energie aus erneuerbaren Quellen bei allen Verkehrsträgern im Jahr 2020 mindestens 10 % seines Endenergieverbrauchs im Verkehrssektor entspricht.
Auffällig sind die Unterschiede gegenüber den Vorgaben in den anderen Bereichen der RED, wo, zumindest für den Elektrizitätsmarkt, individuelle Zielvorgaben für jeden Mitgliedstaat formuliert wurden. Im Verkehrssektor müssen in jedem Mitgliedsstaat einheitlich 10 % seines Endenergieverbrauchs aus erneuerbaren Quellen stammen. Bezugsgröße ist ferner der nationale, mitgliedsstaatliche Endenergieverbrauch im Verkehrssektor.

i. Relevanz des Verkehrssektors

Die besondere Behandlung ergab sich dadurch, dass auf den Verkehrssektor mehr als 30 % des Energieverbrauchs der Gemein-

---

[431] Vgl. RL 2009/28/EG, Erwägungsgrund 15.

schaft entfallen[432]. Dieser Wert konnte jedoch, angesichts des Energieanteils von 50 % der Wärme- und Kälteerzeugung,[433] nicht alleine ausschlaggebend sein. Hinzu kam, dass der Verkehrssektor mit einem Emissionszuwachs von 50 % zwischen 1990 und 2010[434] den schnellsten Anstieg von Treibhausgasemissionen verzeichnete.[435]

Biokraftstoffe bedurften aber auch deshalb einer besonderen Behandlung, da die Biokraftstoffe die Abhängigkeit vom Öl verringern sollten.[436] Im Jahr 2007 ging man noch davon aus, dass Biokraftstoffe in den nächsten 15 Jahren der einzige Weg sein werden, um im Verkehrssektor die Abhängigkeit vom Erdöl signifikant zu verringern.[437] Insbesondere für den relevanten Straßengüterverkehr[438] sind alternative Energiekonzepte wie Strom oder Brennstoffzellen auf längere Zeit wohl nicht geeignet.

Die Abhängigkeit vom Öl stellt zusätzlich den größten Unsicherheitsfaktor in der europäischen Energieversorgung dar[439], so dass auch geopolitische Gründe für eine besondere Förderung der Biokraftstoffe gesprochen haben dürften.

Zusätzliche Aufmerksamkeit verdienten die Biokraftstoffe schließlich deshalb, da sie derzeit in der Herstellung noch teurer sind als andere Formen erneuerbarer Energie, weshalb sie ohne besondere Auflagen kaum weiterentwickelt würden[440] und die Kostenun-

---

[432] RL 2003/30/EG, Erwägungsgrund 4.
[433] KOM(2006) 848 endgültig, S. 9.
[434] RL 2003/30/EG, Erwägungsgrund 5.
[435] KOM(2008) 19 endgültig, S. 10.
[436] KOM(2008) 19 endgültig, S. 10.
[437] Eine Energiepolitik für Europa, KOM(2007)1 endgültig, S. 17.
[438] Der Straßengüterverkehr ist für 84% der verkehrsbedingten CO_2-Emissionen verantwortlich, vgl. RL 2003/30/EG, Erwägungsgrund 5.
[439] KOM(2008) 19 endgültig, S. 10.
[440] KOM(2008) 19 endgültig, S. 10.

terschiede bezüglich herkömmlicher Energien grundsätzlich als wesentlichstes Hindernis für die Etablierung regenerativer Energien gelten.[441]

Eine besondere Festschreibung der zu erreichenden Quoten im Verkehrssektor ergab sich schließlich noch aufgrund der besonderen Struktur der Richtlinie. Diese setzt nämlich nur gewisse finale Quoten des Anteils der regenerativen Energie an dem Endenergieverbrauch eines jeden Mitgliedstaates fest. Es bleibt jedoch den Mitgliedsstaaten überlassen, die in Anhang I Teil A RED entsprechenden Prozentsätze am Endenergieverbrauch grundsätzlich auf verschiedene Sektoren und hierbei wiederum auf unterschiedliche Arten der Energiegewinnung zu verteilen.

Dies entspricht auch grundsätzlich den Besonderheiten einer Richtlinie. Sie gibt ein zu erreichendes Ziel vor, ohne die konkreten Umsetzungen zur Erreichung des Ziels vorzuschreiben. Eine Richtlinie ist das geeignete Instrument zur Förderung der erneuerbaren Energiequellen, da sie klare Vorgaben enthält und die Mitgliedsstaaten noch genügend Spielraum haben, die Richtlinie so umzusetzen, wie dies angesichts ihrer nationalen Gegebenheiten am besten möglich ist.[442] Die Richtlinie betont, dass ein anderes Vorgehen als ein alleiniges Festschreiben eines Endzieles auf den Gesamtendenergieverbrauch nicht den Besonderheiten der einzelnen Mitgliedsstaaten gerecht werden würde, da die Ausgangslagen, das Potenzial im Bereich der erneuerbaren Energie und der Energiemix in den einzelnen Mitgliedsstaaten unterschiedlich sind.[443]

---

[441] KOM(2006) 848 endgültig, S.5.
[442] KOM(2008) 19 endgültig, S. 12.
[443] RL 2009/28/EG, Erwägungsgrund 15.

So können Länder, die aufgrund geographischer Begebenheiten ein sehr großes Windkraftpotenzial haben, dieses vollständig abschöpfen, um damit in erster Linie den nationalen Strommarkt durch regenerative Energiequellen zu speisen, womit dann möglicherweise bereits das zu erreichende von der Kommission festgelegte Ziel erreicht werden würde. Andere Länder, die ein großes Agrarpotenzial haben, könnten hingegen dieses nutzen, um sehr viel Biogas herzustellen. Dieses könnte zum Heizen (Wärmesektor) verwendet werden, mit einem Generator könnte Strom hergestellt werden und das Biogas könnte im Verkehrssektor für Erdgasfahrzeuge Verwendung finden.

So sinnvoll es ist, die nationalen Begebenheiten zu nutzen und den Mitgliedsstaaten die Möglichkeit zu eröffnen, sich auf ihre „Stärken" und bisherigen Entwicklungen im Bereich regenerativer Energiequellen zu besinnen, so eröffnet dies doch die Gefahr, dass die Mitgliedsstaaten den Weg des geringsten Widerstandes wählen und die grundsätzlich in allen Sektoren erforderlichen Investitionen unterbleiben. Die bisher wenig entwickelten Biokraftstoffe einschließlich einer für die Produktion, den Vertrieb und die Nutzung erforderliche Infrastruktur würden weiterhin ohne große Ambitionen gefördert, wenn der Anteil der Energie aus erneuerbaren Quellen auch durch eine ausschließliche Förderung des Elektrizitätsmarktes erreicht würde.

Das Thema Windkraftanlagen in Waldgebieten zeigt eindrücklich, warum mitgliedstaatliche Energiepolitiken auf dem Gebiet der erneuerbaren Energien mitunter wenig Erfolg haben, wenngleich sie, objektiv gesehen, vernünftig und zielführend wären.
Zwar sind die oftmals bewaldeten, aber höher gelegenen Mittelgebirge und Erhebungen als potenzielle Standorte für Windkraft-

anlagen geradezu prädestiniert[444] und müssten sogar als Standort genutzt werden, um Ausbaupfade und prozentuale Vorgaben einzuhalten. In der Realität wird der Ausbau der Windkraft im Wald aus Unwissenheit oder durch die entsprechenden Lobbygruppen jedoch häufig entschieden abgelehnt.[445]

Aufgrund der oben dargestellten besonderen Situation des Verkehrssektors und zumal es gemäß des Erwägungsgrundes 1 der RED gerade auch Ziel der Richtlinie sein soll, zur Verringerung der Treibhausgasemissionen und zur Einhaltung des Protokolls von Kyoto zum Rahmenübereinkommen der Vereinten Nationen über Klimaänderungen und weiterer europäischer und internationaler Verpflichtungen zur Senkung der Treibhausgasemissionen über das Jahr 2012 hinaus beizutragen[446], erfolgte eine besondere Behandlung des CO_2-intensiven Verkehrssektors.

Neben den durch Anhang I der Richtlinie 2009/28/EG festgelegten und beliebig zu erreichenden Prozentsätzen der Anteile regenerativer Energien am nationalen Endenergieverbrauch, wurde die einzelstaatliche grundsätzlich freie Ausgestaltung des Erreichens durch die Richtlinie dahingehend beschränkt, dass der Endenergieverbrauch des nationalen Verkehrssektor mindestens durch 10 % regenerativer Energiequellen gedeckt werden muss und je nach Relevanz des Verkehrssektors dieser damit zum nationalen Gesamtziel beitragen soll.

Diese Regelung darf jedoch nicht derart verstanden werden, dass zum Beispiel im Fall von Deutschland beim nationalen Gesamtziel

---

[444] Ministerium für Klimaschutz, Umwelt, Landwirtschaft, Natur – und Verbraucherschutz (MKULNV), Windenergieanlagen auf Waldflächen, 2012.
[445] Vgl. z.B. Deutsche Wildtierstiftung/ Emnid: 79% der Befragten lehnen Windkraft im Wald ab. https://www.presseportal.de/pm/37587/3077278 (letztmalig abgerufen am 08.06.2019), Anhang 1.XXXVII.
[446] RL/2009/28/EG, Erwägungsgrund 1.

von 18 %[447] der Verkehrssektor 10 % beitragen müsste. Vielmehr müssen 10 % der verwendeten Energie im Verkehrssektor durch regenerative Energiequellen generiert werden. Und diese 10 % stellen sodann einen Teil des Gesamtzieles 18 % dar, je nachdem, wie groß der Anteil der in Deutschland im Verkehrssektor verwendeten Energie im Verhältnis zum Gesamtendenergieverbrauch in Deutschland ist.

ii. Berechnung des Energiegehalts von Biokraftstoffen

Durch die RED werden Energiesektoren erfasst, die auf ganz unterschiedliche Art und Weise Energie generieren. Der Bruttoendenergieverbrauch aus erneuerbaren Quellen in den Mitgliedsstaaten setzt sich nun zusammen aus der Summe des Bruttoendenergieverbrauchs von „Elektrizität" aus erneuerbaren Energiequellen, des Bruttoendenergieverbrauchs von „Wärme und Kälte" aus erneuerbaren Energiequellen und des Endenergieverbrauchs von Energie aus erneuerbaren Energiequellen im „Verkehrssektor"[448].

Bezüglich der Biokraftstoffe stellt sich jetzt das Problem, dass verschiedene Kraftstoffe verschiedene Energiegehalte haben. Das heißt, dass man unterschiedliche Mengen verschiedener Kraftstoffe braucht, um die gleiche Energie zu gewinnen. Man kann somit, um eben den Endenergieverbrauch von Energie aus erneuerbaren Energiequellen im Verkehrssektor, insbesondere Biokraftstoffe, zu ermitteln, nicht einfach die verbrauchten Mengen in Litern oder Kilogramm-Angaben ins Verhältnis setzen, sondern man muss den Energiegehalt pro Liter oder Kilogramm des jeweils verwendeten Kraftstoffes berücksichtigen.

---

[447] Vgl. Anhang I RL 2009/28/EG.
[448] Art. 5 Abs. 1 RED.

So beträgt der volumenspezifische Energiegehalt, also der Heizwert in Megajoule pro Liter, von Bioethanol 21. Der volumenspezifische Energiegehalt von konventionellem Dieselkraftstoff hingegen 36[449]. Das bedeute, dass ca. ein Drittel mehr Bioethanol erforderlich ist (Verbrauch), um die gleiche Strecke mit einem Fahrzeug unter absolut identischen Bedingungen zurück zu legen, wie bei Verwendung von konventionellem Dieselkraftstoff, da die Verbrennung von konventionellem Diesel mehr Energie freisetzt.

Um einheitliche Energiegehalte von Biokraftstoffen als Kalkulationsgrundlage zu verwenden, regelt die Richtlinie, dass den in Anhang III RED aufgeführten Kraftstoffen die festgelegten Energiegehalte zugrunde gelegt werden[450]. In diesem Anhang sind die wichtigsten zur Zeit verwendeten Biokraftstoffe, einschließlich der Vergleichsgrößen für Ottokraftstoff und Dieselkraftstoff, aufgelistet, wobei die Liste, durch das Regelungsverfahren gemäß Art. 25 Abs. 4 i.V.m. Art. 5a Abs. 1-4, Art 7 Beschluss 1999/468/EG als Maßnahme zur Änderung nicht wesentlicher Bestimmungen, an den technischen und wissenschaftlichen Fortschritt angepasst werden kann.[451] Zu einer solchen Anpassung kam es bisher nicht.

Die Möglichkeit, die Richtlinie an technische oder wissenschaftliche Fortschritte anzupassen, wird aber weiterhin als wichtige Option betrachtet[452], so dass die Biokraftstoffnovelle die bisherigen Regelungen an die Änderungen, die durch den Vertrag von Lissabon entstanden, anpasst.

Die Biokraftstoffnovelle passt die in der RED vorgesehenen Möglichkeit, der Kommission Befugnisse zu übertragen, um Rechtsset-

---

[449] Vgl. Anhang III RED.
[450] Art. 5 Abs. 5 RED.
[451] Vgl. Art. 5 Abs. 5, S. 2-3 RED.
[452] Vgl. Erwägungsgrund 32, Biokraftstoffnovelle.

zungsakte im Rahmen des bisher als Komitologieverfahren[453] bekannten Verfahren zu erlassen, an die Neuregelung im AEUV an. Artikel 290 AEUV ersetzt das bisher angewandte „Regelungsverfahren mit Kontrolle", in dem die Beteiligung eines Ausschusses, bestehend aus nationalen Experten, zwingend vorgeschrieben war und ermöglicht der Kommission den Erlass sogenannte Durchführungsrechtsakte. Erwägungsgrund 32 stellt daher die Forderung auf, dass der Kommission die Befugnis übertragen werden soll, um die Richtlinie 2009/28/EG an den technischen und wirtschaftlichen Fortschritt anpassen zu können.

Also solche Anpassung wird gemäß Art. 5 Abs. 5 RED eben gerade die Festlegung des Energiegehalts der in Anhang III RED aufgeführten Kraftstoffe bewertet.
Art. 5 Abs. 5 RED verweist nun auf Artikel 25a anstelle von Art. 25 Abs. 4.
Art. 25a regelt, im Sinne von Art. 290 AEUV, unmittelbar innerhalb des eigentlichen Rechtssetzungsaktes (RED) die Befugnisübertragung und somit den Erlass von Durchführungsakten.

iii. 10 %-Ziel für alle Mitgliedsstaaten bezüglich des Verkehrssektors

Für den Verkehrssektor wird ein 10 % Ziel einheitlich für alle Mitgliedsstaaten eingeführt.

Während der Vorschlag der Kommission für eine Richtlinie des Europäischen Parlaments und des Rates zur Förderung der Nutzung von Energie aus erneuerbaren Quellen[454] noch davon aus-

---

[453] Beschluss 1999/468/EG.
[454] KOM(2008) 19 endgültig.

ging, dass 10 % der Kraftstoffe durch Biokraftstoffe ersetzt werden würden, die Kommission spricht von einem Anteil von Biokraftstoffen am Benzin- und Dieselverbrauch[455], gestaltet sich die eigentliche Richtlinie so, dass die 10 % den Anteil regenerativer Energie am Endenergieverbrauch im Verkehrssektor darstellen sollen. Das verbindliche Ziel von 10 %, das von allen Mitgliedsstaaten erreicht werden soll, sollte als Anteil des Endenergieverbrauchs im Verkehrssektor definiert werden, der insgesamt aus erneuerbaren Quellen zu decken ist und nicht nur aus Biokraftstoffen.[456]

Die Richtlinie begründet diese Abweichung von dem Vorschlag der Kommission damit, dass die Energieeffizienz ein wesentlicher Faktor ist, da das Ziel eines verbindlichen Prozentsatzes für Energie aus erneuerbaren Quellen nur dann erreicht werden kann, wenn die Gesamtnachfrage nicht steigt oder eben aufgrund einer gestiegenen Effizienz abnimmt[457].

Es geht darum, dass im Verkehrssektor generell weniger Endenergie verbraucht werden soll. Hierbei ist es gleichgültig, ob die Energie durch flüssige Kraftstoffe oder Strom oder irgendwann einmal durch Wasserstoff generiert wird. Je mehr verschiedene Kraftquellen man nun in der Berechnung des Endenergieverbrauchs einbezieht, umso mehr müssen auch diese Kraftquellen, insbesondere wohl die Stromproduktion, ihrerseits effizient sein und aus erneuerbaren Energiequellen stammen, um die Einhaltung der Zielvorgaben zu unterstützen. Schließlich tragen diese neuen Energiequellen auch zum Gesamtenergieverbrauch im Verkehrssektor bei.

---

[455] Vgl. Erwägungsgrund 5, 48 KOM(2008) 30 endgültig und Art. 3 Nr. 3 KOM(2008) 30 endgültig.
[456] RL 2009/28/EG, Erwägungsgrund 18.
[457] RL 2009/28/EG, Erwägungsgrund 18.

iv. Berücksichtigung von Strom und Wasserstoff im Verkehrssektor.

Durch die generell bestehende Möglichkeit, Mobilität durch die Energiequellen Strom oder Wasserstoff zu erreichen, können diese Energiequellen zum einen zum Endenergieverbrauch im Verkehrssektor beitragen. Wird der Strom bzw. der Wasserstoff hingegen aus erneuerbaren Quellen gewonnen, ist der Anteil den geforderten 10 % Energie aus erneuerbaren Quellen am Gesamtenergieverbrauch zuzurechnen.

Bezüglich der Einbeziehung von Strom aus erneuerbaren Quellen legte die RED fest, dass die Mitgliedsstaaten die Wahl haben, wie der Strom aus erneuerbaren Quellen, der in Fahrzeugen mit Elektroantrieb verbraucht wird, berücksichtigt wird. Entweder kann der durchschnittliche Anteil von Elektrizität aus erneuerbaren Energiequellen in der Gemeinschaft oder der Anteil von Elektrizität aus erneuerbaren Energiequellen im jeweiligen Hoheitsgebiet, gemessen zwei Jahre vor dem betreffenden Jahr, angesetzt werden.[458] Eine besondere Förderung erhält die Elektromobilität dadurch, dass gemäß Art. 3, Abs. 4, 3 RED für die verbrauchte Elektrizitätsmenge, die aus erneuerbaren Energiequellen erzeugt und in Straßenfahrzeugen mit Elektroantrieb verbraucht wird, der 2,5-fache Energiegehalt der zugeführten Elektrizität aus erneuerbaren Energiequellen angesetzt, wobei bei der Berechnung des Endenergieverbrauchs im Verkehrssektor die aus erneuerbaren Energiequellen erzeugt und in Straßenfahrzeugen mit Elektroantrieb verbraucht wird, einfach gewertet wird.[459]

Die Berücksichtigung von Wasserstoff erfolgt in beiden Fällen nur einfach und wird nicht explizit gefördert.[460]

---

[458] Art. 3 Abs. 4, c RED.
[459] Art. 5 UA 2 RED.
[460] Art. 5 UA 2 RED i.V.m. Art. 3 RED.

Um die Elektromobilität und die Verwendung von Wasserstoff als Energiequelle noch stärker zu fördern, legt die Kommission, sofern angemessen, bis zum 31. Dezember 2011 einen Vorschlag vor, nach dem es unter bestimmten Bedingungen zulässig ist, die Gesamtelektrizitätsmenge aus erneuerbaren Quellen, die für den Antrieb aller Arten von Fahrzeugen mit Elektroantrieb verwendet wird, zu berücksichtigen. Dadurch könnte also auch aus erneuerbaren Quellen hergestellter und in Schienenbahnen verwendeter Strom berücksichtigt werden sowie, falls Fahrzeuge mit Elektroantrieb zu 100 % mit Strom aus erneuerbaren Energiequellen betrieben werden, die gesamte Energiemenge.[461]

Die Kommission legt außerdem, sofern angemessen, bis zum 31. Dezember 2011 einen Vorschlag für eine Methodologie zur Berechnung des Anteils des Wasserstoffs aus erneuerbaren Energiequellen am gesamten Kraftstoffmix vor.[462]

Was jeweils unter „angemessen" zu verstehen ist, erklärt die Richtlinie nicht. Man könnte davon ausgehen, dass eine Regelung durch die Kommission immer dann angemessen sein wird, wenn die Relevanz der Energieträger Elektrizität und Wasserstoff im Verkehrssektor zunimmt und das Nichtvorhandensein von differenzierten Berechnungsmodellen zu Verzerrungen und Nachteilen führen würde.

Fraglich ist aber, ob dieses Abwarten und Bedingen von der Marktdurchsetzung nicht der Zielsetzung der eigenen Richtlinie widersprechen würde, da sie gerade den Zweck verfolgt, Investitionssicherheit zu schaffen und nicht die Entscheidung über die Verbindlichkeit eines Ziels bis zum Eintritt eines Ereignisses in der Zukunft zu verschieben[463].

---

[461] Art. 3 Absatz 4 UA 1.
[462] Art. 3 Absatz 4 UA 2.
[463] Vgl. Erwägungsgrund 14, RED.

Die Kommission kam dieser Möglichkeit am 14.9.2012 nach.[464] Im Ergebnis kommt die Folgenabschätzung aber zu dem Schluss, dass keine Maßnahmen erforderlich sind und es gerade nicht erforderlich ist, eine entsprechende Methodologie für die Berücksichtigung von Strom und Wasserstoff aus erneuerbaren Energiequellen im Verkehrssektor vorzulegen, da Elektromobilität bereits ausreichend gefördert und angerechnet wird und die Menge des verwendeten Wasserstoffs so gering ist, als dass eine Methodologie zur Berücksichtigung dieser Energiemenge entwickelt werden sollte.[465]

Die Regelung, auch andere Energiequellen als Biokraftstoffe im Verkehrssektor zu berücksichtigen, ist sinnvoll und zeitgemäß, da auf diese Art der Vielzahl von umweltfreundlichen und umweltfreundlicheren Antriebskonzepten Rechnung getragen wird. So können auch Elektroautos, die ihren Strom aus erneuerbaren Energiequellen beziehen, Erdgasfahrzeuge oder Fahrzeuge, die mit Wasserstoff betrieben werden und diesen durch eine Brennstoffzelle in elektrische Energie umwandeln oder den Wasserstoff schadstoffarm kraftstoffähnlich verbrennen, beim Erreichen des 10 %-Zieles berücksichtigt werden.[466]

Angesichts der bisherigen, eher modellhaften Verbreitung von Elektrofahrzeugen, was erst recht für wasserstoffbetriebene Fahrzeuge gilt, wobei bei letzteren auch die Entstehung einer entsprechenden Infrastruktur immer wieder als Verbreitungshindernis gesehen wird, werden jedoch die konventionellen (flüssigen) Biokraftstoffe der ersten, zweiten oder dritten Generation zumindest beim gegenwärtigen Stand der Technik als primäre regenerative Energiequelle des Verkehrssektors gesehen, wobei die Richtli-

---

[464] C(2012) 6287 final.
[465] Vgl. Kapitel 3, Teil 6, IV, 1, iii, Art. 3 Abs. 4 RED.
[466] Vgl. unten „Teil 2./I./3./c./iii", Die Berechnung der Menge verbrauchter Energie aus erneuerbaren Quellen im Verkehrssektor.

nie die Möglichkeit zur Anpassung an technischen Entwicklung zulässt.[467]

Angesichts der eher bescheidenen Fortschritte auf dem Markt der Biokraftstoffe, die 2005 nur einen Anteil von 1 % am gesamten Kraftstoffmarkt hielten und die bis 2010 entgegen den Vorgaben der bereits erwähnten Biokraftstoffrichtlinie aus dem Jahr 2003[468] nicht auf 5,75 %, sondern nur auf 4,2 % gestiegen sind, erfordert das 10 % Ziel eine gehörige Kraftanstrengung der Mitgliedsstaaten.

Diese wird von allen Mitgliedsstaaten gleichermaßen zu erbringen sein, da sogar der europäische Marktführer auf dem Gebiet der Nutzung von Bioethanol, Schweden, im Jahr 2006 nur auf einen Marktanteil von 4 % kam. Der Weltmarktführer in der Benutzung von Bio-Diesel, Deutschland, versorgte im selben Jahr nur 6 % des Dieselmarktes mit Biodiesel, der auch nicht den gesamten Verkehrssektor repräsentiert. Dennoch ist eine Erhöhung der Biokraftstoffquote um z.B. 6 % immer noch leichter zu erreichen, als eine Erhöhung um 8 % -10 %, zumal die Infrastruktur bereits aufgebaut wurde.

Die Richtlinie rechtfertigte diese Ungleichbehandlung (bezüglich der noch zu erbringenden Quotensteigerung unter den Ländern) damit, dass das einheitliche 10 %-Ziel für eine Kohärenz bei den Kraftstoffspezifikationen und bei der Verfügbarkeit der Kraftstoffe sorgt.

Da sich Kraftstoffe leicht handeln lassen, können Mitgliedsstaaten, die in geringem Maße über die relevanten Ressourcen verfügen, auch durch einen Handel mit anderen Mitgliedsstaaten Bio-

---
[467] Vgl. Art. 3 Abs. 4 UA 2, 3 RED.
[468] RL 2003/30/EG.

kraftstoffe erneuerbarer Herkunft anderweitig beziehen[469]. Schließlich ist das einheitliche 10 %-Ziel deshalb gerechtfertigt, da auch durch Importe, ohne eine wesentliche Veränderung der mitgliedsstaatlichen Infrastruktur, Biokraftstoffe eingeführt werden können.[470]

Die Einbeziehung von anderen Energiequellen als Biokraftstoffe erscheint sinnvoll und der aktuellen Entwicklung im Straßenverkehr angemessen. Insbesondere die Zukunftstechnologie Wasserstoff bedarf einiger Anreize, damit eine fortschreitende Entwicklung und insbesondere ein Ausbau der Infrastruktur erfolgt und die langfristig als einzige Technologie zur Ersetzung der fossilen Brennstoffe im Verkehrssektor anerkannte Brennstoffzellentechnologie den Durchbruch schafft.[471] Die Möglichkeit des Importes von Biokraftstoffen von anderen Mitgliedsstaaten der EU oder Drittstaaten fördert sicher auch den Handel und dadurch die Verfügbarkeit von Biokraftstoffen, jedoch besteht auch die Gefahr, dass sich Mitgliedsstaaten ihrer Verantwortung entziehen und sämtliche Biokraftstoffe importieren, was zumindest theoretisch denkbar wäre.

Damit würde man sich allerdings auch wiederum in ein Abhängigkeitsverhältnis gegenüber Drittstaaten begeben. Auch würde der große Vorteil von Biokraftstoffen, die dezentrale Produktion, Stärkung der europäischen Agrarwirtschaft, die Förderung strukturschwacher, landwirtschaftlich geprägter Regionen und die Förderung von kleinen und mittleren Unternehmen dadurch gerade nicht ausgenutzt.

---

[469] KOM(2006) 848 endgültig, S. 16, RL 2009/28/EG, Erwägungsgrund 16.
[470] RL 2009/28/EG, Erwägungsgrund 16.
[471] Vgl. Frankfurter Allgemeine Zeitung, 13.01.2010, Am Ende bleibt der Wasserstoff, http://www.faz.net/aktuell/wissen/physik-chemie/brennstoffzellen-am-ende-bleibt-der-wasserstoff-1909624.html (letztmalig abgerufen am 08.06.2019), Anhang 1.XXXVIII.

Zumindest hat die Möglichkeit, die Biokraftstoffquote im Verkehrssektor durch Importe zu erreichen den positiven Nebeneffekt, dass dadurch die hohen Ansprüche an die Kraftstoffe hinsichtlich Qualität und vor allem Nachhaltigkeit in die jeweiligen Drittstaaten „exportiert" werden[472].

v. Berechnung der 10 %-Quote

Die Berechnung der 10 %-Quote erneuerbarer Energien am Gesamtenergieverbrauch im Verkehrssektor ist in Art. 4 RED geregelt. Um dem Ziel der Richtlinie gerecht zu werden, nämlich nichtregenerative Energiequellen des Verkehrssektors durch regenerative gleich welcher Art zu ersetzen, wird in Art. 4 RED zwischen „Zähler" und „Nenner" der zukünftigen Kalkulation unterschieden. Der Zähler bildet die Menge der Energie aus erneuerbaren Energiequellen ab, der Nenner hingegen den Gesamtenergieverbrauch im Verkehrssektor.

(a) Zähler der 10 % Quote

Der Zähler, also die Energiemenge, die zum Gesamtenergieverbrauch ins Verhältnis gesetzt wird und aus erneuerbaren Quellen generiert wird, setzt sich zusammen aus allen Arten von Energie aus erneuerbaren Quellen, die bei Verkehrsträgern verbraucht werden[473]. Hierbei ist zu denken an Biokraftstoffe aber auch Biogas, Wasserstoff und Strom, sofern diese aus erneuerbaren Energiequellen hergestellt werden.

---

[472] Vgl. Kapitel 4, Teil 2/I./4./c. dieser Arbeit. Vgl. *Euractiv*, 28.04.2008, Biokraftstoffe, Handel und Nachhaltigkeit, http://www.euractiv.de/handel/Biokraftstoffe-handel-und-nachha-linksdossier-189240 (letztmalig abgerufen am 08.06.2019), Anhang 1.XXXIX.
[473] Vgl. Art. 3 Abs. 4 lit. b. RED.

(b) Nenner der 10 % Quote

Der Nenner, also der Gesamtenergieverbrauch im Verkehrssektor, setzt sich zusammen aus Otto- und Dieselkraftstoffen, im Straßen- und Schienenverkehr verbrauchten Biokraftstoffen und im Straßenverkehr verbrauchter Elektrizität.[474]

4. Nachhaltigkeitskriterien

Eine wesentliche Besonderheit der RED, und hier insbesondere der Biokraftstoffe, sind die Nachhaltigkeitskriterien, die in dieser Form auf europäischer Ebene erstmals formuliert und in einem verbindlichen Dokument festgeschrieben wurden. Damit manifestierte sich der zuvor beschriebene Paradigmenwechsel innerhalb der europäischen Biokraftstoffpolitik.

Die Nachhaltigkeitskriterien hinsichtlich der Biomasse, die für die Produktion von Biokraftstoffen verwendet wird, sind so wichtig für die Beantwortung der Frage, ob die europäische Biokraftstoffpolitik als nachhaltig bezeichnet werden kann, dass sie gesondert in einem eigenen Teil, unmittelbar im Anschluss, behandelt werden.[475]

Die Nachhaltigkeitskriterien betreffen in erster Linie den Anbau der Biomasse. Sehr allgemein beschrieben lässt sich die Regelung der RED hinsichtlich der Anforderungen an die Nachhaltigkeit wie folgt beschreiben und setzt an drei Punkten an:

i. Anforderung an die Einsparung von Treibhausgasen

Es dürfen nur solche Biokraftstoffe verwendet werden, die gegenüber den konventionellen Kraftstoffen eine Minderung der Treib-

---

[474] Vgl. Art. 3 Abs. 4 lit. a. RED.
[475] Vgl. Kapitel 3, Teil 5, I – V, „Nachhaltigkeit von Biokraftstoffen", (S. 167 ff.).

hausgase von mindestens 35 %[476] vorweisen können. Die Emissionen der Biokraftstoffe werden unter Berücksichtigung ihres gesamten Lebenszyklusses errechnet.

    ii. Qualitative Begrenzung des Anbaugebietes für den Biomasseanbau

Es werden negative Anforderungen[477] hinsichtlich der Anbaufläche der für den Biokraftstoff verwendeten Biomasse formuliert. Auf diesen Flächen, also „Primärwald", „Grünland mit großer biologischer Vielfalt", „Flächen mit hohem Kohlenstoffbestand" und „Torfmooren", darf keine Biomasse angebaut werden. Werden Biokraftstoffe aus Biomasse hergestellt, die auf solchen Flächen angebaut wurde, so ist der Biokraftstoff kein Biokraftstoff i.S.d. RED und darf bei der Erfüllung von Quotenpflichten nicht berücksichtigt werden.[478]

    iii. Beachtung der Vorgaben des Cross-compliance, VO (EG) 733/2009

Die in Europa angebaute Biomasse muss unter Beachtung von Mindestanforderungen für den landwirtschaftlichen und ökologischen Zustand[479] gewonnen werden.[480]

---

[476] Sukzessive ansteigend auf 50 % ab dem 1.Januar 2017 und 60 % für Biokraftstoffe aus Neuanlagen ab dem 1. Januar 2018, vgl. Art. 17 Abs. 2 RED.
[477] Hier auch Nachhaltigkeit im engeren Sinne genannt.
[478] Art. 17 Abs. 1, 3, 4, 5 RED
[479] Sog. Cross-Compliance.
[480] Art. 17 Abs. 6 RED.

III. **RL 2009/30/EG; Richtlinie zur Änderung der Richtlinie über die Qualität von Otto- und Dieselkraftstoffen, (FQD-A)**

Nicht nur die systematisch Einordnung der Richtlinie 2009/30/EG[481] zeigt, dass sie in Zusammenhang mit der Erneuerbare-Energien-Richtlinie, 2009/28/EG, zu verstehen ist. Die Richtlinie 2009/30/EG flankiert die RED und führte vor allem die Nachhaltigkeitskriterien der RED inhaltsgleich in die FQD[482] ein. Die Qualität von Biokraftstoffen sollte sich zukünftig nicht mehr nur nach technischen Parametern messen lassen können, wie etwa deren Kompatibilität zu konventionellen Kraftstoffen. Durch die Aufnahme von Nachhaltigkeitskriterien[483] wurde auch die Nachhaltigkeit selbst zum Qualitätsmerkmal. Außerdem ebnete die RL 2009/30/ EG[484] den Weg für die Dekarbonisierung.

---

[481] Richtlinie 2009/30/EG des Europäischen Parlaments und des Rates vom 23. April 2009 zur Änderung der Richtlinie 98/70/EG im Hinblick auf die Spezifikationen für Otto-, Diesel- und Gas-Ölkraftstoffe und die Einführung eines Systems zur Überwachung und Verringerung der Treibhausgasemissionen sowie zur Änderung der Richtlinie 1999/32/EG des Rates im Hinblick auf die Spezifikationen für von Binnenschiffen gebrauchte Kraftstoffe und zur Aufhebung der Richtlinie 93/12/EWG, nachfolgend: FQD-A, vgl. Fn. 448.
[482] Richtlinie 98/70/EG des Europäischen Parlaments und des Rates vom 13. Oktober 1998 über die Qualität von Otto- und Dieselkraftstoffen und zur Änderung der Richtlinie 93/12/EWG des Rates.
[483] Bis zum Jahr 2020 sollte der Anteil von Energie aus erneuerbaren Quellen im Verkehrssektor nicht mehr nur einen bestimmten Prozentsatz erreichen. Die auf den Markt gebrachten Biokraftstoffe sollte vielmehr dafür sorgen, dass sich die vom Verkehrssektor insgesamt emittierten Treibhausgase um einen festgelegten Prozentsatz (6 % bis zum 31.12.2020) reduzieren, vgl. Art. 1 Nr. 5 RL 2009/30/EG.
[484] Da die RL 2009/30/EG selbst nicht als FQD bezeichnet werden kann, da sie diese nur abändert, soll RL 2009/30/EG im Folgenden als FQD-A (engl.: amendment: Gesetzesänderung/ Abänderung/ Änderung) abgekürzt werden.

1. Regelungsziel der RL 2009/30/EG

Die „Richtlinie 2009/30/EG soll, zum Schutz der Gesundheit und der Umwelt, Mindestspezifikationen für Otto- und Dieselkraftstoffe im Straßenverkehr und für mobile Maschinen und Geräte vorschreiben.[485] Die geänderte Richtlinie 98/70/EG über die Qualität von Otto- und Dieselkraftstoffen und zur Änderung der Richtlinie 93/12/EGW legte auf Gesundheits- und Umweltaspekten beruhende technische Spezifikationen für Kraftstoffe zur Verwendung in Fahrzeugen mit Fremdzündungsmotor und mit Kompressionszündungsmotor fest.[486] Die zweite geänderte Richtlinie, Richtlinie 1999/32/EG des Rates vom 26. April 1999 über die Verringerung des Schwefelgehalts bestimmter flüssiger Kraft- oder Brennstoffe und zur Änderung der Richtlinie 93/12/EWG zielte auf die Verringerung der Schwefeldioxidemissionen aus der Verbrennung bestimmter flüssiger Kraft- oder Brennstoffe und dadurch die Verringerung der schädlichen Auswirkungen solcher Emissionen auf Mensch und Umwelt ab.[487] Die aufgehobene Richtlinie 93/12/EWG des Rates vom 23. März 1993 über den Schwefelgehalt bestimmter flüssiger Brennstoffe zielte auf ein ähnliches Ziel ab, nämlich, die Verbesserung der Luftqualität im Hinblick auf den Schwefelgehalt und andere Emissionen durch die Festlegung von Grenzwerten für den Schwefelgehalt flüssiger Brennstoffe und die Verpflichtung der Erdölunternehmen der Gemeinschaft, ihre Produktion hinsichtlich des Höchstgehalts an Schwefel je nach Bestimmungsland „aufzufächern".

Das im sechsten Umweltprogramm der Europäischen Gemeinschaft formulierte ehrgeizige Ziel, eine Luftqualität zu erreichen, die keine erheblichen negativen Auswirkungen auf die menschliche Gesundheit und die Umwelt hat und keine diesbezüglichen

---

[485] Vgl. Erwägungsgrund 1, FQD-A.
[486] Art. 1 RL 98/70/EG.
[487] Art. 1 RL 199/32/EG.

Risiken verursacht, machte es erforderlich, die Luftschadstoffemissionen sowie höchstzulässige einzelstaatliche Emissionen der wichtigsten Schadstoffe zu reduzieren und (...) Maßnahmen im Zusammenhang mit dem Schwefelgehalt von Kraftstoffen, einschließlich Schiffskraftstoffen, zu treffen.[488] Die FQD-A wurde somit am selben Tag wie die RED erlassen; auch die Nummerierungen der beiden Richtlinien lassen eine thematische Nähe vermuten.

Die FQD-A hatte jedoch eine andere Stoßrichtung als die RED; da es nicht darum ging, alle drei Säulen der Energiepolitik, nämlich Stromerzeugung, Straßenverkehr, Kälte- und Wärmeerzeugung, zu regeln, sondern innerhalb der Verkehrspolitik mit bestimmten Anforderungen an die zu verwendenden Kraftstoffe die übergeordneten Ziele zu konkretisieren und herunter zu brechen. Die FQD-A setzte ebenso wie die RED an bereits bestehenden Richtlinien an und änderte diese ab.

2. Qualitätsanforderungen

Im Folgenden soll dargestellt werden, welche Anforderungen an die Qualität der Kraftstoffe gestellt werden.

i. Chemische Anforderungen

Die FQD-A wirkt sich umfangreich auf die chemische Zusammensetzung von Otto- und Dieselkraftstoffen aus.

Durch die Änderung der RL 98/70/EG wurde ein Schwefelgehalt von Ottokraftstoffen von höchstens 2,7 % festgelegt.[489] Ein Höchstwert des Schwefelgehaltes von Gasölen wurde mit 1000

---

[488] Vgl. Erwägungsgrund 2, FQD.
[489] Vgl. Art. 1, Nr. 3, Abs. 3 FQD.

mg/kg festgelegt.[490] Art. 8 RL 98/70/EG sollte nun metallische Zusätze in Kraftstoffen regeln, insbesondere den Mangangehalt, der kontinuierlich verringert werden sollte.[491] Wenngleich der Erwägungsgrund 25 der FQD-A auch die zukünftige sinnvolle, also die Sauberkeit der Verbrennungsmotoren fördernde und damit die Schadstoffemissionen verringernde Verwendung von Detergenzien erwähnt, auch wenn noch keine befriedigende Lösung für die Prüfung von Kraftstoffproben auf ihre Detergenzieneigenschaft gefunden wurde, enthält alleine Art. 9 RL 98/70/EG die Verpflichtung der Kommission, bis zum 31. Dezember 2012 und danach alle drei Jahre dem Europäischen Parlament und dem Rat einen Bericht über die verstärkte Verwendung von Detergenzien vorzulegen.[492] Bisher ist nicht erkennbar, dass die Kommission dieser Verpflichtung nachgekommen ist.

ii. Anforderung an den Ausstoß von Treibhausgasemissionen

Bereits Erwägungsgrund 3 der FQD-A greift die Treibhausgasemissionen auf und nennt die selbst auferlegten im Kyoto-Protokoll festgeschriebenen Verpflichtungen der Gemeinschaft, die Emissionen um 30 % und einseitig um 20 % zu mindern. Gemäß Erwägungsgrund 4 tragen Kraftstoffe im Verkehrssektor wesentlich zu den gesamten Treibhausgasemissionen der Gemeinschaft bei und sind für etwa 20 % der Treibhausgasemissionen in der Gemeinschaft verantwortlich.[493] Wertet man die Erwägensgründe aus, so wird ein besonderer Wert auf die Beachtung der „Lebenszyklustreibhausgasemissionen" gelegt. Es soll ein System eingeführt werden, das die Kraftstoffanbieter verpflichtet, die Lebenszyklustreibhausgasemissionen für die von ihnen gelieferten Kraftstoffe

---

[490] Vgl. Art. 1, Nr. 4, Abs. 2 FQD.
[491] Vgl. Art. 1, Nr. 8, Abs. 2 FQD.
[492] Vgl. Art. 1, Nr. 9, Abs. 1 d FQD.
[493] Vgl. Erwägungsgrund 8, FQD.

mitzuteilen und diese Emissionen zu senken.[494] Ausgeführt werden diese Forderungen in Art 1, Nr. 5 FQD-A, der den Artikel 7a Abs. 1 – 5 neu in die RL 98/70/EG einfügt.

iii. Anforderungen an die Nachhaltigkeit

Nachdem die FQD-A den größten prozentualen Anteil an der Einsparung der avisierten Treibhausgasemissionen – 6 % – durch die Verwendung von Biokraftstoffen und alternativen Kraftstoffen sowie durch die Verringerung des Abfackelns und des Austritts von Gasen an Förderstätten erreichen sollte,[495] musste sich die FQD-A in einem nächsten Schritt mit den Nachhaltigkeitskriterien der Biokraftstoffe beschäftigen, sollte doch die Herstellung von Biokraftstoffen auf nachhaltige Weise erfolgen.[496] Anderenfalls würde man sich die Einsparung der Treibhausgasemissionen durch eine nicht nachhaltige Biokraftstoffpolitik erkaufen. Erwägungsgrund 10 der FQD-A nimmt hierbei ausdrücklich Bezug auf die RED, um einen kohärenten Ansatz zwischen der Energie- und Umweltpolitik sicherzustellen und zusätzliche Kosten für Unternehmen und eine hinsichtlich der Umweltstandards uneinheitliche Lage im Zusammenhang mit einer inkohärenten Herangehensweise zu vermeiden. Es sei unbedingt notwendig, sowohl für die Zwecke der vorliegenden Richtlinie (FQD-A) wie auch für jene der Richtlinie 2009/28/EG (RED), dieselben Nachhaltigkeitskriterien für die Nutzung von Biokraftstoffen vorzusehen.[497] Die in den Erwä-

---

[494] Vgl. Erwägungsgrund 8, FQD.
[495] Vgl. Erwägungsgrund 9 FQD-A.
[496] Vgl. Erwägungsgrund 10 FQD-A.
[497] Vgl. Erwägungsgrund 10 FQD-A.

gensgründen 69, 73, RED genannten externen Dokumente[498], die dazu beitragen sollen, einzelne Tatbestandmerkmale genau definieren zu können, finden sich ebenfalls in der FQD-A wieder.[499] Lediglich die FAO-Hungerkarte, die in Erwägungsgrund 78 RED ausdrücklich genannt wird, wird in der FQD-A nicht erwähnt.

Daher ist es nicht verwunderlich, dass die FQD-A den Gesetzestext der RED bezüglich der Nachhaltigkeitskriterien übernimmt und sich auch hinsichtlich der Definition von z.B. Primärwald und Feuchtgebiete an der RED bzw. an den zu verwendenden externen Dokumenten orientiert.

Die Minderung von Treibhausgasen erfolgt neben den Mindestanforderungen an das Treibhausgaseinsparpotenzial in Art. 1 Nr. 6 Abs. 6 FQD-A durch die sog. Dekarbonisierung, die in Art. 1 Nr. 5 Abs. 2 - 5 FQD-A geregelt ist.
Die Nachhaltigkeit im engeren Sinne[500] ist in Art. 1 Nr. 6 Abs. 3, 4 FQD-A geregelt.

Die Beachtung der Mindestanforderungen für den guten landwirtschaftlichen und ökologischen Zustand durch die in der Gemein-

---

[498] Gemäß Erwägungsgrund 69 soll davon ausgegangen werden, dass Wald biologisch vielfältig ist, sofern es sich um „Primärwald" oder um „Wald, der zu Naturschutzwecken durch nationale Rechtsvorschriften geschützt ist" im Sinne der von der FAO in ihrer globalen Waldbestandsaufnahme („Global Forest Resource Assessment") verwendeten Definitionen handelt.
Gemäß Erwägungsgrund 73 soll bei der Bezugnahme auf „Feuchtgebiete" die Definition des am 2. Februar 1971 in Ramsar abgeschlossenen Übereinkommens über Feuchtgebiete, insbesondere als Lebensraum für Wasser- und Wattvögel, von internationaler Bedeutung zugrunde gelegt werden.
[499] Vgl. Erwägungsgrund 11 FQD-A hinsichtlich der FAO Definition von „biologisch vielfältigem Wald" und Erwägungsgrund 14 FQD-A hinsichtlich der Ramsar Definition von Feuchtgebieten.
[500] Definierung von schützenswerten Flächen, auf denen keine Biomasse für die Biokraftstoffproduktion angebaut werden darf.

schaft angebaute Biomasse ergibt sich aus Art. 1 Nr. 6 Abs. 6 FQD-A.

Damit entspricht die FQD-A dem in ihren Erwägensgründen genannten Ansatz, dass sich die FQD-A, sofern sie Nachhaltigkeitskriterien festsetzt, an der RED orientiert, da die RED zumindest hinsichtlich der Nachhaltigkeitskriterien einen Rahmen vorgibt, den es zu beachten gilt.[501]

Die ausschließlich in der FQD geregelte Dekarbonisierung wurde in Deutschland bereits mit Wirkung ab dem Jahr 2015 umgesetzt und ist in Art. 37a Abs. 4 BImSchG geregelt. Sie reiht sich damit hinter die bisher bereits im BImSchG geregelten Anforderungen an das Einsparpotenzial von Treibhausgasen[502] ein.

IV. RL (EU) 2015/1513; Richtlinie zur Änderung der Richtlinie über die Qualität von Otto- und Dieselkraftstoffen und zur Änderung der Richtlinie zur Förderung der Nutzung von Energie aus erneuerbaren Quellen, (Biokraftstoffnovelle)

1. Einleitung

Den Begriff der Biokraftstoffnovelle wird als solcher bisher nicht verwendet und kommt in der Literatur und Gesetzgebung praktisch nicht vor. Mit dem Begriff Biokraftstoffnovelle verbindet man manchmal die Erneuerbare-Energien-Richtlinie, da sie die Biokraftstoffrichtlinie[503] grundlegend überarbeitete und insbesondere die Nachhaltigkeitskriterien einführte. Die Erneuerbare-Energien-

---

[501] Erwägungsgrund 10, FQD-A.
[502] Art. 37a Abs. 3 BImSchG.
[503] RL 2003/30/EG.

Richtlinie regelte jedoch auch die europäische Stromerzeugung durch erneuerbare Energien und die Kälte- und Wärmeerzeugung neu. Nur ein Drittel umfasste also Biokraftstoffe. Darüber hinaus war die Biokraftstoffpolitik der Europäischen Union vor der Erneuerbare-Energien-Richtlinie, wie bereits dargestellt, bruchstückhaft, unvollkommen und eher ein Vorläufer zu dem, was man eine konsistente Biokraftstoffpolitik nennen kann. Dieser Vorläufer war zwar ein wichtiger Schritt und insbesondere die dadurch aufgedeckten Unzulänglichkeiten und Missstände trugen maßgeblich dazu bei, die Biokraftstoffpolitik umfassender auszugestalten. Biokraftstoffpolitik im eigentlichen Sinne begann jedoch erst im Jahr 2009 mit dem Inkrafttreten der RED.

Die Richtlinie, die die RED grundlegend ändert, wird daher hier als Biokraftstoffnovelle bezeichnet. Die RED novellierte nicht, da es nichts zu novellieren gab. Vielmehr hob sie die als Biokraftstoffrichtlinie bekannte RL 2003/30 EG vollständig auf. Die RL (EU) 2015/1513 setzt hingegen unmittelbar bei den Richtlinien RL 98/70/EG[504] (FQD) und RL 2009/28/EG[505] (RED) an und novelliert diese im Sinne eines Artikelgesetzes.

In der Literatur und in Publikationen einzelnen Verbänden spricht man hingegen häufiger von der iLUC[506]-Richtlinie, was jedoch als für zu kurz gegriffen erachtet wird. Die Biokraftstoffnovelle regelt nämlich nicht nur indirekte Landnutzungsänderungen, sondern darüber hinaus noch andere Aspekte wie die Berichtspflichten der Kommission, die erneuert oder aktualisiert werden. Neue Definitionen für Gegenstände[507], die in der zukünftigen Biokraftstoffpolitik eine wichtige Rolle spielen werden, werden ebenfalls durch die

---

[504] Art. 1.
[505] Art. 2.
[506] Nachfolgend iLUC, vom engl. „indirect Land Use Change".
[507] Abfall, Kulturpflanzen mit hohem Stärkegehalt, lignozellulosehaltiges Material, zellulosehaltiges Non-Food-Material, vgl. Art. 2 Nr. 1 RL (EU) 2015/1513.

Biokraftstoffnovelle eingeführt oder neue Vorgaben bezüglich der Berechnung des Anteils von Energie aus erneuerbaren Quellen bei allen Verkehrsträgern am Endenergieverbrauch im Verkehrssektor. Außerdem werden mit Art. 10a bzw. 25a zwei neue Artikel in die RED eingefügt, die der Kommission die Befugnis zum Erlass delegierter Rechtsakte unter den in den Artikeln 10a bzw. 25a festgelegten Bedingungen überträgt.[508]

Unter Berücksichtigung aller oben dargestellter Ansatzpunkte ist die RL (EU) 2015/1513 wohl der wichtigste und umfassendste sekundärrechtliche Akt auf dem Gebiet der europäischen Biokraftstoffpolitik nach dem Inkrafttreten der RED und ist daher in dieses Kapitel aufzunehmen.

Gemäß Erwägungsgrund 85 RED sollte die Europäische Kommission eine konkrete Methodologie entwickeln, um die Treibhausgasemissionen durch indirekte Landnutzungsänderungen zu begrenzen. Dabei sollte sie auf Grundlage der besten verfügbaren wissenschaftlichen Ergebnisse insbesondere die Aufnahme eines „Faktors für indirekte Landnutzungsänderungen" in der Berechnung der Treibhausgasemissionen bewerten. Außerdem sollte sie darlegen, ob die Notwendigkeit besteht, Anreize zur Förderung für nachhaltige Biokraftstoffe, die die Auswirkungen auf Landnutzungsänderungen begrenzen, zu geben.
Die Kommission sollte mitteilen, ob dadurch die Nachhaltigkeit von Biokraftstoffen im Hinblick auf indirekte Landnutzungsänderungen verbessert werden könnte.

Das Ergebnis des mehrere Jahre dauernden Prozesses war eine Richtlinie, die grundlegend in die Biokraftstoffförderung Eingriff und wesentliche Kennzahlen anpasste und veränderte.

---

[508] Vgl. (EU) 2015/1513, Art. 2, Nr. 12.

2. Berücksichtigung von iLUCs in der Gesetzgebung – ein Prozess.

Bereits im Jahr 2006 wurden in dem Kommissionsdokument KOM (2006) 34 endgültig – Eine EU-Strategie für Biokraftstoffe – wenn auch nicht ausdrücklich, die indirekten Landnutzungsänderungen mehrmals erwähnt.

So wurde die Befürchtung zum Ausdruck gebracht, dass in Ländern, in denen die Rohstofferzeugung voraussichtlich deutlich zunehmen wird, umweltsensible Gebiete, wie Regenwälder, zunehmend unter Druck geraten.[509] Als Vorbehalte gegenüber den Biokraftstoffen, bezogen auf soziale Folgen, wurden die mögliche Auflösung von Gemeinschaften und die Konkurrenz zwischen der Erzeugung von Biokraftstoffen und von Nahrungsmitteln formuliert.[510]

Auch die RED erwähnt in Erwägungsgrund 85 das Erfordernis, dass die Kommission eine konkrete Methodologie entwickelt, um die Treibhausgasemissionen durch indirekte Landnutzungsänderungen zu begrenzen. Angedacht wurde bereits zu dieser Zeit die „Aufnahme eines Faktors für indirekte Landnutzugsänderungen" bzw. Anreize für nachhaltige Biokraftstoffe zu geben, die die Auswirkung der Landnutzungsänderungen[511] begrenzen und die Nachhaltigkeit von Biokraftstoffen im Hinblick auf indirekte Landnutzungsänderungen verbessern.

---

[509] KOM, (2006) 34 endgültig, S. 7.
[510] KOM, (2006) 34 endgültig, S. 7.
[511] Tatsächlich entwickelte sich die Diskussion um die Berücksichtigung der indirekten Landnutzungsänderungen alleine zu einer Diskussion der Frage der Anrechnung von Treibhausgasen. Ob die Berücksichtigung von iLUCs auch zu einer Vermeidung von Problemen in der gesellschaftlichen oder sozioökonomischen Sphäre führt, wurde niemals thematisiert oder als Argument zugunsten des Erfordernisses der Berücksichtigung von iLUCs verwendet.

Erwägungsgrund 85 RED bringt eindeutig zum Ausdruck, dass indirekte Landnutzungsänderungen als ernsthaftes Problem gesehen werden, wodurch die Nachhaltigkeit der europäischen Biokraftstoffpolitik in Frage gestellt werden könnte. Die eventuell zu entwickelnde Methodologie sollte daher auch das Ziel haben, die durch indirekte Landnutzungsänderungen hervorgerufenen Treibhausgasemissionen zu bewerten und begrenzen zu können.[512]

i. Direkte Landnutzungsänderung

"The definition of dLUC is straight forward: direct land use change is the conversion of land, which was not used for crop production before, into land used for a particular biofuel feedstock production. The emissions caused by the conversion process can be directly linked to the biofuel load and thus be allocated to the specific carbon balance of that biofuel."[513] Der letzte Satz bezieht sich darauf, dass Biokraftstoffe nur dann nachhaltig sind, wenn diese, auch unter Berücksichtigung der beim Anbau produzierten Treibhausgase, weniger Treibhausgase produzieren als herkömmliche Kraftstoffe.

Die RED geht recht gut auf direkte Landnutzungsänderungen ein und versucht diese zu verhindern. Dies geschieht durch Mindesteinsparungen von Treibhausgasen. Berechnungen zeigen, dass die geforderten Mindesteinsparungen der Treibhausgasemissionen regelmäßig nur dann erfolgen, wenn keine Naturflächen umgewandelt werden, sondern degradiertes Grünland, Ackerland und stillgelegtes Ackerland zum Anbau der Rohstoffe verwendet wer-

---

[512] Erwägungsgrund 85 i.V.m. Art. 19 Abs. 6, RED.
[513] Vgl. Institut für Weltwirtschaft (IfW), Review of IFPRI study – „Assessing the Land Use Change Consequences of European Biofuel policies and its uncertainties", S. 2, http://www.ebb-eu.org/EBBpressreleases/Review_iLUC_IfW_final.pdf (letztmalig abgerufen am 08.06.2019), Anhang 1.XL.

den[514]. Darüber hinaus soll auch die Bezeichnung von schützenswertem natürlichem Lebensraum[515], auf dem keine Biomasse für die Biokraftstoffproduktion angebaut werden darf, dazu führen, dass direkte Landnutzungsänderungen unterbleiben.

  ii. Das Problem mit den indirekten Landnutzungsänderungen

iLUCs, insbesondere der wahrgenommene Verdrängungseffekt, hervorgerufen durch den gesteigerten Biomasseanbau, der ohne den gezielten Anbau von Energiepflanzen wahrscheinlich nicht stattgefunden hätte, trugen maßgeblich dazu bei, das negative Image von Biokraftstoffen (der ersten Generation) in der Bevölkerung zu begründen. Wahrgenommen wurden etwa steigende Lebensmittelpreise, die „Schaffung" neuer Anbaufläche unter Zerstörung natürlicher Ressourcen und schützenswerter Gebiete oder die Missachtung von Landnutzungsrechten und eine dadurch hervorgerufene Beeinträchtigung indigener Völker.

Um die iLUC Diskussion zu verstehen, aber auch nachvollziehen zu können, warum es möglicherweise so schwer ist, diese Problematik einvernehmlich zu lösen, muss zunächst das Konzept der indirekten Landnutzungsänderung erklärt werden.

Beispielhaft soll hier auf zwei als umfassend und abschließend befundene Definitionen verwiesen werden, zum einen auf eine Studie des Kieler Instituts für Weltwirtschaft[516] (1) und zum ande-

---

[514] The Kiel Institute 2009, Emissionen aus Landnutzungsänderungen, S.7.
[515] Flächen mit einem hohen Wert für die biologische Vielfalt, Flächen mit einem hohen Kohlenstoffbestand, Torfmoore.
[516] Vgl. IfW, Review of IFPRI study – „Assessing the Land Use Change Consequences of European Biofuel policies and its uncertainties", S. 2, http://www.ebb-eu.org/EBBpressreleases/Review_iLUC_IfW_final.pdf (letztmalig abgerufen am 08.06.2019), Anhang 1. XL.

ren auf eine Definition durch die Europäische Kommission (2) in einem die indirekten Landnutzungsänderungen betreffenden Dokument[517].

(1)
- "ILUC is a market effect that materialises when biofuel feedstocks are increasingly planted on areas already used for agricultural products. Ceteris paribus[518] this causes a reduction of the area available for food and feed production and therefore leads to a reduction of food and feed supply[519] on the world market. If the demand for food remains on the same level and does not decline, prices for food rise due to the reduced supply. These higher prices create an incentive to convert formerly unused areas for food production since the conversion of these areas becomes profitable at higher prices. This is the iLUC effect of the biofuel feedstock production."

(2)
- "Most of today's biofuels are produced from crops grown on agricultural land such as wheat and rapeseed. When agricultural or pasture land previously destined for the food, feed and fibre markets is diverted to the production of biofuels, the non-fuel demand will still need to be satisfied. Although this additional demand can be met through intensification of the original production, bringing non-agricultural land into production

---

[517] SWD (2012) 344 final, Executive summary of the impact assessment on indirect land use change related to biofuels and bioliquid, S.2, https://ec.europa.eu/energy/sites/ener/files/swd_2012_0344_ia_resume_en.pdf (letztmalig abgerufen am 08.06.2019), Anhang 1.XLI.
[518] Unter sonst gleichbleibenden Bedingungen.
[519] Während mit „*food*" Nahrungsmittel gemeint sind, die vorrangig für den menschlichen Verzehr angebaut wurden, umfasst „*feed*" Futtermittel für die Tierzucht.

elsewhere is also possible. It is in the latter case that land use change occurs indirectly, (i.e. hence the term indirect land-use change). In the case that this production is realised through the use of additional land, its conversion could lead to substantial greenhouse gas emissions being released if high carbon stock areas such as forests are affected as a result."

Die indirekten Landnutzungsänderungen sind aber auch deswegen so relevant, da darüber gestritten wird, ob die durch die indirekten Landnutzungsänderungen hervorgerufenen Treibhausgasemissionen den Biokraftstoffen zugerechnet werden müssen. Kann oder muss also dem Biokraftstoff aus Mais die Menge an Treibhausgasen zugerechnet werden, die dadurch entsteht, dass aus Mangel an Ackerfläche an anderer Stelle Brandrodungen erfolgen und dadurch große Mengen an Treibhausgasen freigesetzt werden?

    iii.   Folgenabschätzung von indirekten Landnutzungsänderungen durch die EU

Obwohl höchst umstritten ist, ob die durch indirekte Landnutzungsänderungen hervorgerufenen Treibhausgase überhaupt nachgewiesen, bewertet und an anderer Stelle angebauter Biomasse zugeschrieben werden können, ist in der RED die zukünftige Beachtung der iLUCs[520] angelegt, was auch zu begrüßen ist, um die Nachhaltigkeit der Biokraftstoffe zu erreichen[521]. Allerdings schien dem Normgeber der Zeitpunkt zu früh.[522]

---

[520] Art. 19 Abs. 6 RED
[521] ifeu 2009, Synopse, S. 27.
[522] Vgl. z.B. Erwägungsgrund 70, 85 RED, i.V.m. SWD (2012) 344, Arbeitsunterlage der Kommissionsdienststellen, Zusammenfassung der Folgenabschätzung zu indirekten Landnutzungsänderungen im Zusammenhang mit Biokraftstoffen und flüssigen Biobrennstoffen.

Zwar gab es bereits erste gesetzliche Regelungen, die die Berücksichtigung von iLUCs übernommen haben, so etwa das „Low Carbon Fuel Standard Program"[523]. Die RED kannte entsprechende Regelungen jedoch nicht.

Da bereits die Bewertung von (direkten) LUCs äußerst komplex ist und die Festlegung der entstehenden Treibhausgasemissionen durch eine Landnutzungsänderung genaue Kenntnisse über die Kohlenstoffdynamik einer Fläche und damit Kenntnisse über den Kohlenstoffgehalt vor und nach der Landnutzungsänderung erfordert, wofür u.a. Daten über den Kohlenstoffgehalt unterschiedlicher Bewuchsarten und –stadien, über den Einfluss unterschiedlicher Anbaufrüchte und –methoden, klimatische Bedingungen, Niederschlag, Hanglage und andere lokalspezifische Einflussfaktoren notwendig sind[524], erhöht sich die Komplexität bei der Bewertung von iLUCs um ein Vielfaches.

Probleme bezüglich der Berechnung der iLUCs sind vor allem, dass die Effekte (nur) indirekte Effekte sind. Die Kommission selbst führt aus, das die geschätzten Landnutzungsänderungen niemals nachgewiesen werden, da die indirekte Landnutzungsänderung ein Phänomen ist, das weder direkt beobachtet noch gemessen werden kann. Daher müssen zur Schätzung der indirekten Landnutzungsänderung Modelle herangezogen werden.[525]

Der Anbau von Ölpalmen in Indonesien zur Palmölproduktion, das anschließend zu Biodiesel verarbeitet wird, kann sich sowohl regional in der jeweiligen Anbauregion (z.B. Lebensmittelanbau in

---

[523] LCFS 2009.
[524] The Kiel Institute 2009, Emissionen aus Landnutzungsänderungen, S.4.
[525] Vgl. SWD (2012) 344, Arbeitsunterlage der Kommissionsdienststellen, Zusammenfassung der Folgenabschätzung zu indirekten Landnutzungsänderungen im Zusammenhang mit Biokraftstoffen und flüssigen Biobrennstoffen, S.3.

Indonesien) auswirken, aber auch andere Anbauregionen betreffen, wie etwa den Anbau von Raps in Deutschland zur Biodieselproduktion und sogar produktübergreifende Märkte (Weizenanbau in den USA) erfassen und verschieben[526]. Denkbar ist außerdem auch eine Sektor-interne Verdrängung, wonach der nachhaltige Anbau von z.B. Palmöl für den Kraftstoffbereich zu einer Ausweitung des nicht nachhaltigen Anbaus von Palmöl führt. Die Anbaufläche für dieses, der Lebensmittelindustrie zugeführte Pflanzenöl, könnte zu Lasten von Primärwälder ausgedehnt werden.[527].

Dabei bezieht sich die Diskussion um die iLUCs derzeit (nur) auf die Kohlenstoffbilanz und damit die Treibhausgasbilanz der produzierten Biokraftstoffe, die sich die Treibhausgasemissionen, die durch die indirekte Landnutzungsänderung entstehen, anrechnen lassen müssten.

Ungleich schwieriger wird die Thematik jedoch dann, wenn andere Wirkungsbereiche ebenfalls berücksichtigt werden sollen, wie etwa schützenswerte Lebensräume/ Biodiversität, Nahrungsmittelsicherheit[528] oder die Achtung von Sozialstandards beim Anbau der Rohstoffe und traditionelle Landnutzungsrechte bezüglich der Anbauflächen.

Da die Komplexität von Biokraftstoffen im Einflussbereich von verschiedensten Politik- und Wirkungsbereichen wohl nur durch komplexe Modelle erfasst werden kann und jede Vereinfachung Gefahr läuft, Bewertungsergebnisse zu verzerren, jedoch eine hohe Transparenz und eine Nachvollziehbarkeit der Ergebnisse auch für Nicht-Experten, insbesondere für die Umsetzung in ge-

---

[526] ifeu 2009, Synopse, S. 3.
[527] Von dem oftmals in der Kritik stehenden Palmöl werden ca. 90% für den Lebensmittelmarkt verwendet und nur der Rest für den Pharma- oder Kraftstoffmarkt; vgl. *Samid, M.R.*, Oil Palm in AEJAE 2009, S. 772.
[528] ifeu 2009, Synopse, S. 4.

setzliche Normen, unabdingbar ist[529], schien zum Zeitpunkt des Erlasses der RED tatsächlich eine Implementierung der iLUC-Belastung durch Biokraftstoffe in gesetzliche Regelungen nicht empfehlenswert. Es war richtig, der Wissenschaft noch etwas Zeit für ihre „Aufholjagd"[530] gegenüber der Politik und deren Zielvorgaben zu geben[531].

Mittelfristig sollten allen Agrarprodukten ihre Klimakosten zugerechnet werden[532], indem für jedes Agrarprodukt eine zunächst auch erst mal vorläufige und grob geschätzte Treibhausgasbilanzierung inklusive der verursachten Emissionen aus Landnutzungsänderungen erfolgt – „carbon footprint".

Müssten die entsprechenden Rechte für diese Emissionen zum Beispiel innerhalb eines Emissionshandelssystems erworben werden, würden damit die Klimakosten einer Landnutzungsänderung immer dem Agrarprodukt zugerechnet, welches die direkte Landnutzungsänderung verursacht. Jede Landnutzungsänderung wäre demnach eine direkte Landnutzungsänderung und die Diskussion um die Berücksichtigung von indirekten Landnutzungsänderungen im Biokraftstoffbereich wäre somit hinfällig.[533] Gegenwärtig wird nur vereinzelt wahrgenommen, dass, wie bereits oben erwähnt, Palmöl, das als pflanzliches Fett in anderen Endprodukten verwendet wird (wie Nahrungsmittel, Schokolade, Kosmetika, industrielle Schmierstoffe) keine Nachhaltigkeitskriterien zu beachten hat. Somit liegt der ganze Fokus vollständig auf dem Anbau der Rohstoffe für die Biokraftstoffproduktion.

---

[529] ifeu 2009, Synopse, S. 30.
[530] ifeu 2009, Synopse, S. 30.
[531] The Kiel Institute 2009, Emissionen aus Landnutzungsänderungen, S. 12.
[532] CO_2-Steuer für Agrarprodukte.
[533] The Kiel Institute 2009, Emissionen aus Landnutzungsänderungen, S. 13.

Die damit verbundenen und tatsächlich stattfindenden Umweltzerstörungen[534] führen zu einer erheblichen Diskreditierung des Biokraftstoffsektors und zu einer unüberschaubaren Vermischung von nachhaltig hergestellten Produkten und nicht nachhaltigen Produkten, zumal verschiedene Unternehmen auf Basis der identischen natürlichen Rohstoffe sowohl den Biokraftstoffmarkt wie auch parallele Verwendungsgebiete beliefern. Eine Unterscheidung durch den Verbraucher ist hier verständlicherweise fast unmöglich.

Zur dauerhaften Förderung der europäischen Biokraftstoffwirtschaft sollte die Europäische Union auch an das Vertrauen des Verbrauchers denken. Dieses kann nur dadurch gefördert werden, dass sich die negativen Praktiken aus dem Biomasseanbau, auch wenn es sich um Biomasse für den non-fuel-Bereich handelt, nicht negativ auf den Biokraftstoffmarkt auswirken.
Ein alle Sektoren der Landwirtschaft umfassendes einheitliches Modell zur gesamtheitlichen Regelung von direkten Landnutzungsänderungen bzw. daraus entstehenden Treibhausgasemissionen müsste daher als ideale[535], wenngleich wohl utopische, Lösung bezeichnet werden.

In den Jahren 2009 und 2010 gab die Europäische Kommission mehrere Studien in Auftrag, um sich der Thematik indirekte Landnutzungsänderungen im Biokraftstoffbereich zu nähern und, wie in der RED gefordert, auf Grundlage der besten verfügbaren wissenschaftlichen Ergebnissen insbesondere die Aufnahme eines Faktors für indirekte Landnutzungsänderungen in die Berechnung

---

[534] Siehe etwa die „Auszeichnung" des Agrounternehmens Neste Oil im Januar 2011 als schlechtestes Unternehmen durch den Public Eye Award: http://publiceyeawards.ch/de/hall-of-shame/
(letztmalig abgerufen am 08.09.2019), Anhang 1.XLII.
[535] ifeu 2009, Synopse, S. 30.

der Treibhausgasemissionen bewerten zu können.[536] Die durchgeführten Analysen stützen sich auf mehrere Studien[537], im Einzelnen:
- Impacts of the EU biofuel target on agricultural markets and land use: a comparative modelling assessment (Institut für technologische Zukunftsforschung der Gemeinsamen Forschungsstelle der Europäischen Kommission - IPTS)
- Global trade and environmental impact study of the EU biofuels mandate (International Food Policy Research Institute - IFPRI)
- The impact of land use change on greenhouse gas emissions from biofuels and bioliquids (Durchsicht der Fachliteratur durch die GD Energie).
- Indirect land use changes from increased biofuels demand – comparison of models and results for marginal biofuels production from different feedstocks (Institut für Umwelt und Nachhaltigkeit der Gemeinsamen Forschungsstelle der Europäischen Kommission).

Die zwei erstgenannten Studien umfassten separate Modellierungen und werden in dem Bericht genauer erklärt. Das IPTS verwendet das sogenannte AGLINK-COSIMO-Modell, während das IFPRI ein Mirage-Modell genanntes Verfahren anwendet.

iv. Potentielle Vorgehensweisen

Dieser Bericht der Kommission über indirekte Landnutzungsänderungen im Zusammenhang mit Biokraftstoffen und flüssigen Biobrennstoffen[538] nennt schließlich vier mögliche Vorgehensweisen,

---
[536] Vgl. Erwägungsgrund 85, RED.
[537] Vgl. KOM (2010) 811 endgültig, S. 7.
[538] KOM (2010) 811 endgültig, S. 17.

um indirekte Landnutzugsänderungen und deren negativen Nebenwirkungen zukünftig minimieren zu können:
- Vorerst kein tätig werden, aber weitere Überwachung (A),
- Erhöhung der Mindestschwellenwerte für die Treibhausgasreduktion für Biokraftstoffe (B),
- Einführung zusätzlicher Nachhaltigkeitsanforderungen für bestimmte Kategorien von Biokraftstoffen (C),
- Zuweisung einer den geschätzten Auswirkungen der indirekten Landnutzungsänderungen entsprechenden Menge von Treibhausgasemissionen an Biokraftstoffe (D).

Ein finales Gesamtkonzept sollte jedoch erst zu einem späteren Zeitpunkt, nach genauer Analyse der Modelle und nach Abschluss der anstehenden Folgenabschätzung, vorgelegt werden.

  v. Ergebnis der Folgenabschätzung zu indirekten Landnutzungsänderungen im Zusammenhang mit Biokraftstoffen und flüssigen Biobrennstoffen

Im Jahr 2012 legte die Kommission das Ergebnis des impact assessments[539] vor. Im Folgenden wird jeweils aus der Zusammenfassung (executive summary) zitiert, da die eigentliche Folgenabschätzung nur in englischer Sprache verfügbar ist. Es wird aber der Einfachheit halber von der Folgenabschätzung gesprochen.

In dieser Folgenabschätzung wird eine zuvor nicht genannte Option – E – eingeführt, wonach die iLUC-Risiken durch eine Begren-

---
[539] SWD (2012) 343.

zung des Beitrags konventioneller Biokraftstoffe[540] zur Erreichung der in der Erneuerbare-Energien-Richtlinie festgelegten Ziele gemindert werden sollen[541]. Option E wurde neu eingeführt, da sich NGOs und bestimmte industrielle Interessengruppen für Optionen aussprachen, die auf eine Begrenzung der Menge konventioneller Biokraftstoffe abzielen und gleichzeitig die Anreize für die Nutzung fortschrittlicher Biokraftstoffe erhöhen.[542] Man kann wohl von Unterquoten[543] sprechen, die vorschrieben, in welchem Umfang konventionelle Biokraftstoffe dazu beitragen dürfen, 10 % der Energie im Verkehrssektor durch Energie aus erneuerbaren Quellen zu substituieren. Die deutsche Biokraftstoffpolitik kannte Unterquoten bereits seit dem Biokraftstoffquotengesetz[544], das Unterquoten für Bioethanol bzw. Biodiesel formulierte, um zu verhindern, dass die Quotenpflicht allein über den Absatz des wirtschaftlich günstigeren Biodiesels erfüllt würde.[545] Im Ergebnis

---

[540] Bisher wurde in dieser Arbeit zwischen konventionellen Kraftstoffen (Benzin, Diesel) und Biokraftstoffen unterschieden. Der fortan verwendete Begriff „konventionelle Biokraftstoffe" erfasst solche der ersten Generation, während „fortschrittliche Biokraftstoffe" solche sind, die förderungswürdiger erscheinen (z.B. Biokraftstoffe aus Algen, Stroh, Gülle und Klärschlamm – vgl. Anhang II, Nummer 3 RL (EU) 2015/1513).

[541] Vgl. SWD (2012) 344, Arbeitsunterlage der Kommissionsdienststellen, Zusammenfassung der Folgenabschätzung zu indirekten Landnutzungsänderungen im Zusammenhang mit Biokraftstoffen und flüssigen Biobrennstoffen, S.5.

[542] Vgl. SWD (2012) 344, Arbeitsunterlage der Kommissionsdienststellen, Zusammenfassung der Folgenabschätzung zu indirekten Landnutzungsänderungen im Zusammenhang mit Biokraftstoffen und flüssigen Biobrennstoffen, S.5.

[543] Das Kommissionsdokument selbst erwähnt den US-amerikanischen Renewable-Fuel Standard (RNFS II), der schon seit vielen Jahren das System der Unterquoten kennt, vgl. SWD (2012) 344, Arbeitsunterlage der Kommissionsdienststellen, Zusammenfassung der Folgenabschätzung zu indirekten Landnutzungsänderungen im Zusammenhang mit Biokraftstoffen und flüssigen Biobrennstoffen, S.7.

[544] BGBl. I, S. 3180.

[545] Vgl. BT-Drs. 16/2709, S. 21

dürfen im Jahr 2020 höchstens sieben Prozent der im Verkehrssektor aus erneuerbaren Quellen stammenden Energie, die insgesamt zehn Prozent des Endenergieverbrauchs im Verkehrssektor ersetzen sollen, aus konventionellen Biokraftstoffen stammen.[546]

Die Bewertung der Optionen führt zunächst aus, dass davon auszugehen ist, dass indirekte Landnutzungsänderungen zu Emissionen führen und diese Emissionen die mit Biokraftstoffen verbundene Senkung von Treibhausgasemissionen teilweise wieder aufheben. Im Einklang mit dem Vorsorgeprinzip wurde die Option A (vorerst kein tätig werden, aber weitere Überwachung) daher verworfen.[547]

Im Ergebnis äußerte sich die Kommission derart, dass ein ausgewogener Ansatz auf der Grundlage der Option E (Begrenzung des Anteils konventioneller Biokraftstoffe), die durch Elemente der Optionen B (Erhöhung der Mindestschwellenwerte für die Treibhausgasreduktion für Biokraftstoffe) und D (Zuweisung einer den geschätzten Auswirkungen der indirekten Landnutzungsänderungen entsprechenden Menge von Treibhausgasemissionen an Biokraftstoffe, iLUC-Malus) sowie durch zusätzliche Anreize für fortschrittliche Biokraftstoffe ergänzt wird, am besten dazu geeignet ist, die geschätzten mit indirekten Landnutzungsänderungen verbundenen Emissionen zu minimieren.[548]

Die Argumente der Kommission sind nachvollziehbar und schlüssig.[549] Nur aus dem Zusammenhang des ganzen Dokumentes lässt sich jedoch entnehmen, dass mit „fortschrittlichen Biokraftstoffen" solche gemeint sind, die aus kostengünstigen Ressourcen, wie Stroh, Holz und forstwirtschaftlichen Reststoffen, hergestellt

---

[546] Vgl. Art. 2 Nr. 2, iv RL (EU) 2015/1513.
[547] Vgl. SWD (2012) 344, S.6.
[548] Vgl. SWD (2012) 344, S.7.
[549] Vgl. SWD (2012) 344, S.7.

werden. Die RED kannte diesen Begriff bislang nicht. Außerdem ist die Aussage falsch[550], dass bei diesen Kraftstoffen „kein Flächenbedarf" besteht und „ihre Herstellung nicht mit einer Landnutzung einhergeht"[551].

Zusammen mit dem Ergebnis der Folgenabschätzung legte die Europäische Kommission am 18.10.2012 zugleich den Vorschlag für eine Richtlinie des Europäischen Parlamentes und des Rates zur Änderung der Richtlinie 98/70/EG über die Qualität von Otto- und Dieselkraftstoffen und zur Änderung der Richtlinie 2009/28/EG zur Förderung der Nutzung von Energie aus erneuerbaren Quellen vor.[552] Mit Datum vom 21.03.2013 wurde der Vorschlag durch ein anderes, aber weitgehend inhaltsgleiches Dokument[553] aufgehoben und ersetzt.

3. Vorschlag für eine Richtlinie des Europäischen Parlamentes und des Rates zur Änderung der Richtlinie 98/70/EG über die Qualität von Otto- und Dieselkraftstoffen und zur Änderung der Richtlinie 2009/28/EG zur Förderung der Nutzung von Energie aus erneuerbaren Quellen – COM (2012) 595 final/2

Der Vorschlag für eine Richtlinie des Europäischen Parlamentes und des Rates zur Änderung der Richtlinie 98/70/EG über die Qualität von Otto- und Dieselkraftstoffen und zur Änderung der Richtlinie 2009/28/EG zur Förderung der Nutzung von Energie aus

---

[550] Auch eine erhöhte Nachfrage nach Abfallprodukten der Holzwirtschaft und Holzindustrie durch Palettenhersteller, Holzpelletsfabrikanten, Pressspanplattenproduzenten und eben Biokraftstoffproduzenten kann ebenso dazu führen, dass Holz, auf neu zu erschließenden Anbauflächen, extra kultiviert wird.
[551] Vgl. SWD (2012) 344,. 7 f.
[552] COM (2012) 595 final.
[553] COM (2012) 595 final/2.

erneuerbaren Quellen,[554] also eine Richtlinie zur Änderung der Fuel Quality-Directive-Amendment – FQD-A – und der Renewable Energies Directive – RED –, ist ein 25 Seiten umfassender Vorschlag, der das Regime der Europäischen Biokraftstoffpolitik essentiell und qualitativ verändern sollte.

Die hier zu nennenden, für den Aspekt der Nachhaltigkeit der Europäischen Biokraftstoffpolitik relevanten Ansatzpunkte lassen sich auf vier Aspekte reduzieren, nämlich:

1. Die Begrenzung des Beitrags von Biokraftstoffen der ersten Generation, die auf die Ziele der RED angerechnet werden können, auf den Anteil solcher im Jahr 2011 verbrauchten Biokraftstoffe.
2. Verschärfung der Anforderung an die Minderung von Treibhausgasemissionen durch die Festlegung neuer Stichtage und Höchstgrenzen.
3. Eine verbesserte Förderung von „fortschrittlichen Biokraftstoffen[555]" durch eine stärkere Gewichtung dieser Kraftstoffe[556] bei der Anrechnung auf das in der RED festgelegte 10 %-Ziel.
4. Die Anrechnung eines (geschätzten, aber verbindlich festgelegten) iLUC-Malus in Form von CO_2-äquivalenten Treibhausgasemissionen für Biokraftstoffe der ersten Generationen, die, trotz dieses Malus, die vorgegebenen Mindesteinsparwerte einhalten müssen.

---

[554] Nachfolgend: Vorschlag.
[555] Auch der „Vorschlag" erklärt nicht, ob unter fortschrittlichen Biokraftstoffen solche der zweiten und/ oder der dritten Generation gemeint sind. In Erwägungsgrund 6 heißt es: Fortschrittliche Biokraftstoffe, etwa aus Abfällen oder aus Algen, ermöglichen hohe Einsparungen an Treibhausgasemissionen, weisen ein geringes Risiko indirekter Landnutzungsänderungen auf und konkurrieren nicht direkt um landwirtschaftliche Flächen für die Nahrungs- und Futtermittelproduktion. Vgl. Vorschlag, Erwägungsgrund 6.
[556] Doppelt bzw. vierfach.

Zu 1.) Begrenzung des Beitrags von Biokraftstoffen der ersten Generation, die auf die Ziele der RED angerechnet werden können, auf den Anteil solcher im Jahr 2011 verbrauchten Biokraftstoffe.

Gemäß Erwägungsgrund 9 des Vorschlages sollte die Menge der Biokraftstoffe, die aus Nahrungsmittelpflanzen hergestellt werden, begrenzt werden. Ohne den Gesamteinsatz solcher Biokraftstoffe zu beschränken, sollte jedoch der Anteil von aus Getreide und sonstigen stärkehaltigen Pflanzen, Zuckerpflanzen und Ölpflanzen hergestellten Biokraftstoffen, die auf die Ziele der RED angerechnet werden, auf den Anteil solcher im Jahr 2011 verbrauchten Biokraftstoffe begrenzt werden. Der Vorschlag nahm einen Schätzwert von 5 % an, so dass deshalb auch nur bis zu maximal 5 % des Endenergieverbrauchs im Verkehrssektor durch Biokraftstoffe der ersten Generation ersetzt werden sollten.[557]

Zu 2.) Verschärfung der Anforderung an die Minderung von Treibhausgasemissionen durch die Festlegung neuer Stichtage und Höchstgrenzen.

Bisher wurde an das Datum 1. Juli 2017 angeknüpft, um die Einhaltung von Mindestanforderungen an das Treibhausgaseinsparpotential zu fordern.

Die RED, die am 05. Juni 2009 im Amtsblatt der Europäischen Union[558] veröffentlicht wurde, zwanzig Tage später in Kraft trat[559] und bis zum 05. Dezember 2010 von den Mitgliedsstaaten umgesetzt werden musste[560], forderte ein Mindesteinsparpotential von 35 % für Biokraftstoffe, die zwischen dem Inkrafttreten der Richtlinie und dem 31. Dezember 2016 in den Verkehr gebracht werden. Ab dem 1. Januar 2017 steigerte sich dieser Wert auf 50 %. Neue Anlagen, also solche, die ihre Produktion nach dem 1. Januar

---

[557] Art.2 Nr. 2, d RL (EU) 2015/ 1513.
[558] Abl. EG, L 140 (16), 05. Juni 2009.
[559] Art. 28 RED.
[560] Art. 27 RED.

2008 aufgenommen hatten, mussten das Treibhausgaseinsparpotential der von ihnen produzierten Biokraftstoffe zusätzlich ab dem 1. Januar 2018 auf 60 % steigern. Für Altanlagen[561] galt die 35 %-Hürde erst ab dem 1. April 2013.

Der Vorschlag sah vor, dass der 31. Dezember 2017 als Stichtag gilt. Bis dahin müssen Biokraftstoffe ein Treibhausgaseinsparpotential von 35 % vorweisem und ein Einsparpotenzial von 50 % ab dem 1. Januar 2018, sofern die Biokraftstoffe aus Anlagen stammen, die vor dem 1. Juli 2014 in Betrieb gegangen waren. Dagegen müssen alle Brennstoffe, die in Anlagen hergestellt werden, die nach dem 1. Juli 2014 ihren Betrieb aufgenommen haben, sofort ein Einsparpotenzial von 60 % haben.

Fazit: Der Switch von 35 % zu 50 % greift nun erst in der Nacht vom 31. Dezember 2017 zum 01. Januar 2018 und verlängert sich somit um ein Jahr nach hinten.

Die 60 %-Hürde greift allerdings früher als bisher und gilt für Anlagen, die nach dem 1. Juli 2014 den Betrieb aufgenommen haben, unmittelbar mit der Umsetzung des Vorschlages in nationales Recht. Einsparungen von mindestens 60 % werden also zur Regel und die 50 % bzw. 35 % zur Ausnahme im Sinne einer „Grandfather-clause". Der Begriff der neuen Anlagen, die Biokraftstoffe produzieren, die sofort ein Treibhausgaseinsparpotenzial von 60 % vorweisen müssen, erfasst zukünftig nicht mehr eine begrenzte Zahl von Anlagen, die nach einem in der Vergangenheit liegenden Stichtag[562] die Produktion aufgenommen haben, sondern erfasst alle Anlagen, die ihren Betrieb nach dem 01. Juli 2014 aufgenommen haben bzw. aufnehmen werden.

Es scheint, dass die Anforderungen gesunken sind, da die Fristen verlängert wurden. Es ist denkbar, dass sich Anlagenbetreiber bereits darauf eingestellt hatten Biokraftstoffe zu produzieren, die ab dem 1. Januar 2017 50 % Treibhausgasemissionen eingespart

---

[561] Inbetriebnahme vor dem 23. Januar 2008.
[562] 1. Januar 2008.

hätten, nun aber Biokraftstoffe noch zwölf Monate länger verkaufen und handeln können, die lediglich 35 % Treibhausgasemissionen einsparen.
Durch die 60 %-Hürde werden zukünftig aber nur noch solche Anlagen in Betrieb genommen, die Biokraftstoffe herstellen, die mindestens 60 % Treibhausgase gegenüber konventionellen Kraftstoffen einsparen können. Solche Werte erzielen regelmäßig nur Biokraftstoffe der zweiten und dritten Generation. Die Regelung fördert also gleichermaßen die Produktionstechnik wie auch die Biokraftstoffe selbst, was sehr zu begrüßen ist.

Zu 3.) Eine verbesserte Förderung von „fortschrittlichen Biokraftstoffen" durch eine stärkere Gewichtung dieser Kraftstoffe bei der Anrechnung auf das in der RED festgelegte 10 %-Ziel.

Eine verbesserte Förderung von fortschrittlichen Biokraftstoffen sollte in der Art erfolgen, dass deren Energiegehalt von fortschrittlichen Biokraftstoffen mit dem doppelten bzw. vierfachen angesetzt und erst dann auf die zu erreichenden 10 % aus erneuerbaren Quellen stammende Energie am Gesamtendenergieverbrauch im Verkehrssektor angerechnet werden sollen.[563]
Bei der RED gab es eine mehrfache Gewichtung nur hinsichtlich der im Verkehrssektor verbrauchten und aus erneuerbaren Quellen stammende Elektrizität.[564]

Zu 4.) Die Anrechnung eines (geschätzten, aber verbindlich festgelegten) iLUC-Malus in Form von CO_2-äquivalenten Treibhausgasemissionen für Biokraftstoffe der ersten Generationen, die, trotz dieses Malus, die vorgegebenen Mindesteinsparwerte einhalten müssen.

---

[563] Vgl. Art. 2, Nr. 2, c, COM(2012) 595 final/2.
[564] Vgl. Art. 3 Abs. 4, c RED.

Als wohl umstrittenste Regelung sah der Vorschlag gemäß Art. 2 Nr. 9 vor, dass bei der Veranschlagung und Berechnung der durch die Verwendung von Biokraftstoffen erzielten Netto-Treibhausgasemissonseinsparungen (35 %, 50 %, 60 %) ein in Anhang VIII aufgeführter Schätzwert für Emissionen infolge indirekter Landnutzungsänderungen hinzu addiert werden musste. Der so ermittelte konsolidierte Wert der erzielten Netto-Treibhausgasemissionseinsparung musste der Kommission gemäß Art. 22 Abs. 1 RED übermittelt werden

Die RED hingegen hatte die Beachtung von Treibhausgasemissionen aufgrund von indirekten Landnutzungsänderungen noch überhaupt nicht geregelt.

4. Abschluss des ordentlichen Gesetzgebungsverfahrens

Nachdem es mehrere Jahre gedauert hatte, bevor die in der RED formulierte Aufforderung der Berücksichtigung von iLUCs in der europäischen Biokraftstoffpolitik durch den „Vorschlag für eine Richtlinie des Europäischen Parlamentes und des Rates zur Änderung der Richtlinie 98/70/EG über die Qualität von Otto- und Dieselkraftstoffen und zur Änderung der Richtlinie 2009/28/EG zur Förderung der Nutzung von Energie aus erneuerbaren Quellen" – COM (2012) 595 final/2 – durch die Kommission am 17. Dezember 2012 auf den Weg gebracht wurde, wurde der konkrete Gesetzgebungsprozess erst vier Jahre später, nämlich mit der am 15. September 2015 im Amtsblatt der Europäischen Union veröffentlichten „Richtlinie (EU) 2015/1513 des Europäischen Parlaments und des Rates vom 9. September 2015 zur Änderung der Richtlinie 98/70/EG über die Qualität von Otto- und Dieselkraftstoffen und zur Änderung der Richtlinie 2009/28/EG zur Förderung der Nutzung von Energie aus erneuerbaren Quellen" abgeschlossen. Dies zeigt nicht nur die Langwierigkeit von Gesetzgebungsverfahren auf europäischer Ebene, sondern deutet auch auf die Komplexität und Relevanz des Themas iLUC hin.

5. Richtlinie (EU) 2015/1513 des Europäischen Parlaments und des Rates vom 9. September 2015 zur Änderung der Richtlinie 98/70/EG über die Qualität von Otto- und Dieselkraftstoffen und zur Änderung der Richtlinie 2009/28/EG zur Förderung der Nutzung von Energie aus erneuerbaren Quellen[565]

Die Richtlinie (EU) 2015/1513 erfuhr während des mehrjährigen Gesetzgebungsverfahrens mehrere Änderungen.

i. Begrenzung des Beitrags von Biokraftstoffen der ersten Generation

Aus den ursprünglich vorgesehenen 5 % wurden bis zu 7 % des Endenergieverbrauchs im Verkehrssektor im Jahr 2020, der durch Biokraftstoffe der ersten Generation ersetzt werden darf. Ergänzend stellt die Richtlinie gemäß Art. 2, Nr. 2, d, Unterabsatz 1 hingegen explizit klar, dass Biokraftstoffe aus den in Anhang IX aufgeführten und bisher wenig genutzten Rohstoffe, wie z.B. Algen, Stroh oder Gülle, nicht auf den Grenzwert von 7 % angerechnet werden. Dadurch werden Unklarheiten vermieden, wie zum Beispiel, ob „entkernte Maiskolben" als sonstige Kulturpflanze mit hohem Stärkegehalt behandelt werden. Im Gegensatz dazu werden die Biokraftstoffe aus dem in Anhang IX genannten Rohstoffe mit dem doppelten ihres Energiegehaltes für die Zwecke der Einhaltung des 10 %-Ziels angerechnet.

Die Richtlinie enthält außerdem noch eine weitere, bis dato nicht formulierte Regelung zur Förderung von Biokraftstoffen der zwei-

---

[565] Hier auch Biokraftstoffnovelle genannt.

ten Generation oder sogar der dritten Generation. Gemäß Art. 2 Nr. 2, e RL (EU) 2015/1513 sollen die Mitgliedsstaaten bestrebt sein, einen Mindestverbrauchsanteil an Biokraftstoffen, die aus den in Anhang IX Teil A aufgeführten Rohstoffen hergestellt werden, von 0,5 Prozentpunkten zu erreichen. Bei diesen Rohstoffen handelt es sich um z.B. Algen, Stroh, Gülle, Nussschalen oder leere Palmfruchtbündel.

    ii.   Verschärfung der Anforderung an die Minderung von Treibhausgasemissionen durch die Festlegung neuer Stichtage und Höchstgrenzen.

Eine Minderung von mindestens 60 % der Treibhausgasemissionen müssen nur noch die Biokraftstoffe erfüllen, die aus Anlagen stammen, die nach dem 5. Oktober 2015 und nicht, wie bisher, nach dem 1. Juli 2014 in Betrieb gegangen sind. Für Kraftstoffe, die aus Anlagen stammen, die davor, also vor dem 5. Oktober 2015 in Betrieb gegangen sind, wurden die Fristen beibehalten.

    iii.   Eine verbesserte Förderung von „fortschrittlichen Biokraftstoffen" durch eine stärkere Gewichtung dieser Kraftstoffe bei der Anrechnung auf das in der RED festgelegte 10 %-Ziel.

Die mehrfache Anrechnung des Energiegehaltes von fortschrittlichen Biokraftstoffen fehlt in der RL (EU) 2015/ 1513 beinahe komplett. Während der Richtlinienvorschlag sogar noch innerhalb der Regelung der stärkeren Gewichtung zwischen den einzelnen Rohstoffarten unterschied[566], beschränkt sich die Richtlinie darauf, die Rohstoffe einheitlich zu behandeln und Biokraftstoffe aus allen

---

[566] Biokraftstoff aus Algen – ein sehr innovatives Verfahren - sollte vierfach gewertet werden. Biokraftstoff aus gebrauchtem Altspeiseöl, was theoretisch möglich und praktisch bereits erprobt ist, hingegen nur zweifach.

Arten der in Anhang II Nr. 2 RL (EU) 2015/ 1513 aufgelisteten Rohstoffen nur doppelt zu bewerten.
In gewissem Sinne nimmt die Biokraftstoffnovelle sogar wieder die ursprünglichen Regelung in der RED auf, da auch die RL (EU) 2015/1513 viel ambitionierter und progressiver die mehrfache Anrechnung des Energiegehalts der im Straßenverkehr verbrauchten Elektrizität fördert[567].

    iv. Anrechnung eines CO_2-Malus für konventionelle Biokraftstoffe als Berücksichtigung der indirekten Landnutzungsänderungen

Die Regelung, wonach ein CO_2-Malus den Standardwerten hinzugerechnet werden muss, beinhaltete die Änderungen, vor denen die Biokraftstoffbranche, zumindest die europäische, die meiste Angst gehabt hatte, da es bei einer Addition von bis zu 55g CO_{2eq}/MJ[568] für viele Biokraftstoffe unmöglich geworden wäre, die Treibhausgaseinsparungen einhalten zu können. Insbesondere der auf Raps basierende Biodiesel und mit ihm die gesamte Biodieselindustrie hätte viel früher als gedacht keine wesentliche Rolle mehr in der europäischen Biokraftstofflandschaft gespielt.
Die Richtlinie (EU) 2015/1513 nimmt von diesem strengen Regime wieder Abstand. Es gibt zwar weiterhin vorläufige Mittelwerte der geschätzten Emissionen infolge indirekter Landnutzungsänderungen. Diese Emissionen werden jedoch nicht bereits bei der Ermittlung der Netto-Treibhausgasemissionseinsparung der einzelnen

---

[567] Gemäß Art. 2 Nr.2, b, iii, wird der Verbrauch der Elektrizitätsmenge, die aus erneuerbaren Quellen erzeugt und im elektrifizierten Schienenverkehr verbraucht wird, als der 2,5-fache Energiegehalt der zugeführten Elektrizität aus erneuerbaren Energiequellen angesetzt. Wird die aus erneuerbaren Quellen stammende Elektrizität in Straßenfahrzeugen mit Elektroantrieb verbraucht, wird sogar der 5-fache Energiegehalt der zugeführten Elektrizität aus erneuerbaren Energiequellen angesetzt.
[568] Vgl. Anhang 1 Nr. 2 RL (EU) 2015/1513.

Mitgliedsstaaten beachtet. Die Staaten übermitteln weiterhin sozusagen nur die Rohdaten.

Erst im Rahmen der Berichterstattung durch die Kommission selbst, gemäß Art. 23 RED, sollten die von den Mitgliedsstaaten gemeldeten Mengen einschließlich der vorläufigen Mittelwerte der geschätzten Emissionen infolge indirekter Landnutzungsänderungen und der damit verbundenen Spanne angegeben werden. Diese geschätzten Emissionen regelt die RL (EU) 2015/ 1513 in Anhang 1 Nummer 2 und orientiert sich hinsichtlich der Höhe an den Werten[569], die bereits die Vorlage aus dem Jahr 2012 nannte.

v. Weitere Regelungen der RL (EU) 2015/1513

Wenngleich die Thematik der iLUCs das mit Abstand wichtigste Thema der Biokraftstoffnovelle war, veränderte diese auch noch folgende andere[570] Bereiche der europäischen Biokraftstoffpolitik.

(a) Berücksichtigung der Gesamtelektrizitätsmenge aus erneuerbaren Quellen

Die bisher in Art. 3 Abs. 4 UA 3 RED verortete Regelung, wonach die Kommission, sofern angemessen, bis zum 31. Dezember 2011 einen Vorschlag vorlegt, nach dem es unter bestimmten Bedingungen zulässig ist, die Gesamtelektrizitätsmenge[571] aus erneuer-

---

[569] 12gCO_{2eq}/MJ für Biokraftstoffe aus Getreide und sonstige stärkehaltigen Pflanzen; 13gCO_{2eq}/MJ für Biokraftstoffe aus Zuckerpflanzen; 55 gCO_{2eq}/MJ für Biokraftstoffe aus Ölpflanzen.
[570] Hierdurch verdient die RL (EU) 2015/ 1513 auch den Name Biokraftstoffnovelle, da sie einen größeren Regelungsgehalt hat als nur die Regelung der zukünftigen Berücksichtigung von iLUC.
[571] Und nicht nur den Wert des durchschnittlichen Anteils von Elektrizität aus erneuerbaren Quellen in der Union oder den Wert des Anteils von Elektrizität aus erneuerbaren Quellen in ihrem eigenen Hoheitsgebiet, gemessen zwei Jahre vor dem jeweiligen Jahr.

baren Quellen, die für den Antrieb aller Arten von Fahrzeugen mit Elektroantrieben verwendet wird, zu berücksichtigen, wurde durch Art. 2, Nr. 2, c RL (EU) 2015/1513 bis zum 31. Dezember 2017 verlängert. Der ggf. bis dann vorzulegende Bericht soll sich auch dahingehend äußern, ob auch die Gesamtelektrizitätsmenge aus erneuerbaren Quellen, die für die Herstellung von im Verkehrssektor eingesetzten flüssigen oder gasförmigen Kraftstoffe nicht biogenen Ursprungs verwendet wird[572], anzurechnen ist.

(b) Überprüfung der Zertifizierungssysteme

Die Überprüfung der Einhaltung der Nachhaltigkeitskriterien war bislang in Art. 18 RED geregelt. Durch die RL (EU) 2015/1513 wird die Regelung so gefasst, dass gemäß Art. 18 Abs. 6 Unterabsatz 1 freiwillige Systeme[573], also Zertifizierungssysteme wie z.B. ISCC[574], jährlich über verschiedenste Aspekte des Zertifizierungsalltags berichten müssen. Diese Berichte werden von der Kommission gemäß Art. 18 Abs. 6 Unterabsatz analysiert, bewertet und ihrerseits kommuniziert.

Die Zertifizierungssysteme, mithin die Kommission, haben dabei u.a. auch über die Konsultation, Einbeziehung und Berücksichtigung von indigenen und lokalen Gemeinschaften im Rahmen des Zertifizierungsprozesses zu berichten. Ferner soll über den Umgang mit Systemteilnehmern (Zertifizierungsstellen, zertifizierte Stellen) bei einer Nichteinhaltung der Vorgaben oder eines tatsächlichen oder mutmaßlichen schwerwiegenden Fehlverhaltens

---

[572] Zum Beispiel die Elektrolyse von Wasserstoff mit Strom aus erneuerbaren Quellen (Windkraft) und einer anschließenden Umwandlung des Wasserstoffs mit Kohlendioxid zu dem flüssigen Kraftstoff Methanol, vgl. https://www.ise.fraunhofer.de/de/forschungsprojekte/konversion-von-co2-und-h2-zu-methanol-als-nachhaltigem-chemischen-energiespeicher.html , (letztmalig abgerufen am 08.06.2019), Anhang 1. XLIII
[573] Art. 18 Abs. 4 UA 2 RED.
[574] http://www.iscc-system.org (letztmalig abgerufen am 08.06.2019), Anhang XLIV.

von Teilnehmern des Systems berichtet werden. Zwei Aspekte, die bisher nicht geregelt waren.

    (c)   Anpassung der RED an geänderte Modalitäten der Übertragung von Befugnissen an die Kommission zur Durchführung von Rechtsakten.

Bisher wurden Rechtsakte, insbesondere solche, die einen technischen-wissenschaftlichen Anwendungsbereich haben, im Nachgang zum ordentlichen Gesetzgebungsverfahren an den technischen und wissenschaftlichen Fortschritt angepasst. Dies geschah im Rahmen von Komitologieverfahren gemäß Beschluss 1999/468/EG, die unter anderem die Einsetzung von Ausschüssen mit nationalen Experten vorsahen[575]. Durch den Vertrag von Lissabon ist das bisher praktizierte Komitologieverfahren überholt, da die Übertragung von Rechtssetzungsbefugnissen auf die Kommission neu gefasst und in Art. 290 AEUV und Art. 291 AEUV explizit geregelt und neu verortet wurde.

Die Biokraftstoffnovelle passt die in der RED vorgesehenen Möglichkeit, der Kommission Befugnisse zu übertragen, um Rechtssetzungsakte im Rahmen des bisher als Komitologieverfahren[576] bekannten Verfahren zu erlassen, an die Neuregelung im AEUV an.

Während bisher die Anpassung des Energiegehalts von in Anhang III RED aufgeführten Kraftstoffen als „Anpassung an den technischen oder wissenschaftlichen Fortschritt" verstanden und im Rahmen des Komitologieverfahrens vorgesehen war und möglich

---

[575] Art. 3 Abs. 1, Art. 4 Abs. 1, Art. 5 Abs. 1 1999/468/EG.
[576] Beschluss 1999/468/EG.

gewesen wäre[577], sollen diese Anpassungen künftig nach Art. 290 AEUV vorgenommen werden können.[578]

(d) Geänderte Berichtspflichten

Die Biokraftstoffnovelle ändert sowohl die Berichtspflichten von Kommission wie auch die Berichtspflichten der Mitgliedsstaaten und stellt darüber hinaus aber auch eigene neue Berichtspflichten auf.

Die Berichtspflichten der Kommission gemäß Art. 3 Abs. 4 RED und Art. 17 Abs. 7 RED werden von der Biokraftstoffnovelle nicht erfasst. Die Berichtspflicht gemäß Art. 23 Abs. 5, e) RED wird an den aktuellen Stand der Technik angepasst und umfasst die Verfügbarkeit von Biokraftstoffen aus den in Anhang IX genannten Rohstoffen, wozu zum Beispiel auch Algen, Gülle und Klärschlamm, Abwasser aus Palmölmühlen und leere Palmfruchtbündel zählen. Alles Rohstoffe, die bisher nicht erfasst waren.

Art. 23 Abs. 5, f) RED umfasst zukünftig nicht mehr nur eine Berichterstattung bezüglich der indirekten Landnutzungsänderungen im Allgemeinen, sondern soll insbesondere die Frage klären, ob sich die Unsicherheitsspanne, die bei der den Schätzungen der Emissionen infolge indirekter Landnutzungsänderung zugrunde liegende Analyse festgestellt wurde, verringern lässt.

Art. 23 Abs. 5, g) RED wird völlig neu aufgenommen und umfasst die Berichtspflicht zu der Verfügbarkeit (...) von Biokraftstoffen,

---

[577] Art. 5 Abs. 5 RED i.V.m. Art. 25 Abs. 4 RED i.V.m. Beschluss 1999/468/EG.
[578] Art. 2, Nr. 3 i.V.m. Art. 2, Nr. 12 Biokraftstoffnovelle. Hierdurch wird Art. 5 Abs. 5 RED geändert und Art. 25a RED neu eingefügt. Gemäß Art. 2 Nr. 11 Biokraftstoffnovelle wird Art. 25 Abs. 4 RED gestrichen, wodurch der Verweis auf das Komitologieverfahren gemäß Beschluss 1999/468/EG entfällt.

die in der Union aus speziellen, nicht zur Ernährung bestimmten, sondern vorrangig zur Energiegewinnung angebauten Pflanzen hergestellt werden.

Art. 23 Abs. 8, b, iii RED wird dahingehend geändert, dass die Kommission nur noch über die Verfügbarkeit von Nahrungsmittel zu erschwinglichen Preisen und nicht mehr über die Verfügbarkeit von Lebensmittel zu erschwinglichen Preisen berichten muss. Nahrungsmittel ist jedoch gegenüber dem Oberbegriff Lebensmittel enger zu verstehen und beinhaltet kein Trinkwasser.

Die Berichtspflicht der Mitgliedsstaaten gemäß Art. 19 Abs. 2 RED bleibt unverändert. Obwohl es sich um die Übermittlung der voraussichtlichen Emissionen beim Anbau von Biomasse im jeweiligen Hoheitsgebiet handelt und diese Werte „NUTS-2-genau" sein müssen und die Mitgliedsstaaten dieser Berichtspflicht bereits zum 31.03.2010 nachgekommen sind, wurde Art. 19 Abs. 2 RED aber auch nicht gestrichen.

Art. 22 Abs. 1 Unterabsatz 2 a RED erfährt ebenfalls eine Anpassung an den technischen Fortschritt und verpflichtet zukünftig die Berichterstattung zu Entwicklung und Anteil von Biokraftstoffen, die aus den in Anhang IX aufgeführten Rohstoffen[579] hergestellt werden.

Eine komplett eigenstände Regelung und Berichtspflicht beinhaltet Art. 3 RL (EU) 2015/1513, da Artikel 3 gerade keine Änderungen der RED vornimmt. Artikel 3 RL (EU) 2015/1513 regelt die „Überprüfung". Zwar wird auch der Bericht gemäß Art. 3 Aspekte der iLUC aufgreifen. Er berichtet aber auch darüber, inwiefern sich die gesteigerte Nachfrage nach Biomasse durch die europäische Bio-

---

[579] z.B. Algen, Gülle und Klärschlamm, Abwasser aus Palmölmühlen.

kraftstoffpolitik auf die Wirtschaftszweige auswirkt, die Biomasse einsetzen. Also eine Thematik, die nichts mit iLUC zu tun hat.

Teil 5 Nachhaltigkeit von Biokraftstoffen

Biokraftstoffe scheinen auch deswegen der geeignete Weg zu sein, um den Energie- und Umweltproblemen im Verkehrsbereich kurz und mittelfristig zu begegnen, da Biokraftstoffe ohne infrastrukturelle Veränderungen in den Handelskreislauf eingeführt werden können. Auch der Endverbraucher muss sich nicht umstellen, da die bisher entwickelten Fahrzeuge, zumindest bis zu einem gewissen Prozentsatz, auch Biokraftstoffe wie herkömmliche Kraftstoffe verwenden können.[580]

Es entfallen Probleme wie die kurze Reichweite von Elektroautos und die fehlende Infrastruktur beim Wasserstoffmarkt, sei es bezüglich der Gewinnung, des Transportes oder der Lagerung von Wasserstoff.

Jedoch erhielten die Biokraftstoffe nach einer ersten Euphorie und der etwas unbedarften Herangehensweise der Europäischen Union in Form der Biokraftstoffrichtlinie, bei der mögliche negative Begleiterscheinungen von Biokraftstoffen beinahe vollständig ausgeblendet und nicht berücksichtigt wurden, einen erheblichen Dämpfer.

Die RED musste daher dringend nachbessern, um zukünftig die Nachhaltigkeit von Biokraftstoffen und deren Akzeptanz sicherzustellen.

Die konkrete Regelung der RED bezüglich der Nachhaltigkeit sieht nun so aus, dass an fünf Punkten angesetzt wird:

---

[580] http://www.iwr.de/biodiesel/auto.html
(letztmalig abgerufen am 08.06.2019), Anhang 1.XLV.

- Zum einen muss eine erhebliche Reduktion von Treibhausgasemissionen durch die Biokraftstoffe sichergestellt werden (CO_2-Bilanz), wobei nicht nur der Verbrennungsvorgang der Biokraftstoffe, sondern auch der gesamte Produktionszyklus von Biokraftstoffen berücksichtigt wird.
- Der Anbau der Biomasse für die Biokraftstoffproduktion darf nicht auf schützenswerten natürlichen Lebensräumen erfolgen (Nachhaltigkeit i.e.S.).
- Der Anbau von Rohstoffen für die Biokraftstoffproduktion innerhalb der Europäischen Union soll unter Beachtung der bereits bestehenden „Nachhaltigkeitskriterien innerhalb der Landwirtschaft" erfolgen – Cross-compliance.
- Der vermehrte Anbau von Biomasse soll nicht zu negativen Konsequenzen führen, die somit mittelbar durch die europäische Biokraftstoffpolitik bedingt wären und dieser zugerechnet werden müssten.

Die die RED abändernde Biokraftstoffnovelle greift diese Unterteilung erneut auf und ändert insbesondere die Regelungen, die unzureichend waren und erst nach entsprechenden Forschungen und Recherchen konkretisiert werden konnten. Hierzu zählt zum Beispiel die Berücksichtigung von indirekten Landnutzungsänderungen und dadurch auch die Entschärfung des Konflikts „Food vs. Fuel" und die Minimierung der Nutzung von bereits existierender landwirtschaftlich-genutzter Flächen für den Anbau von Biomasse für die Biokraftstoffproduktion durch eine verstärkte Förderung der inzwischen technisch und tatsächlich verfügbaren fortschrittlichen Biokraftstoffe[581], einer Förderung der Elektromobilität und der Einbeziehung von gasförmigen Kraftstoffen aus erneuerbaren Quellen in den europäischen Verkehrssektor, bei gleichzeitiger Minimierung der Biokraftstoffe der ersten Generation.

---

[581] Vgl. Erwägungsgrund 5 RL (EU) 2015/1513.

I. THG-Bilanz

Grundsätzlich erzeugt jeder Verbrennungsvorgang, so auch der von Biokraftstoffen, Treibhausgase[582]. Dazu kommt, dass für die Produktion von Biokraftstoffen Energie aufgewendet werden muss, wobei regelmäßig ebenso THG entsteht.

Grundsätzlich besteht das THG-Einsparpotenzial von regenerativen, nachwachsenden Energiequellen (nur) darin, dass bei deren Verbrennung der Anteil von THG frei wird, der zuvor durch die zu Biokraftstoff verarbeitete Pflanze während ihres Wachstums gebunden wurde.

Um dem Erwägungsgrund 1 der RED gerecht zu werden, muss die THG-Gesamtbilanz von Biokraftstoffen berücksichtigt werden, damit nicht der gesamte Produktionszyklus und die Verbrennung von Biokraftstoffen zusammen mehr Energie verbrauchen, als dies gegenwärtig die herkömmlichen Kraftstoffe tun.

Im Vergleich zu fossilen Brennstoffen, die zwar auch bei ihrer Verarbeitung von Rohöl zu den Endprodukten einige Energie benötigende Prozesse durchlaufen, entfallen bei fossilen Brennstoffen im Vergleich zu Biokraftstoffen die Herstellungsschritte des Anbaus, der Pflege und der Ernte der Rohstoffe, die für die Biokraftstoffe benötigt werden.

1. Nachhaltigkeitskriterien nach der RED in Bezug auf THG-Emissionen

Die RED fordert von Biokraftstoffen recht umfangreiche Voraussetzungen, damit diese als nachhaltig betrachtetet werden.

---

[582] Nachfolgend: THG. Die im Rahmen der RED berücksichtigten und als Treibhausgase bewerteten Gase sind gemäß Anhang V, Abschnitt C, 5.: CO_2, NO_2 und CH_4.

Wie bereits erläutert, hat jeder Mitgliedstaat sicher zu stellen, dass 10 % der Energie des Endenergieverbrauchs im nationalen Verkehrssektor aus erneuerbare Energiequellen stammen müssen. Die Richtlinie schreibt dazu fest, dass bei der Berechnung des Prozentsatzes jedoch nur solche Biokraftstoffe berücksichtigt werden, die die in der Richtlinie festgelegten Nachhaltigkeitskriterien erfüllen.[583] Zu diesen Nachhaltigkeitskriterien zählt als wichtiges Element ein Mindesteinsparpotenzial an Treibhausgasen.

Gemäß Art. 17 Abs. 2 RED müssen die Biokraftstoffe, unter Berücksichtigung des gesamten Produktionszyklus, zu ihrer Berücksichtigung eine Minderung der Treibhausgase von mindestens 35 % gegenüber den fossilen Brennstoffen erzielen.
Ab dem 1. Januar 2017 musste gemäß Art. 17 Abs. 2 UA 1 RED die durch die Verwendung von Biokraftstoffen erzielte Minderung der Treibhausgasemissionen schon 50 % betragen, damit die Biokraftstoffe bei der mitgliedstaatlichen Bilanz berücksichtigt werden können. Für Biokraftstoffe aus Anlagen, deren Produktion erst am oder nach dem 1. Januar 2017 aufgenommen wurde, muss die Treibhausgaseinsparung 60 % ab dem 1. Januar 2018 betragen.

Gemäß Art. 17 Abs. 2 UA 4 RED gibt es eine sogenannte „Grandfather-clause" für ältere Anlagen. Demnach gilt für Anlagen, die bereits seit dem 23. Januar 2008 Biokraftstoffe produzieren, dass die 35 %ige Einsparung gemäß Art. 17 Abs. 2 UA 3 RED, erst ab dem 1. April 2013 erfolgen musste. Es wurde also etwas Zeit gewährt, um Prozessabläufe zu optimieren bzw. die älteren Anlagen entsprechend nachzurüsten oder neue Kapazitäten aufzubauen.

Anlagen, die erst nach dem 1. Januar 2017 in Betrieb gehen, müssen gemäß Art. 17 Abs. 2 UA 1 RED spätestens ab dem 1. Januar

---

[583] Art. 5 Abs. 1 UA 2 RED.

2018 Biokraftstoffe produzieren, die eine Minderung der Treibhausgasemissionen um 60 % aufweisen, damit diese Kraftstoffe berücksichtigt werden können.

2. Anpassung der Anforderungen an die Einsparung von Treibhausgasen durch die Biokraftstoffnovelle

Durch die Biokraftstoffnovelle wurden die Stichtage der einzelnen Mindesteinsparungen angepasst. 50 % Mindesteinsparungen müssen für Biokraftstoffe aus Anlagen, die am 5. Oktober 2015 oder davor in Betrieb waren, ab dem 1. Januar 2018 realisiert werden. Dies stellt aber eine Ausnahme dar, da unmittelbar mit Umsetzung der Richtlinie alle Biokraftstoffe, die aus Anlagen stammen, die am oder nach dem 1.Juli 2014 in Betrieb gegangen sind, eine Ersparnis von 60 % vorweisen müssen.
Der Switch von 35 % zu 50 % greift nun erst in der Nacht vom 31. Dezember 2017 zum 01. Januar 2018 und verlängert sich somit um ein Jahr nach hinten.

Die 60 %-Hürde greift allerdings früher als bisher und gilt für Anlagen, die nach dem ersten Juli 2014 den Betrieb aufgenommen haben, unmittelbar mit der Umsetzung des Vorschlages in nationales Recht. Einsparungen von mindestens 60 % werden also zur Regel und die 50 % bzw. 35 % zur Ausnahme im Sinne einer „Grandfather-clause". Die „Grandfather-clause" aus der RED für Anlagen, die vor dem 23. Januar 2008 in Betrieb waren, fällt vollständig weg, zumal auch die Biokraftstoffe aus diesen Anlagen seit dem 1. April 2013 eine Ersparnis von 35 % vorweisen mussten und nun von der Regelung erfasst werden, wonach ab dem 1. Januar 2018 eine Ersparnis von 50 % erreicht werden muss. Die Altanlagen haben also eine Frist von 1,5 Jahren, um die neuen Grenzwerte einzuhalten. Die RED sah noch vor, dass diese Optimierung der „Altanlagen" bereits zum 1. Januar 2017 greifen muss.

Der Begriff der neuen Anlagen, die sofort Biokraftstoffe mit einem Treibhausgaseinsparpotenzial von 60 % vorweisen müssen, erfasst zukünftig nicht mehr eine begrenzte Zahl von Anlagen, die nach einem in der Vergangenheit liegenden Stichtag[584] die Produktion aufgenommen haben mussten, sondern alle Anlagen, die ihren Betrieb nach dem 1. Juli 2014 aufgenommen haben bzw. aufnehmen werden.

II. Nachhaltigkeit i.e.S. gemäß RED

Den weitaus größeren Teil der Nachhaltigkeitskriterien innerhalb der RED und dort innerhalb des Art. 17 RED stellen die Anforderungen an die Anbauflächen der Rohstoffe für die Biokraftstoffe dar.

Sollen die Biokraftstoffe für die mitgliedstaatlichen Bilanzen und die Erreichung des 10 %-Ziels berücksichtigt werden können, so dürfen sie nicht von Anbauflächen stammen, die gemäß Art. 17 Abs. 3 RED einen „hohen Wert hinsichtlich der biologischen Vielfalt" haben, gemäß Art. 17 Abs. 4 RED einen „hohen Kohlenstoffbestand" haben oder gemäß Art. 17 Abs. 5 RED „Torfmoore" sind. Diese Flächen sind für den Biomasseanbau tabu – zumindest, wenn die Biomasse anschließend zu Biokraftstoff verarbeitet und dieser in Europa verbraucht werden soll.

1. Biologische Vielfalt, Art. 17 Abs. 3 RED

Flächen mit biologischer Vielfalt sind Primärwald gemäß Art. 17 Abs. 3 lit. a RED, ausgewiesene Flächen gemäß Art. 17 Abs. 3 lit. b RED und Grünland mit großer biologischer Vielfalt gemäß Art. 17 Abs. 3 lit. c RED.

---

[584] 1. Januar 2008.

Hierbei ist gemäß Art. 17 Abs. 3 RED entscheidend, dass die Fläche im oder nach dem Januar 2008 den oben genannten Status hatte, unabhängig davon, ob die Flächen sodann den Status verloren haben oder nicht. Damit wird erreicht, dass durch eine erhöhte Nachfrage nach Biokraftstoffen keine Eingriffe in schützenswerte Gebiete erfolgen und kein zunehmender Druck auf solche Biomasseressourcen erfolgt, quasi der Status quo der bestehenden Anbauflächen und Flächen mit biologischer Vielfalt beibehalten wird. Dass ferner eine tatsächliche Änderung der Anbaufläche nichts an der Verwertbarkeit der angebauten Biomasse ändert, wenn die Anbaufläche im Januar 2008 als Fläche mit biologischer Vielfalt galt, ist deswegen sinnvoll, da ansonsten die Fläche durch eine Bearbeitung ihre biologische Vielfalt, mithin den schutzbringenden Status, verlieren würde und sodann die Fläche zur Rohstoffgewinnung für Biokraftstoffe genutzt werden könnte.

Die durch die Richtlinie geschaffenen Anreize für die Nutzung von Biokraftstoffen sollen gerade nicht die Zerstörung von durch biologische Vielfalt geprägten Flächen fördern, zumal dies von dem kritischen Verbraucher als moralisch unakzeptabel angesehen würde.[585]

Unter Primärwald ist Urwald zu verstehen, wobei dies nicht unbedingt mit Dschungel gleichzusetzen ist, sondern gemäß Art. 17 Abs. 3 lit. a RED vielmehr auch jede (europäische) bewaldete Fläche mit einheimischen Arten sein kann, in der es kein deutlich sichtbares Anzeichen für menschliche Aktivität gibt und in der ökologischen Prozesse nicht wesentlich gestört sind.

Eine Legaldefinition des Begriffs „Primärwald" gibt die RED nicht. Zwar führt Erwägungsgrund 69 aus, dass der Definition der Ernährungs- und Landwirtschaftsorganisation der Vereinten Nationen

---

[585] RL 2009/28/EG, Erwägungsgrund 69.

(FAO) in ihrer globalen Waldbestandsaufnahme („Global Forest Resource Assessment"), die von den Ländern weltweit zur Meldung der Ausdehnung des Primärwaldes genutzt wird, gefolgt werden soll, um Primärwald zu bestimmen. Nur unter Zuhilfenahme des FAO Global Forest Resource Assessments erkennt man aber, dass in Art. 17 Abs. 3 lit. a RED verwendete Definition, mit der des FAO Forest Resource Assessments übereinstimmt.[586]

Ausgewiesene Flächen sind die den Anforderungen des Art. 17 Abs. 3 lit. b i.-ii. RED entsprechende Naturschutzgebiete, wobei eine Nutzung der Gebiete zur Rohstoffgewinnung immer dann möglich ist, sofern nachgewiesen wird, dass die Gewinnung des Rohstoffs den genannten Naturschutzzwecken nicht zuwiderläuft. Die Anforderungen des Art. 17 ABs. 3 lit. b i.-ii. tragen jedoch nicht dazu bei, den Begriff der ausgewiesenen Fläche wesentlich zu konkretisieren. Hierum soll es sich nämlich handeln, wenn Flächen durch „Gesetz oder von der zuständigen Behörde für Naturschutzzweck ausgewiesen" wurde. Oder aber „Flächen für den Schutz seltener, bedrohter oder gefährdeter Ökosysteme oder Arten, die in internationalen Übereinkünften anerkannt werden oder in den Verzeichnissen zwischenstaatlicher Organisationen oder der Internationalen Union für die Erhaltung der Natur aufgeführt sind". Alleine um den Anforderungen des ersten Halbsatzes genügen zu können, bedürfte es eines genaueren Wissens von allen einschlägigen „Internationalen Übereinkünften".

Da nicht nur Flächen mit einer waldähnlichen Struktur schützenswert sind, sondern auch Savannen, Steppen, Buschland und Prärien, deren biologische Vielfalt gleichfalls schützenswert ist, wird auch „Grünland mit hoher biologischer Vielfalt" von einer Nutzung

---

[586] Wald und andere bewaldete Flächen mit einheimischen Arten, in denen es kein deutlich sichtbares Anzeichen für menschliche Aktivität gibt und die ökologischen Prozesse nicht wesentlich gestört sind.

zum Anbau der Rohstoffe für Biokraftstoffe ausgenommen[587]. Die RED unterscheidet jedoch nur hinsichtlich „natürliches Grünland" und „künstlich geschaffenes Grünland".[588] Die Kommission sollte daher gemäß Art. 17 Abs. 3 c Unterabsatz 2 geografische Gebiete festlegen. Mit diesen Festlegungen sollte es möglich sein, bestimmen zu können, welches Grünland unter „natürliches Grünland" oder „künstlich geschaffenes Grünland" fällt.

Die Kommission legte mit der Verordnung (EU) 1307/2014 vom 8. Dezember 2014 Kriterien und geografische Verbreitungsgebiete zur Bestimmung von Grünland mit biologischer Vielfalt fest und kam damit ihrer Verpflichtung nach Art. 18 Abs. 3 Unterabsatz 2 nach.
Durch die Biokraftstoffnovelle wurde Art. 18 Abs. 3 Unterabsatz 2 RED gestrichen.

Dies ist jedoch – neben der Anpassung der Treibhausgas-Verminderungspotenziale – auch die einzige Änderung hinsichtlich der hier als „Nachhaltigkeit i.e.S." bezeichneten Kriterien (Art. 17RED), die durch die Biokraftstoffnovelle erfolgte. Die Regelungen zum Schutz von Flächen mit „hohem Kohlenstoffbestand" oder, zum Schutz von Torfmoore oder hinsichtlich der Einhaltung der Anforderungen an den guten landwirtschaftlichen und ökologischen Zustand und die Beachtung der Cross Compliance Anforderungen veränderte die Biokraftstoffnovelle nicht.

2. Hoher Kohlenstoffbestand, Art. 17 Abs. 4 RED

Zu den Flächen mit einem hohen Kohlenstoffbestand, die nicht für die Rohstoffproduktion der Biokraftstoffe verwendet werden dürfen, zählen gemäß Art. 17 Abs. 4 lit. a RED „Feuchtgebiete",

---
[587] RL 2009(28/EG, Erwägungsgrund 69.
[588] Art. 17 Abs. 3 c RED.

gemäß Art. 17 Abs. 4 lit. b RED „kontinuierlich bewaldete Gebiete" sowie gemäß Art. 17 Abs. 4 lit. c RED Gebiete von einer Größe von mehr als 1 Hektar und einer bestimmten Struktur der darauf stehenden Bäume/ Vegetation.

Der hohe Kohlenstoffbestand bezieht sich hierbei auf den im Boden oder der Vegetation gespeicherten Kohlenstoff, der bei der Änderung der Fläche zwecks Anbaus von Rohstoffen zur Biokraftstoffproduktion freigesetzt würde[589]. Diese Freisetzung generiert Kohlendioxid, so dass die negativen Auswirkungen des Treibhauseffektes die positiven Auswirkungen, die Biokraftstoffe auf den Treibhauseffekt haben, aufheben, mitunter auch umkehren können[590], da das freigesetzte Kohlendioxid dem fertigen Biokraftstoff zugerechnet werden müsste.

Im Unterschied zu Art. 17 Abs. 3 RED (biologische Vielfalt) kommt es bei Absatz 4 (hoher Kohlenstoffbestand) jedoch darauf an, dass die Anbauflächen den besonderen Status im Jahr 2008 hatten und danach verloren haben. Gemäß Art. 17 Abs. 4 a.E. RED findet der Absatz gerade keine Anwendung, wenn zum Zeitpunkt der Gewinnung des Rohstoffs die Flächen denselben Status hatten wie im Januar 2008.

Fraglich ist, warum diese Unterscheidung zwischen Absatz 3 und 4 getroffen wird, da auf den ersten Blick die „zeitliche Regelung" des Art. 17 Abs. 3 RED eigentlich sinnvoll erscheint, gerade aus den o.g. Gründen.

Zwar sanktioniert Art. 17 Abs. 4 RED zum einen nachträglich, wenn zwischen Januar 2008 und später die besagten Flächen umgewandelt wurden, da deren Nutzung zur Rohstoffgewinnung für Bio-

---

[589] RL 2009/28/EG, Erwägungsgrund 70.
[590] RL 2009/28/EG, Erwägungsgrund 70.

kraftstoffe nicht mehr möglich ist. Darüber hinaus wird präventiv darauf hingewirkt, dass die Flächen mit dem besonderen Status gemäß Art. 17 Abs. 4 lit. a-c RED nicht umgewandelt werden, sofern sie im Jahr 2008 und immer noch den Status haben, da mit der Umwandlung die Fläche für die Rohstoffgewinnung unbrauchbar würde.

Es soll aber wohl auch eine nachhaltige Bewirtschaftung der schützenswerten Flächen mit einem hohen Kohlenstoffgehalt propagiert werden, da gemäß Art. 17 Abs. 4 RED sehr wohl eine Nutzung der Flächen zur Rohstoffherstellung möglich ist, solange sich der Status der Anbaufläche und damit des Kohlenstoffbestandes im Boden und der Vegetation nicht ändert.

Es bleibt jedoch unklar, warum Art. 17 Abs. 4 RED eine andere Formulierung wählt als Art. 17 Abs. 3 RED, der die einmal geschützten Anbaugebiete dauerhaft auch nach einer eventuellen Statusänderung weiterhin schützt.

Art. 17 Abs. 4 RED ermöglicht zumindest die einmalige Bearbeitung der Flächen mit hohem Kohlenstoffbestand auch dann, wenn sich durch die Bearbeitung der Status ändert, da somit zum Zeitpunkt der Gewinnung des Rohstoffs die Fläche noch denselben Status hätte wie im Januar 2008.
Somit besteht eine latente Gefahr, dass die Statusregelung des Art. 17 Abs. 4 RED dazu führt, dass gewisse Gebiete solange bewirtschaftet werden, bis sich der Status geändert hat und sodann zu einem anderen, noch nicht bewirtschafteten Gebiet weitergezogen wird. Dass eine solche Vorgehensweise nicht gerade nachhaltig ist, liegt auf der Hand.

Jedoch sind die Nachhaltigkeitskriterien des Art. 17 RED kumulativ zu beachten, so dass die Anbauflächen die Voraussetzungen des

Art. 17 Abs. 4 RED erfüllen müssen und zugleich keine biologische Vielfalt gemäß Art. 17 Abs. 3 RED aufweisen dürfen.

Da ferner auch die Voraussetzungen des Art. 17 Abs. 2 RED erfüllt sein müssen, also die Mindesteinsparung an Treibhausgasemissionen berücksichtigt werden müssen, bei denen gemäß Anhang V, Teil C, Nummer 1. RED die Kohlenstoff Bestandsänderungen sowieso stets berücksichtigt werden, dürfte die Gefahr eines Missbrauchs des Art. 17 Abs. 4 RED wohl eher gering, aber gleichwohl nicht ganz ausgeschlossen sein.

3. Torfmoor, Art. 17 Abs. 5 RED

Gemäß Art. 17 Abs. 5 RED dürfen auch auf Flächen, die im Januar 2008 den Status eines Torfmoores hatten, keine Rohstoffe für Biokraftstoffe angebaut werden, es sei denn, dass nachgewiesen wird, dass der Anbau und die Ernte des betreffenden Rohstoffs keine Entwässerung von zuvor nicht entwässerten Flächen erfordert. Auch hier erfolgt die Orientierung wieder an dem für den Januar 2008 festgelegten Status, wobei im Gegensatz zu Art. 17 Abs. 3 RED eine Fläche dadurch keinen Schutz erfährt, wenn sie erst nach Januar 2008 den Status eines Torfmoores bekommt. Diese Möglichkeit dürfte zwar relativ gering sein, da die Entwicklung einer Fläche zu einem Torfmoor ein langwieriger Prozess ist. Warum diese, zumindest denkbare Möglichkeit nicht von der Richtlinie erfasst ist, zumal dadurch eine Anpassung der Formulierung an Art. 17 Abs. 3 RED möglich gewesen wäre, bleibt unbeantwortet.

Zumindest bewirkt Art. 17 Abs. 5 RED, dass im Januar 2008 als Torfmoore bezeichnete Flächen dauerhaft geschützt werden, da stets der Status aus dem Januar 2008 relevant ist.

III. Guter landwirtschaftlicher und ökologischer Zustand, Art. 17 Abs. 6 RED (Cross Compliance) i.V.m. Anhang II Teil A VO (EG) 73/2009

Für in der Gemeinschaft angebaute landwirtschaftliche Rohstoffe gelten gemäß Art. 17 Abs. 6 RED noch weitere Voraussetzungen, die erfüllt sein müssen, damit die mit auf diesen Flächen angebauter Biomasse hergestellten Biokraftstoffe auch in der mitgliedstaatlichen Bilanz berücksichtigt werden können. Zusammengefasst geht es um weite Teile der im Rahmen des sogenannten Cross-Compliance aufgestellten Anforderungen an die europäischen Landwirte. Als Cross-Compliance[591] werden europäische Regelungen bezeichnet, bei denen eine EU-Agrarzahlung an die Landwirte an die Einhaltung von gewissen Vorgaben im Bereich des Umweltschutzes, bei der Lebensmittel- und Futtermittelsicherheit, der Tiergesundheit und im Tierschutz geknüpft werden.[592]

Der Anbau muss zum einen im Sinne des Anhang II Teil A VO (EG) Nr. 73/2009 erfolgen.

Dieser Anhang konkretisiert die grundlegenden Anforderungen und Grundanforderungen an die Betriebsführung (eines landwirtschaftlichen Betriebes) gemäß Art. 4, 5 VO (EG) Nr. 73/2009[593], die in den Bereichen Gesundheit von Mensch, Tier und Pflanzen,

---

[591] Überkreuzeinhaltung von Verpflichtungen. Im deutschen Sprachgebrauch als „anderweitige Verpflichtungen" bezeichnet.
[592] Vgl. http://www.bmel.de/DE/Landwirtschaft/Foerderung-Agrarsozialpolitik/_Texte/Cross-Compliance.html (letztmalig abgerufen am 08.06.2019), Anhang 1.XLVII.
[593] VO (EG) Nr. 73/2009 DES RATES vom 19. Januar 2009 mit gemeinsamen Regeln für Direktzahlungen im Rahmen der gemeinsamen Agrarpolitik und mit bestimmten Stützungsregelungen für Inhaber landwirtschaftlicher Betriebe und zur Änderung der Verordnungen (EG) Nr. 1290/2005, (EG) Nr. 247/2006, (EG) Nr. 378/2007 sowie zur Aufhebung der Verordnung (EG) Nr. 1782/2003.

Tierschutz, aber auch Umwelt festgelegt werden.[594] Der Anhang II Teil A besagter Verordnung regelt nun die Grundanforderungen an die Betriebsführung, wobei auch Anforderungen an die Bodennutzung und den Bodenschutz gestellt werden, die somit auch bei der Rohstoffproduktion der Biokraftstoffe zu berücksichtigen sind. Explizit geht es um die Erhaltung wild lebender Vogelarten[595], den Schutz des Grundwassers[596], den Schutz des Bodens durch Verwendung von Klärschlamm in der Landwirtschaft[597], den Schutz von Gewässern vor Nitratverunreinigungen durch die Landwirtschaft[598], den Erhalt natürlicher Lebensräume sowie wild lebender Tiere und Pflanzen[599].

Ferner ist Anhang II Nummer 9 dieser Verordnung (Verordnung (EG) Nr. 73/2009 des Rates vom 19. Januar 2009) zu beachten, wodurch die Anwendung von Pflanzenschutzmitteln reglementiert wird[600].

---

[594] Vgl. Art. 4, i.V.m. Art. 5 Abs. 1 lit. b VO (EG) Nr. 73/2009.
[595] Artikel 3 Absatz 1, Artikel 3 Absatz 2 Buchstabe b, Artikel 4 Absätze 1, 2 und 4 und Artikel 5 Buchstaben a, b und d der RL 79/409/EWG des Rates vom 2. April 1979 über die Erhaltung der wild lebenden Vogelarten (ABl. L 103 vom 25.4.1979, S. 1).
[596] Art. 4 und 5 der RL 80/68/EWG des Rates vom 17. Dezember 1979 über den Schutz des Grundwassers gegen Verschmutzung durch bestimmte gefährliche Stoffe (ABl. L 20 vom 26.1.1980, S. 43).
[597] Artikel 3 der RL 86/278/EWG des Rates vom 12. Juni 1986 über den Schutz der Umwelt und insbesondere der Böden bei der Verwendung von Klärschlamm in der Landwirtschaft (ABl. L 181 vom 4.7.1986, S. 6).
[598] Artikel 4 und 5 der RL 91/676/EWG des Rates vom 12. Dezember 1991 zum Schutz der Gewässer vor Verunreinigung durch Nitrat aus landwirtschaftlichen Quellen (ABl. L 375 vom 31.12.1991, S. 1).
[599] Artikel 6, Artikel 13 Absatz 1 Buchstabe a der RL 92/43/EWG des Rates vom 21. Mai 1992 zur Erhaltung der natürlichen Lebensräume sowie der wild lebenden Tiere und Pflanzen (ABl. L 206 vom 22.7.1992, S. 7).
[600] Artikel 3 der RL 91/414/EWG des Rates vom 15. Juli 1991 über das Inverkehrbringen von Pflanzenschutzmitteln (ABl. L 230 vom 19.8.1991, S.1).

Unklar ist, inwiefern diese Regelung auch außerhalb der EU gilt. Gemäß Art. 17 Abs. 1 RED wird Energie in Form von Biokraftstoffen und flüssigen Biobrennstoffen für die in den Buchstaben a, b und c genannten Zwecke – ungeachtet der Frage ob die Biomasse innerhalb oder außerhalb der Gemeinschaft angebaut wird – nur dann berücksichtigt, wenn die Biokraftstoffe und flüssigen Brennstoffe die in den Absätzen 2 bis 6 festgelegten Nachhaltigkeitskriterien erfüllen. Gemäß dem Wortlaut von Absatz 1 würde Absatz 6 demnach auch für Biomasse gelten, die außerhalb der EU angebaut wird. Dem Wortlaut nach und teleologisch betrachtet soll Absatz 6 aber nur die Rohstoffe erfassen, die innerhalb der Gemeinschaft angebaut werden. Alles andere wäre auch unsinnig, da die in Absatz 6 genannten Regeln außerhalb Europas noch nicht etabliert sind und es Jahre dauern würde, bis die Produzenten der Biomasse ihre Verfahrensabläufe entsprechend angepasst hätten.

IV. Reduzierung des Verbrauchs landwirtschaftlicher Nutzfläche, insbesondere Minimierung von indirekten Landnutzungsänderungen

Die RED beinhaltete Regelungen zur Minimierung von indirekten Landnutzungsänderungen, die diese durch einen verstärkten Anbau von Biomasse auf degradierten Flächen und Brachland erreichen sollten. Dies, also die verstärkte Nutzung von degradierten Flächen und Brachland (Rekultivierung) zum Biomasseanbau, sollte dadurch erfolgen, dass bei der Nutzung von Brachland ein negativer CO_2-Bonus angerechnet werden kann.[601] Wird Biomasse auf wiederhergestellten degradierten Flächen angebaut und daraus Biokraftstoff produziert, so wird ein Bonus von -29 gCO_{2eq} pro Megajoule Kraftstoff angerechnet. Es wird ein negativer Bonus angerechnet, wenn die Anbaufläche im Januar 2008 nicht land-

---

[601] Vgl. Anhang V, Teil C, Nummer 7, „e_l" RED i.V.m. Anhang V, Teil C, Nummer 8 RED.

wirtschaftlich oder zu einem anderen Zweck genutzt wurde und[602] die Anbaufläche eine „stark degradierte Fläche einschließlich früherer landwirtschaftlicher Nutzflächen" oder eine „stark verschmutzte Fläche" ist.[603] Mit dieser Bonus-Regelung wurde versucht, den Rohstoffanbau auf degradiertes Land zu lenken. Damit sollten indirekte Landnutzungsänderungen vermieden, aber auch die Konkurrenz zum Lebensmittelanbau gemindert und die Attraktivität von degradiertem Land wieder gesteigert werden.

Dieser Versuch muss jedoch als gescheitert betrachtet werden.

Es kommt nur dann zur Nutzung von degradierten Flächen, wenn sich dies preislich lohnt, also der Anbau von Biomasse zur Biokraftstoffproduktion auf degradierten Flächen rentabler ist als auf normalem Ackerland.[604] Dies war aber nicht der Fall, da die Prämie für degradierte Flächen für die Energieausbeute pro Hektar gewährt werden sollte[605]. Da jedoch mit Zunahme der Bodendegradation der Produktionslevel sinkt, mithin der Ernteertrag und auch die Energieausbeute, sinkt auch der Anreiz, stark degradierte Anbauflächen zu bewirtschaften. Weiterhin wirkte sich negativ aus, dass bei einer stärkeren Degradation die anfänglichen Investitionskosten höher sind. Rohstoffanbau und Lebensmittelanbau standen also weiterhin in Konkurrenz um fruchtbare und ertragreiche Anbaufläche. Außerdem fielen auch nur stark degradierte Flächen unter die geförderten bzw. mit einem Bonus versehenen Flächen. Nämlich Flächen, die „im Januar 2008 nicht landwirtschaftlich oder zu einem anderen Zweck genutzt wurden" und kumulativ „stark degradierte Flächen einschließlich früherer land-

---

[602] Kumulativ .
[603] Anhang V Teil C Nr. 8 RED.
[604] The Kiel Institute 2009, Emissionen aus Landnutzungsänderungen, S. 11.
[605] Vgl. Anhang V Teil C Nr. 7 RED.

wirtschaftlicher Nutzflächen" oder „stark verschmutzte Flächen"[606] sind.

Somit werden leicht degradierte Flächen nicht extra gefördert, bei stark degradierten Flächen besteht aber kein Anreiz zur Nutzung, so dass insgesamt die Nutzung von degradierten Flächen kaum gefördert wurde.

Als bessere Alternative wäre ein Bonus gewesen, welcher mit dem Degradationsgrad einer Fläche steigt und direkt pro Hektar vergeben wird[607].

Der bisherige Ansatz war also ungeeignet, um die indirekten Landnutzungsänderungen zu vermeiden. Dadurch bestand aber die Gefahr, dass die durch diese Landnutzungsänderungen hervorgerufenen Treibhausgasemissionen die Ambitionen der Europäischen Union, durch ihre Biokraftstoffpolitik zu einer Verringerung der Treibhausgase beizutragen, zunichte gemacht hätten. Nach einer umfassenden Untersuchung der Auswirkungen der indirekten Landnutzungsänderungen auf die Treibhausgasemissionen wurde daher eine Methodologie entwickelt, mit der die Emissionen aus indirekter Landnutzungsänderung berücksichtigt werden sollen. Dieser Methodologie wurde durch die Biokraftstoffnovelle[608] zum Bestandteil der Europäischen Biokraftstoffpolitik und wird diese bis zum Jahr 2020 wesentlich mitprägen.

Der Ansatz ist vierfach unterteilt und beinhaltet, wie bereits zuvor erwähnt,
- die Begrenzung des Beitrags von Biokraftstoffen der ersten Generation,

---

[606] Vgl. Anhang V Teil C Nr. 8 RED.
[607] The Kiel Institute 2009, Emissionen aus Landnutzungsänderungen, S. 10.
[608] RL (EU) 2015/1513.

- eine Verschärfung der Anforderung an die Minderung von Treibhausgasemissionen durch die Festlegung neuer Stichtage und Höchstgrenzen,
- die verbesserte Förderung von „fortschrittlichen Biokraftstoffen" durch eine stärkere Gewichtung dieser Kraftstoffe bei der Anrechnung auf das in der RED festgelegte 10 %-Ziel und
- eine Anrechnung eines CO_2-Malus für konventionelle Biokraftstoffe als Berücksichtigung der indirekten Landnutzungsänderungen.

V. Vermeidung anderer mittelbarer negativer Konsequenzen

Die zuvor genannten Nachhaltigkeitskriterien, wie die Einsparung von Treibhausgasemissionen, die Bewahrung von „Flächen mit hohem Wert hinsichtlich der biologischen Vielfalt" und von „Flächen mit hohem Kohlenstoffgehalt" als auch von „Torfmoore", die Beachtung der Mindestanforderungen für den guten und ökologischen Zustand sowie die Minimierung von indirekten Landnutzungsänderungen, betreffen alle den Anbau der Biomasse selbst. Alle Aspekte betreffen die Auswirkungen des Biomasseanbaus auf die Umwelt, den ökologischen Aspekt des Nachhaltigkeitbegriffs.
Die große Gefahr eines vermehrten Biomasseanbaus besteht aber auch darin, dass viele Probleme gerade durch diesen stark zunehmenden Biomasseanbau entstehen können und damit mittelbare Konsequenzen der europäischen Biokraftstoffpolitik sind.
Aus Erwägungsgrund 78 RED lässt sich eindeutig entnehmen, dass man negative Konsequenzen einer europäischen Biokraftstoffpolitik möglichst umfassend begegnen wollte. Ein solcher Ansatz wäre auch erforderlich gewesen, um sich dem Ziel einer nachhaltigen Biokraftstoffpolitik zu nähern, da Nachhaltigkeit mehr als nur die ökologische Sphäre beinhaltet.

Erwägungsgrund 78 RED erwähnt Landnutzungsänderungen, Verdrängungseffekte, Folgen für Nahrungsmittelproduktion, lokalen Wohlstand und die Versorgung mit Lebensmitteln als Aspekte, die nicht durch die europäische Biokraftstoffpolitik negativ beeinträchtigt werden sollten.

Die RED enthält aber überraschenderweise keine Regelungen, die aktiv bzw. proaktiv mittelbaren negativen Konsequenzen einer vermehrten Biokraftstoffproduktion entgegen wirken sollen. Wenngleich einige Problemfelder durchaus vom Normgeber wahrgenommen wurden und als solche auch definiert wurden, kam es nicht zu einer Berücksichtigung durch entsprechende Regelungen. Da sich aber möglicherweise in Zukunft eine Regelung der „mittelbaren" Konsequenzen der Biomasseproduktion nicht umgehen lässt und dann auch die dafür erforderlichen Informationen vorliegen, sollen diese Handlungsfelder und ihre Berücksichtigung in der aktuellen Version der RED kurz dargestellt werden. Hierbei geht es nicht um eine Bewertung der „Erfassung" von mittelbaren Problemen der Biokraftstoffproduktion und der diesbezüglichen Aufstellung von geeigneten Nachhaltigkeitskriterien, sondern vielmehr um die Darstellung des generellen Umgangs der Europäischen Union mit diesen „mittelbaren" Problemen.

1. Biokraftstoffe und Lebensmittel / „Food vs. Fuel"

Die Rechtsetzungsorgane der Europäischen Union scheinen die Gefahr eines Kostenanstiegs im Lebensmittelsektor durch Biokraftstoffe zwar zu sehen, jedoch als nicht sehr groß zu bewerten.[609] So enthält die eigentliche RED keine verbindlichen Regeln, die zum Beispiel die Produktion von Biokraftstoffen aus Mais oder

---

[609] Vgl. Kapitel 3, Teil 5, IV dieser Arbeit.

Weizen grundsätzlich verbieten oder die Produktion der Biokraftstoffe aus diesen Rohstoffen mengenmäßig begrenzen.

Wie bereits oben gezeigt, sind die Auswirkungen der Lebensmittelpreise in Entwicklungsländer regelmäßig gravierender als in Industrieländern, in denen ein geringerer Teil des durchschnittlichen Einkommens für Lebensmittel verwendet wird. Fraglich ist auch, ob und welche Preissteigerungen im Gegenzug für nachhaltige Biokraftstoffe hingenommen werden können oder müssen.

Jedoch werden die Auswirkungen auf den Lebensmittelmarkt nicht gänzlich unberücksichtigt gelassen und spätere Änderungen der RED bei entsprechendem Wissensstand[610] um die konkreten Auswirkungen auf den Lebensmittelmarkt in der Richtlinie veranlagt. Die Richtlinie übernimmt die Feststellungen des Europäischen Rates vom Juni 2008, wonach die möglichen Auswirkungen der Biokraftstoffproduktion auf die landwirtschaftliche Lebensmittelproduktion bewertet und gegebenenfalls entsprechende Abhilfemaßnahmen getroffen werden müssen.[611]

Art. 17 Abs. 7 RED greift dieses Kontrollsystem auf, wonach die Kommission dem Europäischen Parlament und dem Rat alle zwei Jahre über die Folgen (...) der Biokraftstoff-Politik der Gemeinschaft hinsichtlich der Verfügbarkeit von Nahrungsmitteln zu erschwinglichen Preisen, insbesondere für die Menschen in Entwicklungsländern, und über weitergehende entwicklungspolitische

---

[610] *Farm Foundation 2011*, Food Prices, nennt in ihrem 2011 erschienen Bericht „What´s Driving Food Prices in 2011" fünf Schlüsselfaktoren für ausschlaggebend für steigende Lebensmittelpreise. Während „die Biokraftstoffpolitik" insbesondere für den Anstieg des Maispreises i.R.d. Kategorie „persistent demand shocks" neben anderen Faktoren mit-verantwortlich gemacht werden kann, sind auch andere Gründe wie „Market inelasticity", „Weather and grain stocks", „Chinese Policies" und „Macroeconomics" zu berücksichtigen
[611] RL 2009/28/EG, Erwägungsgrund 9.

Aspekte berichtet. Gemäß Art. 17 Abs. 7 a.E. RED hat der erste Bericht 2012 vorzuliegen. Die Kommission hat hierbei Änderungen der Richtlinie vorzuschlagen, insbesondere wenn nachgewiesen wird, dass sich die Biokraftstoffherstellung in erheblichem Maße auf die Nahrungsmittelpreise auswirken. Gemäß dem Bericht aus dem Jahr 2015 ist es nicht erforderlich hinsichtlich dieser Problemfelder Abhilfemaßnahmen zu schaffen.

Zwar könnte man meinen, das die ebenfalls im Jahr 2015 erlassene Biokraftstoffnovelle, die durch die Begrenzung des Beitrags von Biokraftstoffen der ersten Generation, durch die verbesserte Förderung von „fortschrittlichen Biokraftstoffen", durch eine stärkere Gewichtung dieser Kraftstoffe bei der Anrechnung auf das in der RED festgelegte 10 %-Ziel und durch eine Anrechnung eines CO_2-Malus für konventionelle Biokraftstoffe als Berücksichtigung der indirekten Landnutzungsänderungen, gerade auch die Problematik „Food vs. Fuel" entschärfen wollte. Doch ist dies nicht der Fall.[612] Ausweislich eines Dokumentes der Kommission bezüglich der Folgenabschätzung zu indirekten Landnutzungsänderungen, konzentriert sich diese Folgenabschätzung auf die in den Richtlinien festgelegte Verpflichtung hinsichtlich der mit indirekten Landnutzungsänderungen verbundenen Treibhausgasemissionen und geht nicht auf etwaige weitere mit dem Einsatz von Biokraftstoffen einhergehende ökologische und soziale Auswirkungen ein.[613]

---

[612] Vgl. Fn. 506.
[613] Vgl. SWD (2012) 344, Arbeitsunterlage der Kommissionsdienststellen, Zusammenfassung der Folgenabschätzung zu indirekten Landnutzungsänderungen im Zusammenhang mit Biokraftstoffen und flüssigen Biobrennstoffen, „4. Politische Zielsetzung", S. 3.

2. Förderung von Biokraftstoffen der 2. und 3. Generation

Mittel und langfristig wird es erforderlich sein, Biokraftstoffe der 2. und 3. Generation einzuführen. Zum einen ist das Einsparpotenzial von Treibhausgasemissionen bei Biokraftstoffen der 1. Generation begrenzt.[614] Die Voraussetzungen der Treibhausgasemissionseinsparungen gemäß der RED für das Jahr 2018 von 60 % gegenüber herkömmlichen Kraftstoffen[615] werden nur ein Drittel der in Anhang V Teil A RED aufgeführten „gegenwärtig häufigsten und verfügbaren Biokraftstoffe" erfüllen, wo hingegen Biokraftstoffe der 2. Generation ein Einsparpotenzial von mindestens 85 % haben.[616]

Darüber hinaus konkurrieren die neuen Generationen von Biokraftstoffen nicht mit dem Lebensmittelmarkt, sondern sie werden aus Abfällen, Stroh, Abfallholz oder speziell für die Biokraftstoffproduktion angebautem Holz in sogenannten Kurzumtriebs-Plantagen[617] angebaut.

Zwar sind diese künftigen Biokraftstoffe gegenwärtig nicht oder nur in vernachlässigbaren Mengen auf dem Markt, jedoch soll die RED auch gerade die kontinuierliche Entwicklung von Technologien fördern.[618]
Hierbei sollen verbindliche Vorgaben solche Investitionen und Entwicklungen unumgänglich machen, da die Vorgaben zum gegenwärtigen Stand der Technik nicht erreicht werden können. Es ist nicht angebracht, die Entscheidung über die Verbindlichkeit

---

[614] Vgl. Anhang V Teil A RED.
[615] Vgl. Art. 17 Abs. 2 UA 1 RED.
[616] Vgl. Anhang V Teil B RED.
[617] KUP.
[618] RL 2009/28/EG, Erwägungsgrund 14.

eines Ziels bis zum Eintritt eines Ereignisses in der Zukunft, die ausreichende Versorgung mit Biokraftstoffen, zu verschieben.[619]

Die RED soll daher auch Maßnahmen benennen, um die Entwicklung von Biokraftstoffen der zweiten und dritten Generation in der Gemeinschaft und weltweit zu fördern.[620]

Die RED spricht in ihren Erwägensgründen von Biokraftstoffen der ersten, zweiten und dritten Generation[621]. Die Artikel der RED sprechen hingegen von Biokraftstoffen, die aus Abfällen, Reststoffen, zellulosehaltigem Non-Food-Material und lignocellulosehaltigem Material hergestellt werden[622], womit Biokraftstoffe der zweiten und dritten Generation erfasst sind.

Die konkrete Förderung solcher zukünftiger Biokraftstoffe erfolgt durch Art. 21 Abs. 2 RED, wonach zum Zwecke des Nachweises der Einhaltung von nationalen Verpflichtungen zur Nutzung erneuerbarer Energie und zur Einhaltung des in Art. 3 und 4 RED genannten Ziels für die Nutzung von Energie aus erneuerbaren Quellen für alle Verkehrsträger Biokraftstoffe der zweiten und dritten Generation gegenüber sonstigen Biokraftstoffen doppelt gewichtet werden können.

Eine mittelbare Förderung erfolgt außerdem, wie bereits beschrieben, durch die Vorgaben bezüglich der Treibhausgaseinsparungen, die von einem Großteil der herkömmlichen Biokraftstoffe nicht zur Gänze, also der Einsparung von 60 % Treibhausgasemissionen, erfüllt werden können.

---

[619] RL 2009/28/EG, Erwägungsgrund 14.
[620] RL 2009/28/EG, Erwägungsgrund 66.
[621] Vgl. RL 2009/28/EG, Erwägungsgrund 66.
[622] Vgl. Art. 21 Abs. 2, Art. 22 Abs. 1 lit. c RED.

Im Übrigen sind Biokraftstoffe zukünftiger Generationen im Berichterstattungssystem der Richtlinie erwähnt. Angesichts der noch am Beginn der Innovationen stehenden Biokraftstoffe der zweiten und dritten Generation geht es hier wohl auch darum, möglichst viele Informationen zu sammeln, um mit diesen die Gestaltung des Energiesektors nach 2020 besser vornehmen zu können. So sollen die Mitgliedsstaaten unter anderem über die Einführung und Funktionsweise von nationalen Förderprogrammen zur Förderung von Biokraftstoffe der zweiten und dritten Generation berichten[623].

Die Kommission hingegen soll gemäß Art. 23 Abs. 8 RED durch einen Bericht im Jahr 2014[624], in dem gemäß Art. 23 Abs. 9 RED bis 2018 vorzulegenden „neuer Fahrplan für erneuerbare Energie für den Zeitraum nach 2020" und in einem Bericht im Jahr 2021 gemäß Art. 23 Abs. 10 RED das Thema Biokraftstoffe der zweiten und dritten Generation[625] aufgreifen.

3. Biokraftstoffe und soziale Grundrechte

Die sozialen Probleme, die sich im Zusammenhang mit der Biokraftstoffproduktion außerhalb der EU ergeben können[626], wurden vom europäischen Gesetzgeber ebenfalls nicht unerwähnt gelassen[627]. Da die erhöhte Nachfrage nach Rohstoffen, nicht nur von europäischer Seite, zu einem zunehmenden Druck auf sensible Ackerflächen führt und die weltweite landwirtschaftliche Entwicklung bzw. die jeweiligen durch die Landwirtschaft bedingten Politikfelder beeinflusst, mussten frühzeitig sozial-, arbeits- und ent-

---

[623] Vgl. Art. 22 Abs. 1 lit. b, lit. c RED.
[624] Vgl. Art. 23 Abs. 8 lit. a RED.
[625] Vgl. Art. 23 Abs. 10 RED.
[626] Vgl. http://www.spiegel.de/wirtschaft/0,1518,602457,00.html (letztmalig abgerufen am 09.06.2019), Anhang 1.XLVIII.
[627] Vgl. RL 2009/28/EG Erwägungsgrund 9.

wicklungspolitische Aspekte des Biomasseanbaus berücksichtigt werden.

Wenngleich die Implementierung von Sozialstandards in Handelsbeziehungen, zumindest im Rahmen der WTO, ein andauerndes Konfliktpotenzial aufweist[628], wurde dennoch versucht, auch im Rahmen der RED die Sozialverträglichkeit der Biokraftstoffproduktion, insbesondere beim Anbau der dafür benötigten Rohstoffe sicherzustellen.[629]

Gemäß Art. 17 Abs. 7 UA 2 RED hat der alle zwei Jahre erscheinende Bericht[630] der Kommission die Biokraftstoffpolitik bezüglich der sozialen Tragbarkeit in der Gemeinschaft und in Drittländern zu bewerten.

In den Berichten ist auf die Wahrung von Landnutzungsrechten einzugehen und bei Drittländern, die eine bedeutende Rohstoffquelle für in der Gemeinschaft verbrauchte Biokraftstoffe darstellen, ist zusätzlich darzulegen, ob und welche der explizit aufgeführten acht Übereinkommen der Internationalen Arbeitsorgani-

---

[628] M.w.N. *Herrmann, Weiß, Ohler*, Welthandelsrecht, 2. Auflage, 2007, S. 506 ff.

[629] Es ist gegenwärtig nicht schwierig Berichte über ungenügende Arbeitsbedingungen auf den Anbauflächen von Biomasse zur Biokraftstoffproduktion zu finden. Da gegenwärtig die sozialen Bedingungen nicht von den Nachhaltigkeitskriterien der RED abgedeckt sind, ist es somit denkbar, dass derartige Biomasse das Ausgangsmaterial von in Europa als nachhaltige Biokraftstoffe verkaufte Biokraftstoffe darstellt. Vgl. beispielshaft Misereor 2011, Positionspapier „Biokraftstoff" E10, S. 6,

[630] Diese Information bzw. der entsprechende Bericht ist bislang auf der Transparenzplattform der Europäischen Kommission nicht erhältlich.

sation[631] von den Drittstaaten ratifiziert und umgesetzt wurden. Hierbei handelt es sich um die, die Kernarbeitsnormen[632] der Internationalen Arbeitsorganisation,"[633] betreffenden Konventionen.

Darüber hinaus bemüht sich die Gemeinschaft gemäß Art. 18 Abs. 4 RED, bilaterale oder multilaterale Übereinkünfte mit Drittländern zu schließen, die Bestimmungen über Nachhaltigkeitskriterien enthalten, die den Bestimmungen dieser Richtlinie entsprechen. Hierbei wird den in Art. 17 Abs. 7 Unterabsatz 2 RED genannten Aspekten besondere Aufmerksamkeit gewidmet.

4. Sonstige[634] mittelbare Problemfelder der Biokraftstoffpolitik

i. Biodiversität

Der Anbau von Biomasse könnte die bestehende Biodiversität einschränken. Die Biodiversität steht für die Vielfalt der Arten, die Vielfalt innerhalb der Arten und die Vielfalt von Ökosystemen.[635]

---

[631] Übereinkommen über Zwangs- oder Pflichtarbeit (Nr. 29), Übereinkommen über die Vereinigungsfreiheit und den Schutz des Vereinigungsrechts (Nr. 87), Übereinkommen über die Anwendung der Grundsätze des Vereinigungsrechtes und des Rechtes zu Kollektivverhandlungen (Nr. 98), Übereinkommen über die Gleichheit des Entgelts männlicher und weiblicher Arbeitskräfte für gleichwertige Arbeit (Nr. 100), Übereinkommen über die Abschaffung der Zwangsarbeit (Nr. 105), Übereinkommen über die Diskriminierung in Beschäftigung und Beruf (Nr. 111), Übereinkommen über das Mindestalter für die Zulassung zur Beschäftigung (Nr. 138), Übereinkommen über das Verbot und unverzügliche Maßnahmen zur Beseitigung der schlimmsten Formen der Kinderarbeit (Nr. 182).

[632] Core Labor Standards/ Core Labor Convention.

[633] International Law Organization, ILO.

[634] Die Bezeichnung als „Sonstige" Probleme soll keinesfalls verharmlosend sein. Es handelt sich auch bei denen in der Folge genannten Problemfeldern um sehr ernst zu nehmende Thematiken. Zum Beispiel: „Food vs. Fuel".

So hat der Anbau von Ölpalmen auf gerodeten Urwaldflächen eine negative Auswirkung auf die Biodiversität, wo hingegen sich eine auf Brachland errichtete Zuckerrohrplantage im Vergleich auch durchaus positiv auf die Biodiversität auswirken kann.[636] Landnutzungsänderungen im Rahmen der Biomassseproduktion müssen sich nicht immer negativ auf die Biodiversität auswirken. Es besteht aber die Gefahr dazu, zumal die Bilanz der Biodiversität einer in Plantagen oder Feldern angebauten monokulturellen Biomasse zumeist negativ ausfallen dürfte. Der höhere Ertrag einer Plantage und der damit verminderte Flächenverbrauch bzw. die bessere Wirtschaftlichkeit, stehen oftmals einem erhöhten Einsatz von Agrochemikalien und einer verminderten Biodiversität gegenüber. Vorschriften, die die Vorlage eines Biodiversitätsplanes fordern oder die zulässige Anbaumethode reglementieren, sucht man vergebens.

  ii. Agrochemikalien, genetische Veränderungen

Der vermehrte und großindustrielle Anbau des Rohmaterials für die Biokraftstoffproduktion ist oftmals mit der vermehrten Verwendung von Agrochemikalien verbunden. Hierzu zählen Düngemittel und Pflanzenschutzmittel. Während Düngemittel negative Auswirkungen auf Fließgewässer und das Grundwasser und somit mittelbar auch auf die Gesundheit von Mensch und Tier haben können, ist die Verwendung von Pflanzenschutzmitteln vor allem deswegen kritisch zu bewerten, da ein unsachgemäßer Umgang nicht nur zur Belastung der Umwelt (vergleichbar wie Düngemittel) führt, sondern auch unmittelbar den Anwender des Pflanzen-

---

[635] HWWI *2007*, Biokraftstoffe und Nachhaltigkeit, S. 8, http://www.hwwi.org/uploads/tx_wilpubdb/HWWI_Policy_Report_Nr._5.pdf (letztmalig abgerufen am 09.06.2018) Anhang 1.XLIX.

[636] Vgl. HWWI 2007, Biokraftstoffe und Nachhaltigkeit, S. 9, http://www.hwwi.org/uploads/tx_wilpubdb/HWWI_Policy_Report_Nr._5.pdf (letztmalig abgerufen am 08.06.2019) Anhang 1.XLIX.

schutzmittels, seine Familie, Kinder und Nachkommen in ihrer Gesundheit schädigen kann. Die Liste der Probleme einer unsachgemäßen Verwendung von Pflanzenschutzmitteln ist lang: Vergiftungen und Gesundheitsschädigungen bei den Verwendern mangels hinreichenden Schutzes (Handschuhe, Atemmasken, Körperbedeckung), falscher Technik (Sprayen gegen den Wind), unzureichende infrastrukturelle Einrichtungen (Waschmöglichkeiten, Umkleidemöglichkeit, separate Essens- und Aufenthaltsräume, Erste-Hilfe-Einrichtungen), veraltete oder komplizierte technische Maschinen zum Lagern, Abfüllen und Mischen des Pflanzenschutzmittels.

Das sogenannte Umbrechen oder Umpflügen eines Feldes ist zwar oftmals auch als wachstumsfördernde Maßnahme zu betrachten, doch ist hierbei zu beachten, dass sich diese Technik auch auf die CO_2-Bilanz des Biomasseanbaus auswirken kann, entweder, da im Boden gespeichertes CO_2 frei wird, oder, weil in den Pflanzenresten gespeichertes CO_2 in den Boden eingearbeitet wird.
Anzumerken ist abschließend, dass auch Dünger regelmäßig stickstoffhaltig ist. Die Verbindung NO_2, auch als Lachgas bekannt, hat sogar einen etwa 300-fach höheren Treibhausgaseffekt als Kohlendioxid[637], so dass schnell eingesparte CO_2-Emissionen unter Beachtung des Stickstoffs im Dünger, der nicht von Pflanzen absorbiert wird, sondern chemisch reagiert und als Lachgas an die Atmosphäre abgegeben wird, kompensiert werden.[638] Da die Menge landwirtschaftlicher Lachgas-Emissionen außerdem jedoch nicht nur von der Menge des eingesetzten chemischen Düngers abhängt, sondern auch von Faktoren, wie die konkret gewählten

---

[637] Vgl. Anhang V Teil C Nr. 5 RED.
[638] Max-Planck-Gesellschaft, Stickstoff-Dünger spielt beim Klimawandel eine Doppelrolle, https://www.mpg.de/4387747/stickstoff_duenger_klimawandel, (letztmalig abgerufen am 08.06.2019), Anhang 1. XLVI.

Anbau-Praktiken, die Pflanzenarten oder dem Düngereinsatz sind Schwankungen bei der Emissionsrate um bis zu 700 % denkbar.[639] Grundsätzlich ist Stickstoff zwar Wachstumsfördernd und trägt wesentlich dazu bei, dass die Landwirtschaft derart hohe Erträge erzielt. Abgesehen davon landet ein Teil des Düngers bei einer Überdüngung aber im Wasserkreislauf und fördert dort das Algenwachstum. Sterben diese ab, so entstehen auch dort wiederum klimaschädliche Faulgase.

Im Spannungsfeld der Agrochemikalien ist schließlich auch die Frage von genmanipulierten Pflanzen angesiedelt. Deren „eingebauter" Schutz gegen Schädlinge vermindert möglicherweise den Einsatz konventioneller Agrochemikalien. Es wird aber befürchtet, dass genmanipulierte Pflanzen das natürliche Gleichgewicht zerstören und weniger widerstandsfähige Pflanzen verdrängt werden.[640] Resistenzen von Pflanzenschädlingen sind ebenso zu befürchten.

Ein vollständiger Verzicht auf Agrochemikalien ist aber auch nicht zu empfehlen, da der sachgerechte Umgang mit Düngemittel den Boden vor einem Auslaugen schützt und theoretisch die Nährstoffe ausbringt, die durch den Anbau der Pflanzen dem Boden entzogen wurden. Düngemittel sind auch unter dem Gesichtspunkt der Flächenkonkurrenz zu berücksichtigen, da ohne Düngemittel der Ertrag des Anbaus erheblich geringer wäre und/oder die Anbaufläche öfters gewechselt werden müsste, um einen ertragreichen Anbau gewährleisten zu können. Durch geringere Erträge müsste noch mehr Anbaufläche für Biomasse für Biokraftstoffe verwendet werden. Die Konkurrenz zu anderen Märkten würde noch mehr

---

[639] Henning, Nachhaltige Landnutzung, 2017, S. 194.
[640] HWWI 2007, Biokraftstoffe und Nachhaltigkeit, S. 10., http://www.hwwi.org/uploads/tx_wilpubdb/HWWI_Policy_Report_Nr._5.pdf (letztmalig abgerufen am 08.06.2019), Anhang 1.XLIX.

wachsen. Fruchtwechsel[641] könnte wiederum eine Auslaugung des Bodens verhindern und den Einsatz von Düngemittel vermindern.

iii. Landnutzungsrechte, Arbeitsbedingungen

Mittelbare Probleme sind aber auch die Missachtung von Landnutzungsrechten (land-grabbing) und unfairen Arbeitsbedingungen für die im Biomasseanbau Beschäftigten – Kinderarbeit, Zwangsarbeit, Missachtung von Arbeitnehmerrechten.

iv. Angebaute Biomasse

Die Biokraftstoffpolitik könnte auch bereits deshalb als weniger nachhaltig bezeichnet werden, wenn nur eine bestimmte Art von Biomasse für die Biokraftstoffproduktion verwendet werden dürfte. Beschränkte sich die Förderung auf den Anbau von Biomasse, die zur Kultivierung besonders wasserintensiv[642] ist, müsste man die Nachhaltigkeit teilweise verneinen.

Nachhaltigkeit, bezogen auf den Anbau der Rohstoffe, sollte schließlich auch danach bewertet werden, wie hoch der Kraftstoffertrag und Nettoenergieertrag einer Pflanze ist. Der Kraftstoffertrag (GJ/ha bzw. Liter-Kraftstoffäquivalent/ha) gibt die produzierte Energie eines Biokraftstoffs/ ha Anbaufläche an. Er ergibt sich aus dem Produkt der produzierten Menge des Biokraftstoffs/ha und dem Energiegehalt.[643] Der Nettoenergieertrag (GJ/ha) gibt die durch die Verwendung von Biokraftstoffen eingesparte nicht erneuerbare Energie an.[644] Er ergibt sich aus der

---

[641] Engl.: crop-rotation.
[642] Vgl. Technology Review, Der große Durst der Jatropha, http://www.heise.de/tr/artikel/Der-grosse-Durst-der-Jatropha-276525.html (letztmalig abgerufen am 08.06.2019), Anhang 1.II.
[643] Fachagentur nachwachsende Rohstoffe 2009, Biokraftstoffe, S. 17.
[644] Fachagentur nachwachsende Rohstoffe 2009, Biokraftstoffe, S. 17.

Differenz der durch den jeweiligen Biokraftstoff ersetzten fossilen Energie und der in der Produktion des Biokraftstoffs eingesetzten fossilen Energie.[645]

Es geht also letzten Endes darum, wie viel Liter Benzin oder Diesel auf einem Hektar angebaut werden können, wie viel Liter Benzin man aus einem Hektar der jeweils angebauten Pflanze gewinnen kann. Während, bezogen auf Dieselkraftstoff ersetzende Biokraftstoffe, aus einem Hektar Ölpalmen 4000 Liter Kraftstoffäquivalent produziert werden können, sind es bei Soja nur 580 Liter.[646] Für benzinersetzende Biokraftstoffe kann man aus einem Hektar Getreide 1650 Liter Kraftstoffäquivalent erzeugen, jedoch 4160 Liter Kraftstoffäquivalent, sofern die brasilianische Zuckerrohrgewinnung bzgl. der Bioethanolgewinnung betrachtet wird.[647]

Zwar hat die weit entwickelte Bioethanolproduktion Brasiliens die geringsten Produktionskosten, ist konkurrenzfähig gegenüber herkömmlichen Kraftstoffen und außerdem konkurrenzlos zu anderen Bioethanolproduktionen, jedoch wird auch hier ein Nachhaltigkeitsproblem durch die übermäßige Ausdehnung der Anbaufläche und negative Treibhausgasbilanz bei Beachtung der direkten und indirekten Landnutzungsänderungen befürchtet[648].

Auch bei Biodiesel aus Palmöl, dem Spitzenreiter bezogen auf den Kraftstoffertrag von benzinsubstituierender Biomasse, gibt es Schwachstellen, nämlich, dass eine garantierte Treibhausgaseinsparung nur dann erfolgt, sofern der Anbau auf Brachflächen erfolgt. Weitergehende Nachhaltigkeitsprobleme sind außerdem

---

[645] Fachagentur nachwachsende Rohstoffe 2009, Biokraftstoffe, S. 17.
[646] Vgl. Fachagentur nachwachsende Rohstoffe 2009, Biokraftstoffe, S. 20.
[647] Vgl. Fachagentur nachwachsende Rohstoffe 2009, Biokraftstoffe, S. 20.
[648] Fachagentur nachwachsende Rohstoffe 2009, Biokraftstoffe, S. 35.

durch einen zunehmenden Palmanbau in Monokultur zu befürchten[649] und die Rodung von Regenwald.

Den überragenden Eigenschaften von BtL und Biokraftstoffen der dritten Generation stehen die bislang noch hohen Investitions- und Herstellungskosten gegenüber.[650]

Beachtenswert ist, dass Biokraftstoffe der zweiten Generation 30 % - 40 % weniger Anbaufläche benötigen als der Anbau der Rohstoffe herkömmlicher Biokraftstoffe[651]. Die Relevanz der richtigen Wahl der Rohstoffe zeigt sich auch daran, dass für eine Substituierung von 25 % des weltweiten Energiebedarfs im Transportsektor 17 % der weltweiten Anbaufläche verwendet werden müssten, würde der Biokraftstoff aus Zuckerrohr hergestellt und 200 % der weltweiten Anbaufläche, sofern Soja den Rohstoff für die Biokraftstoffe bilden sollte[652].

Die Wahl der angebauten Biomasse hat auch darauf Einfluss, wie weit diese transportiert werden muss, bis das fertige Endprodukt beim europäischen Verbraucher ankommt. Die Nachhaltigkeit von Biokraftstoffen ergibt sich auch daraus, ob die Rohstoffe über weite Wege zur Verarbeitung transportiert werden müssen und sodann, ob die fertigen Biokraftstoffe noch weit transportiert werden müssen, bevor sie vom Endverbraucher verwendet werden.

---

[649] Fachagentur nachwachsende Rohstoffe 2009, Biokraftstoffe, S. 32.
[650] Fachagentur nachwachsende Rohstoffe 2009, Biokraftstoffe, S. 31.
[651] *IFPRI* 2010, Global Trade and Environmental Impact Study of the EU Biofuels Mandate, S. 20.
[652] *IFPRI* 2010, Global Trade and Environmental Impact Study of the EU Biofuels Mandate, S. 20,

Die in Anhang V Teil D aufgeführten „disaggregierten Standardwerte für Transport und Vertrieb", (e_{td})[653], sind zwar insgesamt relativ gering. Die Werte für den „Transport und Vertrieb" von „Ethanol aus Zuckerrohr" (9g CO_{2eq}/ MJ), „Biodiesel aus Sojabohnen" (13g CO_{2eq}/ MJ), „Biodiesel aus Palmöl" (5g CO_{2eq}/ MJ) oder „Hydriertes Palmöl" (5g CO_{2eq}/ MJ) sind jedoch um ein vielfaches höher, als der angesetzte Standardwert für „Biodiesel aus Raps" (1g CO2eq/ MJ). Der Ausstoß von Treibhausgasemissionen für den Transport und Vertrieb von Biodiesel aus Sojabohnen ist also 13 Mal so hoch, wie der von Biodiesel aus Raps. Man könnte auch sagen, dass 1200% mehr Treibhausgase in diesem Teil der Wertschöpfungskette verursacht werden.

Grundsätzlich ist ein Vorteil von Biokraftstoffen, zumindest in der Theorie, die dezentrale, regionale Produktion. Soll die heimische Land- und Forstwirtschaft unterstützt werden, sollten regionale Rohstoffproduzenten eingebunden und sodann die verarbeiteten Biokraftstoffe in einem regionalen Vertriebsnetz an den Verbraucher verkauft werden.

Erfolgt jedoch ein überwiegender Import der Rohstoffe, so sind hierfür, sofern die Rohstoffe nicht bereits zu verdichteten (flüssigen) Zwischenprodukten verarbeitet wurden, größere Transportmaßnahmen erforderlich, als für die gleiche Menge konventioneller Kraftstoff erforderlich wären. Da Biomasse eine deutlich geringere Energiedichte hat als der daraus erstellte Kraftstoff, ergibt sich dadurch ein größeres Transportvolumen als für den daraus erstellten Kraftstoff[654]. Dies auch, zumal etwa Pipelines bei Ethanol und Biodiesel nicht genutzt werden können bzw. dürfen.[655]

---

[653] Vgl. Anhang V, Teil D RED.
[654] *Bühler*, 2010, Biokraftstoffe, S. 12.
[655] *Bühler*, 2010, Biokraftstoffe, S. 12.

Im Jahr 2007 wurde noch davon ausgegangen, dass der Anbau der Rohstoffe der Biokraftstoffe weitestgehend in Europa stattfinden würde, da nämlich (neben tropischem Rübenzucker) heimisches Getreide für die Bioethanolherstellung und für die Biodieselherstellung (importiertes und) heimisches Rapsöl sowie kleinere Mengen von Soja und Palmöl[656] verwendet werden. Daher stellte der Vorschlag der Kommission zum Erlass der RED fest, dass das Biokraftstoffziel zwar auch durch eine ausschließliche europäische Produktion erreicht werden könnte, es aber sowohl wahrscheinlich wie auch wünschenswert ist, dass das Ziel de facto durch eine Kombination aus inländischer Herstellung und Importen erreicht wird[657]. Die RED übernimmt diese Wertung[658], wohl auch, um Nachhaltigkeitskriterien zu „exportieren" und einen Nachteil europäischer Biokraftstoff-Produzenten zu verhindern.

Es wird jedoch durch die RED nicht festgelegt, ob bestimmte Quoten durch mitgliedstaatliche Produktionen, sei es bezogen auf die Rohstoffe oder auf die Herstellung der Biokraftstoffe, erreicht werden müssen.

Brasilien wird auch im Jahr 2020 bezüglich der Ethanolproduktion noch unangefochtener „Kostenführer" sein, die europäische Produktion gegenüber der brasilianischen, US-amerikanischen und asiatischen Bioethanolproduktion teurer und so wohl nicht konkurrenzfähig sein[659].

Zudem ist zu befürchten, dass der deutsche und europäische Markt nicht nur teurer als konkurrierende Märkte ist, sondern auch nicht die ausreichende Menge an Rohstoffen zur Verfügung stellen kann und daher, um die Quote kurzfristig zu erfüllen, der

---

[656] Vgl. KOM(2006) 848 endgültig, S. 13.
[657] KOM(2008) 19 endgültig, Erwägungsgrund 10.
[658] RL 2009/28/EG, Erwägungsgrund 16.
[659] FnR, 2009, Biokraftstoffe - eine vergleichende Analyse, 2. Auflage, S. 26 f.

Anbau und die Abnahme von Rohstoffen aus Drittländern stark ansteigen wird. Für das Jahr 2010 konnte der Evaluations- und Erfahrungsbericht der Bundesanstalt für Landwirtschaft und Ernährung (BLE) zwar noch mitteilen, dass 80 % der nachhaltigen Biomasse, die im Jahr 2010 in Deutschland erfasst wurde, auch in Deutschland angebaut wurde und sogar 85 % des Energiegehalts der im Jahr 2010 erfassten nachhaltigen Biomasse aus in Deutschland angebauter Biomasse – vornehmlich Raps – stammt.[660] Berichte von Umweltschutzorganisationen besagen aber, dass etwa ein Drittel des in einem europäischen Land zu dem normalen Diesel beigemischten Biodiesels aus Palmöl stammt. Palmöl ist gegenwärtig das günstigste und in der größten Menge verfügbare Pflanzenöl auf dem Weltmarkt.[661] Ferner würde „nicht mal" mehr der aus Rapsöl stammende Biodiesel aus europäischem Raps erzeugt und die europäischen Biodieselhersteller griffen zunehmend auf Importware aus Übersee zurück, da europäischer Raps nicht in ausreichender Menge zur Verfügung stünde.[662]

Gegenwärtig lässt die EU einen freien Markt zwar nur dort zu, wo die eigenen Hersteller konkurrenzfähig sind, also beim Biodiesel. Die Zölle liegen für Biodiesel und pflanzliche Öle zwischen 0 % und

---

[660] Vgl. Biokraft-NachV; BioStNachV: Evaluations- und Erfahrungsbericht für das Jahr 2010, S. 22 f. Wobei die Erklärungen der BLE nicht ganz nachvollziehbar sind, da gemäß der Ausführungen überhaupt keine Biomasse von außerhalb Europas kommt, wenngleich doch der gleiche Erfahrungsbericht auch größere Mengen an verarbeitetem Palmöl nennt, welches vorwiegend in Südost Asien angebaut wird.

[661] EUWID Neue Energien, 14/2011, S. 5, http://www.euwid-energie.de/news/neue-energien/einzelansicht/Artikel/hohe-anteile-palm-und-sojaoel-in-europaeischen-biodiesel-proben.html (letztmalig abgerufen am 10.06.2018), Anhang 1.L.

[662] EUWID Neue Energien, 14/2011, S. 5. http://www.euwid-energie.de/news/neue-energien/einzelansicht/Artikel/hohe-anteile-palm-und-sojaoel-in-europaeischen-biodiesel-proben.html (letztmalig abgerufen am 10.06.2018), Anhang 1.L.

5 %. Anders ist es bei Bioethanol, wo Zölle von bis zu 45 % die Einfuhr behindern[663]. Mit dieser Abschottung werden jedoch die Preise für Agrarrohstoffe in Europa in die Höhe getrieben, was gerade einer flächendeckenden Markteinführung zuwider läuft[664]. Die Regulierung von Biokraftstoffen sollte jedoch nicht dazu führen, dass auf diesem Weg nicht-tarifäre Handelshemmnisse zu protektionistischen Zwecken aufgebaut werden[665].

Wenn davon auszugehen ist, dass die Liberalisierung des Handels auch den Ethanolsektor erfassen wird, sollte man darüber nachdenken, die europäische Bioethanolförderung frühzeitig zu beschränken, um nicht langfristig eine teure, von Subventionen abhängende Industrie aufzubauen. Vielmehr sollte darauf geachtet werden, hohe Nachhaltigkeitskriterien, die auch die iLUCs erfassen, zu „exportieren". Dadurch würde auch der ansatzweise konkurrenzfähigen europäischen Bioethanolproduktion durch Zuckerrüben zu mehr Wettbewerbsfähigkeit verholfen. Zwar wird die EU sich in diesem Fall sicherlich schnell mit der Kritik eines grünen Protektionismus konfrontiert sehen[666], doch ist es Aufgabe der EU, ihre Vorreiterrolle im Klimaschutz auch international zu verteidigen und sich für sehr hohe Nachhaltigkeitsstandards in der Biokraftstoffproduktion einzusetzen.

v. „Food vs. Fuel"

Die Unterscheidung von mittelbaren Konsequenzen und indirekten Landnutzungsänderungen ist fließend und manchmal kaum

---

[663] *Hees, Müller, Schüth* (Hrsg.), 2007, Volle Tanks – leere Teller, S. 31.
[664] *Hees, Müller, Schüth* (Hrsg.), 2007, Volle Tanks – leere Teller, S. 31.
[665] *Doornbusch, Steenblick*, (OECD) 2007, Biofuels: Is the cur worse than the disease?, S. 41.
[666] http://www.euractiv.de/handel/Biokraftstoffe-handel-und-nachha-linksdossier-189240
(letztmalig abgerufen am 08.06.2019), Anhang 1.XXXIX.

möglich. Entgegen der Meinung der Europäischen Union[667] ist das Thema der indirekten Landnutzungsänderungen nicht nur unter dem Gesichtspunkt der Einsparung von Treibhausgasen zu bewerten. Das Thema verdient auch deswegen Beachtung, weil alle hierzu von der Europäischen Union im Rahmen der Biokraftstoffnovelle vorgesehenen Maßnahmen unter anderem den Konflikt zum Lebensmittelmarkt mindern.[668]

Vertreibt der Anbau von Biomasse bisher angebaute Lebensmittel gänzlich und kommt es nicht zu einer Kompensation der Menge an Lebensmitteln die bisher dort angebaut wurden[669], so kann dies als sonstiges Problem angesehen werden und erfasst die Problematik „Food vs. Fuel".

Wenngleich mehrere Studien davon ausgehen, dass Biokraftstoffe nur ein Faktor von mehreren für Lebensmittelpreissteigerungen sind[670] bzw. nur bezogen auf Mais preistreibend wirken[671] und neben den Biokraftstoffen vor allem in dem weltweit veränderten Produktions- und Konsumtionsverhalten und der Abwertung des Dollars Hauptgründe für Lebensmittelpreisanstiege gesehen wer-

---

[667] SWD (2012) 344, Arbeitsunterlage der Kommissionsdienststellen, Zusammenfassung der Folgenabschätzung zu indirekten Landnutzungsänderungen im Zusammenhang mit Biokraftstoffen und flüssigen Biobrennstoffen, S.3, „4. Politische Zielsetzung".

[668] SWD (2012) 344, Arbeitsunterlage der Kommissionsdienststellen, Zusammenfassung der Folgenabschätzung zu indirekten Landnutzungsänderungen im Zusammenhang mit Biokraftstoffen und flüssigen Biobrennstoffen, S. 4 – 8.

[669] Diese Kompensation könnte durch den Anbau der Lebensmittel an anderer Stelle erfolgen oder durch eine Steigerung des Ertrags beim Anbau dieses Lebensmittels, das bisher bereits an anderer Stelle angebaut wurde und dort auch zukünftig, allerdings ertragreicher, angebaut wird.

[670] *IFPRI* 2010, Global Trade and Environmental Impact Study of the EU Biofuels Mandate, S. 16.

[671] *Farm Foundation* 2011, Food Prices.

den[672], ist es aber auch keine Schwierigkeit, Stimmen zu finden, die einen erhöhten Druck auf den Lebensmittelmarkt durch die Rohstoffnachfrage durch Biokraftstoffe bejahen.

Biokraftstoffe sollen ca. 30 % „Mitschuld" an dem Preisanstieg haben, wobei bezüglich Mais dieser Wert mit 39 % etwas überschritten und bei Reis mit 21 % unterboten wird[673]. Wenn man berücksichtigt, dass in ärmeren Ländern prozentual erheblich mehr Geld vom Einkommen für den täglichen Nahrungsbedarf verwendet wird, ist der Beitrag der Biokraftstoffpolitik nicht gänzlich zu missachten.

Die verstärkte Förderung von Biokraftstoffen der zweiten und dritten Generation ist auch bezüglich der „Food vs. Fuel"- Problematik unausweichlich, da diese Treibstoffe aus einer breiten Menge, nicht dem Lebensmittelmarkt zuzuordnenden Rohstoffen hergestellt werden können[674].

Erfolgt hingegen eine Kompensation[675] der Lebensmittel, die zukünftig nicht mehr angebaut werden können, weil dort, an ihrer statt, Biomasse für die Biokraftstoffproduktion angebaut wird in derart, dass die Lebensmittel auf Flächen angebaut werden, die eigens dafür geschaffen wurden, also bis dato keine landwirtschaftliche Nutzfläche waren, so handelt es sich um die sogenannte indirekte Landnutzungsänderung.

---

[672] *IFPRI* 2010, Global Trade and Environmental Impact Study of the EU Biofuels Mandate, S. 17.
[673] *IFPRI* 2010, Global Trade and Environmental Impact Study of the EU Biofuels Mandate, S. 17.
[674] *Fachagentur nachwachsende Rohstoffe* 2009 *Fachagentur nachwachsende Rohstoffe* 2009, S. 33.
[675] Vgl. Fn. 662.

vi. Indirekte Landnutzungsänderungen

Die indirekten Landnutzungsänderungen[676] sind nahezu alleiniger Gegenstand einer Richtlinie, die im Jahr 2015 erlassen wurde.[677] Diese Richtlinie, hier Biokraftstoffnovelle bezeichnet, wurde bereits ausgiebig erörtert[678], so dass an dieser Stelle nicht erneut auf die Instrumente zur Vermeidung indirekter Landnutzungsänderungen eingegangen werden soll.

VI. Fazit zur Erfassung der Anforderungen an eine nachhaltige Biokraftstoffförderung durch die RED

Die RED berücksichtigte unmittelbar die Probleme bezüglich der direkten Landnutzungsänderungen und versuchte diesen entgegenzuwirken. Deshalb erfassten die Kriterien wesentliche Teile der ökologischen Sphäre, allerdings nur auf der ersten Wertschöpfungsstufe, nämlich dem Anbau der Biomasse.

Auch dem Thema Vermeidung von Treibhausgasemissionen wurde sehr viel Platz eingeräumt. Es wurde jedoch auf die Lebenszyklus-Treibhausgasemissionen abgestellt, so dass dieser Aspekt wesentlich besser erfasst war.

Da die Biokraftstoffproduktion meistens eine globale Wertschöpfungskette aufweist, hätten alle Nachhaltigkeitskriterien im globalen Kontext formuliert werden müssen. Die RED unterschied jedoch, zumindest im Hinblick auf einzelne Nachhaltigkeitskriterien,

---

[676] Nachfolgend: iLUC.
[677] RL (EU) 2015/1513.
[678] Vgl. Kapitel 3, Teil 4, IV, RL (EU) 2015/1513; Richtlinie zur Änderung der Richtlinie über die Qualität von Otto- und Dieselkraftstoffen und zur Änderung der Richtlinie zur Förderung der Nutzung von Energie aus erneuerbaren Quellen, (Biokraftstoffnovelle), S. 148.

zwischen innerhalb und außerhalb der Gemeinschaft angebauter Biomasse, ohne hierfür einen wesentlichen Grund zu nennen.

Mittelbare Aspekte einer Biokraftstoffpolitik, die unmittelbar durch den vermehrten Anbau der Biomasse entstehen können, wurden von dem Gesetzgeber und dem Richtlinientext zwar benannt. Es wurden jedoch keine harten Nachhaltigkeitskriterien diesbezüglich aufgenommen, sondern nur ein Berichtssystem aufgestellt, das potenzielle Konflikte, wie z.B. „Food vs. Fuel", Missachtung von Landnutzungsrechten, Missachtung von Arbeitnehmerrechten, dokumentieren und dadurch ein zukünftiges Handeln ermöglichen sollte. Wesentliche Aspekte aus der gesellschaftlichen, sozialen Sphäre wurden also nur indirekt erfasst und es fehlte insoweit an einem umfassenden Ansatz.

Viele dieser Aspekte und Probleme sollten bei der vermehrten Verwendung von Biokraftstoffen der zweiten Generation nicht auftreten. Es fehlte jedoch an der Formulierung von Zielen bezüglich Biokraftstoffen der zweiten Generation. Konkrete, zeitlich fixierte Vorgaben gab es auch nur hinsichtlich des Treibhausgas-Vermeidungspotenzials. Auf anderen Gebieten war kein Zeithorizont festgeschrieben, obwohl dies zu mehr Planungssicherheit geführt hätte und auch dem Gedanken der fortschreitenden Weiterentwicklung mehr entsprochen hätte.

Immerhin entsprach das Berichtssystem der prozessualen Komponente des Nachhaltigkeitsbegriffs, wonach eine kontinuierliche Weiterentwicklung und Optimierung wesentlich dazu beiträgt, das Fernziel zu erreichen. Die Förderung nach dem Gießkannenprinzip, also einer, bis auf wenige Ausnahmen, einheitlichen Förderung von allen Biokraftstoffen, gleich aus welcher Biomasse, Region etc., könnte ebenfalls eine spätere Anpassung ermöglichen, da fehlende Praxiserfahrungen gesammelt werden könnten sollte.

Die durch die RED formulierten Anforderungen erfassen die Elemente des in dieser Arbeit zuvor herausgearbeiteten Nachhaltigkeitbegriffs im Wesentlichen.

Lediglich die unterschiedliche Gewichtung einzelner Aspekte und die Differenzierung bezüglich der Beweisführung der Einhaltung der formulierten Kriterien mindern den Eindruck, dass sich die RED am Maßstab der Nachhaltigkeit tatsächlich messen lassen will.

Durch die ungleiche Gewichtung einzelner Aspekte in Form von konkreten Nachhaltigkeitskriterien, die entsprechend auch (konkret) nachgewiesen werden müssen und nicht nur mittelbar beobachtet werden, verkennen die Regelungen, wie sie in der RED formuliert waren, die Interdependenz der drei Sphären und deren Potenzial, sich gegenseitig fördern zu können. Werden die Sphären hingegen in einem unausgeglichenen Verhältnis zueinander berücksichtigt, gefördert oder geschützt, so verhindert die Beeinträchtigung einer Sphäre zugleich die Weiterentwicklung der anderen Sphären.

Teil 6 Erfahrung mit der Umsetzung

I. Entwicklung des Anteils von Biokraftstoffen

Die „Energy Statistics for European Union 28" gibt einen share of biofuels in transport fuels von 3,8 % für 2013 an. Damit ist die Europäische Union noch weit davon entfernt, das Ziel von 10 % im Jahr 2020 zu erreichen.

II. Erarbeitung einer Methodologie zur Erfassung der Treibhausgasemissionen aus indirekter Landnutzungsänderung (Erwägungsgrund 85)

Die „Erarbeitung einer Methodologie zur Erfassung der Treibhausgasemissionen aus indirekter Landnutzungsänderung" stellte sich als, wenngleich von der Öffentlichkeit weitgehend unbemerkt, umstrittenste und polarisierenste Komponente einer weiterentwickelten europäischen Biokraftstoffpolitik heraus.

Der in Erwägungsgrund 85 formulierte Auftrag, besagte Methodologie zu entwickeln, war stets mit einer sehr Lobby-getriebenen Diskussion verbunden, ob es überhaupt möglich ist, eine solche Methodologie zu entwickeln.

Mit der Beauftragung der Erstellung von entsprechenden Gutachten im Jahr 2009 bis zur Veröffentlichung der „Richtlinie (EU) 2015/1513 des Europäischen Parlaments und des Rates vom 09. September 2015 zur Änderung der Richtlinie 98/70/EG über die Qualität von Otto- und Dieselkraftstoffen und zur Änderung der Richtlinie 2009/28/EG zur Förderung der Nutzung von Energie aus erneuerbaren Quellen" im Amtsblatt der Europäischen Union[679], die eine Methodologie vorgibt, um zukünftig die Emissionen aus indirekten Treibhausgasemissionen zu erfassen, vergingen sechs Jahre. Immerhin nahm sich die Europäische Union, namentlich die Europäische Kommission, der Aufgabe an und führte das Verfahren zu einem Ende. Das Ergebnis ist keinesfalls unumstritten und bringt wohl auch viele Verlierer mit sich – gerade im europäischen Raum. Bisher ist nämlich der in Deutschland und Europa angebaut Raps einer der wichtigsten Rohstoffe für die hiesige Biodieselproduktion.[680] Dieser Diesel weist jedoch nur ein sehr geringes Ein-

---

[679] Amtsblatt der Europäischen Union, L 239, S. 1 ff.
[680] Vgl. http://Biokraftstoffe.fnr.de/kraftstoffe/biodiesel/rohstoffe/ (letztmalig abgerufen am 08.06.2019), Anhang 1.LI.

sparpotenzial von Treibhausgasen auf. Wird diesem Kraftstoff zukünftig ein iLUC-Malus hinzugerechnet, wird die Raps-basierte Biodieselindustrie mittelfristig keine Überlebenschance haben.

Es ist zu begrüßen, dass die Europäische Kommission sich des Themas iLUC angenommen hat und trotz des Sperrfeuers mehrerer Lobbygruppen zu Ende gebracht hat. Wenngleich mehrere Änderungen bis zum finalen Rechtsdokument vorgenommen wurden, ist die hier als Biokraftstoff-Novelle bezeichnete Richtlinie ein Schritt in die richtige Richtung.

III. Erstellung von Listen mit den typischen Treibhausgasemissionen von Drittländern (Art. 19 Abs. 4 RED)

Gemäß Art. 19 Abs. 4 RED sollte die Kommission bis zum 31. März 2010 dem Europäischen Parlament und dem Rat einen Bericht darüber unterbreiten, ob eine Liste von Gebieten in Drittländern erstellt werden kann, in denen die typischen Treibhausgasemissionen aus dem Anbau von landwirtschaftlichen Rohstoffen erwartungsgemäß niedriger sind, als die in Anhang V Teil D RED unter Rubrik Anbau aufgeführten Standardwerte.
Wäre dies möglich, könnten man für Biomasse aus diesen Gebieten Standardwerte benutzen und es müssten keine tatsächlichen Werte errechnet werden.

Für innerhalb Europas angebaute Biomasse bestand eine entsprechende Verpflichtung der Mitgliedsstaaten, diese Gebiete durch das Einreichen von entsprechenden Listen bis zum 31. März 2010 auszuweisen. Die in den Listen aufgeführten Gebiete sollten der

NUTS-Klassifikation, der Systematik der Gebietseinheiten für die Statistik in der Detailschärfe 2[681], entsprechen

Mit fünf Monaten Verspätung wurde am 10.08.2010 der „Bericht der Kommission an das Europäische Parlament und den Rat nach Prüfung der Möglichkeit der Erstellung von Listen von Gebieten in Drittländern mit niedrigen Treibhausgasemissionen aus dem Anbau landwirtschaftlicher Rohstoffe"[682] veröffentlicht.

Darin kommt die Europäische Kommission zu dem Ergebnis, dass es zwar wünschenswert wäre, solche verbindliche Listen von Gebieten in Drittländern zu erstellen. Dies ist aber derzeit noch nicht möglich, da ein wichtiges Element, das die entsprechenden Berechnungsgrundlagen beinhalten, leicht angezweifelt werden kann. Hierbei handelt es sich um die beim „Anbau" entstehenden N_2O-Emissionen. Diese machen, je nach Herstellungsweg, 40-70 % der Emissionen aus dem Anbau landwirtschaftlicher Rohstoffe aus. Die Emissionen aus dem Anbau tragen wiederum, je nach Herstellungsweg, zu 30 % – 70 % zu den gesamten Emissionen bei.[683] Das Wissen darüber, welche konkreten Faktoren Einfluss auf die N_2O-Emissionen von landwirtschaftlich genutzten Flächen haben, ist immer noch ziemlich begrenzt.[684]

Der Bericht aus dem Jahr 2010[685] stellt zwar eindeutig heraus, dass bis zum Jahr 2012, in dem diese Frage neu aufgegriffen und bewertet werden soll, es unbedingt erforderlich ist, die Erkenntnisse

---

[681] Basisregionen für regionalpolitische Maßnahmen, vgl. http://ec.europa.eu/eurostat/ramon/nomenclatures/index.cfm?TargetUrl=LST_NOM_DTL&StrNom=NUTS_2013&StrLanguageCode=DE&IntPcKey=33896143&StrLayoutCode=HIERARCHIC (letztmalig abgerufen am 08.06.2019), Anhang 1. LII.
[682] KOM (2010) 427 endgültig.
[683] Vgl. KOM (2010) 427 endgültig, S.4.
[684] KOM (2010) 427 endgültig, S.6.
[685] KOM (2010) 427.

auf diesem Gebiet zu vertiefen und die verwendeten Daten zu überwachen.[686] Es erfolgte jedoch bis dato keine Neubewertung der Frage, ob eine Liste mit den typischen Treibhausgasemissionen von Drittländern i.S.d. Art. 19 Abs. 4 RED erstellt werden kann.

IV. Erfüllung der Berichtspflichten und sonstigen Arbeitsanweisungen

Die RED formuliert eine Vielzahl an Berichtspflichten, denen die Europäische Kommission nachkommen muss und die dazu beitragen sollen, relevante Daten zu erheben, auszuwerten und zukünftig zu berücksichtigen. Fehlen zum Zeitpunkt der Ausarbeitung und des Erlassens der RED Detailwissen und wissenschaftlich fundierte Grundkenntnisse, so sollten diese parallel zur Anwendung der RED erarbeitet und in den zukünftigen Rechtssetzungsprozess eingebettet werden.[687]

1. Berichtspflichten

Ein Großteil der Berichtspflichten betreffen Biokraftstoffe, obwohl die Kommission auch zu den anderen Energiesektoren Berichte erstellen muss. Das Gefahrenpotenzial einer Biokraftstoffpolitik, aber auch das Entwicklungspotenzial der Biokraftstoffproduktion, führte wohl dazu, dass dieser Bereich der europäischen Energiepolitik besonders unter Beobachtung stand.

Eine Berichts- und Mitteilungspflicht im Bereich des Verkehrssektors ergibt sich ebenso aus Art. 3 Absatz 4 RED, wonach die Kommission sich dahingehend äußern sollte, ob die Berücksichtigung

---

[686] KOM (2010) 427 endgültig, S.6.
[687] Die Gemeinschaft sollte (...) zur Stärkung der Agrarforschung und Wissensbildung in diesen Bereichen beitragen, vgl. Erwägungsgrund 66, RED.

von im Verkehrssektor verwendetem Strom und Wasserstoff aus erneuerbaren Quellen angepasst werden soll.

Für den Bereich Biokraftstoffe ist Art. 17 Abs. 7 RED von erheblicher Bedeutung. Der im Jahr 2012 erstmals und dann alle zwei Jahre vorzulegende Bericht soll insbesondere Auskünfte darüber geben, inwiefern die europäische Biokraftstoffpolitik die als mittelbare und sonstige mittelbare negative Konsequenzen bezeichneten Probleme fördert oder verstärkt.

Obwohl Art. 23 RED den Titel „Überwachung und Berichterstattung durch die Kommission" trägt und sich grundsätzlich auf alle in der RED geregelten Energiebereichen bezieht, ist Art. 23 RED so ausgestaltet, dass die Kommission in erster Linie hinsichtlich der Entwicklungen im Bereich der Biokraftstoffe zu berichten hat. Insbesondere die Berichtspflichten gemäß Art. 23 Abs. 5 und Absatz 8 RED sind hierbei von Interesse, da über verschiedene mittelbaren Auswirkungen der Biokraftstoffpolitik bzw. der unmittelbaren Auswirkung eines verstärkten Biomasseanbaus berichtet werden soll. Art. 23 Abs. 9 RED verpflichtet die Kommission im Jahr 2018 einen Fahrplan für erneuerbare Energie für den Zeitraum nach 2020 vorzulegen.

i. Art. 3 Abs. 4 RED

Mit neunmonatiger Verspätung, am 14.09.2012, teilte die Kommission die „Ergebnisse der Folgenabschätzung in Bezug auf Bestimmungen des Artikels 3 Absatz 4 der Richtlinie 2009/28/EG"[688] mit und kam dadurch Ihrer Verpflichtung gemäß Art. 3 Absatz 4 Unterabsatz 1 und 2 RED nach. Das ebenfalls am 14.09.2012 veröffentlichte, die „Ergebnisse der Folgenabschätzung" begleitende

---

[688] C(2012) 6287.

Arbeitsdokument der Kommissionsdienststellen[689] führt auf 67 Seiten den Entscheidungsfindungsprozess aus.

Im Ergebnis kommt die Kommission zu dem Schluss, dass die RED bereits geeignete Bestimmungen enthält, um die Anrechnung von Strom aus erneuerbaren Quellen auf das 10 %-Ziel festzulegen. Bezüglich der Berücksichtigung des aus erneuerbaren Quellen hergestellten Wasserstoffs wird mitgeteilt, dass nicht erwartet wird, dass Wasserstoff wesentlich zur Erreichung des 10 %-Ziels beitragen wird und daher keine Methodologie zur Erfassung des Wasserstoffs entwickelt werden muss. In diesem Bericht äußert sich die Kommission auch diesbezüglich, wenngleich dies nicht explizit gefordert wurde, ob die Notwendigkeit besteht, die Energie des in das Erdgasnetz eingespeisten Biomethans für die Erreichung des 10 %-Ziels zu berücksichtigen. Würden Fahrzeuge mit Erdgas betrieben und wäre ein Teil des Kraftstoffs aufbereitetes Biomethan[690], also Bio-Erdgas, mithin eine Energie aus erneuerbaren Quellen, müsste es daher eigentlich hinsichtlich des 10 %-Ziels berücksichtigt werden.

Auch hier wird ein Tätigwerden für nicht erforderlich gehalten. Die RED berücksichtigt bereits Bioerdgas und hat einen Standardwert für den Energiegehalt von Bio(erd)gas in Anhang III festgelegt. Ein weiteres Argument gegen ein Tätigwerden ist die Befürchtung, dass bei einer unterschiedlichen Bestimmung für die Anrechnung von Biomethan und Strom aus erneuerbaren Quellen nicht alle Energieträger gleich behandelt würden und ein solcher Ansatz

---

[689] SWD(2012) 261 final.
[690] Das in einem Biogasreaktor aus Biomasse hergestellte Gas ist zwar größten Teils (Bio-)Methan. Damit es aber dem Erdgasnetz zugeführt werden kann, müssen die ebenfalls im Reaktor entstandenen Begleitstoffe, wie zum Beispiel Schwefelwasserstoff und Ammoniak, herausgefiltert werden.

nicht mit den derzeitigen Methoden der statistischen Erhebung kompatibel sei.[691]

Die Argumentation der Kommission ist schwach.

Die genauere Berücksichtigung von Strom aus erneuerbaren Quellen im Verkehrssektor würde die Elektromobilität noch mehr fördern, da nicht nur schlicht der Wert der „Elektrizität aus erneuerbaren Energiequellen im Hoheitsgebiet, gemessen zwei Jahre vor dem betreffenden Jahr", übernommen würde.[692]

An vielen Stellen betont die RED, dass der Verkehrssektor differenziert betrachtet werden muss und dessen Technologien gesondert zu fördern sind.[693] Gerade, da Wasserstoff keine wesentliche Rolle spielt, aber zukünftig eine wichtigere Rolle innerhalb des nachhaltigen europäischen Verkehrssektors spielen wird, bedürfte diese Energiequelle einer besonderen Förderung. Probleme der statistischen Erfassung erscheinen vorgeschoben. Für Bioerdgas gilt dasselbe wie für Elektrizität. Je genauer eine Erfassung erfolgt, umso erfolgreicher ist die Förderung, da das Potenzial genau bestimmt und die Fortschritte dokumentiert werden können. In Deutschland und auch anderen europäischen Länder existiert bereits eine Erdgas-Infrastruktur, die die Verteilung von Erdgas unter technischen, kaufmännischen, tatsächlichen und sicherheitstechnischen Gesichtspunkten gewährleistet. Es wäre eine einfache und attraktive Alternative, diese Struktur zu verwenden, um auch den Verkehrssektor in die Erdgaswirtschaft einzubeziehen.

---

[691] Vgl. C(2012)6287, S.2.
[692] Art. 3 Abs. 4 RED.
[693] Erwägungsgrund 2, RED.

ii. Art. 17 Abs. 7 RED

Gemäß Art. 17 Abs. 7 Satz 1 und 2 RED hat die Kommission alle zwei Jahre einen Bericht über die einzelstaatlichen Maßnahmen zur Einhaltung der in Art. 17 Absatz 2 – 5 RED formulierten Nachhaltigkeitskriterien und zum Schutz von Boden, Wasser und Luft anzufertigen. Der Bericht musste erstmals im Jahr 2012 und dann alle zwei Jahre vorgelegt werden.

Darüber hinaus hat die Kommission einen eigenen Bericht zu erstellen, der von noch größerer Relevanz ist, da die Berichterstattung gemäß Art. 17 Abs. 7 Satz 3 bis 6 RED auch zu potenziellen Problemen, die im sozialen, sozioökonomischen und gesellschaftlichen Bereich entstehen können, zu erfolgen hatte. Die dokumentierten Beeinträchtigung dieser Bereiche, die als durch die Biokraftstoffpolitik besonders gefährdet bewertete werden und deren Beeinträchtigung oftmals kritisiert wurde, diskreditierte die europäische Biokraftstoffpolitik nachhaltig und stellte deren gesellschaftliche und politische Tragfähigkeit in Frage. So führte etwa die unkontrollierte Vergrößerung von Anbaufläche zur Erzeugung von Biomasse für die Biokraftstoffproduktion zu dem oben beschriebenen Paradigmenwechsel[694] innerhalb der europäischen Biokraftstoffpolitik und mithin zur Implementierung von Nachhaltigkeitskriterien. Art. 17 Abs. 1 Satz 3 bis 6 RED fordert daher:
- die Übermittlung von Informationen bezüglich der Wahrung von Landnutzungsrechten,
- eine Berichterstattung darüber, ob Länder, in denen besonders viel Biomasse angebaut wird, die als Kernarbeitsnormen[695] der Internationalen Arbeitsorganisation (ILO) bezeichnete Übereinkommen ratifiziert und umgesetzt haben,

---
[694] Vgl. Kapitel 3, Teil 4, I, 3, Paradigmenwechsel in der Biokraftstoffförderung (S. 112 ff.).
[695] ILO Core Conventions.

- eine Berichterstattung darüber, ob Länder, in denen besonders viel Biomasse angebaut wird, bestimmte[696] internationale (umweltrechtliche) Übereinkommen[697] unterzeichnet haben,
- eine Darstellung der Auswirkungen der europäischen Biokraftstoffpolitik auf die Nahrungsmittelpreise und deren Verfügbarkeit für die Menschen in Entwicklungsländer einschließlich anderer entwicklungspolitischer Aspekte.

(a) Mitteilung der Europäischen Kommission an das Europäische Parlament und den Rat Erneuerbare Energien: Fortschritte auf dem Weg zum Ziel für 2020 KOM(2011) 31 endgültig

Der erste Bericht, der bereits im Jahr 2011 veröffentlicht wurde,[698] beschäftigte sich zwar minimal mit dem Thema Biokraftstoffe, beantwortet aber keine der in Art. 17 Abs. 7 Satz 1 bis 6 RED aufgeworfenen Fragen.

(b) Commission staff working document SWD(2013) 102 final accompanying the document Report from the Commission to the European Parliament , the Council, the European Economic and Social Committee and the Committee of the Regions; Renewable energy progress report COM(2013) 175 final

---

[696] Internationales Protokoll über die biologische Sicherheit – „Protokoll von Cartagena" und das Übereinkommen über den internationalen Handel mit gefährdeten Arten frei lebender Tiere und Pflanzen – „Washingtoner Artenschutzeinkommen".

[697] "Protokoll von Cartagena über die biologische Sicherheit" und "Convention on International Trade in Endangered Species of Wild Fauna and Flora (CITES). Ebenso bekannt als Washingtoner Artenschutzabkommen".

[698] KOM(2011) 31 endgültig, Mitteilung der Kommission an das Europäische Parlament und den Rat. Erneuerbare Energien: Fortschritte auf dem Weg zum Ziel für 2020.

Der nur in englischer Sprache erhältliche Fortschrittsbericht aus dem Jahr 2013[699] behandelte das Thema Biokraftstoffe wesentlich detaillierter als sein Vorgänger aus dem Jahr 2011 und bezieht sich viel konkreter auf die in Art. 17 Abs. 1 Satz 1 bis 6 RED formulierten Berichtspflichten. An sehr unscheinbarer Stelle[700] erwähnt der Fortschrittsbericht auch ein Arbeitspapier der Kommissionsdienststelle[701], in dem die Aspekte, insbesondere die der Nachhaltigkeit von Biokraftstoffen, im Detail erörtert werden. Die dort zusammen getragenen Informationen werden, in komprimierter Form, durch den Fortschrittsbericht übernommen. Die in dem Begleitdokument der Kommissionsdienststelle angemerkten negativen Auswirkungen der europäischen Biokraftstoffpolitik erhalten durch diese Komprimierung jedoch einen noch geringeren Stellenwert. Betrachtet man den Fortschrittsbericht isoliert, fällt die Kritik wesentlich schwächer aus. So wird die in dem Begleitdokument unter Bezugnahme auf das „Committee of Experts on the Application and Recommendations (CEACR)" der ILO genannte Gefahr der Zunahme von Kinder- und Zwangsarbeit[702] nicht in den Fortschrittsbericht übernommen. Stattdessen wird darauf hingewiesen, dass es Länder gibt, die zwar die ILO-Konventionen ratifiziert hätten, deren Durchsetzung aber nicht sicherstellen.[703]

Hinsichtlich der Berichtspflicht über die einzelstaatlichen Maßnahmen zum Schutz der Boden-, Wasser- und Luftqualität führt das Dokument COM(2013) 175 final aus, dass keine weiteren einzelstaatliche oder europaweit einheitliche Maßnahmen erforderlich sind, um die Boden-, Wasser- und Luftqualität zu schützen,

---

[699] COM(2013) 175 final,
[700] COM(2013) 175 final, S. 10.
[701] SWD(2013) 102 final, Commission Staff Working Document, accompanying the document Report from the commission to the European Parliament and the Council: Renewable energy progress report.
[702] Vgl. SWD(2013) 102 final, S.26.
[703] COM(2013) 175 final, S. 19.

da die bereits bestehenden Vorschriften der europäischen Landwirtschaftspolitik und Umweltgesetzgebung, zusammen mit den freiwilligen Zertifizierungssystemen, ein ausreichend hohes Schutzlevel sicherstellen. Es sei jedoch wichtig darauf zu achten, dass besagte Mechanismen funktionieren und Anwendung finden.[704]

Ob der erhebliche Anstieg von Lebensmittelpreisen in den Jahren 2008 und 2011 durch die europäische Biokraftstoffpolitik hervorgerufen wurde, sollte genauer untersucht werden, da ebenso schlechte Wetterbedingungen, Missernten, ein Anstieg der globalen Nachfrage nach Lebensmittel, steigende Ölpreise etc. für den Anstieg verantwortlich sein könnten.[705]

Ob die europäische Biokraftstoffpolitik zu einer Missachtung von Landnutzungsrechten[706] führt oder ob die Biokraftstoffpolitik die Umwandlung von für den Anbau von Lebensmittel genutzter landwirtschaftlicher Anbaufläche in Anbaufläche für den Anbau von Biomasse für die Biokraftstoffproduktion fördert, kann zum gegenwärtigen Zeitpunkt (2013) noch nicht eindeutig bewertet werden. Die Entwicklung ist jedoch zu verfolgen.

Die in Art. 23 Abs. 7 Satz 5, 6 RED aufgeführten internationalen Verträge, Konventionen und Übereinkommen seien von den meisten, in Betracht kommenden[707], außereuropäischen Staaten ratifiziert worden. Da der Vollzug und die Gewährleistung dieser Normen außerhalb Europas und den USA aber nicht dieselbe Priorität genießen wie innerhalb der Europäischen Union oder in den USA, sei es erforderlich, die Bemühungen flächendeckend zu verstär-

---

[704] COM(2013) 175 final, S. 11.
[705] COM(2013) 175 final, S. 12.
[706] Auch bekannt als „Land-Grabbing".
[707] Drittländer und Staaten, die eine bedeutende Rohstoffquelle für in der Gemeinschaft verbrauchte Biokraftstoffe darstellen.

ken, dass diese Drittstaaten die innerstaatliche Einhaltung der Normen gewährleisten.[708]

Auffällig ist, dass an mehreren Stellen gegen eine Verbindung zwischen der europäischen Biokraftstoffpolitik und negativen Auswirkungen im sozioökonomischen Bereich damit argumentieren wird, dass derzeit eigentlich immer noch relativ wenig Biokraftstoffe von der Europäischen Union verwendet werden, dass ein Großteil der Biokraftstoffe in Europa produziert wird und auch dass ein Großteil der für die Produktion erforderliche Biomasse in Europa angebaut wird. Wenn es aber nicht gelingt, die Verwendung von Biokraftstoffen der ersten Generation, insbesondere solchen, die aus Palmöl oder Soja hergestellt werden, zu verringern und/ oder Biokraftstoffe der zweiten und dritten Generation zeitnah in den Biokraftstoffmarkt zu integrieren sowie alternative Energiequellen (Strom, Wasserstoff, Methan) verstärkt zur Anwendung zu bringen, werden die oben genannten Argumente zukünftig nicht mehr vorgebracht werden können. Nämlich dass die negativen Begleiterscheinungen wie Kinder- und Zwangsarbeit auf den Plantagen in Indonesien, Malaysia oder Brasilien oder die Verknappung von Lebensmitteln, wenn überhaupt, nur temporäre Probleme darstellen, die zwar beobachtet werden müssten, sich aber wieder legen werden, wenn die Europäische Union erst einmal dazu übergangen ist, die Nachhaltigkeit des Verkehrssektors durch die Verwendung von Biokraftstoffen der zweiten und dritten Generation, von aus erneuerbaren Quellen stammenden Strom, Methan oder Wasserstoff abzubilden.

Es kommt sogar zu einer Ausweitung der im Jahr 2013 nur vereinzelt dokumentierten und dokumentierbaren Missstände. Die

---

[708] Whilst most non EU countries have ratified the fundamental conventions, enforcement is lower than in the EU or in the US which has not ratified many such conventions. Thus efforts across the board must continue to encourage countries to fully apply these conventions, COM(1013) 175 final, S.12.

Bezugnahme im Begleitdokument auf das CEACR[709] genannte „interne Kontrollgremium" ist sehr begrüßenswert. Dadurch erfolgt der an anderer Stelle oftmals geforderte Querverweis auf andere Konventionen, Expertengremien oder Richtwerte. Umso bedauerlicher ist es, dass die Signalwörter „Zwangsarbeit" oder „Kinderarbeit" nicht in den Fortschrittsbericht übernommen wurden.

(c) Commission staff working document (SWD)2015 117 final Technical assessment of the EU biofuel sustainability and feasibility of 10 % renewable energy target in transport, accompanying the document „Report from the Commission to the European Parliament, the European Council, the European Economic and Social Committee and the Committee of the Regions".

Den Anforderungen gemäß Art. 17 RED kam die Europäische Kommission auch im Jahr 2015 und ebenfalls im Rahmen des Fortschrittsberichts[710] nach. Die Erfüllung der Berichtspflichten erfolgt jedoch auch im Jahr 2015 nicht unmittelbar in diesem Dokument, sondern fast ausschließlich in der den Bericht begleitenden Arbeitsunterlage der Kommissionsdienststelle SWD(2015) 117 final.

Warum die Informationen nicht direkt in den Fortschrittsbericht Erneuerbare Energien 2015 eingeflossen sind, sondern nur in der Arbeitsunterlage der Kommissionsdienststelle enthalten sind, ist nicht nachvollziehbar. Die Verortung der Informationen in der Arbeitsunterlage erschwert erheblich deren Auffindbarkeit und verringert dadurch die Transparenz der europäischen Biokraftstoffpolitik. Im Jahr 2015 ist die fehlende Transparenz noch

---

[709] Committee of Experts in the Application of Conventions and Recommendations.
[710] COM(2015) 293 final.

stärker zu kritisieren, da der eigentliche Fortschrittsbericht erst auf Seite 15 von 16 Seiten auf die Arbeitsunterlage der Kommissionsdienststelle verweist.

Die Arbeitsunterlage enthält keine Informationen über die einzelstaatlichen Maßnahmen, die die Länder, die eine wichtige Quelle für in der Gemeinschaft verbrauchte Biokraftstoffe oder Biomasse darstellen, zur Einhaltung der in den Art. 17, Abs. 2 bis 5 genannten Nachhaltigkeitskriterien und zum Schutz von Boden, Wasser und Luft getroffen haben. Es wird nur die Aussage getroffen, dass der Anbau von Ölpalmen in Indonesien und Malaysia und der Maisanbau in der EU und den USA als besonders schädigend für die Umwelt bewertet werden[711]. Einzelstaatliche (Gegen-) Maßnahmen werden nicht erwähnt.

Hinsichtlich der mittelbaren, sozioökonomischen Auswirkungen teilt die Arbeitsunterlage mit, dass es durch die europäische Biokraftstoffpolitik zu keiner vermehrten Missachtung von Landnutzungsrechten kommt.[712] Basierend auf einer Studie wird die Aussage getroffen, dass nur ein Bruchteil der außerhalb Europas realisierten Biokraftstoffprojekte überhaupt den europäischen Markt als Ziel gehabt habe. Außerdem seien viele Projekte, die um das Jahr 2000 geplant wurden, gar nicht erst realisiert worden. Dass es sich um ein Gutachten einer privatwirtschaftlich organisierten und somit an Folgeaufträgen interessierten Unternehmensberatung handelt, ist wohl hinzunehmende Realität heutiger Europapolitik. Dies macht die Aussage bezüglich der Achtung von Landnutzungsrechten jedoch nicht fundierter.

Hinsichtlich des Anstiegs der Lebensmittelpreise wird die Arbeitsunterlage aus dem Jahr 2015 deutlicher als der Fortschrittsbericht

---

[711] SWD(2015) 117 final, S. 4.
[712] Vgl. SWD(2015) 117 final, S. 7.

aus dem Jahr 2013. Ein Anstieg der Kosten für Lebensmittel kann nicht mit der europäischen Biokraftstoffpolitik in Verbindung gebracht werden. Unter Berufung auf eine der bereits erwähnten Studien seien vielmehr steigende Preise für Kraftstoffe und Düngemittel verantwortlich. Sowohl der von den Landmaschinen und Fahrzeugen verwendete Kraftstoff, wie auch Düngemittel, seien maßgebliche Kostenelemente im Rahmen des Anbaus von Lebensmitteln.[713] Andere hierzu im Übrigen vorgebrachten Argumente sind hingegen zumindest zu hinterfragen. *„High food prices increase the cost of food for consumers, but they also increase income for farmers, who represent an important portion of the population in less developed countries."*[714]

Sozusagen ungefragt äußert sich die Arbeitsunterlage zu einem um 21 % gestiegenen Wasserverbrauch durch die Biokraftstoff-Produktion auf nun 14 km^3, 14 Billionen Liter Wasser, gegenüber 2012. Bewertet wird diese Zahl jedoch nicht.

Von Ländern, die eine bedeutende Rohstoffquelle für in der Gemeinschaft verbrauchte Biokraftstoffe darstellen[715], wurden folgende Konventionen und Verträge unterzeichnet:
- Die ILO Kernarbeitsnormen wurden, bis auf die USA, von allen Ländern unterzeichnet.
- Das Cartagena-Protokoll wurde, bis auf die USA, Canada und Argentinien, von allen Ländern unterzeichnet.
- Das Washingtoner Artenschutzabkommen wurde ohne Ausnahme von allen Ländern unterzeichnet.

Auch der Bericht aus dem Jahr 2015 hebt das Erfordernis hervor, flächendeckend dafür zu sorgen, dass alle in Frage kommende

---
[713] Vgl. SWD(2015) 117 final, S. 5.
[714] Vgl. SWD(2015) 117 final, S. 5 ff.
[715] Aus SWD(2015) 117 final schlussfolgernd sind das die USA, Canada, Argentinien, Brasilien, Indonesien und Malaysia.

Länder die aufgeführten Konventionen und Verträge ratifizieren und anschließend auch vollumfänglich durchsetzen.

> (d) Report from the Commission to the European Parliament, the Council, the European economic and social committee and the committee of the regions, COM(2017) 57 final

Der Bericht aus dem Jahr 2017 beginnt, bezogen auf den Transportsektor, mit einer Darstellung der Entwicklung des Biokraftstoffverbrauchs. Der Transportsektor ist demnach der einzige, der hinter den Zielvorgaben des (übergeordneten, EU-weit-bezogenen) NREAP[716] zurückbleibt und mit derzeit 6 % einen sehr langsamen Fortschritt auf dem Weg zum 10%-Ziel dokumentiert.

Ein „Bericht über die einzelstaatlichen Maßnahmen, die diese Länder (Drittländer und Mitgliedstaaten, die eine bedeutende Quelle für in der Gemeinschaft verbrauchte Biokraftstoffe oder Rohstoffe für Biokraftstoffe darstellen)zur Einhaltung der in den Absätzen 2 bis 5 genannten Nachhaltigkeitskriterien und zum Schutz von Boden, Wasser und Luft getroffen haben" fehlt vollständig. Zumindest bezogen auf die „Maßnahmen".

Als Hauptimporteuren von Bioethanol werden Guatemala, Bolivien, Pakistan, Russland, Peru genannt, von denen auch drei an der „EU Special Incentive Arrangement for Sustainable Development and Good Governance (GSP+) teilnehmen.
Hierbei handelt es sich um ein handelspolitisches Instrument der Europäischen Union, um eine nachhaltige Entwicklung in den ärmsten Ländern der Welt zu fördern, indem ausgewählte Waren zu geringeren oder ganz ohne Zolltarife in die EU exportiert werden dürfen. Diese WTO-konforme Ausnahme von der Meistbegünstigungsklausel ist ein europäisches „Schema allgemeiner

---

[716] National Renewable Energy Action Plan.

Zollpräferenzen" und wurde auch von dem ersten Bericht des „Generalized Scheme of Preferences" (GSP) für den Zeitraum 2014 - 2015[717], analysiert. Dieser Bericht bewertet die menschenrechtliche und arbeitsrechtliche Situation, Umweltschutz, Good Governance.

Zu den drei Länder, die tatsächlich an GSP+ teilnehmen und zu den Schlussfolgerungen des Bericht aus dem Jahr 2014-2015 äußert sich der Fortschrittsbericht der Europäischen Union aus dem Jahr 2017 allerdings nicht.

Die Thematik der Landnutzung und Landnutzungsänderung wird ebenso abgehandelt wie die Auswirkungen auf die Bodenqualität, die Verfügbarkeit von Wasser und Lebensmittelpreise sowie die Beachtung von Landnutzungsrechten und Beeinträchtigungen von lokalen Gemeinschaften.

Bezogen auf die Ausführungen zu Landnutzungsrechten und lokalen Gemeinschaften ist auffällig, dass diesbezüglich auf die von der FAO angenommenen „Guidelines on Responsible Governance of Tenure" (2012) und „Guidelines for Responsible Investments in Agriculture (2014), sowie einzelne Zertifizierungssysteme, die über die Anforderung der RED hinausgehende soziale, wirtschaftliche und ökologische Nachhaltigkeitskriterien formulieren und sicherstellen, verwiesen wird.

Schuldig bleibt der Bericht eine Antwort auf die Frage, inwiefern „Drittländer und Mitgliedstaaten, die eine bedeutende Rohstoffquelle für in der Gemeinschaft verbrauchte Biokraftstoffe darstellen, die Kernarbeitsnormen der ILO, das Protokoll von Cartagena über die biologische Sicherheit und das Übereinkommen über den

---

[717] Bericht zum Schema allgemeiner Zollpräferenzen im Zeitraum 2014 – 2015, COM(2016) final.

internationalen Handel mit gefährdeten Arten frei lebender Tiere und Pflanzen ratifiziert" haben.

Das Dokument COM(2017) 57 final ist ein Bericht, der erneut substantiierter und differenzierter als vorherige Berichte ist, allerdings, durch mehrmalige Verweis auf externe Dokumente, an Transparenz einbüßt.

Dass das Dokument – ein Bericht – eine Bewertung der zusammengestellten Daten vornimmt, entspricht dem Wesen von Berichten und auch den Vorgaben der RED. COM(2017) 57 final endet mit einem Verweis auf das sog. Winterpaket der EU vom 30.11.2016, Clean Energy for all Europeans, mit dem die bestehenden Hürden für ein weiteres Wachstum der erneuerbaren Energien beseitigt und die Europäische Union zur weltweiten Nummer eins in erneuerbaren Energien gemacht werden soll.

    iii.   Art. 23 Abs.5, Abs. 8 und Abs. 9 RED

Artikel 23 Abs. 5 RED, unterteilt in die Ziffern a.) bis f.), nennt eine Vielzahl von Aspekten, über die berichtet werden muss. Unter anderem betreffen die Berichtspflichten die für die Bewertung der Nachhaltigkeit so relevante Fragen, wie zum Beispiel die relativen ökologischen Vorteile und Kosten verschiedener Biokraftstoffe[718], die Auswirkungen einer gesteigerten Nachfrage nach Biokraftstoffen auf die Nachhaltigkeit einschließlich der Folgen für die biologische Vielfalt[719], die Verfügbarkeit von Biokraftstoffen, die aus Abfällen oder Reststoffen hergestellt werden[720] oder aber die indirekten Landnutzungsänderungen, die im Zusammenhang mit allen Herstellungswegen stehen.[721]

---

[718] Art. 23 Abs. 5, a RED.
[719] Art. 23 Abs. 5, b RED.
[720] Art. 23 Abs. 5, e RED.
[721] Art. 23 Abs. 5, f RED.

Auch Artikel 23 Abs. 8, b, i) – v) RED erfasst Berichtspflichten bezogen auf das Erreichen des 10 % - Ziels, aber auch hinsichtlich von Aspekten, die als mittelbare Auswirkungen einer Biokraftstoffpolitik bezeichnet werden könnten. Als neue, in Absatz 5 noch nicht erwähnte Themenbereiche, nennt Absatz 8 etwa die Auswirkungen des Erreichens der Zielvorgaben auf die Verfügbarkeit von Lebensmitteln zu erschwinglichen Preisen[722] sowie die kommerzielle Verfügbarkeit von Fahrzeugen mit Elektro-, Hybrid- und Wasserstoffantrieb[723].

Artikel 23 Abs. 9 verpflichtet die Kommission im Jahr 2018 einen „Fahrplan für erneuerbare Energie für den Zeitraum nach 2020" vor.

(a) Mitteilung der Europäischen Kommission an das Europäische Parlament und den Rat
Erneuerbare Energien: Fortschritte auf dem Weg zum Ziel für 2020 KOM(2011) 31 endgültig

Der Fortschrittsbericht aus dem Jahr 2011 beschränkt sich auf die Aussage, dass „Biokraftstoffe der zweiten Generation und Elektrofahrzeuge bis 2020 nur in geringem Umfang zur Erreichung des Ziels beitragen". Unter wohlwollender Auslegung kann man darin die Beantwortung der einen oder anderen Berichtspflicht sehen. Es ist jedoch, wie auch in den nachfolgenden Fortschrittsberichten nicht eindeutig nachvollziehbar, ob damit den Berichtspflichten gemäß Art. 17 RED oder Art. 23 Abs. 5 bzw. Abs. 8 RED nachgekommen werden soll.

---

[722] Art. 23 Abs. 8, b, ii RED.
[723] Art. 23 Abs. 8, b, iv RED.

(b) Commission staff working document (SWD)2013 102 final accompanying the document „Report from the Commission to the European Parliament , the Council, the European Economic and Social Committee and the Committee of the Regions";
Renewable energy progress report COM(2013) 175 final

Zwar verweist der „Renewable energy progress report COM(2013) 175 final" auf Seite 10 explizit auf die Berichtspflichten gemäß Art. 17, 18 und 23 RED. Diese sollen vollumfänglich in dem „Commission staff working document (SWD)2013 102 final" angesprochen werden. Innerhalb des Dokumentes ist jedoch nicht nachvollziehbar an welcher Stelle den Berichtspflichten gemäß Art. 23 RED nachgekommen wird. Es scheint, als käme der Bericht in erster Linie den Berichtspflichten gemäß Art. 17 RED nach. Diese stimmen zwar thematisch teilweise mit den Pflichten gemäß Art. 23 RED überein. Es ist aber unbefriedigend, dass den Berichtspflichten nicht in einer strukturierteren Art und Weise nachgekommen wurde und die Informationen dem Dokument mühsam entnommen werden müssen.

(c) Commission staff working document (SWD)2015 117 final Technical assessment of the EU biofuel sustainability and feasibility of 10 % renewable energy target in transport, accompanying the document „Report from the Commission to the European Parliament, the European Council, the European Economic and Social Committee and the Committee of the Regions".

Auch im Jahr 2015 ist die Arbeitsunterlage der Kommissionsdienststelle[724] wesentlich besser auf die Berichtspflichten des Art. 17 RED zugeschnitten als darauf, die durch Art. 23 RED aufgewor-

---

[724] Also das vorliegende Dokument SWD(2015) 117 final.

fenen Fragen zu beantworten, wobei naturgemäß auch im Jahr 2015 die Berichtspflichten gemäß Art. 17 RED teilweise mit den Berichtspflichten gemäß Art. 23 RED übereinstimmen. Relativ ausführlich wird darauf eingegangen, inwiefern die kommerzielle Verfügbarkeit von Fahrzeugen mit Elektro-, Hybrid- und Wasserstoffantrieb vorangeschritten ist. Während eine wesentliche Zunahme des Anteils von Strom aus erneuerbaren Quellen im Verkehrssektor erwartet wird, beginnt die kommerzielle Verfügbarkeit von wasserstoffbetriebenen Autos gerade erst. Diese werden aber auch noch im Jahr 2020 keine wesentliche Rolle spielen. Andere alternative und THG-arme Treibstoffe befinden sich derzeit noch in der Entwicklung, bzw. Erprobung.[725]

iv. Fahrplan für erneuerbare Energie für den Zeitraum nach 2020

Zwar hätte die Kommission den „Fahrplan" gemäß Art. 23 Abs. 9 RED erst im Jahr 2018 vorlegen müssen. In einer Mitteilung der Kommission[726] vom 6.6.2012 äußert sich die Kommission jedoch dahingehend, dass die Akteure des Sektors jedoch bereits um klare Informationen über die Entwicklung der Politik nach 2020 gebeten hätten, so dass es daher nach Ansicht der Kommission wichtig ist, dass „wir uns heute auf die Zeit nach 2020 vorbereiten".

---

[725] Vgl. SWD(2015) 117 final, S. 10.
[726] Mitteilung der Kommission an das Europäische Parlament, den Rat, den Europäischen Wirtschafts- und Sozialausschuss und den Ausschuss der Regionen, Erneuerbare Energien: ein wichtiger Faktor auf dem europäischen Energiemarkt, COM(2012) 271 final.

In einer dazugehörigen Folgenabschätzung[727] werden die vier in Betracht gezogenen Politikoptionen für die Energiepolitik nach 2020 explizit formuliert. Genannt wird:

1. Business as usual,
2. Decarbonisation with no renewables targets,
3. Post-2020 national renewables targets/coordinated support,
4. Post-2020 EU renewable target/harmonised measures

Option 1 – Business as usual – wird als einzige Option direkt verworfen, da die relevanten Marktteilnehmer sich klare und verbindliche Zielvorgaben wünschten. *„This option would not be in line with the views expressed by a clear majority of stakeholders, which support some form of dedicated target for renewable energy post-2020. Only 14% of respondents considered such a target unnecessary. Among those favouring renewable energy targets, a clear majority supported mandatory over indicative targets (39% over 14%)."*[728]

Im Übrigen lässt sich aber nicht entnehmen, welche Option derzeit favorisiert wird.

2. Arbeitsanweisungen

Gemäß Art. 4 Absatz 1 UA 2 RED legt die Kommission bis zum 30. Juni 2009 ein Muster für die nationalen Aktionspläne für erneuerbare Energie fest.

---

[727] Commission Staff Working Paper, Impact Assessment Accompanying the document Communication from the Commission to the European Parliament, The Council, The European Economic and Social Committee and the Committee of the Regions, Renewable energy: a major player in the European energy market. SWD(2012) 149.

[728] SWD(2012) 149, S. 20.

Arbeitsanweisungen findet man auch in Art. 17 Abs. 3 a. E., wonach die Kommission geographische Gebiete festlegt, um bestimmen zu können, was unter „Grünland mit großer biologischer Vielfalt" zu verstehen ist und dass eine detailliertere Festlegung zu erfolgen hat, als nur die Unterscheidung in „natürliches Grünland" und „künstlich geschaffenes Grünland".

Gemäß Art. 19 Abs. 8 RED werden für die in Anhang V Teil C Nummer 9 enthaltenen Kategorien die erforderlichen genauen Definitionen einschließlich technischer Spezifikationen festgelegt. Bei diesen Kategorien handelt es sich um „stark verschmutzte Flächen" und „stark degradierte Flächen".

i. Art. 4 Abs. 1 UA 2 RED

Mit der „Entscheidung[729] 2009/548/EG der Kommission vom 30. Juni 2009 zur Festlegung eines Musters für nationale Aktionspläne für erneuerbare Energie gemäß der Richtlinie 2009/28/EG des Europäischen Parlamentes und des Rates" kam die Europäische Kommission der Arbeitsanweisung gemäß Art. 4 Abs. 1 UA 2 RED nach und gab den Mitgliedsstaaten ein Muster an die Hand, an dem sich die Mitgliedsstaaten orientieren sollen, wenn diese ihrerseits die „nationalen Aktionspläne für erneuerbare Energien" der Kommission vorlegen[730]. Das dreißig Seiten umfassende Dokument ist eine sehr gut aufgebaute und klar strukturierte Vorlage, an der sich die Mitgliedsstaaten orientieren können, wenn sie ihre nationalen Aktionspläne der Kommission übermitteln.

---

[729] Az.: K(2009) 5174.
[730] Vgl. Art. 4 RED.

ii. Art. 17 Abs. 3 UA 2 RED

Als die RED ausgearbeitet wurde, sah man „Grünland mit hoher biologischer Vielfalt" ganz offensichtlich als schutzwürdig an. Der Begriff Grünland ist aber sehr allgemein und es war weitgehend unklar, was unter dem Begriff „Grünland mit hoher biologischer Vielfalt" zu verstehen ist. Die RED drückt mit dem Begriffspaar „natürliches Grünland" und „künstlich geschaffenes Grünland" nur sehr rudimentär aus, was geschützt werden sollte, auch wenn dem Begriffspaar jeweils Erläuterungen folgen. Erwägungsgrund 69 RED verweist außerdem auf „Grünland in tropischen Gebieten, einschließlich Savannen, Steppen, Buschland und Prärien".

Die Kommission legte mit der Verordnung (EU) 1307/2014 vom 8. Dezember 2014 Kriterien und geografische Verbreitungsgebiete zur Bestimmung von „Grünland mit biologischer Vielfalt" fest und kam damit ihrer Verpflichtung nach Art. 17 Abs. 3 Unterabsatz 2 nach. Folgerichtig wurde Art. 17 Abs. 3 Unterabsatz 2 RED durch Art. 2 Nr. 5 b Biokraftstoffnovelle gestrichen.

iii. Art. 19 Abs. 8 RED

Ähnlich wie bei der Begrifflichkeit „natürliches Grünland" wurde die Kategorie „stark verschmutzte" bzw. „degradierte Fläche" bereits im Jahr 2009 eingeführt, obwohl sich die Europäische Union nicht im Klaren darüber war, was genau unter diesen Begriffen zu verstehen ist und wie weit die Begriffe gefasst werden müssen.

Der Arbeitsanweisung gemäß Art. 19 Abs. 8 RED kam die Kommission hingegen nicht nach. [731]

Zum einen ist ein entsprechendes Dokument nicht erhältlich oder digital abrufbar. Zum anderen wurde aber auch die eigentliche Regelung des Art. 19 Abs. 8 RED nicht durch die Biokraftstoffnovelle gestrichen, so wie es bei der Arbeitsanweisung zur Entwicklung des Begriffs „Grünland mit hoher biologischer Vielfalt" geschah. Auch dies spricht dafür, dass die Kommission ihrer Arbeitsanweisung bislang nicht nachgekommen ist.

Vielmehr wurde Art. 19 Abs. 8 RED durch Art. 2 Nr. 7 d Biokraftstoffnovelle geändert und in eine Kann-Vorschrift gewandelt.[732] Zwar hatte sich die bisherige Förderung des Anbaus von Biomasse auf degradierten Flächen als größten Teils unwirksam herausgestellt. Eventuell lag dies aber auch gerade daran, dass die Kommission nicht tätig geworden ist. Wenn die Kommission jetzt eine Regelung erlässt, durch die sie ihre Untätigkeit selbst heilt und einen konkreten Auftrag in eine potenzielle Option, eine Kann-Vorschrift, umwandelt, ist dies selbstgefällig und anmaßend.

---

[731] Daher muss weiterhin auf die sehr knapp gehaltenen Ausführungen in Anhang V, Teil C, Nummer 7. e_B i.V.m. Nummer 8. b) i.V.m. Nummer 9 a) und b) RED zurückgegriffen werden, wonach „stark degradierte Flächen " Flächen sind, die während eines längeren Zeitraums entweder in hohem Maße versalzt wurden oder die einen besonders niedrigen Gehalt an organischen Stoffen aufweisen und stark erodiert sind. „Stark verschmutzte Flächen" sind Flächen, die aufgrund der Bodenverschmutzung ungeeignet für den Anbau von Lebens- und Futtermitteln sind.

[732] Die Kommission kann Durchführungsakte mit genauen Spezifikationen und Definitionen erlassen, wenn dies zur Gewährleistung der einheitlichen Anwendung von Anhang V Teil C Nummer 9 erforderlich ist.

Teil 7 Stellungnahme zur Biokraftstoff-Förderung durch die EU

Dass der auf europäischer Ebene vorzufindende Begriff der Nachhaltigkeit „nicht mehr als eine Phrase" ist, entlässt die Europäische Union natürlich nicht aus der Verantwortung, ihre Biokraftstoffpolitik an dem Begriff der Nachhaltigkeit messen lassen zu müssen.

An dem Versuch, die eigene Biokraftstoffpolitik an dem Leitbild der Nachhaltigkeit auszurichten und dadurch als ebenso bezeichnen zu können, ist die Europäische Union, jedenfalls zum derzeitigen Zeitpunkt, gescheitert.

Angesichts der inflationären und überschwänglichen, fast schon als naiv zu bezeichnenden Verwendung des Begriffs der Nachhaltigkeit/ nachhaltigen Entwicklung in den Erwägensgründen der RED, der zaghaften und der Realität immer hinterherlaufenden (Biokraftstoff-)Politik der Europäischen Union, und zumal die Europäische Union nicht mal selbst weiß, woran sie Ihre Politik ausrichten soll, ist dies auch nicht verwunderlich.

Nimmt man die in Kapitel 2, Teil 7 herausgearbeitete Definition des Begriffs der Nachhaltigkeit wird man wohl die Aussage treffen müssen, dass sich die Vorgaben/Bemühungen der Europäischen Union, auf die erste Wertschöpfungsstufe – und hier insbesondere die „geologische Vorgeschichte" der Anbaufläche - sowie das „Treibhausgasmindesteinsparpotential" beschränken.

Durch wen und wie die Biomasse angebaut wird und dass Anbaufläche nicht nur geschaffen wird, sondern dass auch auf bestehende Anbauflächen zurückgegriffen werden könnte, wird hingegen übersehen und bleibt mithin unreglementiert.

Da die Reglung der ökologischen Sphäre also lückenhaft ist und wesentliche Aspekte unberücksichtigt lässt, führt dies dazu, dass die ökonomische und gesellschaftliche Sphäre nicht nur der europäischen Biokraftstoffpolitik schutzlos ausgeliefert sind, sondern auch, ausgehend von den Versäumnissen bezüglich der ökologischen Sphäre, negativ beeinflusst werden.

Das aus den Erwägensgründen zur RED herauszulesende „Nachhaltigkeitsversprechen" der Europäischen Union bezüglich deren Biokraftstoffpolitik ist letzten Endes ein blutleeres Gerüst. Die Politik kann jedenfalls derzeit, sowie in absehbarer Zeit, nicht als nachhaltig bezeichnet werden.

Nachhaltigkeit ist ein Konstrukt, das materielle und prozessuale Komponenten sowie Aspekte der inter- und intragenerationellen Gerechtigkeit beinhaltet, wobei sich Gehalt und Umfang an der Tragweite des Sachverhalts orientiert, dem Nachhaltigkeit zugeordnet werden soll.

- Materiell beinhaltet Nachhaltigkeit die Verknüpfung von drei Sphären, nämlich der Ökonomie, der Ökologie und dem Sozialen/ Gesellschaftlichen, wobei es eine Interdependenz zwischen und unter den Sphären gibt (...).

- Prozessual beinhaltet Nachhaltigkeit die Entwicklung. Fernziele müssen formuliert werden, wobei auch suboptimale Lösungen zu Beginn des Prozesses akzeptiert werden können, wenn das Gesamtkonzept Instrumente zur regelmäßigen Kontrolle, Überprüfung, Anpassung und Fortentwicklung beinhaltet, deren Einhaltung durch einen Sanktionsmechanismus sichergestellt wird. (...).

- Das Erfordernis der Beachtung einer prozessualen/ zeitlichen, mithin mehrere Generationen betreffenden Komponente („intergenerationelle Gerechtigkeit") folgt daraus, dass nur so die Sphären über einen längeren Zeitraum im wesentlichen erhalten werden können. Durch die Beachtung der Grundsätze der intragenerationellen Gerechtigkeit werden negative Auswirkungen auf Dritte verringert und dadurch der zunehmenden Globalisierung Rechnung getragen.

I. Ökologische Sphäre

Der ökologische Aspekt der Nachhaltigkeit ist der einzige, der durch die Formulierung von „harten" Kriterien aktiv geformt wird und wo überhaupt direkte und unmittelbar ansetzende Vorgaben vorzufinden sind.

Dass der Schwerpunkt der Regelungen den Anbau der Biomasse betrifft ist sinnvoll, da ein unsachgemäßer Biomasseanbau das größte Risikopotential hat, sich negativ auf die Ökologie, aber auch Ökonomie und die gesellschaftliche Sphäre auszuwirken und auf dieser Ebene auch tatsächlich die meisten Problemfelder kommentiert und dokumentiert wurden.

Hinsichtlich der Ökologischen Sphäre bzw. des vermeintlich „dicht" geregelten Anbaus der Biomasse hätte man aber noch detailliertere Anforderungen stellen und so etwa den Wasserverbrauch der jeweiligen Biomasse, deren Anbauregion oder deren Energiegehalt berücksichtigen können. Überraschenderweise bleibt der Aspekt, dass die Biomasse überhaupt und zwar durch Menschen und auf den weltweit vorzufindenden oder noch zu schaffenden Anbauflächen angebaut werden muss, beinahe völlig unberücksichtigt. Aufgrund dieses Mankos innerhalb der ökologischen Sphäre und der Interdependenz der Sphären, wirkt sich dieses Versäumnis negativ auf die gesellschaftliche und die ökonomische Sphäre aus und verhindert deren Weiterentwicklung.

II. Gesellschaftliche Sphäre

Ausgehend von der plötzlichen Nachfrage an Biomasse, mithin dem Erfordernis, diese irgendwie und vor allem durch irgendwen anzubauen, ist unter anderem das Fehlen von Regelungen, die die Verwendung von Agrochemikalien reglementieren, zu kritisieren.

Durch eine fehlerhafte Verwendung von Agrochemikalien werden nämlich zum einen die Gesundheit der die Pestizide auftragenden Arbeiter und deren Familien gefährdet und, zum anderen, sofern die Chemikalien über die Felder in Flüsse und Grundwasser gelangen, auch weit entfernte Gemeinschaften, Gruppen und ganze Siedlungen.

Generell erfolgte eine nur sehr unzureichende Beachtung der Arbeitsbedingungen der die Biomasse anbauenden Personen. Sowohl auf der ersten Wertschöpfungsstufe- dem Anbau der Biomasse – wie auch im Laufe der weiteren Verarbeitung.
Alleine die Dokumentation, ob die die Rohstoffe anbauenden Länder, die ILO-Kernarbeitsnormen ratifiziert haben, führt noch lange nicht zu einer Gewährleistung der Einhaltung dieser Normen[733]. Wenn der internationale Gewerkschaftsbund[734] in seinem globalen Rechtsindex ein Land mit „5 – Rechte nicht garantiert" bewertet, kann nicht darauf verwiesen werden, dass die Europäische Union darauf hinwirken soll, bilaterale Abkommen mit diesem Land abzuschließen und die Durchsetzung und Anwendung des ILO-Übereinkommens zu kontrollieren und zu überwachen.

---

[733] Vgl. z.B. die Berichte der ITUC bezüglich der weltweiten Missachtung der Gewerkschaftsrechte trotz Ratifizierung entsprechender ILO Convention: http://survey.ituc-csi.org/?lang=en (letztmalig abgerufen am 08.06.2019), Anhang 1.LIV.
(letztmalig abgerufen am 22.04.2018), Anhang 1.LII.
[734] IGB, engl.: International Trade Union Confederation – ITUC.

Es ist befremdlich, wenn das Vorhandensein von Kinder- und Sklavenarbeit mit dem Argument abgetan wird, dass sich dies aufgrund einer zunehmenden Automatisierung der Arbeitsmethoden auf Plantagen in Zukunft legen wird.

Gerade den in der Landwirtschaft häufig anzutreffenden unzulässigen Arbeitsbedingungen (z.B. Arbeiten ohne formelle Arbeitsverträge, Kinderarbeit oder Zwangsarbeit) werden durch die RED nicht aktiv begegnet. Auch die Biokraftstoffnovelle änderte hieran nichts.

III. Ökonomische Sphäre

Ausgehend von der plötzlichen Nachfrage an Biomasse, mithin dem Erfordernis, diese irgendwie und vor allem irgendwo anzubauen, kam es zu einer plötzlichen, sehr großen Nachfrage nach Anbaufläche. Eng verbunden mit dem eher der gesellschaftlichen Sphäre zuzuordnenden Konflikt der Vertreibung indigener Bevölkerungsgruppen[735], lassen sich in diesem Zusammenhang aber auch der ökonomischen Sphäre zuzuordnenden Konflikte, wie die Missachtung von Landnutzungsrechten,[736] nennen. Diese Gefahren waren zwar bekannt, aber sollten dennoch erstmal nur dokumentiert werden, um dann ggf. zu handeln.

Dass einzelne Zertifizierungssysteme höhere Anforderungen formulieren als die rechtlichen Vorgaben der EU, kann der europäi-

---

[735] Vgl. beispielhaft die Probleme der Penan auf Malaysia: Survival International: Penan, Malaysia http://www.survivalinternational.de/indigene/penan (letztmalig abgerufen am 08.06.2019), Anhang 1.LV.

[736] Vgl. die zusammenfassende Darstellung für mehrere ausgewählte afrikanische Länder: Friends of the Earth 2010, Africa up for Grabs.

schen Biokraftstoffpolitik[737] eigentlich nicht zu Gute kommen und ist als glücklicher Zufall zu bezeichnen, den die EU nicht für sich in Anspruch nehmen darf.

Zusammenfassend kann man sagen, dass es materiell also vor allem an der Regelung von aus dem Erfordernis des Anbaus der Biomasse resultierenden Problemfeldern fehlt, oder solche Aspekte nicht als „hartes Nachhaltigkeitskriterium" ausgestaltet sind. Diese müssen dadurch gerade nicht unbedingt eingehalten und auch nachgewiesen werden. Vorhandene Regelungen sind darüber hinaus unnötig kompliziert oder nicht auf außerhalb der Europäischen Gemeinschaft angebaute Biomasse, die für die Erzeugung von Biokraftstoffen verwendet wird, anzuwenden.

IV. Prozessuale, formelle Aspekte der Nachhaltigkeit

Prozessual beinhaltet Nachhaltigkeit die Entwicklung. Fernziele müssen formuliert werden, wobei auch suboptimale Lösungen zu Beginn des Prozesses akzeptiert werden können, wenn das Gesamtkonzept Instrumente zur regelmäßigen Kontrolle, Überprüfung, Anpassung und Fortentwicklung beinhaltet, deren Einhaltung durch einen Sanktionsmechanismus sicher gestellt wird.

Die prozessualen, formellen Anforderungen an das dieser Bewertung zugrunde gelegte Verständnis von Nachhaltigkeit nimmt die Biokraftstoffpolitik in Form von Berichtspflichten auf. Das Potential zur kontinuierlichen Entwicklung ist also durchaus vorhanden. Allerdings dürften dies nicht ausreichend sein, um die materiellrechtlichen Versäumnisse dadurch egalisieren zu können.

---

[737] In developing countries, the multi-stakeholder EU sustainability certification schemes (e.g. ISCC, RSPO RED, RSB EU RED) cover also social, economic and environmental sustainability aspects that go beyond the EU mandatory sustainability criteria, vgl. COM(2017)57 final, S. 16

Es wäre auch zu einfach, eine Lösung als nachhaltig zu bezeichnen, nur weil sie Raum zum Nachbessern lässt.

Dies gilt umso mehr, wenn, wie im Fall der europäischen Praxis, den in der RED formulierten Berichtspflichten nicht nachgekommen wird. Fehlende oder jedenfalls verspätet veröffentlichte Berichte und eine unklare Verortung der abgefragten Informationen bzw. Verweise auf weitere Dokumente, machen eine Auswertung der Erfahrungen für die Kommission selbst aber auch durch Dritte beinahe unmöglich und die Biokraftstoffpolitik insgesamt unglaubwürdig. Auch den Arbeitsanweisungen, wodurch die Kommission durch die Einholung von Gutachten Wissenslücken schließen sollte, um dadurch die Biokraftstoffpolitik ausdifferenzierter und „passender" zu bekommen, wurde nicht vollumfänglich entsprochen.

Mit fehlendem Wissen ist es aber auch nicht möglich, die technische Weiterentwicklung auf dem Gebiet der Biokraftstoffe in die richtige Richtung voran zu treiben. Kommt es jedoch zu keiner Fortentwicklung, so bleibt die Biokraftstoffpolitik auf dem Stand der RED stehen, der nur deshalb hinzunehmen war, da zukünftige Weiterentwicklungen angelegt und vorgesehen waren und das in Bezug auf Biokraftstoffe/Biokraftstoffpolitik große Wissensdefizit als „mildernder Umstand" dem Normgeber angerechnet werden konnte.

Es ist unverständlich, dass die Anforderungen, die zur Nachhaltigkeit einer europäischen Biokraftstoffpolitik beitragen sollen, oftmals nur durch die Berichtspflichten (mittelbar) ausformuliert wurden. Diese mittelbare und als unvollkommen zu bezeichnende Herangehensweise der Europäischen Biokraftstoffpolitik, obgleich doch viele potenzielle Gefahren explizit formuliert und in den Erwägensgründen genannt wurden, trägt maßgeblich dazu bei, dass das selbstgesteckte Ziel einer nachhaltige Biokraftstoffpolitik nicht erreicht wird.

V. Inter- und Intragenerationelle Gerechtigkeit

Der Gerechtigkeitsgedanke wird beinahe vollumfänglich verkannt, was bereits daran ersichtlich ist, dass die meisten der zuvor erwähnten und durch die Biokraftstoffpolitik hervorgerufenen Probleme in den Ländern des globalen Südens entstehen oder (jedenfalls vorrangig und unmittelbar) die dort lebenden Menschen tangiert (Intragenerationalität).

Durch die Quotenverpflichtung mussten innerhalb kurzer Zeit große Mengen an Biokraftstoffen hergestellt werden, was jedoch keinesfalls nur durch den europäischen Agrarsektor gewährleistet werden konnte. Angesichts der niedrigen Produktionskosten von landwirtschaftlichen Erzeugnissen in Drittländern wurde dort der Druck auf die Agrarmärkte in kurzer Zeit erhöht. Neben der Energiebilanz der Rohstoffe aus Südamerika oder Südost-Asien sind dort auch die klimatischen Bedingungen besser, um einen ganzjährigen Anbau von Rohstoffen zu gewährleisten.

Konsequenz ist ein Nord-Süd-Gefälle, da ein Großteil der Produktion von außerhalb Europas nach Europa exportiert wird, und somit die intergenerationelle Gerechtigkeit nicht gewahrt wird. Wenn die europäische Gesellschaft nicht in der Lage ist, die Ressourcen für die europäische Biokraftstoffpolitik größtenteils selbst zu produzieren, sondern für die Aufrechterhaltung des Lebensniveaus der eigene Mangel durch Exporte aus Drittländern ausgeglichen werden muss, erfolgt lediglich ein „weiter so", bei dem die europäische Gesellschaft sich auch auf Kosten anderer Gesellschaften eine Biokraftstoffpolitik aufbaut. Die Biokraftstoffnovelle wird die europäische Biodieselindustrie mittelfristig zum Erliegen bringen, da Biodiesel aus Raps nicht mehr den Anforderungen entsprechen kann und Palmöl zudem billiger ist.

Hier kann erneut darauf hingewiesen werden, dass, gemäß Berichten von Umweltschutzorganisationen, bis zu ein Drittel des in einem europäischen Land zu dem normalen Diesel beigemischten Biodiesels aus Palmöl stammt. Ferner würde nicht einmal mehr der aus Rapsöl stammende Biodiesel aus europäischem Raps erzeugt und die europäischen Biodieselhersteller griffen zunehmend auf Importware aus Übersee zurück, da europäischer Raps nicht in ausreichender Menge zur Verfügung stünde.[738] Die Arbeitsunterlage der Kommissionsdienststelle[739] zum „Fortschrittsbericht erneuerbare Energien 2013"[740] nennt für das Jahr 2010 zwar nur einen Anteil an Biomasse des in Europa verbrauchten Biodiesels von 10 % Palmöl. Insgesamt stellt die außerhalb Europas angebaute und zur Produktion des in Europa verbrauchten Biodiesels verwendete Biomasse einen Anteil von 40 % dar.[741]

Eine Möglichkeit bestünde nun darin, die freiwerdenden Ressourcen und das in Europa gebündelte technische Know-how in die Produktion von fortschrittlichen Biokraftstoffen zu stecken. Der Richtwert der Biokraftstoffnovelle von 0,5 % ist jedoch zu gering, um die Fortentwicklung entsprechender Technologien tatsächlich voran zu bringen.

Strikte Anforderungen an die mitgliedsstaatliche Energieeffizienz und einen damit verbundenen erheblich geringeren Ressourcen-

---

[738] EUWID Neue Energien, 15.2011, S. 5, http://www.euwid-energie.de/news/energieeffizienz/einzelansicht/Artikel/hohe-anteile-palm-und-sojaoel-in-europaeischen-biodiesel-proben-1.html (letztmalig abgerufen am 10.06.2018), Anhang 1.L.
[739] SWD(2013) 102 final.
[740] COM(2013) 175 final.
[741] SWD(2013) 102 final, S. 15.

verbrauch im Verkehrssektor wären hier hilfreich gewesen, um die große europäische Nachfrage nach Biokraftstoffen zu verringern, und die Möglichkeit, die dann verringerte Nachfrage durch die eigenen landwirtschaftlichen Produktionen zu befriedigen, zu erhöhen.

Berücksichtigt man außerdem die langfristigen, sich global auswirkenden Konsequenzen der Biokraftstoffpolitik, wird auch dem Anspruch an die intergenerationelle Gerechtigkeit nicht entsprochen. Hierbei ist nicht nur an „die Umwelt" zu denken (Klima, Regenwald, Wasser), sondern auch an tiefgreifende und sich negativ auswirkende Beeinflussungen der Entwicklungsmöglichkeit verschiedenster Völker, Gruppen, Regionen und Länder.

VI. Fazit/ Empfehlungen

Angesichts der Vielzahl an Unzulänglichkeiten und Problemen, die aufgrund der Interdependenz der ökologischen, ökonomischen und sozialen Sphäre nicht isoliert betrachtet werden können, sich aber ihrerseits negativ auf alle Sphären auswirken, muss gleichzeitig von mehreren Seiten angesetzt werden.

1. Verringerung des Anteils von Biokraftstoffen der ersten Generation

Als unabdingbar ist zunächst die Verringerung des Anteils von Biokraftstoffen der ersten Generation zu bewerten.

Entscheidend wird es sein, den Anteil an Biokraftstoffen der ersten Generation zu senken. Dies kann durch die unmittelbare und explizite Förderung von Biokraftstoffen der zweiten und dritten Generation erfolgen. Weitere Ansatzpunkte sind aber ebenso denkbar und zielführend.

So kann etwa neben der expliziten Förderung von Biokraftstoffen fortgeschrittener Generationen, auch durch die Einbeziehung von gasförmigen Biokraftstoffen und Strom aus erneuerbaren Quellen in die europäische Verkehrspolitik, die Nachfrage nach Biokraftstoffen der ersten Generation gesenkt werden.

Gemäß Art. 3 Abs. 4 RED haben die Mitgliedstaaten zu gewährleisten, dass ihr Anteil von Energie aus erneuerbaren Quellen bei allen Verkehrsträgern im Jahr 2020 mindestens bei 10% „ihres Endenergieverbrauchs im Verkehrssektor" entspricht. Die Menge an flüssigen Biokraftstoffen verringert sich demzufolge natürlich entsprechend des „Endenergieverbrauchs im Verkehrssektor".

Eine Verringerung des europäischen Verbrauchs flüssiger Kraftstoffe durch entsprechende Effizienzvorgaben, die Förderung des Fahrradverkehrs und des ÖPNV – der zwar auch zum Endenergieverbrauch im Verkehrssektor beiträgt, allerdings effizienter als wenn die den ÖPNV-nutzenden Personen jeweils individuell am Verkehr teilnehmen würden – würde dazu führen, dass insgesamt weniger Endenergie durch Biokraftstoffe ersetzt werden müsste und dadurch auch weniger Biokraftstoffe der ersten Generation produziert werden müssten. Wichtig ist hierbei allerdings, dass durch Unterquoten hinsichtlich flüssiger Biokraftstoffe der zweiten oder dritten Generation verhindert wird, dass der plötzliche Überschuss an Biokraftstoffen der ersten Generation dazu genutzt wird, die jetzt leichter zu erreichende Quote von 10% „alleine" zu erfüllen.

2. Förderung der Nebeneffekte

Die Europäische Biokraftstoffpolitik wird auch dann nachhaltiger, wenn die in der Biokraftstoffproduktion angelegten Potenziale, positive mittelbare Nebeneffekte zu erzeugen, unmittelbar und stärker zu fördern.

Dies ist kein Widerspruch, wenn man zum Beispiel die Biokraftstoffpolitik mit einer zielgerichteten aber auch praxistauglichen und funktionalen Förderung von Biokraftstoffen, die vorrangig aus "Rohstoffen von sowohl leicht, wie auch stark degradierten und kontaminierten Flächen" hergestellt werden, ausstattet.

Als weiteres Beispiel könnte die Formulierung von „harten" Nachhaltigkeitskriterien bezüglich der Beachtung der WHO-Kernarbeitsnormen („ILO Core Conventions") genannt werden.
Die Abwesenheit von Zwangsarbeit und Kinderarbeit sowie die Wahrung der Vereinigungsfreiheit und des Rechts auf Kollektivhandlungen sind Mindestanforderungen, die relativ konkret formuliert und im Rahmen von Audits auch kontrolliert werden können, ohne dass hierzu die „Historie der Anbaufläche" in Erfahrung gebracht werden muss.

Ähnlich verhält es sich mit der Verwendung von Agrochemikalien. Wenn auch die konkrete, in quantitativer, qualitativer und fachlicher Hinsicht korrekte Anwendung, nur schwer überprüft werden kann, so können doch die Rahmenbedingungen wie ausreichend vorhandene Schutzbekleidung, die adäquate Lagerung von Pestiziden oder die Qualität der den Arbeitern vorgehaltenen Räumlichkeiten wie sanitäre Einrichtungen, vorgeschrieben und kontrolliert werden.

3. Realistisches Fördern und Fordern

Eine nachhaltige europäische Biokraftstoffpolitik bedeutet auch, dass ein ausgewogenes Verhältnis gefunden wird zwischen der Vorgabe von Quoten und Unterquoten und der Berücksichtigung dessen, was Biokraftstoffe in qualitativer und quantitativer Hinsicht tatsächlich leisten können. Die Europäische Politik muss sich darüber im Klaren sein, dass flüssige Biokraftstoffe nur ein Baustein auf dem Weg zu einem nachhaltigen Verkehrssektor sind und der Verkehrssektor nur ein Baustein auf dem Weg zu einer nachhaltigen Energiepolitik, Umweltpolitik ist.

Verbindliche, langfristige und durchaus ehrgeizige Quotenverpflichtungen sind sinnvoll, um Investitionssicherheit zu gewährleisten und Innovationen zu fördern.

Doch kann dies nur auf einer nachhaltigen, soliden und bewährten Basis erfolgen und nicht durch eine Politik, bei der so ehrgeizige Ziele formuliert werden, die sicherlich wünschenswert sind, sich aber nicht an den tatsächlichen Begebenheiten orientieren. Auch eine Biokraftstoffquote von 5 % oder 7 % ist ein beachtenswerter Fortschritt und lässt ein Fernziel von 10 % unberührt – sofern diese 10 % denn als nachhaltig bezeichnet werden könnten. Wenn Nachhaltigkeit als „Modell der Entscheidungsfindung, Optimierung und Zielvorstellung zugleich" dienen soll, so ist die realistische Einschätzung des Möglichen als Optimierung zu verstehen, die letzten Endes zu einer nachhaltigeren Biokraftstoffpolitik führt – auch wenn vielleicht die Aufwärtsspirale nicht vollständig zur Entfaltung kommt und einzelne Aspekte des best case Szenarios[742] nicht realisiert werden können.

Dies bedeutet nicht, dass die Europäische Biokraftstoffpolitik als solche als gescheitert betrachtet werden sollte.

Eine Konsolidierung der prozentualen Quotenverpflichtung auf einem niedrigen zweistelligen Wert, bei gleichzeitiger Splittung dieses Zieles in überwiegend der zweiten oder dritten Generation zuzuordnenden flüssigen, sowie gasförmige Kraftstoffe und Elektrizität aus erneuerbaren Quellen ist ein erstrebenswertes und ausreichend ambitioniertes Fernziel.

---

[742] Vgl. Vorwort, Teil 1.

KAPITEL 4: BIOKRAFTSTOFF-POLITIK IN DEUTSCHLAND

Zur Komplettierung der Darstellung der Förderung und Regelung von Biokraftstoffen in Europa und innerhalb der europäischen Länder soll sich anschließend, beispielhaft, mit der Biokraftstoffförderung in Deutschland befasst werden.

Teil 1 Historische Entwicklung des deutschen, für die Biokraftstoffindustrie relevanten Normengefüges ohne europäischen Einfluss (pre-RED)

Auch die Fokussierung auf die deutsche Gesetzeslage macht deutlich, dass die Befassung mit Biokraftstoffen durch die Gesetzgebung ein relativ neues Phänomen ist. Seit der ersten Befassung mit Biokraftstoffen durch den deutschen Gesetzgeber im Jahr 2004 hat sich die deutsche Gesetzeslage, auch gefördert durch die Entwicklungen auf europäischer Ebene, erheblich verdichtet. Inzwischen werden der Markt von Biokraftstoffen und die Biokraftstoffwirtschaft durch eine Vielzahl von Gesetzen reglementiert.

Hierbei erfolgt die Förderung entweder durch steuerrechtliche Begünstigung von Biokraftstoffen gegenüber den fossilen Kraftstoffen durch das Mineralölsteuergesetz bzw. dessen Nachfolger, das Energiesteuergesetz[743], oder durch im Bundesimmissions

---

[743] Energiesteuergesetz (EnergieStG).

schutzgesetz[744] geregelte ordnungsrechtliche Quotenverpflichtungen, wonach jährlich gewisse Mengen an Biokraftstoffen auf den Markt zu bringen sind. Die Quotenverpflichtungen können sich wiederum an verschiedenen Parametern orientieren, so etwa an Angaben in Litern oder aber an dem Energiegehalt, der durch Biokraftstoffe ersetzt wird oder deren Potenzial, die Treibhausgasemissionen im Verkehrssektor zu reduzieren.

Erst ab 2009 wurden die deutschen Regelungen, die überhaupt die Einführung von Biokraftstoffen fördern sollten, durch flankierende Regelungen hinsichtlich der Nachhaltigkeitsanforderungen an Biokraftstoffe ergänzt.

Es besteht also ein Gleichklang zur europäischen Ebene, die ebenfalls zunächst die Biokraftstoffe an sich fördern wollte und erst dann, nachträglich, mit der RED Nachhaltigkeitskriterien für die Biomasse/ Biokraftstoffproduktion aufgestellt hat.

In Deutschland wurden diese Vorgaben durch die „Verordnung über Anforderungen an eine nachhaltige Herstellung von Biokraftstoffen", der Biokraftstoffnachhaltigkeitsverordnung[745], umgesetzt.

I.   Förderung von Biokraftstoffen bis 2004

Bis zum Jahr 2004 waren reine Biokraftstoffe nicht Steuergegenstand nach dem damaligen Mineralölsteuergesetz[746]. Sie waren dadurch vollständig von der Mineralölsteuer befreit. Mischungen

---

[744] Bundesimmissionsschutzgesetz (BImSchG).
[745] Verordnung über Anforderungen an eine nachhaltige Herstellung von Biokraftstoffen, (Biokraft-NachV).
[746] Mineralölsteuergesetz (MinöStG).

von Biokraftstoffen mit fossilen Kraftstoffen wurden dagegen entsprechend dem fossilen Kraftstoff besteuert.[747]

Um der zunehmenden Bedeutung von Biokraftstoffen gerecht zu werden, wurde durch Art. 17 des zweiten Gesetzes zur Änderung steuerlicher Vorschriften[748] das MinöStG geändert und an die Entwicklung bei den Biokraftstoffen angepasst.

Durch Art. 17 Nr. 1 StÄndG 2003 wurde Fettsäuremethylester (Biodiesel) als Mineralöl im Sinne des Mineralölsteuergesetzes in § 1 Abs. 2 Nr. 12a MinöStG bewertet. Gemäß Art. 17 Nr.1 StÄndG2003 wurde ferner § 1 Abs. 2 Nr. 13 MinöStG so geändert, dass er alle Produkte erfasst, die zur Verwendung als Kraftstoff (...) bestimmt sind und somit zu Mineralölen im Sinne des MinöStG machte. Damit unterlagen Biokraftstoffe gemäß § 1 Abs. 1 MinöStG zwar einer Besteuerung. Durch den durch Art. 17 Nr. 2 StÄndG 2003 in das Mineralölsteuergesetz eingeführten § 2a MinöStG bestand jedoch die Möglichkeit der (vollständigen) Steuerbegünstigung für Biokraft- und Bioheizstoffe.

Die bis zum 31.12.2009 gewährte Steuerbegünstigung sollte nicht nur für reine Biokraftstoffe gelten, sondern gemäß Art. 17 Nr. 2 StÄndG 2003 für alle Mineralöle in dem Umfang, in dem sie nachweislich Biokraft- oder Bioheizstoffe enthalten.

---

[747] Vgl. Die Förderung von Biokraftstoffen seit 2004 in: Monatsbericht des BMF, Februar 2008, https://www.bundesfinanzministerium.de/Web/DE/Service/Publikationen/Monatsbericht/Archiv-2001-2008/archiv-2001-2008.html (letztmalig abgerufen am 08.06.2019) Anhang 1.LVII.

[748] Steueränderungsgesetz, (StÄndG 2003), vom 15.12.2003, BGBl I S. 2645.

Damit erfolgte erstmals auch eine Förderung von Beimischungen von Biokraftstoffen zu herkömmlichen (fossilen) Kraftstoffen.[749] Die Beimischung von Biokraftstoffen ist über die Jahre zur Regel geworden. Reine Biokraftstoffe werden kaum noch verwendet, abgesehen von einigen Ausnahmen in der Landwirtschaft. Meistens erfolgt eine Beimischung von Bioethanol zu Ottokraftstoff (E5, E10) oder Biodiesel zu Diesel (B7).

Die Förderung durch Steuerbegünstigung von Biokraftstoffen trat zum 1. Januar 2004 in Kraft.[750]

II. Ordnungsrechtliche Förderung von Biokraftstoffen ab 2006

Im November 2005 beschloss die damalige deutsche Regierung, zur Konsolidierung des Bundeshaushaltes,[751] die Förderung von Biokraftstoffen von einer steuerlichen auf eine ordnungsrechtliche umzustellen.[752] Eine gegen den Wegfall der steuerlichen Begünsti-

---

[749] Vgl. Die Förderung von Biokraftstoffen seit 2004 in: Monatsbericht des BMF, Februar 2008, S.1
https://www.bundesfinanzministerium.de/Web/DE/Service/Publikationen/Monatsbericht/Archiv-2001-2008/archiv-2001-2008.html
(letztmalig abgerufen am 08.06.2019) Anhang 1.LVII.

[750] Vgl. Art. 25 Abs. 8 StÄndG 2003.

[751] Vgl. Die Förderung von Biokraftstoffen seit 2004 in: Monatsbericht des BMF, Februar 2008, S. 2.
https://www.bundesfinanzministerium.de/Web/DE/Service/Publikationen/Monatsbericht/Archiv-2001-2008/archiv-2001-2008.html 3
(letztmalig abgerufen am 08.06.2019) Anhang 1.LVII.

[752] Vogelpohl schreibt, dass die Argumentation im Rahmen des Paradigmenwechsels von einer steuerlichen zu einer ordnungsrechtlichen Förderung (Quote), nur vor dem Hintergrund übergreifender neoliberaler Deutungsmuster zu verstehen ist. So etwa, dass die Steuerbefreiung eine unwirksame, ineffiziente und kostspielige Intervention des Staates darstelle, vgl. Hirschl et al., 2014, Biokraftstoffe zwischen Sackgasse und Energiewende, S.33 f.

gungen gerichtete Verfassungsbeschwerde wurde nicht angenommen.[753]

Außerdem war die Richtlinie 2003/96 EG des Rates vom 27. Oktober 2003[754] (Restrukturierung der gemeinschaftlichen Rahmenvorschriften zur Besteuerung von Energieerzeugnissen und elektrischem Strom) am 31. Oktober 2003 in Kraft getreten und in nationales Steuerrecht umzusetzen.[755]

1. Gesetz zur Neuregelung der Besteuerung von Energieerzeugnissen und zur Änderung des Stromsteuergesetzes

Das Gesetz zur Neuregelung der Besteuerung von Energieerzeugnissen und zur Änderung des Stromsteuergesetzes[756] beinhaltete insbesondere den Erlass des Energiesteuergesetzes[757], welches mit seinem Inkrafttreten am 01.08.2006 das Mineralölsteuergesetz ersetzte.[758]

Das Energiesteuergesetz beendete zum einen die Förderung von Beimischung und sah nur noch eine Steuerentlastung für Biodiesel

---

[753] Vertiefend, Brinktrine, Das Rech der Biokraftstoffe, in: Zeitschrift für Europäisches Umwelt- und Planungsrecht (EurUP), 2010, 2 ff (7).

[754] ABl. EU Nr. L 283 S. 51.

[755] Vgl. BT-Drucks. 16/1176, 1.

[756] Vgl. 15. Juli 2006, BGBl I, S. 1534 (Nr. 33);
https://www.bgbl.de/xaver/bgbl/start.xav?startbk=Bundesanzeiger_BGBl#__bgbl__%2F%2F*%5B%40attr_id%3D%27bgbl106s1534.pdf%27%5D__1528623401847
(letztmalig abgerufen am 08.06.2019), Anhang 1.LVIII.

[757] Energiesteuergesetz vom 15. Juli 2006 (BGBl. I S. 1534), (EnergieStG).

[758] Vgl. Art. 3, Gesetz zur Neuregelung der Besteuerung von Energieerzeugnissen und zur Änderung des Stromsteuergesetzes,.

und Bioethanol in Reinform vor.[759] Aus § 2a MinöStG, wonach Mineralöle in dem Umfang steuerbegünstigt sind, in dem sie nachweislich Biokraft- oder Bioheizstoffe enthalten, wurde § 50 Abs. 1 Nr. 1 EnergieStG, wonach auf Antrag ein Steuerentlastung gewährt wird für Biokraftstoffe, unvermischt mit anderen Energieerzeugnissen (...).

Da das Energiesteuergesetz jedoch der Wegbereiter zu einer rein ordnungsrechtlichen Förderung sein sollte, sah das Energiesteuergesetz zugleich einen sukzessiven Abbau dieser Steuerentlastung für Reinkraftstoffe, also Fettsäuremethylester (Biodiesel) und Pflanzenöl, in dem Zeitraum bis zum 1.1.2013 vor.

§ 50 Abs. 3 Nr. 1 EnergieStG regelte die abnehmende Steuerentlastung von 39 ct./ Liter bis zum 31.12.2007 hin zu einer Steuerentlastung von nur noch 2 ct./ Liter seit dem 1.1.2013. Gemäß § 50 Abs. 1 Nr. 2 EnergieStG reduzierte sich die Steuerentlastung bei reinem Pflanzenöl von 47 ct./ Liter bis zum 31.12.2007 auf ebenfalls 2 ct./ Liter seit dem 1.1.2013. Damit werden Biodiesel in Reinform und reine Pflanzenöle in Reinform mit 45 ct./ Liter besteuert.

Da die alleinige Verwendung von Biokraftstoffen jedoch nicht ohne weiteres mit den derzeitigen Motoren möglich ist und Modi-

---

[759] Vgl. BT-Drucks. 621/ 06, 2. Tatsächlich erfolgte die Beendigung der Förderung von „Beimischungen" erst durch die Änderungen des EnergieStG durch das BioKraftQuG, vgl. Art. 1 Nr. 3 BioKraftQuG.

fikationen[760] erforderlich sind, sollte die Beimischung weiterhin praktiziert werden[761].

Die Förderung dieser Beimischungen erfolgte ordnungsrechtlich durch den Erlass des Biokraftstoffquotengesetzes

2. Gesetz zur Einführung einer Biokraftstoffquote durch Änderung des Bundesimmissionsschutzgesetzes und zur Änderung energie- und stromsteuerrechtlicher Vorschriften (Biokraftstoffquotengesetz)

Der Erlass des Biokraftstoffquotengesetzes[762] sollte insbesondere die Förderung von Beimischungen von Biokraftstoffen zu fossilen Kraftstoffen regeln und ordnungsrechtlich fördern, nachdem das, das Mineralölsteuergesetz ersetzende Energiesteuergesetz die steuerliche Begünstigung für Beimischungen beendete und auch die Förderung von Biodiesel und Pflanzenöl in Reinform über einen Zeitraum von mehreren Jahren sukzessive abwickeln sollte.

---

[760] Die zunehmend strengeren Anforderungen an die Abgaswerte durch „Euro 4" bzw. „Euro 5" machen es den Autoherstellern immer schwieriger, ihre Motoren für reinen Biodiesel freizugeben, vgl. Fachagentur nachwachsende Rohstoffe (FnR), 2014, Biokraftstoffe, 4. Auflage, S.10.

[761] Hinweis: Im Jahr 2014, zu einem Zeitpunkt, an dem die Steuerentlastung für Beimischungen schon länger, nämlich seit dem Inkrafttreten des Energiesteuergesetzes im Jahr 2006, nicht mehr existierte und auch die Förderung für Reinkraftstoffe quasi vernachlässigbar war und nur noch 2 ct/ Liter Biodiesel, bzw. Pflanzenkraftstoff betrug, erfolgte der überwiegende Absatz von Biokraftstoffen im Wege von Beimischungen zum „normalen" Kraftstoff. Ethanol wurde zu 86 % über Beimischungen (E 10) und Biodiesel sogar zu 98 % (B 5) über Beimischungen vertrieben und in Deutschland abgesetzt, vgl. Fachagentur nachwachsende Rohstoffe (FnR), 2014, Biokraftstoffe, 4. Auflage, S. 10 i.V.m. S. 26 und S. 32.

[762] Biokraftstoffquotengesetzes , BGBl. I, S. 3180 (Nr. 62); (BioKraftQuG).

Das Biokraftstoffquotengesetz[763] war ein Artikelgesetz, welches gleichzeitig das Bundesimmissionsschutzgesetz, das erst kurz vorher erlassene Energiesteuergesetz und das Stromsteuergesetz änderte. Das BioKraftQuG trat gemäß Art. 5 am 1. Januar 2007 in Kraft.

Das Zusammenspiel beider zuvor genannten Artikelgesetze erfolgte in der Art, dass sie das Energiesteuergesetz mehrfach änderten, was letzten Endes zu einem Auslaufen der steuerrechtlichen Entlastung von Biokraftstoffen führte, egal, ob diese in Reinform oder durch Beimischungen verwendet wurden.

Die durch das Biokraftstoffquotengesetz in das BImSchG eingeführten Beimischungsquoten führten parallel zu einer reinen ordnungsrechtlichen Förderung von Biokraftstoffen über vorgeschriebene Beimischungsquoten.

i. Regelungsgehalt des Biokraftstoffquotengesetzes

Nachdem das Energiesteuergesetz die ordnungsrechtliche Förderung von Biokraftstoffen insoweit vorbereitete und die bisherige steuerrechtliche Förderung von Beimischungen beendet hatte, erfolgte die „eigentliche" (ordnungsrechtliche) Förderung von Biokraftstoffen durch das Biokraftstoffquotengesetz. Mit Beginn des Jahres 2013 endete auch die Steuerentlastung von reinem Biodiesel und reinem Pflanzenöl. Die steuerrechtliche Förderung von Biokraftstoffen kann daher als ab diesem Zeitpunkt beendet bezeichnet werden.

---

[763] Das „Gesetz zur Neuregelung der Besteuerung von Energieerzeugnissen und zur Änderung des Stromsteuergesetzes" und das „Biokraftstoffquotengesetz" dienten der weiteren Umsetzung der europäischen Richtlinie 2003/30/EG des „Europäischen Parlaments und des Rates vom 8. Mai 2003 zur Förderung der Verwendung von Biokraftstoffen oder anderen erneuerbaren Kraftstoffen im Verkehrssektor", der sog. Biokraftstoffrichtlinie.

Da die erfreuliche dynamische Entwicklung der im Verkehr eingesetzten Biokraftstoffe auf der Basis der bisherigen Förderung über Steuervergünstigungen zu ansteigenden Steuerausfällen führte und mit dem Haushalts-Konsolidierungskurs der Bundesregierung nicht mehr vereinbar war, sollte das Biokraftstoffquotengesetz eine unternehmensbezogene Quotenpflicht einführen und eine weitergehende Verwendung von Biokraftstoffen sicherstellen. Durch die Quotenpflicht war die Einbeziehung von Biokraftstoffen in den deutschen Kraftstoffmarkt gewährleistet, obwohl kurz zuvor das Ende der steuerrechtlichen Subventionierung von Biokraftstoffen beschlossen wurde. Das Biokraftstoffquotengesetz sorgte also dafür, dass eine (in Maßen) erfolgende Konsolidierung des Bundeshaushaltes erfolgen konnte,[764] ohne dass dies zu einem schwerwiegenden Einbruch des Biokraftstoffmarktes geführt hätte.

Darüber hinaus verfolgte das Biokraftstoffquotengesetz auch das Ziel[765] der besonderen Förderung von Biokraftstoffen der zweiten Generation.

Grundsätzlich sollten zwar die in die Quote fallenden Biokraftstoffe in Reinform oder besonders förderungswürdige Biokraftstoffe, also solche der zweiten Generation, nicht mehr steuerlich begünstigt werden[766]. Um jedoch die Förderung von besonders förderungswürdigen Biokraftstoffen beizubehalten, sollten diese, vorbehaltlich einer Genehmigung durch die Europäische Kommission[767], auch „innerhalb der Quote" degressiv steuerbegünstigt werden.
Verordnungsermächtigungen sollten es ermöglichen, Nachhaltigkeits- und CO_2-Kriterien in das Quotensystem zu integrieren.

---

[764] Vgl. BT-Drucks. 621/06, 1.
[765] Vgl. BT-Drucks. 621/06, 18.
[766] Vgl. § 50 Abs. 1 Nr. 1 und Nr. 2 i.V.m. § 50 Abs. 1 Nr. 5 Satz 4 EnergieStG.
[767] Art. 5 Abs. 5 Satz 1 BioKraftQuG i.V.m. § 50 Abs. 1 Satz 6 EnergieStG.

Und schließlich sollte durch das Biokraftstoffquotengesetz noch die Beibehaltung der Steuerfreiheit für Biokraftstoffe in der Landwirtschaft garantiert werden.[768] Das Biokraftstoffquotengesetz trat am 1.01.2007 in Kraft.[769]

(a) Änderungen im Energiesteuergesetz

Das BioKraftQuG änderte (erneut) die besondere steuerliche Behandlung von Biokraftstoffen, obwohl dies ja auch bereits direkt mit Erlass des Energiesteuergesetzes hätte erfolgen können.
Das Energiesteuergesetz wurde nur vier Monate vor dem BioKraftQuG mit dem Gesetz zur Neuregelung der Besteuerung von Energieerzeugnissen und zur Änderung des Stromsteuergesetzes erlassen und trat bis auf die §§ 3a, 58, 66 Stromsteuergesetz am 1.8.2006 in Kraft.[770]

Mehrere Probleme mussten hierbei berücksichtigt werden, damit die ordnungsrechtliche und die steuerrechtliche Förderung aufeinander abgestimmt wurden und sich vor allem nicht gegenseitig behinderten und zugleich die langfristigen Zielsetzungen des Gesetzgebers erfolgreich verfolgt wurden.

Gemäß § 50 Abs. 1 Satz 4 und Satz 5 EnergieStG sollten in die Quote fallende Biokraftstoffe in Reinform oder besonders förderungswürdige Biokraftstoffe, also solche der zweiten Generation, nicht mehr steuerlich begünstigt werden, solange die Menge der „Biokraftstoffe in Reinform" oder die Menge der „besonders förderungswürdigen Biokraftstoffe" der Erfüllung der Quotenverpflichtung dient.

---

[768] Art. 1 Nr. 10 BioKraftQuG i.V.m. § 57 Abs. 5 Nr. 2 EnergieStG i.V.m. § 50 Abs. 3 Satz 3 Nummer 1 und § 50 Abs. 3 Satz 3 Nummer 2 EnergieStG.
[769] Vgl. Art. 5 Abs. 1 BioKraftQuG.
[770] Vgl. Artikel 3 Abs. 1 Gesetz zur Neuregelung der Besteuerung von Energieerzeugnissen und zur Änderung des Stromsteuergesetzes.

Die Quotenerfüllung sollte ja gerade nicht mehr steuerlich begünstigt werden, egal durch welche Biokraftstoffe (rein, gemischt, 2. Generation). Dann hätte sich nämlich die ordnungsrechtliche Förderung (Quote) mit der steuerrechtlichen Förderung überschnitten.

Es bestand aber auch weiterhin ein Interesse daran, die Biokraftstoffe der zweiten Generation, neben der allgemeinen ordnungsrechtlichen Förderung der Biokraftstoffe insgesamt, gesondert zu fördern.

Daher wurde gemäß Art. 5 Abs. 2 BioKraftQuG festgelegt, dass die Herausnahme der Förderung von Biokraftstoffen innerhalb der Quotenverpflichtung für Biokraftstoffe der zweiten Generation wieder rückgängig gemacht würde bzw. dass diese außer Kraft gesetzt würde, sobald die EU-Kommission die besondere Förderung der Kraftstoffe der 2. Generation genehmigte.[771] Somit erfolgte faktisch auch weiterhin eine besondere Förderung der Biokraftstoffe der zweiten Generation.

Der Grundsatz des Auslaufens der Steuerentlastung für Biokraftstoffe zum Ende des Jahres 2009 gemäß § 50 Abs. 1 S. 2 EnergieStG wurde für ausgesuchte Biokraftstoffe durchbrochen. Für Biokraftstoffe der zweiten Generation und Biomethan sollte die Steuerentlastung gemäß § 50 Abs. 2 EnergieStG bis Ende 2015 weitergelten.

Aus Gründen des Vertrauensschutzes sollte die durch die Regelungen des 2006 geänderten Energiesteuergesetzes geltende Steuerentlastung für reine Biokraftstoffe zunächst bestehen bleiben und bis zum Jahr 2013 sukzessive verringert werden. Erfasst hiervon waren die Mengen von reinen Biokraftstoffen, die über die Bio-

---

[771] Die Genehmigung erfolgte mit Schreiben vom 20. XII.2006, K(2006)7141.

kraftstoffmenge, die der Erfüllung der Quotenverpflichtung dient, hinaus abgesetzt wurden.[772] Doch auch diese Förderung ist inzwischen so weit gedrosselt, dass reiner Biodiesel und Pflanzenkraftstoffe faktisch nicht mehr gefördert werden.

Eine Steuerentlastung für Biokraftstoffe, die in der Land- und Forstwirtschaft Verwendung finden, wurde in § 57 Abs. 5 Nr. 2 EnergieStG i.V.m. § 50 Abs. 3 Satz 3 Nummer 1 und § 50 Abs. 3 Satz 3 Nummer 2 geregelt.

(b) Änderungen im Bundesimmissionsschutzgesetz

Mit den Änderungen im Bundesimmissionsschutzgesetz erfolgte die eigentliche Quotenregelung, die die ordnungsrechtliche Förderung von Biokraftstoffen übernehmen sollte.
Mit Art. 3 Nr. 1 - 4 BioKraftQuG wurde der dritte Teil des Bundesimmissionsschutzgesetzes, „Beschaffenheit von Anlagen, Stoffen, Erzeugnissen, Brennstoffen, Treibstoffen und Schmierstoffen", um einen zweiten Abschnitt, in dem der Umgang mit Biokraftstoffen geregelt werden sollten, erweitert.[773] Die neu in das BImSchG eingeführten §§ 37 a – d BImSchG regelten den Mindestanteil von Biokraftstoff an der Gesamtmenge des in Verkehr gebrachten Kraftstoffs[774], Begriffsbestimmungen und Anforderungen an Biokraftstoff[775], Mitteilungs- und Abgabepflichten[776] sowie die zuständigen Stellen und Rechtsverordnungen[777].

Wie bereits im Rahmen der europäischen Biokraftstoffpolitik dargestellt, ist es sinnvoll, den Anteil des beizumischenden Bio-

---

[772] BT-Drucks. 621/06,23 i.V.m. Art 1 Nr. 1 § 50 Abs. 1Nr. 1 i.V.m. Art. 1 Nr. 1 § 50 Abs. 1 Satz. 2 BioKraftQuG (BT-Drucks. 621/ 06, 1 f.).
[773] Vgl. BGBl. I 2006, 3184.
[774] § 37 a BImSchG.
[775] § 37 b BImSchG.
[776] § 37 c BImSchG.
[777] § 37 d BImSchG.

kraftstoffs an dem Energiegehalt zu orientieren, da eine mengenmäßige Quote i.S.v. Litern etc. zu Verzerrungen führen würde und kein repräsentatives Ergebnis wiedergibt.

Da die Einsparung von Treibhausgasemissionen eine wesentliche Komponente der Biokraftstoffpolitik ist, und Treibhausgasemissionen dieselbe Aussagekraft haben wie der Energiegehalt, besteht auch die Möglichkeit, Regeln aufzustellen, die sich an den Treibhausgasen orientieren. Diese „Klimaschutzquote zur Reduzierung der Treibhausgase"[778] sollte aber erst ab dem Jahr 2015 praktiziert werden.

Die Quotenvorgabe des § 37 a BImSchG sah gewisse sogenannte Unterquoten vor, also Mindestquoten, jeweils für die in Umlauf zu bringenden, Ottokraftstoffe oder Dieselkraftstoffen ersetzende Biokraftstoffe. Darüber hinaus enthielt das Gesetz noch eine weitere Quote, eine Gesamtquote, die die Gesamtmenge an Biokraftstoffen, die auf den Markt gebracht werden müssen, regelte.

Die Quoten richteten sich jeweils an die „relevanten Marktteilnehmer", also an diejenigen, die gewerbsmäßig oder im Rahmen wirtschaftlicher Unternehmungen nach §2 Abs. 1 Nr. 1, 4 EnergieStG zu versteuernde Kraftstoffe (Otto- oder Dieselkraftstoff) in Verkehr bringen.[779]

Gemäß § 37 a Abs. 3 BImSchG sahen die Unterquoten vor, dass die Verpflichteten mit dem Inkrafttreten des Gesetzes einen Anteil von Dieselkraftstoff ersetzenden Biokraftstoff von mindestens 4,4%[780] sicherstellen. Die Vorgaben für Ottokraftstoff ersetzenden Biokraftstoff waren gestaffelt und sahen vor, dass für das Jahr

---

[778] Nachfolgend: Klimaschutzquote.
[779] Vgl. § 37 a Abs. 1 BImSchG.
[780] Bezogen auf den Energiegehalt.

2007 mindestens 1,2 %[781] ersetzt werden sollten. Im Jahr 2008 sollten 2 %, im Jahr 2009 2,8 % und ab dem Jahr 2010 mindestens 3,6 % ersetzt werden.

Gemäß § 37 Abs. 3 S. 5 BImSchG galten die Angaben zu den Mindestanteilen von Biokraftstoffen jeweils bezogen auf den Energiegehalt der Menge des fossilen Ottokraftstoffs oder des fossilen Biokraftstoffs zuzüglich des Energiegehaltes des Biokraftstoffanteils im Falle der Unterquoten.

Daneben gab es eine von den Verpflichteten einzuhaltende Gesamtquote, die vorsah, dass im Jahr 2009 mindestens 6,25 %[782] der insgesamt von dem jeweiligen Verpflichteten auf den Markt gebrachten Otto- und Dieselkraftstoffe durch Biokraftstoffe ersetzt sein mussten, wobei die Gesamtquote auch dann einzuhalten war, wenn der Verpflichtete ausschließlich Otto- oder Dieselkraftstoffe in Verkehr brachte.[783] Diese Gesamtquote sollte im Jahr 2010 bei 6,75 % liegen und dann jährlich um 0,25 % bis zu einem Wert von 8,0 % im Jahr 2015 steigen. Die Gesamtquote bezog sich auf den Energiegehalt der Menge fossilen Ottokraftstoffs und fossilen Dieselkraftstoffs zuzüglich des Biokraftstoffanteils.

---

[781] Bezogen auf den Energiegehalt.
[782] Bezogen auf den Energiegehalt.
[783] Vgl. § 37a Abs. 3 S. 4 BImSchG.

Tabelle 2: Quotenverpflichtungen im BImSchG gemäß BioKraftQuG

Jahr	Bio-Diesel (Unterquote) in %	Bio-Ottokraftstoff (Unterquote) in %	Gesamt-Menge in %
2007	4,4	1,2	./.
2008	4,4	2,0	./.
2009	4,4	2,8	6,25
2010	4,4	3,6	6,75
2011	4,4	3,6	7,00
2012	4,4	3,6	7,25
2013	4,4	3,6	7,50
2014	4,4	3,6	7,75
2015	4,4	3,6	8,00

In der vom Finanzausschuss angeführten Begründung zu der Staffelung der Prozentsätze, die sich leicht von denen des Gesetzesentwurfs der Bundesregierung unterschieden, heißt es, dass, da es im ersten Jahr der Quotenpflicht für Ottokraftstoff aus technischen Gründen zu Schwierigkeiten kommen kann, die im Gesetzentwurf vorgesehene Quotenhöhe (2 %) zu erfüllen, für das Jahr 2007 die Quotenhöhe auf 1,2 % herabgesetzt wird. Die Differenz zu der ursprünglich für das Jahr 2007 vorgesehenen Quotenhöhe von 2 % soll im Jahr 2009 kompensiert werden, für das daher eine Quotenhöhe von 2,8 % vorgesehen wird. Für die Jahre 2007 bis 2009 bleibt es damit bei einer Höhe der Quotenverpflichtung von durchschnittlich 2 %.[784]

Da davon ausgegangen wird, dass entsprechende Produktionskapazitäten in Deutschland zur Verfügung stehen werden, wird die

---

[784] Vgl. BT-Drucks. 16, 3178, 8.

Quotenpflicht für Ottokraftstoff ab dem Jahr 2010 von 3 % auf 3,6 % und die Gesamtquote auf 6,25 % in 2009 auf 6,75 % in 2010 erhöht.[785] Um auch für den Zeitraum ab 2011 hinreichende Planungssicherheit im Hinblick auf den weiteren Ausbau der Biokraftstoffkapazitäten in Deutschland zu schaffen, wird für die Jahre 2011 bis 2015 eine linear auf 8 % ansteigende Quotenpflicht (Gesamtquote) vorgesehen.

Zu einem späteren Zeitpunkt soll geprüft werden, ob bzw. inwieweit sichergestellt werden kann, dass die Gesamtquoten für den Zeitraum 2011 bis 2015 auch durch das in Umlauf bringen von Biokraftstoffen der zweiten Generation erfüllt wird. Es bleibt dabei, dass nach 2010 auch die getrennten Quoten für Otto- und Dieselkraftstoff weiterhin gelten.[786]

(c) Ermächtigungsgrundlage zum Erlass einer Nachhaltigkeitsverordnung

Das BioKraftQuG führte gemäß Art. 1 Nr.7 BioKraftQuG und Art. 3 Nr. 4 BioKraftQuG auch Ermächtigungsnormen zum Erlass von Rechtsverordnungen ein, nämlich jeweils gleichlautend im Energiesteuergesetz (§66 Abs.1 Nr. 11a EnergieStG) und im Bundesimmissionsschutzgesetz (§37d Abs. 2 Nr. 3 BImSchG).

Diese Normen stellten die Ermächtigungsgrundlage für den Erlass einer zukünftigen Nachhaltigkeitsverordnung dar.

Mit den Rechtsverordnungen sollte sichergestellt werden, dass bei der Erzeugung von Biomasse für Biokraftstoffe Mindestanforderungen an eine nachhaltige Bewirtschaftung landwirtschaftlicher Flächen oder Mindestanforderungen zum Schutz natürlicher Lebensräume oder bestimmte CO_2-Einsparanforderungen erfüllt

---

[785] BT-Drucks. 16/3178, 8.
[786] Vgl. BT-Drucks. 16/3178, 7 f.

werden.[787] Damit künftigen (vor allem technischen) Entwicklungen – insbesondere im Bereich der Biokraftstoffe der zweiten Generation – im Verordnungswege Rechnung getragen werden kann, enthält § 37d Abs. 2 BImSchG mehrere Verordnungsermächtigungen. Hierüber soll auch die Möglichkeit geschaffen werden, Nachhaltigkeits- oder CO_2-Kriterien in das Quotensystem zu integrieren. Darüber hinaus werden die Steuerbegünstigung und die Berücksichtigung bei der Biokraftstoffquote an die Erfüllung der einschlägigen Qualitätsnormen gebunden.[788]

Die Ermächtigungsnormen, wie sie durch das BioKraftQuG ausgestaltet wurden, sahen jedoch nur vor, dass die Nachhaltigkeitskriterien bereits dann erfüllt werden, wenn, alternativ, landwirtschaftlicher Flächen nachhaltig bewirtschaftet würden oder natürlicher Lebensräume geschützt würden oder gewisse Mengen an CO_2 eingespart würden. Diese wurde später durch das Gesetz zur Änderung der Förderung von Biokraftstoffen in kumulativ vorliegende Nachhaltigkeitskriterien geändert.

      ii.   Verordnung zur Durchführung der Regelungen der Biokraftstoffquote – 36.BImSchV

Artikel 1 der Verordnung[789] zur Durchführung des Bundes-Immissionsschutzgesetzes und zur Änderung der Energiesteuer-Durchführungsverordnung enthält die Urfassung der „Sechsunddreißigste Verordnung zur Durchführung des Bundes-Immissionsschutzgesetzes" (Verordnung zur Durchführung der Regelungen der Biokraftstoffquote – 36. BImSchV). Diese 36. BImSchV regelt in sechs Paragraphen die „Durchführungen der Regelungen der Biokraftstoffquote". Sehr vereinfacht und nicht

---

[787] Vgl. BT-Drucks. 621/06, 41.
[788] Vgl. BT-Drucks. 621/06, 18.
[789] Verordnung vom 29.01.2007, BGBl. I, S.60 (Nr. 3).

technisch regelte die 36. BImSchV etwa die „Ermittlung der für die Erfüllung der Quotenverpflichtung notwendigen Biokraftstoffmenge"[790] oder den „Nachweis der Biokraftstoffeigenschaft"[791]. So musste zum Beispiel die Erfüllung der Quotenverpflichtung mittels „geeigneter Aufzeichnungen" erfolgen, (...) die so beschaffen sein mussten, „dass es einem sachverständigen Dritten innerhalb einer angemessenen Frist möglich ist, die Grundlage für die Berechnung der für die Erfüllung der Quotenverpflichtung notwendigen Biokraftstoffmengen festzustellen".

Nachhaltigkeit betreffende Aspekte enthielt die 36. BImSchV nicht. Diese waren zu diesem Zeitpunkt jedoch auch noch nicht Gegenstand der europäischen bzw. deutschen Biokraftstoffpolitik.

III. Entwurf einer Biomasse-Nachhaltigkeitsverordnung (BioNachV)

Im Jahr 2007 wollte Deutschland im Alleingang eine Nachhaltigkeitsverordnung auf den Weg bringen. Diesem Vorhaben folgend, veröffentlichte die Bundesregierung, das Bundesministerium der Finanzen im Einvernehmen mit anderen Bundesministerien, den „Entwurf einer Verordnung über Anforderungen an eine nachhaltige Erzeugung von Biomasse zur Verwendung als Biokraftstoff (Biomasse-Nachhaltigkeitsverordnung – BioNachV)"[792].

Da Biomasse und Biokraftstoffe weltweit gehandelt werden, wäre daher die Vereinbarung international gültiger Nachhaltigkeitsanforderungen die beste Lösung. Da jedoch entsprechende Prozesse, zumal ohne institutionellen Rahmen, sehr langwierig sein werden und auch innerhalb der EU erst angelaufen sind, wobei die Kommission offen lässt, ob eine abschließende Regelung auf EU-Ebene

---

[790] § 2 36. BImSchV.
[791] § 4 36. BImSchV.
[792] Nachfolgend: BioNachV-Entwurf.

oder eine nicht abschließende Regelung auf EU-Ebene eingeführt wird, bei der grundlegende Vorgaben auf EU-Ebene durch nationale Regelungen zu den einzelnen Fördersystemen ergänzt werden[793], entschied sich die deutsche Regierung wohl, so wie auch Großbritannien oder die Niederlande[794], zunächst eine einzelstaatliche Lösung auszuarbeiten und dadurch dem Ziel der nachhaltigen Biokraftstoffproduktion kurzfristiger näher zu kommen.

Die in diesem Entwurf angelegten Nachhaltigkeitskriterien sind ähnlich ausgestaltet wie die Kriterien in der RED. Der Entwurf enthält Anforderungen an die Nachhaltige Bewirtschaftung von Flächen[795], an den Schutz natürlicher Lebensräume[796] und an das Treibhausgas-Verminderungspotential[797]. Ergänzend zu den Anforderungen an das Treibhausgas-Verminderungspotenzial legte Anlage 1 die „Grundsätze für die Ermittlung des Treibhausgas-Verminderungspotenzials" dar. Anlage 2 ergänzte die Thematik Treibhausgase durch tabellarisch festgelegte „Default-Werte".

Gemäß § 1 BioNachV-Entwurf sollten nur diejenigen Biokraftstoffe auf die Quote gemäß § 37a BImSchG angerechnet werden können und auch nur in den Genuss von Steuererleichterungen gemäß § 50 EnergieStG kommen können, wenn bei der Herstellung der Biomasse die Voraussetzungen der §§ 2 und 3 BioNachV-Entwurf

---

[793] EEG-Clearingstelle, BioNachV-Entwurf, S. 27.
Hinweis: Da der BioNachV-Entwurf niemals das Stadium des Entwurfs verlassen hat und er daher nicht zu einer Bundestagsdrucksache wurde oder im Bundesgesetzblatt veröffentlicht wurde, muss insofern auf die EEC-Clearingstelle verwiesen werden, die den Entwurf auf ihrer Internetseite zum downloaden bereit hält. Dies ist, neben einem Angebot des Kieler Instituts für Weltwirtschaft, die einzige Stelle, an der dieser Entwurf einsehbar ist.
[794] EEG-Clearingstelle, BioNachV-Entwurf, S. 27.
[795] § 2 BioNachV-Entwurf.
[796] § 3 BioNachV-Entwurf.
[797] § 4 BioNachV-Entwurf.

eingehalten würden. Die Biokraftstoffe selbst müssten dann aber auch noch ein vorgegebenes Treibhausgas-Verminderungspotenzial aufweisen.

3. Nachhaltige Bewirtschaftung von Flächen

Eine nachhaltige Bewirtschaftung von Flächen soll dann vorliegen, wenn die Biomasse entsprechend den Anforderungen der guten fachlichen Praxis, die sich auf den für die Land-, Forst- und Fischereiwirtschaft geltenden Vorschriften ergeben, oder entsprechend der Vorschriften von Cross Compliance erzeugt werden.

Wird die Biomasse in Staaten angebaut, die nicht im Geltungsbereich der Verordnung liegen, so sollen die Voraussetzungen des § 2 BioNachV-Entwurf als erfüllt gelten, wenn die Biomasse dort unter Beachtung vergleichbarer Rechtsvorschriften oder vergleichbarer Regelungen angebaut wurde.

Der BioNachV-Entwurf begegnet auch der Problematik, die „Vergleichbarkeit" festzustellen und stellt deshalb fünf „Anforderungen mit Auswirkungen auf globale Naturschutzgüter" auf, die eingehalten werden müssen, damit das Nachhaltigkeitskriterium des § 2 BioNachV-Entwurf erfüllt ist. Hierzu zählen zum Beispiel „keine wesentliche Verschlechterung der Bodenfunktionen und der Bodenfruchtbarkeit" (zum Erhalt organischer Substanz, Schutz vor Erosion) oder „umweltgerechter Einsatz von Dünge- und Pflanzenschutzmitteln". Die Begründung zum Verordnungsentwurf führt aus, dass recht grobe und wenig ausdifferenzierte Anforderungen formuliert wurden, da die Anforderungen an Fruchtfolge, Bodenbearbeitung, Düngung und Pflanzenschutz etwa für den Anbau von Raps in Deutschland, Ölpalmen in Südostasien und Zuckerrohr in Brasilien völlig unterschiedlich wären.[798] Durch

---

[798] S. 30 BioNachV-Entwurf.

anerkannte Zertifizierungssysteme würden dann aber noch Konkretisierungen für die jeweilige Energiepflanzen und regionale Bedingungen erfolgen.

4. Schutz natürlicher Lebensräume

Der Schutz natürlicher Lebensräume soll dadurch erreicht werden, dass die Biomasse nicht in „Schutzgebieten" oder in „Gebieten, die am 1. Januar 2005 Gebiete mit einem hohen Naturschutzwert waren oder danach zu einem solchen wurden", angebaut werden darf[799], damit die daraus produzierten Biokraftstoffe entsprechend § 1 BioNachV-Entwurf angerechnet werden dürfen. In § 3 Absatz 2 BioNachV-Entwurf werden die „Gebiete mit hohem Naturschutzwert" nochmal ausdifferenziert. Gemäß der Begründung zu § 3 BioNachV-Entwurf[800] wurden für die Formulierung der Definitionen die internationalen Prinzipien und Kriterien des FSC (Forest Stewardship Council e.V.) herangezogen. Der Begriff „hoher Naturschutzwert" ist so gewählt, dass er nicht nur Wald erfasst, sondern jeden Lebensraum mit einem hohen Schutzwert, wie zum Beispiel „High Nature Value Farmland".

Erwähnenswert ist § 3 Abs. 3 BioNachV-Entwurf. Gemäß § 3 Abs. 3 S. 1 BioNachV-Entwurf werden die Kriterien von § 3 auch dann eingehalten, wenn der Anbau der Biomasse den Naturschutzwert eines „Gebietes mit hohem Naturschutzwert" nicht mindert. Eine Ausnahme von dieser Ausnahme bildet § 3 Abs. 3 S. 3 BioNachV-Entwurf, der Wälder, die in landwirtschaftliche Flächen oder Plantagen umgewandelt werden sollen, von dieser Regelung ausschließt. „Wälder" werden dadurch für die Verwendung als Anbaufläche für den Anbau von Energiepflanzen unbrauchbar. Diese absolute Regelung ist sinnvoll, da gerade bisher von Urwald be-

---

[799] Vgl. § 3 Abs. 1 BioNachV-Entwurf.
[800] EEG-Clearingstelle, BioNachV-Entwurf, S. 34.

deckte Flächen, mangels vorhandener, brauchbarer Anbaufläche, in eben solche umgewandelt wird. Der Anbau der Biomasse erfolgt dann nicht selten in Form von Plantagen und in Monokultur.

5. Treibhausgas-Verminderungspotenzial

Gemäß § 4 BioNachV-Entwurf sollten Biokraftstoffe ein Treibhausgas-Verminderungspotenzial von mindestens 30 % aufweisen. Ab dem 1.1.2011 sollte dieser Wert auf 40% steigen.

Einen besonderen Anreiz Biokraftstoffe, mit einem hohen Verminderungspotenzial in Verkehr zu bringen, sollte § 4 Abs. 4 BioNachV-Entwurf schaffen. Für Biokraftstoffe, die ein höheres Verminderungspotenzial haben als der Basiswert[801], sollte der Energiegehalt der Menge dieser Biokraftstoffe nach Maßgabe einer Multiplikation auf die energetischen Quoten des BImSchG angerechnet werden. Zunächst sollte das (höhere) Treibhausgas-Verminderungspotenzial durch das „durchschnittlichen Treibhausgas-Verminderungspotenzial der von allen Verpflichteten im Vorvorjahr zur Erfüllung von Verpflichtungen (...) in Verkehr gebrachten Biokraftstoffe geteilt werden. Anschließend sollte dieser Divisor als Faktor im Rahmen der bereits erwähnten Multiplikation verwendet werden.

Damit greift der BioNachV-Entwurf auf den durch das BioKraftQuG neu in das BImSchG eingefügten § 37d zurück, nach dessen Absatz 2 Nr. 2 die mehrfache Gewichtung bestimmter Biokraftstoffe durch Verordnung bestimmt werden kann.

---

[801] 30 % bzw. 40 % ab dem 1.1.2011.

> Beispiel:
> - Basiswert: 30 %
> - Treibhausgas-Verminderungspotenzial des in Verkehr gebrachten Biokraftstoffs: 50%
> - Durchschnittliches Treibhausgas-Verminderungs- potenzial der von allen Verpflichteten im Vorvorjahr (...) in Verkehr gebrachten Biokraftstoffe: 34,5 %
>
> 50/34,5 = 1,449
>
> Der Verpflichtete kann die Menge des von ihm in Verkehr gebrachten Biokraftstoffs mit einem Treibhausgas-Verminderungspotenzial von 50 % mit dem 1,449-fachen auf die energetische Quote anrechnen.

Teil 2 Förderung von Biokraftstoffen nach 2009; Förderung unter Einfluss der RED (post-RED)

Nachdem mit dem Erlass des StÄndG2003 und des BioKraftQuG, sozusagen ein erster legislativer Schub, den Biokraftstoffsektor in Deutschland geregelt hatte, erfolgte in den Folgejahren, unter dem Einfluss der RED[802], aber auch aufgrund der ins Bewusstsein drängenden Probleme der Biokraftstoffproduktion, eine weitere Ausdifferenzierung der deutschen Biokraftstoffpolitik.

Die neuen Regelungen betrafen in erster Linie eine Anpassung der Quotenverpflichtung, also des Bundesimmissionsschutzgesetzes, wobei grundsätzlich an diesem ordnungsrechtlichen Instrument

---

[802] In Kraft seit dem 25. Juni 2009, vgl. Art. 28 RED i.V.m. Abl. 2009 L 140/16.

festgehalten wurde. Auch das Energiesteuergesetz wurde geändert. Außerdem kam es zur Einführung von Nachhaltigkeitskriterien, um den Anforderungen der RED zu entsprechen. Dies geschah durch den Erlass von 2 Nachhaltigkeitsverordnungen.

I. Gesetz zur Änderung der Förderung von Biokraftstoffen

Das „Gesetz zur Änderung der Förderung von Biokraftstoffen"[803] sollte entgegen der bisherigen Gesetzgebung die Förderung des Ausbaus des Biokraftstoffanteils an den in Deutschland im Verkehrssektor verwendeten fossilen Kraftstoffen reduzieren.

Der zunehmende öffentliche Druck[804], den negativen Begleiterscheinungen einer unzureichend reglementierten Biokraftstoffpolitik zu begegnen, zumal weder auf europäischer Ebene noch durch den nationalen Gesetzgeber bisher Nachhaltigkeitskriterien aufgestellt wurden, führte zu einer Verringerung der Quotenverpflichtung in Deutschland. Da die RED auch noch nicht erlassen war, diente das BioKraftFÄndG somit noch der Umsetzung der Richtlinie 2003/30/EG des Europäischen Parlamentes und des Rates vom 8. Mai 2003 zur Förderung der Verwendung von Biokraftstoffen oder anderen erneuerbaren Kraftstoffen im Verkehrs-

---

[803] Gesetz zur Änderung der Förderung von Biokraftstoffen (BioKraftFÄndG), BGBl. I, 2009, 1804.
[804] http://www.youtube.com/watch?v=1BCA8dQfGi0&feature =related, (letztmalig abgerufen am 08.06.2019) Anhang 1.LIX.

sektor (Biokraftstoff-RL)[805], die selbst noch keine Nachhaltigkeitskriterien enthielten.

Das BioKraftFÄndG sollte daher die Beimischungsquote verringern, bis Nachhaltigkeitskriterien festgelegt worden seien, um so auch die Nutzungskonkurrenz der Biomasse mit Nahrungs- und Futtermitteln auszuschließen.[806] Darüber hinaus sollte die Beimischung von relevanten Anteilen von Biokraftstoffen der zweiten Generation gefördert und auf die Beimischung von 10 Volumenprozent Ethanol[807] zunächst verzichtet werden.[808]

Durch die Verringerung der Biokraftstoffquote sollte also eine Art „Verschnaufpause" geschaffen werden, in der den Beteiligten des Biokraftstoffmarktes, in erster Linie aus Wissenschaft und Politik, Gelegenheit gegeben werden sollte, die Versäumnisse im Bereich der Biokraftstoffpolitik zu beheben, sei es durch entsprechende Forschung oder Gesetzgebung.

Das BioKraftFÄndG war ein Artikelgesetz und trat gemäß Art. 4 BioKraftFÄndG am 21.07.2009 in Kraft.

Durch das BioKraftFÄndG erfolgten Veränderungen des BImSchG, EnergieStG und des EEWärmeG[809].

---

[805] Systematisch ist das BioKraftFÄndG bereits im Licht der RED zu sehen, da die ursprünglich in dem BioKraftFÄndG vorgesehenen Nachhaltigkeitskriterien (keine Verwendung von Palm- und Sojaöl) im Rahmen des Notifikations-Verfahrens infolge der Stellungnahme der EU-Kommission wieder herausgenommen wurde, da die Europäische Union in Kürze die RED einschließlich europaweit geltender, einheitlicher Nachhaltigkeitskriterien erlassen sollte; vgl. BT-Drucks. 16/ 12465, 4.
[806] Vgl. BT-Drucks. 16/ 12465, 1.
[807] E 10.
[808] Vgl. BT-Drucks. 16/ 12465, 1.
[809] Gesetz zur Förderung Erneuerbarer Energien im Wärmebereich (Erneuerbare-Energien-Wärmegesetz).

1. Änderungen des Bundesimmissionsschutzgesetzes

Das Bundesimmissionsschutzgesetz regelt die greifbarsten und praktischsten Aspekte der Biokraftstoffpolitik, nämlich den Anteil von Biokraftstoffen an den insgesamt verwendeten Kraftstoffen.

i. Änderung der Beimischungsquoten

Das BioKraftFÄndG änderte zunächst die Beimischungsverpflichtung bezüglich der Unterquoten und der Gesamtquote. Da auf die Einführung von E10 verzichtet wurde, bestand ein Anpassungsbedarf für die bisher vorgesehenen jährlichen Biokraftstoffquoten, da diese Quoten mit den zulässigen Beimischungsobergrenzen für Biokraftstoffe nicht mehr durch Beimischung erreichbar waren.[810]

Die Beimischungsquote für Dieselkraftstoff ersetzenden Biokraftstoff wurde bis zum 31.12.2014 mit 4,4 % festgeschrieben. Die Unterquote für die Beimischung von Ottokraftstoff ersetzenden Biokraftstoff wurde mit 2,8 % für die Zeit bis Ende 2014 ebenfalls eingefroren. Auch die Gesamtquote wurde mit 5,25 % für das Jahr 2009 rückwirkend reduziert und 6,25 % für die Jahre 2010 bis Ende 2014 festgeschrieben.

---

[810] Vgl. BT-Drucks. 830/08, 25.

Tabelle 3: Quotenverpflichtungen im BImSchG gemäß BioKraftFÄndG

Jahr	Biodiesel (Unterquote)		Bio-Ottokraftstoff (Unterquote)		Gesamtmenge	
	(in %)					
	Alt	Neu	Alt	Neu	Alt	Neu
2007	4,4	4,4	1,2			
2008	4,4	4,4	2,0	2,8		
2009	4,4	4,4	2,8	2,8	6,25	5,25 (rückwirkend)
2010	4,4	4,4	3,6	2,8	6,75	6,25
2011	4,4	4,4	3,6	2,8	7,00	6,25
2012	4,4	4,4	3,6	2,8	7,25	6,25
2013	4,4	4,4	3,6	2,8	7,50	6,25
2014	4,4	4,4	3,6	2,8	7,75	6,25

ii. Dekarbonisierung ab 2015

Mit der Änderung des BImSchG durch das BioKraftFÄndG erfolgt eine wesentliche Änderung der Biokraftstoffförderung ab dem Jahr 2015, weil ab diesem Zeitraum gemäß dem in das BImSchG neu eingefügten § 37a BImSchG der Biokraftstoffanteil, der vom Verpflichteten in Verkehr zu bringen ist, als Netto-Klimaschutzbeitrag (Dekarbonisierung) festgelegt und von 3 % im Jahr 2015 stufenweise auf 7 % ab dem Jahr 2020 gesteigert werden sollte.[811] Die energetischen Quoten, die sich auf den Energiegehalt von Kraftstoffen bezog, wurden auf Klimaschutzquoten umgestellt, die festlegten, um wie viel sich der Ausstoß von Treibhausgasen der von den Verpflichteten insgesamt auf den Markt gebrachten Biokraftstoffen gegenüber einer mit Hilfe eines Refe-

---

[811] Vgl. BT-Drucks. 830/08, 28.

renzwertes[812] errechneten Menge an Treibhausgasen reduzieren mussten.

Die „Verpflichteten"[813] hatten ab dem Jahr 2015 einen Mindestanteil an Otto- und Dieselkraftstoff ersetzenden Biokraftstoff in Verkehr zu bringen, durch den der Treibhausgasanteil gegenüber der Gesamtmenge des von ihnen in Verkehr gebrachten Otto- und Dieselkraftstoffs zuzüglich der Treibhausgase des von ihnen in Verkehr gebrachten Otto- oder Dieselkraftstoff ersetzenden Biokraftstoffs stufenweise um 3 % ab dem Jahr 2015, 4,5 % ab dem Jahr 2017 und 7 % ab dem Jahr 2020 gesenkt werden sollte.
Die bei der Herstellung des Biokraftstoffs entstehenden Treibhausgase sollten bei der Berechnung der erreichbaren Minderung des Treibhausgasanteils von Kraftstoff gemäß § 37a Abs. 3e a.E. BImSchG berücksichtigt werden.

Das BioKraftFÄndG, das ausweislich der Angaben im Bundesgesetzblatt weder der Umsetzung der RED noch der Fuel Quality Directive diente,[814] griff durch den Wechsel von energetischen Quoten auf eine Klimaschutzquote ab dem Jahr 2015 damit bereits die europäischen Vorgaben der Fuel Quality Directive auf, die ab 2015 zusätzliche Klimaschutzquoten für die Verpflichteten vorsieht, wobei die 10 %-Quote und die Nachhaltigkeitskriterien aus der RED weiter bestehen bleiben.

Die europäische Vorgabe hinsichtlich der Einführung von Klimaschutzquoten, die Richtlinie 30/2009 zur Änderung der Richtlinie 98/70/EG im Hinblick auf die Spezifikationen für Otto-, Diesel- und Gasölkraftstoffe und die Einführung eines Systems zur Überwachung und Verringerung der Treibhausgasemissionen sowie zur Änderung der Richtlinie 1999/32/EG des Rates im Hinblick auf die

---

[812] § 37a Abs. 4 Satz 1 BImSchG.
[813] i.S.d. BImSchG.
[814] Vgl. BGBl I 2009, 1804, Fn. 1, 2.

Spezifikationen für von Binnenschiffern gebrauchte Kraftstoffe und zur Aufhebung der Richtlinie 93/12/EWG, sah vor, dass im Jahr 2020 eine Treibhausgaseinsparung von 10 % gegenüber einem Basiswert erfolgt. Hierbei sollten jedoch nur 6 % durch treibhausgasemissionsreduzierte Biokraftstoffe eingespart werden.

Weitere 2 % sollten durch die Bereitstellung von Energie für den Verkehr, die zur Verwendung in allen Arten von Straßenfahrzeugen, mobilen Maschinen und Geräten (einschließlich Binnenschiffen), land- und forstwirtschaftlichen Zugmaschinen sowie Sportbooten bestimmt ist oder durch den Einsatz eines Verfahrens jeglicher Art, einschließlich der Abscheidung und Speicherung von Kohlendioxid, das eine Minderung der Lebenszyklustreibhausgasemissionen pro Energieeinheit ermöglicht, erfolgen.[815]

Weitere 2 % sollten eingespart werden durch die Verwendung von Gutschriften, die im Rahmen des Mechanismus für umweltverträgliche Entwicklung des Kyoto-Protokolls unter den Bedingungen erworben werden, die in der Richtlinie 2003/87/EG des Europäischen Parlaments und des Rates vom 13. Oktober 2003 über ein System für den Handel mit Treibhausgasemissionszertifikaten in der Gemeinschaft für die Minderungen im Bereich der Treibstoffversorgung festgelegt sind.[816]

Gemäß Art. 1 Nr. 5 RL 2009/30/EG konnten die Mitgliedsstaaten die Anbieter im Hinblick auf die sechsprozentige Einsparungsverpflichtung auf die Zwischenziele von 2 % bis zum 31. Dezember 2014 und 4 % bis zum 31. Dezember 2017 verpflichten.

Die deutsche Regelung beschränkt sich hingegen auf Vorgaben bezüglich der unmittelbar im Verkehr durch die verwendeten

---

[815] Nr.5 RL 2009/30/EG.
[816] Vgl. Nr. 5 RL 2009/30/EG.

Kraftstoffe entstehenden Treibhausgase. Die im BImSchG verankerte Klimaschutz-Gesamtquote sieht vor, dass ab 2015 ein Mindestanteil an Otto- und Dieselkraftstoffen durch die Verpflichteten in Verkehr gebracht wird, durch den (Mindestanteil) der Treibhausgasanteil der Gesamtmenge Otto- und Dieselkraftstoff zuzüglich des Otto- oder Dieselkraftstoff ersetzenden Biokraftstoffs stufenweise um 3 % ab 2015, 4,5 % ab 2017 und 7 % ab 2020 gesenkt wird.

Damit würde in Deutschland ein Prozent Treibhausgasreduzierung mehr als erforderlich unmittelbar durch treibhausgaseinsparende Biokraftstoffe erfolgen.

Ein Problem ergibt sich aber dadurch, dass eine vollständige Umstellung von energetischen Quoten auf Klimaschutzquoten erfolgte und nicht, wie auf europäischer Ebene auch, die Klimaschutzquoten neben den energetischen Quoten der RED stehen.

Zwar sollte die Umstellung auf den Netto-Klimaschutzbeitrag dazu führen, dass Biokraftstoffe, die eine günstigere Treibhausgasbilanz aufweisen, stärker auf die, zumindest und nur noch von europäischer Seite weiterhin bestehende 10 %-Verpflichtung angerechnet werden[817], doch führt die einseitige Förderung von Biokraftstoffen über Klimaschutzquoten zu Problemen hinsichtlich der Erfüllung der 10 %-Vorgabe durch die RED. Die Erfüllung von energetischen Quoten läuft zu Beginn des Jahres 2015 aus und die Verpflichteten haben nur noch die Klimaschutzquoten zu erfüllen.

Da nämlich die Treibhausgaseinsparungen am besten mit solchen Biokraftstoffen erreicht werden, die ein besonders hohes Treibhausgaseinsparpotenzial haben, braucht man von diesen Biokraftstoffen im Verhältnis weniger als von Biokraftstoffen, die nur

---

[817] BT-Drucks. 830/08, 25.

ein geringes Treibhausgaseinsparpotenzial gegenüber fossilen Kraftstoffen haben. Diese „geringe" Menge an treibhausgaseffizienten Biokraftstoffen hat aber nicht einen auch derart höheren Energiegehalt als Biokraftstoffe, die weniger treibhausgaseffizient sind. Die Folge ist nun, dass die „geringe" Menge an effizienten Biokraftstoffen nicht ausreicht, um 10 % der im Energiesektor verbrauchten Energie darzustellen. Erforderlich wäre vielmehr ein Anstieg des Biokraftstoffvolumens. Würden im Jahr 2020 nur noch Biokraftstoffe verwendet, die eine Ersparnis von 60 % Treibhausgasen gegenüber konventionellen Kraftstoffen aufweisen, so wäre ein energetischer Anteil von 10 % Biokraftstoffen erforderlich, um die Klimaschutzquote von 6 % zu erreichen. Der energetische Anteil von 10 % wird aber nicht erreicht, wenn es bei dem derzeit praktizierten Prinzip der Beimischungen (B7, E5, E10) bleibt. Der beigemischte Biokraftstoffanteil würde den energetischen Biokraftstoffanteil auf lediglich 8 % erhöhen, wodurch die europarechtlichen Vorgaben verfehlt würden.[818]

Es bleibt also zu befürchten, dass im Jahre 2020 zwar eine Verminderung des Treibhausgasausstoßes im Verkehrssektor um 7 % erreicht wird, aber zugleich nicht 10 % der im Verkehrssektor verbrauchten Energie aus erneuerbaren Quellen stammt, sondern weniger.

iii. Quotenerfüllung durch Biomethan

Die Verwendung von Reinkraftstoffen könnte das oben beschriebene Dilemma beheben. Die vermehrte Nutzung von alternativen Reinkraftstoffen, die zugleich ein hohes Treibhausgasminderungspotenzial haben, wie etwa Biomethan, könnte dazu beitragen, dass beide Quoten erfüllt werden.[819] Biomethan ist auch deshalb

---

[818] Dena, Biomethan für den Kraftstoffmarkt, S. 3.
[819] Dena, Biomethan für den Kraftstoffmarkt, S. 3.

interessant, da es in Erdgasfahrzeugen eingesetzt werden könnte, ohne dass technische Modifikationen an diesen Fahrzeugen erforderlich wären.

Durch die Änderungen in § 37a Abs. 5 Nr. 3 i.V.m. § 37b Abs. 6 BImSchG kann die Beimischungsquote auch durch die Beimischung von Biomethan zu Erdgaskraftstoff erfüllt werden. Während Biogas gemäß § 3 Nr. 7 EEG2014[820] Gas ist, das durch anaerobe Vergärung von Biomasse gewonnen wird, handelt es sich bei Biomethan um „veredeltes Biogas", nämlich Biogas oder sonstige gasförmige Biomasse, das oder die aufbereitet und in das Erdgasnetz eingespeist worden ist.[821] Um bei Herstellung und Verarbeitung von Biomethan jedoch eine positive Klimabilanz sicherzustellen und die Methanemissionen in die Atmosphäre bei der Aufbereitung auf Erdgasqualität sowie durch die Gärrestlager zu begrenzen, sollte eine Quotenanrechnung nur dann möglich sein, sofern die Verordnungen über die Beschaffenheit und die Auszeichnung der Qualitäten von Kraftstoffen vom 24. Juni 2004 und Anlage 2 des BioKraftFÄndG erfüllt sein würden.[822]

Da zukünftig aber auf den Brennwert von Biomethan abgestellt wird und Biomethan dadurch wie die anderen Biokraftstoff behandelt wird, der um 10 % höheren Heizwert hingegen unberücksichtigt bleibt, wird es nicht zu einer verstärkten Verwendung von Biomethan kommen.[823] Zusätzlich orientiert sich die Versteuerung von Biomethan am Heizwert. Somit müssen 10 % mehr Biomethan versteuert werden als auf die Klimaschutzquote angerechnet werden können.[824]

---

[820] Erneuerbare-Energien-Gesetz, bzw. Gesetz für den Ausbau erneuerbarer Energien, BGBl. I, 2015, 1010.
[821] Vgl. § 3 Nr. 8 EEG2014.
[822] Vgl. BT-Drucks. 830/08, 7.
[823] Dena, Biomethan für den Kraftstoffmarkt, S. 1.
[824] Dena, Biomethan für den Kraftstoffmarkt, S. 4.

iv. Aufschiebend bedingte Quotenerfüllung durch Biokraftstoffe aus Palm- und Sojaöl

Durch den geänderten § 37b BImSchG wurde festgelegt, dass Energieerzeugnisse, die vollständig oder teilweise auf der Basis von Palm- oder Sojaöl hergestellt werden, erst dann auf die Quotenverpflichtung angerechnet werden können, wenn sichergestellt ist, dass Nachhaltigkeitskriterien durch den Gesetzgeber formuliert wurden und das verwendete Palm- oder Sojaöl auch diese Anforderungen erfüllt.[825] Die Nachhaltigkeitskriterien sollten aus § 37d Abs. 2 Nr. 3 BImSchG entnommen werden, wonach bei der Erzeugung der eingesetzten Biomasse nachweislich bestimmte ökologische und soziale Anforderungen an eine nachhaltige Produktion der Biomasse sowie zum Schutz natürlicher Lebensräume erfüllt werden und der Biokraftstoff eine bestimmte Treibhausgasminderung aufweisen müsste. Hier wurde bereits Bezug genommen auf eine Nachhaltigkeitskriterien festlegende und fordernde Verordnung genommen. Diese gab es bislang zwar noch nicht, gemäß der Gesetzesbegründung des BioKraftFÄndG hatte sich das Bundeskabinett aber bereits am 5. Dezember 2007 mit dem, hier auch bereits ausführlich dargestellten,[826] „Entwurf einer Verordnung über Anforderungen an eine nachhaltige Erzeugung von Biomasse zur Verwendung als Biokraftstoff"[827] befasst. Der Entwurf der Verordnung wurde auch bei der EU notifiziert.[828] Es sollte also nur noch eine Frage der Zeit sein, bis das Bundeskabinett, nach dem Ablauf der Stillhaltefrist eben jene Verordnung beschließen könne.[829] Hierzu kam es jedoch nie. Stattdessen kam

---

[825] Vgl. BT-Drucks. 830/08, 6.
[826] Vgl. Kapitel 4. Teil 1, III, Entwurf einer Biomasse-Nachhaltigkeitsverordnung (BioNachV), S. 231.
[827] Bundesfinanzministerium, Entwurf einer Verordnung über Anforderungen an eine nachhaltige Erzeugung von Biomasse zur Verwendung als Biokraftstoff vom 5.12.2007.
[828] Vgl. BR-Drucks. 830/08, 27.
[829] Vgl. BR-Drucks. 830/08, 27.

es zum Erlass der Biomassestrom-Nachhaltigkeitsverordnung[830] und der Biokraftstoffnachhaltigkeitsverordnung[831].

      v. Verpflichtendes kumulatives Vorliegen von Nachhaltigkeitskriterien

Nachdem bereits durch das BioKraftQuG eine Ermächtigungsgrundlage für den Erlass einer Nachhaltigkeitsverordnung geschaffen wurde und dort auch bereits angelegt war, dass durch die Umsetzung der in der Verordnung zu regelnden Nachhaltigkeitskriterien eine nachhaltige Bewirtschaftung landwirtschaftlicher Flächen oder bestimmte Anforderungen zum Schutz natürlicher Lebensräume oder ein bestimmtes CO_2-Verminderungspotenzial sichergestellt werden sollten[832], erfolgte durch das BioKraftFÄndG eine Erweiterung der Ermächtigungsgrundlage, da die Nachhaltigkeitsverordnung die kumulative Erfüllung der Nachhaltigkeitskriterien garantieren sollte.

Die alternative Erfüllung war nicht sinnvoll, vielmehr sollten die Mindestanforderungen an eine nachhaltige Biomasseherstellung, um den Klima- und Umweltzielen gerecht zu werden, kumulativ vorliegen müssen.[833] Des Weiteren wurde zur Klarstellung das Wort „CO_2-Verminderungspotenzial" durch das Wort „Treibhausgasminderung" ersetzt sowie die Ermächtigung insoweit ergänzt, dass auch WTO-kompatible soziale Kriterien geregelt werden konnten.[834] Was genau aber WTO-kompatible soziale Kriterien sein sollen, wird nicht ausgeführt.

---

[830] BioSt-NachV.
[831] Biokraft-NachV.
[832] Vgl. § 37d Abs. 2 Nr. 3 BImSchG a.F.
[833] Vgl. BR-Drucks. 830/08, 29.
[834] Vgl. BT-Drucks. 830/08, 29.

vi. Doppelte Gewichtung von bestimmten Biokraftstoffen

Artikel 1 der „Erste Verordnung zur Änderung der Verordnung zur Durchführung der Regelungen der Biokraftstoffquote[835]" veränderte, ihrem Namen entsprechend, die bereits erwähnte „Verordnung zur Durchführung der Regelungen der Biokraftstoffquote – 36. BImSchV". In der 36. BImSchV waren die „Durchführung der Regelungen der Biokraftstoffquote" sehr sporadisch geregelt. Es ging in erster Linie darum, überhaupt erstmal ein Verfahren zu etablieren, das in der Lage war, Kraftstoffen die „Bioeigenschaft" nachweisen zu können, die Menge dieser Biokraftstoffe ermitteln zu können und diese Menge hinsichtlich der Quotenvorgaben abgleichen zu können. Die „Erste Verordnung zur Änderung der Verordnung zur ...", die ausweislich gemäß ihrer Eingangsformel der Umsetzung der Richtlinie 2009/28/EG des Europäischen Parlaments und des Rates vom 23. April 2009 zur Förderung der Nutzung von Energie aus erneuerbaren Quellen und zur Änderung und anschließenden Aufhebung der Richtlinien 2001/77/EG und 2003/30/EG (ABl. L 140 vom 5.6.2009, S. 16) dient, führte zwei neue Paragraphen in die 36. BImSchV ein. Insbesondere § 7 ist hierbei von Interesse und unter Gesichtspunkten einer nachhaltigen Biokraftstoffpolitik zu erwähnen. Gemäß § 7 können Biokraftstoffe, die aus Abfällen, auf die die Vorschriften des Kreislaufwirtschafts- und Abfallgesetzes Anwendung finden, aus Reststoffen, aus zellulosehaltigem Non-Food-Material oder aus lignozellulosehaltigem Material hergestellt werden, doppelt auf die Erfüllung der Verpflichtungen nach § 37a Absatz 1 Satz 1 und 2 in Verbindung mit Absatz 3 des Bundes-Immissionsschutzgesetzes angerechnet werden. Dadurch erfolgte in Deutschland die Umsetzung von Art. 21 Abs. 2 RED.

---

[835] Verordnung vom 17.06.2011, BGBl. I, S. 1105.

2. Änderungen des Energiesteuergesetzes

Wie bereits in vorherigen Gesetzgebungsakten erfolgte auch durch das BioKraftFÄndG neben der Änderung des BImSchG eine Änderung des EnergieStG.

i. Steuerliche Förderung bei Beachtung von Beschaffenheitskriterien

Durch Art.2 Nr. 2 BioKraftFÄndG wurde §50 EnergieStG derart geändert, dass die darin geregelte Steuerentlastung zukünftig an gewisse Randbedingungen gekoppelt wurde.

Gemäß § 50 Abs. 1 Satz 1 Nr. 4 EnergieStG musste Biomethan, um als solches zu gelten, zukünftig die Verordnung über die Beschaffenheit und die Auszeichnung der Qualitäten von Kraftstoffen vom 24. Juni 2004 in der jeweils geltenden Fassung sowie die Anlage 2 des BImSchG beachten. Damit erfolgte eine Analogie zur Änderung des § 37b BImSchG, in dem durch Art. 1 Nr. 3, 4, 10 BioKraftFÄndG bereits die Biomethaneigenschaft an Randbedingungen gekoppelt wurde.[836]

Auch die Steuerentlastungsmöglichkeit für auf Palmöl und Sojaöl basierende Biokraftstoffe wurde dahingehend bedingt, dass Nachhaltigkeitskriterien existieren und Anwendung finden müssen. Biomethan wurde also gleichermaßen ordnungsrechtlich und steuerrechtlich in den Biokraftstoffmarkt integriert und gefördert.

---

[836] Vgl. BT-Drucks.830/08, 11.

ii. Ausweitung der Steuerbegünstigung für Biodiesel

Durch den neu geregelten § 50 Abs. 3 Satz 3 Nr. 1 EnergieStG wurde die Steuerbegünstigung für Biodiesel ausgeweitet, indem ab dem Jahr 2009 der Steuerentlastungssatz je Liter jährlich um 3 Cent im Vergleich zur bisherigen Rechtslage erhöht wurde.[837] Im Ergebnis blieb es jedoch dabei, dass die Steuerentlastung von Biodiesel in Reinform ab dem 1.1.2013 nur 2 ct/ Liter beträgt.

iii. Harmonisierung und Erweiterung der Ermächtigungsgrundlage zum Erlass von Nachhaltigkeitsverordnungen

Aufgrund der engen Verzahnung[838] von BImSchG und EnergieStG im Rahmen der Biokraftstoffförderung sind viele Bestandteile identisch und jeweils entsprechend in beiden Gesetzen zu finden, so etwa die Definition von Biokraftstoffen in § 37d BImSchG bzw. § 50 Abs. 4 EnergieStG.

Im Rahmen der Gesetzesänderungen durch das BioKraftFÄndG erfolgte die Harmonisierung von Gesetzesstellen, die in beiden Gesetzen[839] ohne ersichtlichen Grund bislang unterschiedlich ausgestaltet waren, so zum Beispiel §37d Abs. 2 Nr. 3 BImSchG bzw. § 66 Abs. 1 Nr. 11a a) EnergieStG, die unterschiedliche Regelungen zum Erlass von Rechtsverordnungen enthielten.

Aus diesem Grund wurde die Regelung des EnergieStG mit der bundesimmissionsschutzrechtlichen Regelung dahingehend harmonisiert, dass bei Nichtvorliegen der in der Nachhaltigkeitsnorm genannten Anforderungen nicht „kein Biokraftstoff" vorliegt[840],

---

[837] BT-Drucks. 830/08, 31.
[838] Vgl. BT-Drucks. 830/08, 33.
[839] BImSchG, EnergieStG.
[840] § 66 Abs. 1 Nr. 11a EnergieStG a.F.

sondern der Biokraftstoff lediglich nicht auf die „Quotenverpflichtung" (BImSchG) angerechnet werden kann bzw. dass keine „Steuerentlastungsmöglichkeit" (EnergieStG) besteht".[841] Die Erfüllung der Nachhaltigkeitskriterien wurde dadurch zur Voraussetzung, dass den Quotenpflichten aus dem BImSchG entsprochen werden konnte und die Steuerentlastungen des EnergieStG in Anspruch genommen werden konnten.

Darüber hinaus wurde die Ermächtigungsgrundlage zum Erlass einer Nachhaltigkeitsverordnung, entsprechend ihrem immissionsschutzrechtlichen Pendant[842], dahingehend geändert, dass die drei Nachhaltigkeitskriterien kumulativ vorliegen müssen und ein alternatives Vorliegen nicht ausreicht, sodass ein Treibhausgasminderungspotenzial gewährleistet werden muss und dass WTO-kompatible soziale Kriterien geregelt werden könnten.[843]

3. Änderungen des Gesetzes zur Förderung Erneuerbarer-Energien im Wärmebereich (EEWärmeG)

Art. 3 des BioKraftFÄndG, der Änderung des Erneuerbaren-Energien-Wärmegesetzes (EEWärmeG) vornimmt und Art. 4 des BioKraftFÄndG, Inkrafttreten, brachten keine nennenswerten Änderungen der deutschen Rechtslage zur Förderung von Biokraftstoffen.

II. Nachhaltigkeitsverordnungen

Neben der steuerlichen Begünstigung von Biokraftstoffen durch das EnergieStG und der Förderung von Biokraftstoffen durch die Aufstellung von Quoten (energetische Quote, Klimaschutzquote)

---

[841] Vgl. BT-Drucks. 830/08, 33 f.
[842] Vgl. oben Kapitel 5, Teil 2, I, 1, e.
[843] BT-Drucks. 830/08, 34.

durch das BImSchG, stellen die Biomasse-Nachhaltigkeits-Verordnungen die dritte und jüngste Säule der deutschen Biokraftstoffgesetzgebung dar. Sowohl das BImSchG als auch das EnergieStG wurden durch das „Gesetz zur Änderung der Förderung von Biokraftstoffen geändert". Da es bisher noch keine Nachhaltigkeitskriterien im deutschen Recht gab, und die oben erwähnte „Verordnung über Anforderungen an eine nachhaltige Erzeugung von Biomasse zur Verwendung als Biokraftstoff" (Biomasse-Nachhaltigkeitsverordnung – „BioNachV-Entwurf") vom 5.12.2007 niemals über das Stadium eines Entwurfes hinaus kam, wurden im Jahr 2009 neue, eigenständige Nachhaltigkeitsverordnungen erlassen. Dies war auch deshalb erforderlich, da die RED bis zum 5.12.2010 in deutsches Recht umgesetzt werden musste.[844] Wie von Art. 27 Abs. 1 Satz 2 RED vorgeschrieben, verweisen die BioSt-NachV[845] und die Biokraft-NachV[846] auf die RED.[847]

Die Nachhaltigkeitsverordnungen stellen Nachhaltigkeitskriterien auf, deren Erfüllung Voraussetzung ist für die Anrechnung der Quotenverpflichtung i.R.d. BImSchG und der steuerlichen Begünstigung durch das EnergieStG.
Die Erfüllung der Nachhaltigkeitskriterien ist somit Voraussetzung für die weitere Förderung der Biokraftstoffe und regelt somit das „Ob" der Biokraftstoffförderung.

---

[844] Art. 27 RED.
[845] Verordnung über Anforderungen an eine nachhaltige Herstellung von flüssiger Biomasse zur Stromerzeugung.
[846] Verordnung über Anforderungen an eine nachhaltige Herstellung von Biokraftstoffen.
[847] „Diese Verordnung dient der Umsetzung der Richtlinie 2009/28/EG des Europäischen Parlaments und des Rates vom 23. April 2009 zur Förderung der Nutzung von Energie aus erneuerbaren Quellen und zur Änderung und anschließenden Aufhebung der Richtlinien 2001/77/EG und 2003/30/EG (ABl. L 140 vom 5.6.2009, S. 16)".

Es gibt zwei Nachhaltigkeitsverordnungen in Deutschland, nämlich die:

- Biomassestrom-Nachhaltigkeitsverordnung[848] und die
- Biokraftstoff-Nachhaltigkeitsverordnung[849].

Die Nachhaltigkeitskriterien (jeweils in den §§ 4 – 8 verortet) sind bis auf einige wenige redaktionelle Unterschiede und die jeweilige Bezugnahme auf flüssige Biomasse bzw. Biokraftstoffe identisch. Dies ist denklogisch erforderlich, da die RED stets von „Biokraftstoffen und flüssigen Biobrennstoffen" spricht[850]. Flüssige Biobrennstoffe sind gemäß Art. 2 UA 2 h) RED flüssige Brennstoffe, die aus Biomasse hergestellt werden und für den Einsatz zu energetischen Zwecken (...) bestimmt sind.

Dass es in Deutschland zwei namentlich verschiedene, aber inhaltlich weitgehend identische[851] Nachhaltigkeitsverordnungen gibt, erschwert die Abbildung des Entwicklungsprozesses erheblich. Zudem überschnitten sich die Rechtssetzungsprozesse der deutschen Biomassestrom-Nachhaltigkeitsverordnung mit der europäischen RED.
Dies führte zum Beispiel dazu, dass die Bundesregierung, nach der Notifizierung der Biomassestrom-Nachhaltigkeitsverordnung bei

---

[848] BioSt-NachV.
[849] Biokraft-NachV.
[850] Vgl. z.B. Art. 17 Abs. 1 RED.
[851] Dies ergibt sich ausdrücklich aus der Begründung zum Entwurf einer Verordnung über Anforderungen an eine nachhaltige Erzeugung von Biomasse zur Verwendung als Biokraftstoff. Da die Verordnung (also die Biokraft-NachV) in weiten Teilen Regelungen aus der Biomassestrom - Nachhaltigkeitsverordnung (BioSt-NachV) inhaltsgleich übernimmt, wird grundsätzlich auf die Begründung zur Biomassestrom - Nachhaltigkeitsverordnung verwiesen und im Folgenden nur auf abweichende Regelungen eingegangen werden, vgl. BMF – III B 6, Stand 8. April, B Besonderer Teil, S. 75.

der Europäischen Union, in einer Stellungnahme der Europäischen Union vom 19. Juni 2009 aufgefordert wurde, § 9 dieser Verordnung mitsamt der Folgeregelungen bis zum 10. März 2010 nicht anzunehmen. Begründet wurde dies damit, dass die Kommission an einer § 9-vergleichbaren Regelung arbeitet.[852] § 9 BioSt-NachV wurde daher gestrichen und fand sich in der Urfassung der BioSt-NachV nicht wieder. Die zeitlich nachgelagerte Biokraft-NachV sollte ja identische Voraussetzungen bezüglich der Nachhaltigkeitsbedingungen schaffen. Die Begründung zum Entwurf nimmt ausdrücklich Bezug auf die BioSt-NachV, die als Blaupause bezüglich der Nachhaltigkeitskriterien dienen sollte. Da zwischenzeitlich aber auch die Europäische Union eigene, von den Mitgliedsstaaten umzusetzende Nachhaltigkeitskriterien erlassen hatte und die BioSt-NachV bereits während des Rechtssetzungsprozesses angepasst werden musste, orientierte sich die Biokraft-NachV daher letzten Endes ausschließlich an der RED. Im Ergebnis sind die Nachhaltigkeitskriterien von RED, BioSt-NachV und Biokraft-NachV also identisch.

---

[852] BT-Drucks. 16/13685, S. 13.

Abbildung 13: Die deutsche Biokraftstoff-Förderung (eigene Darstellung)

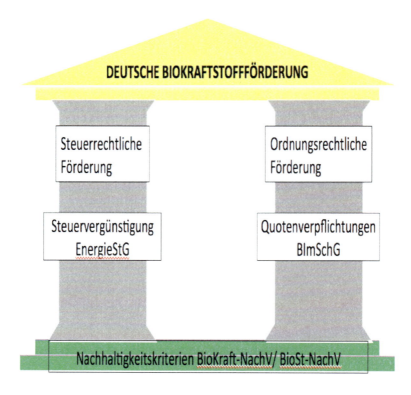

4. Verordnung über Anforderungen an eine nachhaltige Herstellung von Biokraftstoffen (BioKraft-NachV)

Die Biokraftstoff-Nachhaltigkeitsverordnung[853] vom 30. September 2009, in Kraft seit dem 2 November 2009 bzw. 1. Januar 2010[854], sollte die Nachhaltigkeit von Biokraftstoffen sicherstellen und zugleich die formellen Rahmenbedingungen für die Nachhaltigkeit, die Überprüfbarkeit und die Kontrolle der Nachhaltigkeit und die Dokumentationspflichten etablieren. Die Biokraft-NachV sollten dem Leitprinzip der Politik der deutschen Bundesregierung, der Nachhaltigkeit, Rechnung tragen.[855]

Da in der Vergangenheit die Herstellung von flüssiger Biomasse teilweise mit erheblichen Umweltzerstörungen verbunden war (z. B. Brandrodung von Regenwäldern, Zerstörung der Artenvielfalt) müssen (daher) bestimmte Anforderungen an die nachhaltige Bewirtschaftung landwirtschaftlicher Flächen und an die Erhaltung besonders schützenswerter Landschaftstypen eingehalten und die

---

[853] Im Folgenden soll hier aber primär die Gesetzesbegründung der BioSt-NachV herangezogen werden, da die Nachhaltigkeitskriterien (§§ 4- 8) bei beiden Vorschriften weitgehend identisch sind.
Darauf verweist auch die Begründung des Entwurfs der Biokraft-NachV: „Da die Verordnung (also die Biokraft-NachV) in weiten Teilen Regelungen aus der Biomassestrom – Nachhaltigkeitsverordnung inhaltsgleich übernimmt, wird grundsätzlich auf die Begründung zur Biomassestrom- Nachhaltigkeitsverordnung verwiesen und im Folgenden nur auf abweichende Regelungen eingegangen werden. Redaktionelle Abweichungen zur BioSt-NachV werden nicht erläutert." Vgl. Entwurf einer Verordnung über Anforderungen an eine nachhaltige Erzeugung von Biomasse zur Verwendung als Biokraftstoff (Biokraftstoff-Nachhaltigkeitsverordnung, Biokraft-NachV, 8. April 2009, BMF III B 6, S. 75.

[854] Vgl. § 71 Biokraft-NachV.

[855] BT-Drucks. 16/ 13326, 36: Für die Erhaltung der Lebensgrundlagen muss das gesamte Rechtssystem unter den drei Gesichtspunkten Wirtschaft, Umwelt und Soziales dauerhaft und auch aus globaler Perspektive tragfähig sein. Nachhaltigkeit zielt auf Generationengerechtigkeit, Lebensqualität, sozialen Zusammenhalt und internationale Verantwortung.

weiteren umweltbezogenen und sozialen Auswirkungen auf die Nachhaltigkeit dokumentiert werden. Darüber hinaus muss flüssige Biomasse zur Stromerzeugung (bzw. Biomasse zur Herstellung von Biokraftstoffen) bei Betrachtung der gesamten Wertschöpfungskette[856] ein bestimmtes Treibhausgas-Minderungspotenzial aufweisen.[857] Ein Einsatz von flüssiger Biomasse für die Energiegewinnung bzw. als Biokraftstoffe ist nur vertretbar, wenn die eingesetzte flüssige Biomasse nachweislich nachhaltig angebaut worden ist.[858]

Da sich die Bundesregierung dafür entschieden hatte, die Nachhaltigkeitskriterien für den Strom- und den Kraftstoffbereich inhalts- und verfahrensgemäß weitgehend einheitlich festzulegen[859], wurden mehrere Regelungen aus der BioStNachV inhaltsgleich von der Biokraft-NachV übernommen.[860]
So sollte insbesondere der Nachweis, dass die Nachhaltigkeitsanforderungen erfüllt werden, durch ein Zertifizierungsverfahren zu erbringen sein.

Der Biokraftstoffquotenstelle und den Hauptzollämtern sollten Nachhaltigkeitsnachweise vorgelegt werden müssen, die von der Schnittstelle, also dem Betrieb, der die flüssige oder gasförmige Biomasse hergestellt hat, ausgestellt worden sind.

Die Ausstellung wurde an die Einhaltung der Anforderungen anzuerkennender Zertifizierungssysteme gebunden und von unabhängigen Zertifizierungsstellen überwacht.

---

[856] Supply-chain.
[857] Vgl. BT-Drucks. 16/13326, 1.
[858] BT-Drucks. 16/13326, 36.
[859] Biokraftstoff-Nachhaltigkeitsverordnung, Biokraft-NachV, 8. April 2009, BMF III B, S. 65.
[860] Biokraftstoff-Nachhaltigkeitsverordnung, Biokraft-NachV, 8. April 2009, BMF III B, S. 65.

Die Biokraft-NachV baut daher grundsätzlich auf einem privatwirtschaftlich organisierten Nachweisverfahren auf. Dies ist angesichts der Globalität der Biomasseerzeugung und der beschränkten Souveränitätsrechte der Bundesrepublik Deutschland, die keine Hoheitsrechte in anderen Staaten ausüben kann, ein praktikabler Weg.

Die Ausübung nationaler Hoheitsrechte beschränkt sich daher auf eine Kontrolle dieser privatwirtschaftlichen Zertifizierungssysteme und Zertifizierungsstellen, die von der Bundesanstalt für Landwirtschaft und Ernährung (BLE) anerkannt werden müssen und überwacht werden.[861]

i. Ökologische Nachhaltigkeitskriterien

Hinsichtlich der ökologischen Nachhaltigkeitskriterien stellte Teil 2 der Biokraft-NachV die wesentliche deutsche Regelung im Biokraftstoffbereich dar. Daran hat sich trotz mehrerer Anpassungen auch nichts geändert.

Ergänzt wurde die Biokraft-NachV durch fünf Anlagen, von denen Anlage 1 die Methode zur Berechnung des Treibhausgas-Minderungspotenzials anhand tatsächlicher Werte und Anlage 2 die Standardwerte zur Berechnung des Treibhausgas-Minderungspotenzials regelte. In Anlage 5 wurden die inhaltlichen Anforderungen an Zertifizierungssysteme festgelegt. Während die Anlagen 1, 2 und 5 minimale vernachlässigbare Änderungen erfuhren, blieben die eigentlichen Nachhaltigkeitskriterien seit dem Jahr 2009 unverändert.

---

[861] Biokraftstoff-Nachhaltigkeitsverordnung, Biokraft-NachV, 8. April 2009, BMF III B, S. 65.

Als Vorlage der Kriterien und Nachhaltigkeitsanforderungen diente die RED, deren recht detaillierte Vorgaben durch die Nachhaltigkeitsverordnungen in deutsches Recht umgesetzt wurden.

Die Biokraft-NachV übernimmt die dreigliedrigen Nachhaltigkeitskriterien der RED in Form von „Landnutzungsänderungsverboten"[862], „Treibhausgas-Einsparanforderungen"[863] und für europäische Biomasseanbaubetriebe die „Einhaltung der Grundanforderungen an die Betriebsführung"/ „Gute fachliche Praxis" und die Erfüllung der „Cross-Compliance-Voraussetzungen"[864].

Es soll als Zeichen globaler Verantwortung, die wiederum unabdingbare Voraussetzung für eine weltweite nachhaltige Entwicklung sein soll, zu werten sein, dass die Nachhaltigkeitsanforderung der Biokraft-NachV gleichermaßen für heimische als auch für importierte flüssige Biomasse gelten soll.[865] Die Verordnung berücksichtigt die welthandelsrechtlichen Zielvorgaben hinsichtlich des Freihandels, der Marktöffnung, der Transparenz, der Meistbegünstigung und der Inländergleichbehandlung. Insbesondere gelten die Nachhaltigkeitskriterien unterschiedslos für alle Formen flüssiger Biomasse. So wird gewährleistet, dass Importwaren aus Drittländern (insbesondere Palm- und Sojaöl) nicht ungünstiger behandelt werden als vergleichbare inländische Produkte aus anderen Ausgangsbrennstoffen (insbesondere Raps). Sofern Ungleichbehandlungen lediglich in den Herstellungsmethoden voneinander abweichender, ansonsten gleichartiger Produkte verbleiben sollten, sind diese nach dem WTO-Regelwerk gerechtfertigt, da sie dem Schutz erschöpflicher Naturschätze von gemeinsamem internationalem Interesse sowie dem Klima als globalem Gemeinschaftsgut („global commons") dienen. Überdies leistet die Ver-

---

[862] §§ 4-6 Biokraft-NachV.
[863] §8 Biokraft-NachV.
[864] §7 Biokraft-NachV.
[865] BT-Drucks. 16/13326, 36.

ordnung einen wichtigen Beitrag zu dem als zweiten Erwägungsgrund in der Präambel des WTO-Rahmenübereinkommens genannten Ziels[866], eine optimale Nutzung der Ressourcen der Welt und einen Anteil der Entwicklungsländer am internationalen Handel im Einklang mit einer nachhaltigen Entwicklung zu befördern.[867]

(a) Landnutzungsänderungsverbote/ Schutz natürlicher Lebensräume

Teil 2 Biokraft-NachV setzt hierbei die europäischen Vorgaben des Art. 17 RED um und übernimmt insofern auch die bekannte[868] Unterteilung hinsichtlich der schützenswerten natürlichen Lebensräume in „Flächen mit hohem Naturschutzwert",[869] „Flächen mit hohem Kohlenstoffgehalt"[870] und „Torfmooren".[871]

---

[866] Die Aspekte einer zunehmenden Globalisierung können im Rahmen dieser Arbeit nur im Ansatz angesprochen werden, da die Verknüpfung der Problematiken der Biokraftstoffförderung mit einer globalen und welthandelsrechtlichen Betrachtungsweise den Rahmen des abzuarbeitenden Materials sprengen würde. Globalisierung erschwert zum einen den nationalen Alleingang, sei es aufgrund rechtlicher internationaler Verpflichtungen oder aufgrund möglicher Wettbewerbsnachteile. Auf der anderen Seite wirkt die „Globalisierung" aber auch auf den Begriff der Nachhaltigkeit und erhöht gerade auch die (umweltrechtlichen) Anforderungen an das eigene Handeln. Wenngleich durch die Globalisierung also der Anspruch an ein nachhaltiges Handeln erhöht wird, erschwert sie zugleich die faktische Umsetzung. Eine vertiefende Betrachtungsweise ermöglicht *Kahl* 2008, Biokraftstoffe im Rechtsregime der WTO unter besonderer Berücksichtigung ihrer umweltrelevanten Eigenschaften.
[867] Vgl. BT-Drucks. 16/13326, 45.
[868] Die Nachhaltigkeitsanforderungen, die an die Biomasse zur Herstellung von Biokraftstoffen (…) gestellt werden, sind inhaltlich identisch mit den Nachhaltigkeitskriterien nach Artikel 17 der Richtlinie 2009/28/EG, vgl. BT-Drucks. 16/13326, 44.
[869] §4 Biokraft-NachV.
[870] §5 Biokraft-NachV.
[871] §6 Biokraft-NachV.

Damit begegnen die deutsche wie auch die europäische Regelung primär direkten Landnutzungsänderungen, die durch die Nachhaltigkeitskriterien und das Verbot der direkten Umwandlung schützenswerter Flächen verhindert werden sollen.

(b) Nachhaltige landwirtschaftliche Bewirtschaftung

Der Biomasseanbau innerhalb der Europäischen Union muss im Einklang mit den Mindestanforderungen an den guten landwirtschaftlichen und ökologischen Zustand im Sinne von Artikel 6 Absatz 1 der Verordnung (EG) Nr. 73/2009 stehen. Die Begrenzung des Nachhaltigkeitskriteriums auf Biomasse, die innerhalb der Europäischen Union angebaut wird, ist gemäß § 3 Abs. 3 a.E. Biokraft-NachV zulässig. Grundsätzlich gelten die Nachhaltigkeitskriterien sowohl für Biokraftstoffe, die innerhalb wie auch außerhalb der Europäischen Union hergestellt werden. Im Rahmen der konkreten Regelung der einzelnen Nachhaltigkeitskriterien, in den §§ 4 – 8 Biokraft-NachV, ist es hingegen möglich, hiervon eine Ausnahme zu formulieren.[872]

(c) Treibhausgasminderungspotenzial

Das Einsparpotenzial an Treibhausgasen entspricht ebenfalls der europäischen Regelung und schreibt eine Einsparung von 35 % bis 31.12.2016 und 50 % ab 2017 gegenüber den durch die Biokraftstoffe ersetzten fossilen Kraftstoffen vor.[873] Diese Werte

---

[872] Vgl. § 3 Abs. 3 a.E. Biokraft-NachV.
[873] §8 Abs. 1 Biokraft-NachV.

müssen für neue Anlagen noch überboten werden[874] und können bei Altanlagen ggf. unterboten werden.[875]

Es ist davon auszugehen, dass die Fristen bei einer Umsetzung der Biokraftstoffnovelle[876] in deutsches Recht entsprechend angepasst werden. Ebenso verhält es sich mit weiteren Regelungen der Biokraftstoffnovelle. In Bezug auf die Vermeidung von Treibhausgasemissionen dürfte es sich in erster Linie um die Regelungen hinsichtlich der Berücksichtigung von indirekten Landnutzungsänderungen handeln.

Ebenfalls von der europäischen Vorgabe übernommen wurde der Bonus von 29g CO_2/MJ Biokraftstoff, wenn Biomasse (...) auf wiederhergestellten degradierten Flächen angebaut wird.[877] Durch die Biokraftstoffnovelle bleibt diese Regelung unberührt, so dass diesbezügliche Änderungen nicht zu erwarten sind.

ii. Soziale Nachhaltigkeitskriterien

Gemäß der durch die BioStNachV zu erreichenden Zielsetzungen sollten nicht nur gewisse ökologische Nachhaltigkeitskriterien eingehalten, sondern auch weitere umweltbezogene und soziale Auswirkungen auf die Nachhaltigkeit dokumentiert werden.[878] Wie bereits erwähnt ist es schadlos, wenn die Begründung zur Biomassestrom-Nachhaltigkeitsverordnung zitiert wird, da die Begrün-

---

[874] Mindestens 60%, sofern die Schnittstelle nach § 2 Absatz 3 Nummer 2 und 3, die den Biokraftstoff produziert hat, nach dem 31. Dezember 2016 in Betrieb genommen worden ist; vgl. § 8 Abs. 1 Nr. 2 Biokraft-NachV.
[875] 35% Treibhausgaseinsparungen sind erst ab dem 1. April 2013 einzuhalten, wenn die Schnittstelle, die den Biokraftstoff produziert hat, vor dem 23. Januar 2008 in Betrieb genommen worden ist- s.g. „Grandfather-clause"; vgl. § 8 Abs. 2 Satz 1 Biokraft-NachV.
[876] RL (EU) 2015/1513.
[877] Vgl. Anhang 1 Nr. 7 Biokraft-NachV.
[878] BT-Drucks. 16/13326, 1.

dung zur Biokraftstoff-Nachhaltigkeitsverordnung explizit auf die Begründung zur weitgehend inhaltsgleichen Biomassestrom-Nachhaltigkeitsverordnung verweist.[879] Das Verordnungsgebungsverfahren zur BioSt-NachV kann daher als Blaupause des zeitlich nachrangigen Verordnungsgebungsverfahrens zur BioKraft-NachV betrachtet werden.

Der mit „weitere nachhaltige Herstellung" bezeichnete § 9 BioSt-NachV sah zunächst auch eine Verpflichtung zur Dokumentation der „weiteren Auswirkungen" der Biomasseherstellung auf die Nachhaltigkeit vor, da entsprechend der Nachhaltigkeitsstrategie der Bundesregierung Nachhaltigkeit nicht nur ökologische, sondern auch soziale Aspekte erfasst, die dementsprechend bei der Dokumentation berücksichtigt werden müssen.[880]

Es sollten insbesondere Angaben darüber gemacht werden, welche Maßnahmen zum Schutz des Bodens, des Wassers und der Luft, zur Wiederherstellung degradierter Flächen und zur Vermeidung eines übermäßigen Wasserverbrauchs in Gebieten mit Wasserknappheit gemacht worden sind.[881]

Im Rahmen des Notifizierungsverfahrens bei der Europäischen Union gemäß der Richtlinie 1998/34/EG wurde die Bundesrepublik Deutschland allerdings von der Europäischen Kommission aufgefordert, § 9 BioSt-NachV mitsamt den Folgeregelungen, die an diese Vorschrift anknüpfen, nicht bis zum 19. März 2010 anzunehmen.[882] Die Kommission hatte diese Stillhaltefrist damit begründet, dass sie selbst eine Liste geeigneter und relevanter Angaben erarbeite, welche die Wirtschaftsteilnehmer im Zusammenhang mit einer Reihe von sozialen Themen und Umweltthemen

---

[879] Fn. 793, Absatz 2.
[880] BT-Drucks. 16/13326, 48.
[881] Vgl. BT-Drucks. 16/13326, 9.
[882] Vgl. BT-Drucks. 16/13685, 9.

übermitteln müssen. Hierzu seien bereits die baldige Ausgabe eines Diskussionspapiers und die anschließende Veröffentlichung einer Entscheidung geplant. Aufgrund dessen hatte die Kommission die Bundesrepublik Deutschland aufgefordert, mit der Annahme des § 9 BioSt-NachV bis zur Veröffentlichung dieser Entscheidung abzuwarten. § 9 BioSt-NachV musste daher aus dem Verordnungsentwurf gestrichen[883] werden, sollte allerdings, sobald die Kommission der Europäischen Gemeinschaften die angekündigte Entscheidung erlassen wird, durch eine Änderungsverordnung in die Verordnung BioSt-NachV aufgenommen werden. Dies erfolgte jedoch nicht, da sich „die Ereignisse überschlugen".

Die Europäische Kommission übernahm viel mehr einen Teil der in der BioNachV vorgesehen Regelungen in ihrer RED. Die deutsche Bundesregierung konnte jedoch nicht alle Aspekte des Verordnungsentwurfes einbringen. Nachdem die RED aber erlassen war, musste sich die Bundesregierung wiederum an der RED orientieren und deren Vorgaben gemäß Art. 249 Abs. 3 EG[884] umsetzen. Dies erfolgte aber nicht durch eine Überarbeitung des BioNachV-Entwurfs, sondern durch den Erlass der BioSt-NachV. Inhaltliche und namentliche Ähnlichkeiten sind ja durchaus vorhanden.

Im Rahmen des Rechtssetzungsverfahrens der Biokraft-NachV spielte daher auch die Festlegung weiterer Nachhaltigkeitskriterien keine wesentliche Rolle mehr. Mit dem Erlass der RED hatte die Europäische Kommission die Kriterien festgelegt, die im Rahmen der Herstellung von nachhaltiger Biomasse zu beachten sind. Um den europarechtlichen Verpflichtungen nachzukommen, orientierte sich die BioKraft-NachV ausschließlich an den Vorgaben der RED, die solche Kriterien ebenfalls nicht kennt.

---

[883] BT-Drucks. 16/13685, 9.
[884] Art. 288 AEUV.

Verblieben ist hingegen die Regelung gemäß § 72 Satz 2 BioSt-NachV bzw. § 64 Satz 2 Biokraft-NachV, wonach das Bundesministerium für Umwelt, Naturschutz und Reaktorsicherheit der Kommission der Europäischen Gemeinschaften im Rahmen der Berichte nach Artikel 22 RED berichten und bewerten muss, ob die Verwendung von Biokraftstoffen sozial zu vertreten ist.

Teil 2 der BioSt-NachV und der Biokraft-NachV beschränkt sich somit auf die Festlegung von ökologischen Nachhaltigkeitskriterien, nämlich durch die Landnutzungsänderungsverbote und Treibhausgaseinsparverpflichtungen der §§ 4 – 8 Biokraft-NachV. Sozioökonomische Auswirkungen werden nicht erfasst.

5. Überprüfung der Nachhaltigkeitskriterien

Die Ausstellung der Zertifikate ist an die Einhaltung der Voraussetzungen anerkannter Zertifizierungssysteme gebunden und wird von unabhängigen Zertifizierungsstellen überwacht. Die Verordnung baut daher grundsätzlich auf einem privatwirtschaftlich organisierten Nachweisverfahren auf. Dies ist angesichts der Globalität der Biomasseerzeugung und der beschränkten Souveränitätsrechte der Bundesrepublik Deutschland, die keine Hoheitsrechte in anderen Staaten ausüben kann, der einzige praktikable Weg. Die Ausübung nationaler Hoheitsrechte beschränkt sich auf eine Kontrolle dieser privatwirtschaftlichen Zertifizierungssysteme und Zertifizierungsstellen, die von der Bundesanstalt für Landwirtschaft und Ernährung (BLE) anerkannt werden müssen und überwacht werden.[885]

---

[885] BT-Drucks. 16/13326, 36.

Teil 3 Unterschiede und Gemeinsamkeiten zwischen dem (deutschen) BioNachV-Entwurf und der (europäischen) Biokraft-NachV

Wirkten sich die europarechtlichen Vorgaben hinsichtlich der Nachhaltigkeit von Biokraftstoffen positiv auf die Biokraftstoffpolitik der Mitgliedsstaaten, insbesondere Deutschlands, aus, oder sind die in der europarechtlich geprägten Biokraft-NachV formulierten Nachhaltigkeitskriterien weitgehend inhaltsgleich mit dem (rein) deutschen BioNachV-Entwurf bzw. sogar weniger umfassend?

Beide Verordnungen stimmen dahingehend überein, dass sie jeweils drei Kategorien von Anforderungen an eine nachhaltige Biomasse/ Biomasseproduktion stellen:
- Der „Anbau der Biomasse" bzw. die „Bewirtschaftung" muss gewissen Nachhaltigkeitskriterien entsprechen.[886]
- Die „Anbaufläche" darf nicht durch direkte Landnutzungsänderungen auf schützenswerten Flächen geschaffen worden sein.[887]
- Die Biokraftstoffe müssen gewisse „Treibhausgasverminderungspotenziale" aufweisen.[888]

Gemeinsam ist beiden Verordnungen ebenfalls, dass mögliche soziale oder mittelbare Auswirkungen der Biomasseproduktion lediglich durch ein Berichtssystem erfasst sind. Das Problemfeld der indirekten Landnutzungsänderungen oder die Konkurrenz der

---

[886] BioNachV-Entwurf: nachhaltige Bewirtschaftung von Flächen; Biokraft-NachV: nachhaltige landwirtschaftliche Bewirtschaftung.
[887] BioNachV-Entwurf: Schutz natürlicher Lebensräume; Biokraft-NachV: Schutz natürlicher Lebensräume.
[888] BioNachV-Entwurf: Treibhausgas-Verminderungspotenzial; Biokraft-NachV: Treibhausgas-Minderungspotenzial.

Biomasserohstoffe zum Lebensmittelmarkt werden hierbei jedoch nicht ausdrücklich genannt, und es werden nur sehr allgemeine Äußerungen zur zukünftigen Berücksichtigung mittelbarer und sozialer Auswirkungen der Biomasse-Kraftstoffproduktion gemacht.[889]

Auch die Überprüfung der Nachhaltigkeit sollte in beiden Verordnungen privatwirtschaftlich organisiert werden, durch (privatwirtschaftliche) Zertifizierungssysteme und Zertifizierungsstellen.

Unterschiede zeigen sich jedoch bezüglich der „Dichte" der einzelnen Nachhaltigkeitskriterien.

I. Nachhaltige Bewirtschaftung

Die nachhaltige Bewirtschaftung von Flächen stand beim Bio-NachV-Entwurf, zumindest systematisch gesehen, an erster Stelle der Nachhaltigkeitskriterien. Die Biokraft-NachV nennt die Anforderungen an die Bewirtschaftungsmethoden erst nach den Flächenkriterien.

Beide Verordnungen haben aber gemeinsam, dass sie sich bezüglich der Anbaubetriebe innerhalb der EU an den Regelungen der „Guten fachlichen Praxis" und des „Cross-Compliance" orientieren.[890] Die Beachtung dieser bereits etablierten Kriterienkataloge soll ausreichend sein, um das Kriterium der nachhaltigen Bewirtschaftung zu erfüllen.
Zudem sind diese Kataloge universal genug, da es wegen der Vielzahl und Unterschiedlichkeit der Energiepflanzenarten und

---

[889] Für die BioNachV: EEG-Clearingstelle, BioNachV-Entwurf, – S. 27, sowie für die Biokraft-NachV: EEG-Clearingstelle, Biokraftstoff-Nachhaltigkeitsverordnung –Biokraft-NachV, S. 78 i.V.m. BioSt-NachV (BT-Drucks. 16/13326, 61 ff.).
[890] Vgl. §2 BioNachV-Entwurf, §7 Biokraft-NachV.

Standortbedingungen weder möglich noch sinnvoll ist, detailliertere Anforderungen an die jeweiligen Verfahren und Maßnahmen der Landbewirtschaftung aufzustellen. Anforderungen an Fruchtfolge, Bodenbearbeitung (z. B. Erosionsvermeidung), Düngung und Pflanzenschutz wären etwa für den Anbau von Raps in Deutschland, Ölpalmen in Südostasien und Zuckerrohr in Brasilien völlig unterschiedlich.[891]

Der BioNachV-Entwurf weist jedoch einen wesentlichen Unterschied dahingehend auf, dass sie auch die nachhaltige Bewirtschaftung von Flächen außerhalb der EU regelt. Nämlich in der Art, dass alternative Voraussetzungen formuliert werden, deren Erfüllung ebenfalls so gewertet werden kann, dass eine nachhaltige Bewirtschaftung erfolgte und die Biokraftstoffe aus dieser Biomasse somit „angerechnet" werden können[892]. Gemäß dem BioNachV-Entwurf sollte eine nachhaltige Bewirtschaftung von Flächen auch dann vorliegen, wenn außerhalb der EU mit der „GfP"[893] und Cross-Compliance vergleichbare Regelungen existieren und eingehalten werden.[894] Wenn solche vergleichbaren Regelungen nicht vorliegen, soll wenigstens durch den Anbau der Biomasse keine Zunahme von Emissionen, keine Verschlechterung des Bodens, der Wasserqualität, des Wasserhaushaltes erfolgen, die Arten- und Ökosystemvielfalt erhalten bleiben und Dünge- und Pflanzenschutzmittel umweltgerecht eingesetzt werden.[895] Die Erklärung, was ein umweltgerechter Einsatz von Pflanzenschutzmittel ist, bleibt der BioNachV-Entwurf leider schuldig. Dennoch ist es vorausschauend, wenn erkannt wird, dass, erstens, die Regelungen der „GfP" bzw. Cross-Compliance keine globale Gültigkeit besitzen

---

[891] Vgl. EEG-Clearingstelle, Biomasse-Nachhaltigkeitsverordnung – BioNachV, S. 33.
[892] § 3 Abs. 2, 3 BioNachV-Entwurf.
[893] Gute fachliche Praxis.
[894] Vgl. §2 Abs. 2 BioNachV-Entwurf.
[895] Vgl. §2 Abs. 3 Nr. 1-5 BioNachV-Entwurf.

und, zweitens, es sehr schwierig sein wird, eine Vergleichbarkeit zwischen Regelungen verschiedener Länder bejahen zu können. Doch auch für diesen, wohl die Regel darstellenden Fall, wird eine Option angeboten, mit der es grundsätzlich möglich ist, die Erfüllung der Einhaltung der Nachhaltigkeitskriterien zu überprüfen.

Diesbezüglich sagt die Biokraft-NachV überhaupt nichts.
Die Biokraft-NachV nimmt Biomasse, die außerhalb der EU angebaut wird, sogar mittelbar aus den Anforderungen an eine nachhaltige landwirtschaftliche Bewirtschaftung heraus.[896] Diese Begrenzung der gemäß § 3 Abs. 3 Biokraft-NachV grundsätzlich für alle Biokraftstoffe geltenden Nachhaltigkeitskriterien auf Biomasse, die innerhalb der Europäischen Union angebaut wurde, findet man bei anderen Nachhaltigkeitskriterien nicht.

Die Biokraft-NachV entspricht mit ihrer Regelung nach § 3 Abs. 3 a.E dabei nicht mal der RED. Die RED stellt den Grundsatz ohne Ausnahmemöglichkeit auf, dass die Rohstoffe, egal wo sie angebaut werden, die Nachhaltigkeitskriterien erfüllen müssen. Trotzdem bezieht sich Art. 17 Abs. 6 RED explizit nur auf „in der Gemeinschaft angebaute Rohstoffe" – ein nicht nachvollziehbarer Widerspruch.

Der BioNachV-Entwurf weist in diesem Punkt gegenüber der Biokraft-NachV also ein erheblich höheres Schutzniveau vor und ist dabei außerdem in sich schlüssig.

II. Schutz natürlicher Lebensräume

Der Schutz natürlicher Lebensräume unterteilt sich bei dem BioNachV-Entwurf in den Schutz von „Schutzgebieten" und den Schutz von „Gebieten mit hohem Naturschutzwert".

---

[896] §3 Abs. 3 a.E. Biokraft-NachV.

Die letztgenannten „Gebiete mit hohem Naturschutzwert" werden nochmals näher definiert als „Ökosysteme mit besonderem Wert für den Naturschutz" oder als „Lebensraum für seltene Tier- und Pflanzenarten", wobei sie darüber hinaus, mindestens alternativ, ein „Gebiet mit Häufungen von Schutzgütern für die biologische Vielfalt", ein „Gebiet mit oder innerhalb seltener bedrohter oder gefährdeter Ökosysteme" oder ein „Gebiet, das grundlegende Schutzfunktionen" erfüllt, sein müssen.[897] Im Hinblick auf die Vereinbarkeit mit dem WTO-Recht wurde eine globale bzw. regionale Perspektive bei der Bewertung der Naturgüter gewählt.[898]

Bezüglich der „Schutzgebiete" sind die Nachhaltigkeitskriterien an den Schutz natürlicher Lebensräume gemäß §3 Abs. 3 BioNachV-Entwurf auch dann gewahrt, wenn durch den Biomasseanbau das Schutzziel nicht vereitelt wird, wobei diese Ausnahme dann nicht gilt, wenn „Wälder" in landwirtschaftliche Flächen oder Plantagen umgewandelt werden. Dies ist zugleich die einzige Stelle, wo ein Gesetzestext Plantagen explizit erwähnt und damit vermutlich an die Zerstörung und Umwandlung von Wald in Palmölplantagen in Indonesien und Malaysia bzw. die Umwandlung von Wald in Zuckerrohrplantagen in Brasilien meint.

Die Biokraft-NachV stellt die Anforderungen an den Schutz natürlicher Lebensräume, zumindest systematisch, an die erste Stelle. Sie unterscheidet hinsichtlich des Schutzes zwischen „Flächen mit einem hohen Naturschutzwert"[899], „Flächen mit hohem Kohlenstoffbestand"[900] und „Torfmooren"[901]. Bezüglich der weitergehenden Ausdifferenzierung der Flächentypen kann auf Kapitel 3, Teil

---

[897] Vgl. §3 Abs. 2 BioNachV-Entwurf.
[898] Vgl. EEG-Clearingstelle, Biomasse-Nachhaltigkeitsverordnung – BioNachV, S. 34.
[899] Vgl. §4 Biokraft-NachV.
[900] Vgl. §5 Biokraft-NachV.
[901] Vgl. §6 Biokraft-NachV.

5, II[902] verwiesen werden, wo die Nachhaltigkeitskriterien der RED detailliert dargestellt werden, da die Vorgaben aus der RED wortgetreu übernommen wurden. Ähnlich dem BioNachV-Entwurf kennt auch die Biokraft-NachV Ausnahmen bezüglich des Flächenschutzes. Flächen mit hohem Naturschutzwert können zum Biomasseanbau verwendet werden, sofern der Naturschutzzweck dadurch nicht vereitelt wird. Auch Torfmoore sind dann nicht schutzwürdig, sofern der Biomasseanbau nicht zur Entwässerung vorher nicht entwässerter Gebiete führt.

Ein absolutes Verbot der Nutzung gewisser Flächen, wie man es in dem BioNachV-Entwurf bezüglich der Umwandlung von Wäldern vorfand, gibt es in der Biokraft-NachV allerdings nicht.

III. Treibhausgasminderungspotenzial

Der BioNachV-Entwurf sah ein Treibhausgasminderungspotenzial von 30 % und 40 % ab dem 01. Januar 2011 für Biokraftstoffe gegenüber fossilen Kraftstoffen gemäß § 4 BioNachV-Entwurf vor. Eine Besonderheit bestand darin, dass ab 2011 in den Fällen, in denen das Treibhausgasminderungspotenzial höher als 40 % sein sollte, die Anrechnung der Biokraftstoffe auf die Quotenverpflichtung des BImSchG nach Maßgabe einer Multiplikation erfolgen sollte.[903]

Die Biokraft-NachV sieht eine etwas andere Staffelung vor. So ist Ausgangspunkt ein Treibhausgas-Minderungspotenzial der Biokraftstoffe von mindestens 35 % gegenüber den jeweils zu ersetzenden fossilen Kraftstoffen. Die Treibhausgaseinsparung soll ab 2017 mindestens 50 % betragen und ab 2018 sogar 60 %, sofern die Schnittstelle, also die den Biokraftstoff produzierende Anlage,

---

[902] „Nachhaltigkeit i.e.S. gemäß RED. S. 170.
[903] Vgl. §4 Abs. 2 BioNachV.

nach 2016 in Betrieb gegangen ist.[904] Durch die Biokraftstoffnovelle werden sich diese Werte kurzfristig ändern, wenn nämlich eine Umsetzung in deutsches Recht erfolgt. Die wesentlichste Änderung hierbei ist, dass (alle) Biokraftstoffe aus (allen) Anlagen, die nach ihren Betrieb nach dem 5. Oktober 2015 aufgenommen haben, ein Treibhausgas-Verminderungspotenzial von 60 % haben müssen. Also zukünftig alle Kraftstoffe und die 35 %- und 50 %- Regelung nur noch für Altanlagen gilt, die am 5. Oktober 2015 oder davor in Betrieb waren. Darüber hinaus werden auch die Emissionen aus den indirekten Landnutzungsänderungen kalkulatorisch berücksichtigt.

In Verbindung mit Anlage 1 Nr. 8 Biokraft-NachV ist ferner ein Treibhausgas-Minderungsbonus von 29g CO_{2eq}/MJ anzuwenden, wenn der Anbau der Biomasse auf Flächen erfolgt, die im Januar 2008 nicht landwirtschaftlich oder zu einem anderen Zweck genutzt wurden und zugleich eine stark geschädigte oder stark verschmutzte Fläche waren.

Der BioNachV-Entwurf kann zwar als innovativer und progressiver bezeichnet werden, da die Angaben hinsichtlich der Treibhausgas-Minderungspotenziale nur Untergrenzen darstellten. Wurden die Grenzen unterboten, wurde dieses Vorgehen durch eine Multiplikation des Energiegehalts der Menge an derart fortschrittlichen Biokraftstoffen belohnt. Wie bereits zuvor erläutert, wurde das Bonussystem der Biokraft-NachV kaum angenommen und stellte sich als Fehlkonstruktion heraus.[905] Allerdings wird die Biokraft-NachV zukünftig, sofern sie denn die verschärften Anforderungen der Biokraftstoffnovelle übernimmt, erheblich ehrgeizigere Ziele an das Treibhausgas-Verminderungspotenzial stellen. Viel früher

---

[904] Vgl. §8 Abs. 1 Nr. 2 Biokraft-NachV.
[905] Vgl. Kapitel 5, Teil 5, IV Reduzierung des Verbrauchs landwirtschaftlicher Nutzfläche, insbesondere Minimierung von indirekten Landnutzungsänderungen (S. 176).

als bisher geplant müsste dann die Einsparung von 60 % von viel mehr Biokraftstoffen, als bisher gedacht, eingehalten werden. Betrachtet man die Anforderungen an das Treibhausgas-Verminderungspotenzial isoliert, was eigentlich im Rahmen des Begriffs Nachhaltigkeit nicht möglich ist, ist es dann auch unbeachtlich, ob diese Verschärfung zu einem Untergang der europäischen Biodieselwirtschaft, einschließlich der den Raps anbauenden Landwirtschaft, führt.

Als wesentliche Innovation kann jedoch die Einbeziehung von indirekten Landnutzungsänderungen bezeichnet werden. Damit die indirekten Landnutzungsänderungen ferner geringer werden, gehört neben der kalkulatorischen Einbeziehung der Treibhausgasemissionen durch indirekte Landnutzungsänderungen auch eine ganze Reihe begleitender Maßnahmen. Hierzu zählt die etwas konkreter werdende Förderung von „fortschrittlichen Biokraftstoffen". „Fairerweise" muss man aber sagen, dass die RED in der Urfassung, wie auch der BioNachV-Entwurf, sich nicht mit dem Thema befasste.

IV. Weitere Nachhaltigkeitsanforderungen

Die Biokraft-NachV sollte ursprünglich gemäß „§ 9 Weitere nachhaltige Herstellung" gewisse Dokumentationsverpflichtungen beinhalten, die solche Nachhaltigkeitskriterien betreffen, die nicht durch die vorherigen Paragraphen abgedeckt sind. Es handelte sich aber nur um Dokumentationsverpflichtungen, wenn auch zwingende, und nicht, wie man anhand der Paragraphenbezeichnung meinen könnte, um weitere Nachhaltigkeitskriterien im eigentlichen Sinne.

Im Einzelnen ging es darum, inwieweit dokumentiert werden muss,

- ob Maßnahmen zum Schutz des Bodens, des Wassers und der Luft zur Sanierung von degradierten Flächen nach Absatz 2 und zur Vermeidung eines übermäßigen Wasserverbrauchs in Gebieten mit Wasserknappheit ergriffen worden sind, und
- ob im Fall des Anbaus der Biomasse in einem Drittstaat sich die Herstellung der Biomasse auf die Verfügbarkeit von Nahrungsmitteln zu erschwinglichen Preisen im Einzugsbereich des die Biokraftstoffe herstellenden Betriebes ausgewirkt hat, und
- ob die Biomasse unter Wahrung von Landnutzungsrechten hergestellt worden ist.

Im Rahmen des Notifikationsverfahrens vor der Europäischen Kommission wurde die Bundesrepublik Deutschland jedoch aufgefordert, die „weiteren Nachhaltigkeitskriterien" zunächst nicht in die Biokraft-NachV mit aufzunehmen.[906]

Es ist nicht nachvollziehbar, warum entsprechende Berichtspflichten nicht zwischenzeitlich in die Biokraft-NachV Eingang gefunden haben, zumal Art. 18 Abs. 3 UA 1, 2 RED die Mitgliedsstaaten verpflichtet, Maßnahmen zu treffen, dass die Wirtschaftsteilnehmer verlässliche Informationen, die sich auf die Einhaltung der in Art. 17 Abs. 2 bis 5 RED formulierten Nachhaltigkeitskriterien erstrecken, vorlegen. Gemäß Art. 18 Abs. 3 UA 2 RED erstecken sich die Informationen aber gerade auch auf Informationen über die „Maßnahmen, die zum Schutz von Boden, Wasser und Luft" zur „Sanierung von degradierten Flächen" und zur „Vermeidung eines übermäßigen Wasserverbrauchs in Gebieten mit Wasserknappheit" getroffen wurden – also genau die Informationen, deren Übermittlung in § 9 Biokraft-NachV vorgesehen war.

---

[906] Vgl. BT-Drucks. 16/13685, 9.

Die letztlich erlassene Biokraft-NachV beinhaltete überhaupt keine „weiteren Nachhaltigkeitskriterien" mehr, sondern nur die Berichtspflicht des deutschen Bundesministeriums für Umwelt, Naturschutz und Reaktorsicherheit gemäß § 64 Biokraft-NachV hinsichtlich der sozialen Vertretbarkeit der Verwendung von Biokraftstoffen.

Der BioNachV-Entwurf befasste sich ebenfalls mit an sich relevanten Anforderungen an den Biomasseanbau, die sich jedoch aus „praktischen oder rechtlichen Gründen nicht als einzelbetriebliche Anforderung an die Nachhaltigkeit formulieren ließen".[907] Ausdrücklich genannt wurden die Auswirkungen auf die Ernährungssicherheit und indirekte Landnutzungsänderungen.

Da das BioKraftQuG als Rechtsgrundlage zum Erlass der BioNachV-Entwurf jedoch keine Rechtsgrundlage für ein entsprechendes Berichtssystem beinhaltete, verpflichtete sich gemäß der Begründung zur BioNachV-Entwurf die Bundesregierung freiwillig zu „entsprechenden Aktivitäten"[908]. Staatliche Behörden sollten die Entwicklung in den Anbauländern der Biomasse verfolgen und auch explizit die Zusammenarbeit mit diesen Ländern suchen, um möglichst viele Informationen über die Begleitumstände und Nebenwirkungen des Biomasseanbaus zu ermitteln[909].

---

[907] Vgl. Clearingstelle EEG, BioNachV-Entwurf, S. 27, „Berichterstattung".
[908] Vgl. Clearingstelle EEG, BioNachV-Entwurf, S. 27, Berichterstattung".
[909] Das zwingende Berichtssystem durch die Zertifizierungsstellen hinsichtlich flankierender Maßnahmen im Umfeld des Biomasseanbaus zum Schutz von Boden, Wasser, Luft bzgl. der Sanierung von degradierten Flächen und der Vermeidung von übermäßigem Wasserverbrauch sowie beim Biomasseanbau in Drittstaaten hinsichtlich der Nahrungsmittelsicherheit, der Preisstabilität und der Wahrung von Landnutzungsrechten gemäß § 9 Entwurf Biokraft-NachV wurde nicht in die endgültige Gesetzesfassung übernommen.

Tabelle 4: Wesentliche Unterschiede hinsichtlich der Nachhaltigkeitskriterien in dem BioNachV-Entwurf und der Biokraft-NachV

Nachhaltigkeitskriterium	BioNachV-Entwurf	Biokraft-NachV
nachhaltige Bewirtschaftung	Anforderungen für den Anbau in und außerhalb der EU	Anforderungen nur bzgl. Anbau innerhalb der EU
Schutz natürlicher Lebensräume	Explizites, absolutes Verbot der Umwandlung von „Wald". Erwähnung von Plantagen.	Ausdifferenziertere Bestimmung der schützenswerten Flächen.
THG-Minderungspotenzial	Besondere Förderung von 2.Gen Biokraftstoffen durch Multiplikationsfaktor.	Besondere Förderung des Anbaus von Biomasse auf degenerierten Flächen durch ein Bonussystem.
sonstige Nachhaltigkeitskriterien	Berichtssystem bezüglich Ernährungssicherheit und indirekte Landnutzungsänderung durch freiwillige Selbstverpflichtung der Bundesregierung.	Bericht des Bundesministerium für Umwelt, Naturschutz und Reaktorsicherheit an die Kommission der Europäischen Gemeinschaften im Rahmen der Berichte nach Artikel 22 der Richtlinie 2009/28/EG (...) bezüglich der Bewertung, ob die Verwendung von Biokraftstoffen sozial zu vertreten ist.

Teil 4 Fazit der Gegenüberstellung von BioNachV-Entwurf und Biokraft-NachV

Die deutschen Nachhaltigkeitsregelungen haben durch die europäischen Vorgaben der RED keine wesentlichen neuen Impulse erhalten. Dies ist auch nicht verwunderlich, da zumindest die Biokraft-NachV gerade der Umsetzung der Vorgaben durch die RED diente. Das vorherige deutsche Projekt, die BioSt-NachV, sah zunächst einige Abweichungen vor, von denen die meisten auch als fortschrittlicher und innovativer bezeichnet werden konnten. Man kann daher sogar sagen, dass die aktuellen Regelungen durch die Biokraft-NachV weniger „dicht" sind, als sie durch den einzelstaatlichen BioNachV-Entwurf vorgesehen waren. Auffällig ist, dass Anforderungen an die nachhaltige Bewirtschaftung nur noch an Betriebe innerhalb der EU gestellt werden, nicht-europäische Betriebe hingegen von diesbezüglichen Anforderungen mitunter befreit sind.

Das absolute Verbot der Umwandlung von Wald in dem BioNachV-Entwurf ist bemerkenswert, doch sind letzten Endes die Regelungen zum Schutz natürlicher Lebensräume in der RED/ Biokraft-NachV umfassender bzw. ausdifferenzierter und damit für den Anwender brauchbarer.

Das geforderte THG-Minderungspotenzial ist bei beiden Verordnungen ähnlich, wobei die längerfristigen Vorgaben in der Biokraft-NachV eine bessere Planungssicherheit gewährleisten und die angepeilten Einsparungen von 60 % Treibhausgasen erheblich ehrgeiziger sind als die Regelungen im BioNachV-Entwurf. Dazu kommt kurzfristig eine nochmalige Verschärfung der Anforderungen durch die Umsetzung der Biokraftstoffnovelle sowie, was eine ganz besondere Beachtung verdient, die Berücksichtigung der Treibhausgasemissionen aus indirekten Landnutzungsänderungen.

Lediglich das Bonussystem für Biokraftstoffe aus Biomasse, die auf degradierten Flächen angebaut wurden, erscheint weniger innovativ und zielführend als das System eines Multiplikationsfaktors, wie es der BioNachV-Entwurf kennt. Das Bonussystem war zudem schlecht konzipiert und zu unattraktiv, als das es tatsächlich zu einer wesentlichen Zunahme des Anbaus von Biomasse auf degradierten oder stark verschmutzten Flächen gekommen wäre.[910]

Allerdings ist zu beachten, dass die Mechanismen auch unterschiedliche Zielsetzungen haben und somit nicht ohne weiteres einheitlich zu bewerten sind. Während die „Förderung von degenerierten Flächen" primär die Thematik der Flächen- und Nutzungskonkurrenz betrifft, zielt das System des Multiplikationsfaktors des BioNachV-Entwurfs primär auf die Förderung von Biokraftstoffen mit einem höheren Treibhausgas-Einsparpotential und daher (nur) mittelbar auf das Problem der Flächenkonkurrenz ab. Die besondere Förderung von Biokraftstoffen der zweiten Generation erfolgt in der Biokraft-NachV primär über das Treibhausgaseinsparpotenzial, das ab einer gewissen Mindestvorgabe nur noch von Biokraftstoffen der zweiten Generation erreicht werden kann. Auch dies wird sich aber im Rahmen der Umsetzung der Biokraftstoffnovelle ändern, da die Förderung von Biokraftstoffen der zweiten Generation eine der wesentlichen Maßnahmen ist, die die Entstehung von Treibhausgasemissionen aus indirekten Landnutzungsänderungen möglichst gering halten soll.

Die Berichtspflichten sind schließlich in der Biokraft-NachV stärker ausgeprägt, da dort positivere tatsächliche Verpflichtungen der Zertifizierungsstellen existieren, wogegen der BioNachV-Entwurf Neben- und mittelbare Wirkungen des Biomasseanbaus durch eine Selbstverpflichtung der Bundesregierung erfassen wollte.

---

[910] Vgl. Kapitel 3, Teil 5, IV. Reduzierung des Verbrauchs landwirtschaftlicher Nutzfläche, insbesondere Minimierung von indirekten Landnutzungsänderungen (S. 177).

Während der BioNachV-Entwurf vor allem Auswirkungen auf die Ernährungssicherheit und die indirekten Landnutzungsänderungen durch das Informationssystem dokumentiert wissen will, ist die Biokraft-NachV weitgehender und umfasst neben umweltschützenden Maßnahmen im Rahmen des Biomasseanbaus auch die Sanierung von degradierten Flächen, die Nahrungsmittelsicherheit und die Wahrung von Landnutzungsrechten. In beiden Fällen handelt sich aber nur um, wenn auch verbindliche, Berichtspflichten.

Teil 5   Ausschau, zukünftige Entwicklungen

I. Gesetz zur Umsetzung der RL 2009/28/EG zur Förderung der Nutzung von Energie aus erneuerbaren Quellen

Das auf einem Kabinettbeschluss vom 28. September 2010 beruhende Gesetz zur Umsetzung der RL 2009/28/EG zur Förderung der Nutzung von Energie aus erneuerbaren Quellen, das Europarechtsanpassungsgesetz Erneuerbare Energien (EAG EE)[911], soll insbesondere die beiden anderen durch die RED geregelten Energiesektoren, die Wärme- und Stromerzeugung, an die europäischen Vorgaben anpassen.

Daher werden vor allem das Erneuerbare-Energien-Gesetz (EEG) und das Erneuerbare-Energien-Wärme-Gesetz (EEWärmeG) durch das EAG EE geändert. In Umsetzung der Richtlinie werden u. a. die Grundlage für die Einrichtung eines Registers für Herkunftsnachweise geschaffen und eine Pflicht zur Nutzung erneuerbarer Ener-

---

[911] EAG EE, BT-Drucks. 17/3629.

gien auch für öffentliche Gebäude eingeführt, die ab 2012 grundlegend renoviert werden.[912]

Da die Regelungen bezüglich Biokraftstoffe durch das EAG EE aber nicht berührt werden, ist es unschädlich, dass nicht weiter auf das EAG GG eingegangen wird.

II. Problem THG-Regelung ab 2015

Da ab 2015 die Marktteilnehmer verpflichtet sind, eine gewisse Menge an Treibhausgasen einzusparen, aber gleichzeitig auch die Biokraftstoffe immer effizienter werden, also in deren Lebenszyklus immer weniger THG generiert wird, passiert folgendes: Man fördert zwar die Biokraftstoffe der zweiten Generation. Da diese aber so THG-effizient sind, braucht man eine geringere Menge an Biokraftstoffe der zweiten Generation, die man beimischen muss, als Biokraftstoffe der ersten Generation, von denen man einen erheblichen Anteil zu den fossilen Kraftstoffen beimischen müsste, um insgesamt eine THG Ersparnis von 3 % oder 7 % zu erreichen. Da jedoch die Einsparung an THG abgekoppelt von dem Energiegehalt von Kraftstoffen ist, ist es fraglich, ob die „geringere" Menge an Biokraftstoffen ausreichend ist, um die 10 %-Verpflichtung der BRD gemäß der RED bis 2020 zu erfüllen.

Es reicht nämlich eine geringere Menge Biokraftstoffe aus, um die 7 % THG Einsparung zu erreichen. Diese „geringe" Menge müsste dann aber auch 10 % der Energie darstellen, die im Verkehrssektor verbraucht wird. Dies ist jedoch unwahrscheinlich. Es ist also wahrscheinlich, dass ab dem Jahr 2015 in Deutschland vermehrt hocheffiziente (bezogen auf die THG-Einsparung) Biokraftstoffe verwendet werden, dass Deutschland es jedoch nicht schaffen wird, seine „10 %-Verpflichtung" aus der RED zu erfüllen.

---

[912] BT-Drucks. 17/3629, 1.

III. Umsetzung der Biokraftstoffnovelle

Die Biokraftstoffnovelle[913] muss gemäß Artikel 4 Biokraftstoffnovelle bis zum 10. September 2017 umgesetzt werden. Neben der Anpassung der Werte und Fristen hinsichtlich des Treibhausgas-Verminderungspotenzials der Biokraftstoffe sind noch viele andere Bereiche der Biokraftstoffpolitik durch die Biokraftstoffnovelle betroffen und müssen bzw. können angepasst werden.

1. Förderung fortschrittlicher Biokraftstoffe

Die Biokraftstoffnovelle begrenzt den maximalen Anteil an Biokraftstoffen der ersten Generation auf 7 %. Hinsichtlich des Anteils der im Jahr 2020 verwendeten fortschrittlichen Biokraftstoffe, also solchen, die aus den Rohstoffen hergestellt sind, die in dem neu in die RED eingefügten Anhang IX Teil A aufgeführt sind, legt die Biokraftstoffnovelle einen „Richtwert" von 0,5 Prozentpunkten fest.[914] Es bleibt abzuwarten, ob Deutschland diese als eher sehr konservativ bewertete Zielvorgabe annimmt und entsprechende Normen erlässt. Biokraftstoffen, die aus den in Anhang IX Teil A aufgeführten Rohstoffen hergestellt werden, gehört die Zukunft und es würde den deutschen Biokraftstoffmarkt langfristig festigen und stärken, wenn eine entsprechende Infrastruktur aufgebaut würde.

---

[913] RL (EU) 2015/1513.
[914] Art. 2, 2, c RL (EU) 2015/1513.

2. Mehrfachwertung bestimmter Energieträger im Verkehrssektor

§7 der 36. BImSchV[915] bestimmt bereits derzeit, in Umsetzung von Art. 21 Abs. 2 RED, dass Biokraftstoffe aus Abfällen, Reststoffen, zellulosehaltigem Non-Food-Material oder lignozellulosehaltigem Material auf die Erfüllung der Verpflichtung nach § 37 BImSchG doppelt gewichtet werden. Art. 3 Abs. 4 UA 2 c RED wird durch Art. 2 Nummer 2, b, iii Biokraftstoffnovelle so geändert, dass der Verbrauch an Elektrizität aus erneuerbaren Quellen durch Straßenfahrzeuge mit Elektroantrieb nicht mehr nur mit dem 2,5-fachen Energiegehalt, sondern sogar mit dem 5-fachen Energiegehalt angesetzt wird. Die Elektromobilität kann daher ein wichtiger Baustein innerhalb des nachhaltigen Straßenverkehrs sein, sofern der Strom aus erneuerbaren Quellen hergestellt wird. Die Elektromobilität, einschließlich der dazugehörigen Infrastruktur, sollte daher besonders gefördert werden. Hierin könnte auch die Möglichkeit bestehen, die im Bereich der Erzeugung, Produktion und Verwendung von Biokraftstoffen der ersten Generation und reinen Pflanzenkraftstoffen[916] freiwerdenden Kapazitäten neu auszurichten.

---

[915] Sechsunddreißigste Verordnung zur Durchführung des Bundes-Immissionsschutzgesetzes; Verordnung zur Durchführung der Regelung der Biokraftstoffquote).
[916] Pflanzenöl, reiner Biodiesel.

Teil 6 Erfahrung mit der Umsetzung

Der deutsche Biokraftstoffmarkt ist mehr als nur die Umsetzung der europäischen Vorgaben, die, zumal nur als Richtlinie formuliert, nur das Ziel, nicht aber den Weg dorthin vorgibt. Die deutsche Biokraftstoffpolitik muss nicht nur die europarechtlichen Vorgaben beachten und die Einhaltung der Zielvorgaben sicherstellen. Sie muss sich auch innerhalb der innerdeutschen Politiklandschaft einordnen.

I. Anteil der Biokraftstoffe am Endenergieverbrauch im Verkehrssektor

Der Anteil der Biokraftstoffe am Endenergieverbrauch im Verkehrssektor betrug im Jahr 2013 5,1 %[917], was, zusammen mit dem Anteil im Jahr 2013, den geringsten Anteil seit dem Jahr 2006 darstellt. Die Europäische Union bescheinigt Deutschland sogar nur einen Anteil von 4,4 % im Jahr 2013.[918]

Die im Jahr 2014 verbrauchten 3,5 Mio. t setzen sich zusammen aus 1,8 Mio. t Biodiesel, was einem Anteil von 2,9 % entspricht sowie 1,17 Mio. t Bioethanol, was einem Anteil von 1,3 % entspricht. Neben den zu vernachlässigenden Mengen von Biomethan (0,1 %) und Pflanzenöl (<0,1 %) stellen hydrierte Pflanzenöle mit 0,4 Mio. t und einem Anteil von 0,8 % die dritthäufigste Art von Biokraftstoffen dar. Der Hauptabsatz von Biodiesel und Bioethanol erfolgt über die Beimischungen B7 bzw. E10.[919] Auf dem Weg zu

---

[917] Vgl. Fachagentur nachwachsende Rohstoffe (FnR), 2014, Basisdaten Bioenergie, S.20.
[918] EU Comission, Energy Statistics, Jun-15, S. 42, https://ec.europa.eu/energy/sites/ener/files/documents/CountryDatasheets_June2015.pdf (letztmalig abgerufen am 06.11.2015), Anhang 1.
[919] Vgl. Fachagentur nachwachsende Rohstoffe (FnR), 2014, Basisdaten Bioenergie, S. 20 ff.

einem Anteil von 10 % hat Deutschland immerhin etwas mehr als die Hälfte erreicht. Gegenüber dem Jahr 2009, als die RED am 05. Juni im Amtsblatt veröffentlicht wurde[920] und somit am 25. Juni 2009 in Kraft getreten ist, hat sich der Anteil um 0,1 % verringert. Allerdings wurden trotzdem 0,1 Mio. t mehr Biokraftstoffe verbraucht. Zu beachten ist , dass ab dem Jahr 2015 die Biokraftstoffe nicht mehr einen bestimmten Prozentsatz am Endenergieverbrauch abdecken müssen (energetische Quote), sondern das die Biokraftstoffe dazu beitragen, dass die Treibhausgasemissionen im Straßenverkehr insgesamt um einen bestimmten Anteil sinken müssen (Klimaschutzquote). Dieser Anteil beträgt im Jahr 2020 6 % gegenüber einem gemäß § 37 Abs. 4 BImSchG zu ermittelnden Referenzwert. Die Beimischung von Biokraftstoffen ist eine der Methoden, die den Anbietern fossiler Kraftstoffe zur Verfügung steht, um die Treibhausgasintensität der angebotenen Kraftstoffe zu verringern.[921]

Dieses Vorgehen fördert vor allem Biokraftstoff mit einem hohen Einsparpotenzial, also grundsätzlich solche der zweiten und dritten Generation, wobei aber auch manche konventionelle Biokraftstoffe, wie etwa Ethanol aus Zuckerrohr oder Biodiesel aus Palmöl, besonders hohe Treibhausgas-Einsparpotentiale vorweisen.[922] Der Anbau dieser Rohstoffe in Brasilien (Zuckerrohr) oder Indonesien (Palmöl) war aber besonders konfliktbehaftet und es wird bezweifelt, inwiefern diese Konflikte gänzlich beseitigt wurden. Die „heimischen" Biokraftstoffe, wie etwa Biodiesel aus Rapsöl oder Ethanol aus Weizen, werden angesichts ihres geringen Treibhausgas-Einsparpotenzials, immer unattraktiver. Die Förderung von Biokraftstoffen aus Rohstoffen, die auch in Deutschland günstig produziert werden können, die in ausreichender Menge zur Verfü-

---

[920] Abl. 2009 L 140/ 16.
[921] Erwägungsgrund 2 PE-CONS 28/15.
[922] Fachagentur nachwachsende Rohstoffe (FnR), 2014, Basisdaten Bioenergie, S. 28/29.

gung stehen und die auf nachhaltige Weise angebaut oder verarbeitet werden können, wie Gülle, Stroh, Bioabfälle und Kulturholz, muss daher ein wichtiges Thema der zukünftigen Biokraftstoffförderung sein.

II. Erfüllung der Berichtspflichten und Arbeitsanweisungen

Im Rahmen der Annäherung an den Begriff der Nachhaltigkeit wurde herausgearbeitet, dass Nachhaltigkeit bzw. insbesondere die nachhaltige Entwicklung nicht nur als Zielvorgabe geeignet ist, sondern immer auch gleichermaßen den Weg zu diesem Ziel umfasst. Die Fortentwicklung der Biokraftstoffförderung durch ein regelmäßiges „Monitoring" und ein sich daran anschließendes „continual improvement" wird als wichtiges Element der Nachhaltigkeit bewertet, welches als prozessuale Komponente die nachhaltige Entwicklung und so die Annäherung an das Optimum Nachhaltigkeit sicherstellt.

Dieser Annahme entsprechend formulierte die RED eine Vielzahl an Berichtspflichten, die nicht nur die Europäische Kommission betreffen, sondern auch die Mitgliedsstaaten selbst.

Eine europäische Biokraftstoffpolitik kann nur funktionieren, wenn alle Mitgliedsstaaten an dieser Politik mitarbeiten und ihr Wissen und die praktischen Erfahrungen in die Weiterentwicklung einbringen. Daher ist es auch von Bedeutung, ob Deutschland, als Mitgliedstaat, seinen Berichtspflichten und konkrete Arbeitsanweisungen nachgekommen ist.

1. Berichtspflichten Deutschlands

Die wesentlichen Berichtspflichten der Mitgliedsstaaten ergeben sich aus Art. 22 RED sowie Art. 19 Abs. 2 RED.

i. Art. 22 Abs. 1 RED

Der Bericht der Mitgliedsstaaten über die Fortschritte bei der Förderung und Nutzung von Energie aus erneuerbaren Quellen ist erstmalig bis zum 31. Dezember 2011 und danach alle zwei Jahre vorzulegen. Diese Berichtspflicht wiederholt sich sechsmal und endet mit dem Bericht zum 31.12.2021.

Die einzelnen Berichte sind auch auf der von der Kommission neu einzurichtenden Transparenzplattform[923] zu hinterlegen,[924] wobei die Mitgliedsstaaten die Möglichkeit haben, die Veröffentlichung der in den Berichten übermittelten Informationen zu Überschuss und Defizit der heimischen Produktion an erneuerbaren Energien, gemäß Art. 22 Abs. 1 Nr. l, m RED zu verhindern.[925]

Die Berichte enthalten insbesondere Angaben über:
- die sektorspezifischen und gesamten Anteile von Energie aus erneuerbaren Quellen,
- die Einführung und Funktionsweisen von Förderregelungen und sonstigen Maßnahmen,
- eine Beschreibung eventuell implementierter Förderregelungen, die die Nutzung von erneuerbaren Energien berücksichtigen, die zusätzliche Vorteile im Verhältnis zu anderen vergleichbaren Nutzungsformen haben,

---

[923] Art. 24 RED; vgl. http://ec.europa.eu/energy/renewables/biofuels/ms_reports_dir_2003_30_en.htm (letztmalig abgerufen am 08.06.2019), Anhang 1.LXII.
[924] Vgl. Art. 24 Abs. 2 Ziff. f. RED.
[925] Vgl. Art. 24 Abs. 2 a.E. RED.

- die Funktionsweise des Systems der Herkunftsnachweise für Elektrizität sowie Wärme und Kälte aus erneuerbaren Energiequellen,
- Fortschritte bei der Bewertung und der Verbesserung der Verwaltungsverfahren zur Beseitigung rechtlicher und sonstiger Hindernisse für den Ausbau der Energie aus erneuerbaren Energiequellen,
- Maßnahmen zur Gewährleistung und Verteilung von Elektrizität aus erneuerbaren Energiequellen,
- Entwicklungen bei der Verfügbarkeit und der Nutzung von Biomasseressourcen zu energetischen Zwecken,
- die Auswirkungen der verstärkten Biomassenutzung auf Rohstoffpreise und Landnutzungsänderungen,
- die Entwicklung und den Anteil von Biokraftstoffen aus Abfällen, Reststoffen, zellulosehaltigem Non-Food Material und lignocellulosehaltigem Material,
- die Auswirkungen der Biokraftstoffproduktion auf die biologische Vielfalt, Wasserressourcen und die Wasser- und Bodenqualität,
- die voraussichtlichen Netto-THG-Emissionseinsparungen,
- den geschätzten Überschuss an Energie aus erneuerbaren Quellen im Vergleich zum indikativischen Zielpfad und das Potenzial bis 2020,
- Defizite bzgl. der Erzeugung von Energie aus erneuerbaren Quellen, die nicht durch heimische Erzeugung bis 2020 gedeckt werden kann,
- Angaben dazu, wie der Anteil biologisch abbaubarer Abfälle, der für die Energieproduktion genutzt wird, bewertet wird.[926]

Der insgesamt 75 Seiten umfassende „Fortschrittsbericht nach Artikel 22 der Richtlinie 2009/28/EG zur Förderung der Nutzung von Energie aus erneuerbaren Quellen" wurde mit Datum vom 31.12.2011 vorgelegt und war bis Dezember 2015 nur auf der

---

[926] Vgl. Art. 22 Abs. 1 RED.

Homepage des Ministeriums für Wirtschaft und Energie abrufbar[927]. Zwischenzeitlich ist er jedoch auch auf der Internetpräsenz der Europäischen Kommission (Transparenzplattform)[928] veröffentlicht. Es werden die meisten angefragten Informationen abgehandelt, wenngleich der Aufbau des Fortschrittsberichts nicht selbsterklärend ist, da der Aufbau nicht mit der RED übereinstimmt und einzelne Überschriften nicht erkennen lassen, welche Anfrage mit dem nachfolgenden Text beantwortet werden soll.

Die Berichte für die Jahre 2011 – 2012 sowie 2013 – 2014 lagen im Dezember 2015 weder auf der Homepage des BMWi noch auf der Transparenzplattform der EU vor. Zwischenzeitlich wurden sie jedoch auch auf der Transparenzplattform veröffentlicht können darüber abgerufen werden.

Beide Berichte übernehmen die für den Bericht der Jahre 2009 – 2010 gewählte Struktur, haben jedoch einen Umfang von 106 Seiten (2. Bericht) und 124 Seiten (3. Bericht).

Der 4. Bericht (2015 – 2016) der eigentlich zum 31.12.2017 hätte veröffentlicht werden müssen, ist im Mai 2018 noch nicht verfügbar und bislang nicht auf der Transparenzplattform der EU abrufbar. Für die Jahre 2015 – 2016 findet man dort nur den von der Kommission vorzulegenden Bericht.

---

[927] BMWi, http://www.erneuerbare-energien.de/EE/Redaktion/DE/Downloads/Berichte/fortschrittsbericht-artikel-22-richtlinie-2009-28-eg.html (letztmalig abgerufen am 08.06.2018), Anhang 1.LXIII.
[928] http://ec.europa.eu/energy/renewables/biofuels/ms_reports_dir_2003_30_en.htm (letztmalig abgerufen am 08.06.2019), Anhang 1.LXII

ii. Art. 22 Abs. 3, a - c RED

In dem ersten Bericht, der spätestens bis zum 31. Dezember 2011 vorzulegen ist, haben die Mitgliedsstaaten ferner anzugeben,
- ob sie beabsichtigen, eine einzige Verwaltungsstelle einzurichten, die für die Bearbeitung von Genehmigung-, Zertifizierungs- und Zulassungsanträgen für Anlagen zur Nutzung von erneuerbaren Energien zuständig ist,
- ob vorgesehen wird, dass bei Planungs- und Genehmigungsanträgen für Anlagen, in denen erneuerbare Energie eingesetzt wird, immer dann von einer automatischen Genehmigung ausgegangen werden kann, wenn die Genehmigungsbehörde nicht innerhalb einer vorgegebenen die Fristen geantwortet hat, oder
- ob beabsichtigt wird, geografische Standorte zu benennen, die für die Nutzung von Energie aus erneuerbaren Quellen bei der Landnutzungsplanung und für die Einrichtung von Anlagen für Fernwärme und Fernkälte geeignet sind.[929]

Der Bericht vom 31. Dezember 2011 beantwortet auch diese Fragen, so dass die Berichtspflichten gemäß Art. 22 RED zumindest für das Jahr 2011 erfüllt wurden.

iii. Art. 19 Abs. 2 RED

Spätestens bis zum 31. März 2010 mussten die Mitgliedsstaaten der Kommission einen Bericht mit einer Liste der Gebiete ihres Hoheitsgebiets vorlegen, die als Regionen der Ebene 2 der „Systematik der Gebietseinheiten für die Statistik" (NUTS) oder als stärker disaggregierte NUTS-Ebenen eingestuft sind, und in denen die typischen Treibhausgasemissionen aus dem Anbau von landwirtschaftlichen Rohstoffen voraussichtlich höchstens den in der

---

[929] Vgl. Art. 22 Abs. 3 RED.

Richtlinie angegebenen Standardwerten bezüglich des Produktionsschrittes „Anbau" entsprechen, samt einer Beschreibung der Methoden und Daten, die zur Erstellung dieser Liste verwendet wurden. Diese Methode berücksichtigt Bodeneigenschaften, Klima und voraussichtliche Rohstofferträge.

Der „Bericht der Bundesrepublik Deutschland gemäß Artikel 19 Abs. 2 der Richtlinie 2009/28/EG vom 23. April 2009 zur Förderung der Nutzung von Energien aus erneuerbaren Quellen und zur Änderung und anschließenden Aufhebung der Richtlinien 2001/77/EG und 2003/30/EG wurde fristgerecht vorgelegt und beinhaltet die abgefragten Informationen.

2. Arbeitsanweisungen

Die RED betraute die Kommission mit einer Vielzahl von Aufgaben. In erster Linie sollten Wissenslücken geschlossen werden. Mit der Umsetzung der RED in die Praxis konnten seit dem Jahr 2009 ferner viele Erfahrungen gesammelt werden, die, zusammen mit dem neu erlangten Kenntnisstand und dem parallel dazu erfolgten technischen Fortschritt, in die zukünftige Biokraftstoffpolitik einfließen sollten. Am konkretesten wird dies im Erlass der Biokraftstoffnovelle.

Weniger vordergründig, aber trotzdem als für sehr wichtig erachtet, waren etwa die „Entscheidung[930] 2009/548/EG der Kommission vom 30. Juni 2009 zur Festlegung eines Musters für nationale Aktionspläne für erneuerbare Energie gemäß der Richtlinie 2009/28/EG des Europäischen Parlamentes und des Rates" gemäß Art. 4 Abs. 1 UA 2 RED oder die „Verordnung (EU) 1307/2014 vom 8. Dezember 2014", in der Kriterien und geografische Verbreitungsgebiete zur Bestimmung von „Grünland mit biologischer

---

[930] Az.: K(2009) 5174.

Vielfalt" festgelegt wurden und womit die Kommission ihrer Verpflichtung gemäß Art. 17 Abs. 3 Unterabsatz 2 RED nachkam.

Da die Richtlinien von den Mitgliedsstaaten umgesetzt werden müssen und diese direkt das innerstaatliche Recht ändern, da sie gemäß Art. 27 Abs. 1 RED die „erforderlichen Rechts- und Verwaltungsvorschriften" in Kraft setzen, sind die Mitgliedsstaaten viel näher an der Biokraftstoffpolitik dran als die Europäische Kommission, die auf Gutachten von Dritten oder Informationen von eben den Mitgliedsstaaten angewiesen ist.

Wäre es aber sinnvoll gewesen, die Mitgliedsstaaten mit solchen Aufgaben zu betrauen und für jeden Mitgliedstaat eigene Methoden, Abläufe, Definitionen oder technische Konfigurationen ausarbeiten zu lassen? Gemäß Erwägungsgrund 16 RED ist es „hinsichtlich des 10 %-Ziels für Energie aus erneuerbaren Quellen im Verkehrssektor angebracht, für die einzelnen Mitgliedsstaaten denselben Anteil festzulegen, um Kohärenz bei den Kraftstoffspezifikationen und bei der Verfügbarkeit der Kraftstoffe zu gewährleisten. Da sich Kraftstoffe leicht handeln lassen, können Mitgliedsstaaten, die in geringem Maße über die relevanten Ressourcen verfügen, ohne weiteres Biokraftstoffe erneuerbarer Herkunft anderweitig beziehen." Nicht nur hinsichtlich des 10 %-Ziels gilt wohl aber, dass es sinnvoll ist, einheitliche Vorgaben festzulegen.

Um einheitliche Bewertungen, Berechnungsmethoden und technische Konfigurationen zu erhalten, war es wohl tatsächlich besser, die Mitgliedsstaaten nur mittelbar, nämlich durch die Mitarbeit bei der Kommission in die Fortentwicklung einzubeziehen.

Unmittelbar und explizit an die Mitgliedsstaaten adressierte Arbeitsanweisungen findet man in der RED nicht.

III. Fazit

Die Bundesrepublik Deutschland erfüllte Ihre Berichtspflicht bezüglich Art 10 Abs. 2 RED vollumfänglich und rechtzeitig, kam ihrer Berichtspflicht gemäß Art. 22 RED zwar erst verspätet – wobei nicht nachvollziehbar ist, woran die verspätete Veröffentlichung lag – dann jedoch durchaus umfassend und detailliert nach. Von der Möglichkeit gemäß Art. 22 Abs. 4 RED, in einem Bericht die Daten der vorangegangenen Berichte zu korrigieren wurde nicht Gebrauch gemacht.

Gemäß Erwägungsgrund 88 RED ist eine regelmäßige Berichterstattung notwendig, um sicherzustellen, dass eine kontinuierliche Ausrichtung auf die Fortschritte beim Ausbau der Energie aus erneuerbaren Quellen auf nationaler Ebene und auf Gemeinschaftsebene gegeben ist.

Da die deutsche, mitgliedstaatliche Biokraftstoffförderung inzwischen weitgehend von europäischen Vorgaben bestimmt ist und sich entsprechend dieser entwickelt, trägt Deutschland durch Einhaltung der Berichtsvorgaben jedenfalls in formeller Hinsicht zu einer kontinuierliche Ausrichtung, Verbesserung und Optimierung der europäischen und somit der deutschen Biokraftstoffförderung selbst bei.

Teil 7 Stellungnahme zur Biokraftstoffförderung durch Deutschland

Es liegt in der Natur der Sache bzw. der Systematik der europäischen Rechtssetzung in Form einer Richtlinie, dass die deutsche Biokraftstoffpolitik nicht wesentlich von der europäischen Biokraftstoffpolitik abweicht. Insofern können die angemerkten Kritikpunkte bezüglich der europäischen Biokraftstoffpolitik[931] auch im Rahmen dieser Stellungnahme vorgebracht werden.

Wie dargestellt, wurden sogar vorher existierende bzw. geplante Nachhaltigkeitsanforderungen teilweise verschlechtert. Die Biokraftstoffnovelle nimmt, mit der Formulierung eines Richtwertes, die Mitgliedsstaaten mehr in die Pflicht. Diese können zwar keine zusätzlichen Nachhaltigkeitskriterien formulieren, aber durch eine explizite Förderung von fortschrittlichen Biokraftstoffen erheblich zur Nachhaltigkeit der Biokraftstoffpolitik beitragen.

Die europaweit einheitliche Biokraftstoffpolitik führte jedoch dazu, dass eine Förderung im Rahmen der RED erfolgen konnte, ohne dass stets darauf geachtet werden musste, inwiefern eigene Nachhaltigkeitskriterien die nationale Biokraftstoffindustrie überfordern könnten. Die Förderung auf europäischer Ebene eröffnet einerseits einen beachtlichen Markt, und führt andererseits relativ kurzfristig zur Etablierung eines Standards.

Nachhaltigkeitskriterien und die Förderung von besonders teuren, aber besonders effizienten Biokraftstoffen, konnten ohne größere Marktverzerrungen beschlossen werden und so zu einem anspruchsvolleren Standard führen, als dies unilateral durch nur ein Land möglich wäre.

Der europäische Weg schuf zudem eine hohe Zahl an innereuropäischen Abnehmern der Biokraftstoffe. Durch die Erfahrungen im Massengeschäft konnte die Wertschöpfungskette optimiert und kosteneffizienter gestaltet werden. Biokraftstoffe wurden dadurch konkurrenzfähig.

---

[931] Vgl. Kapitel 3, Teil 7, Stellungnahme zur Biokraftstoff-Förderung durch die EU (S. 214).

Aufgrund der Wechselwirkung zwischen Globalisierung und dem hier verwendeten Begriff der Nachhaltigkeit wird der Anspruch an den Begriff der Nachhaltigkeit immer größer. Es wird immer schwieriger, diesem Anspruch zu entsprechen. Auch diesbezüglich ist ein internationaler Akteur wie die Europäische Union besser geeignet, die internationale Komponente einer nachhaltigen Biokraftstoffpolitik zu erfassen und umzusetzen, als dies durch ein einzelnes Land möglich wäre.

Dass Deutschland im Gleichklang mit seinen europäischen Partnern eine Biokraftstoffpolitik entwickeln und eine Biokraftstoffindustrie aufbauen konnte, war eine sehr angenehme Situation, da keine innereuropäische Konkurrenz drohte und Überkapazitäten an andere Mitgliedsstaaten verkauft werden konnten. Diese Schonfrist war vernünftig, da eine vollumfängliche Umsetzung der Anfangsvoraussetzungen im Sinne der soliden Etablierung einer Biokraftstoffpolitik, auf deren Funktionieren sodann kontinuierlich aufgebaut werden kann, ein ebenso wichtiger wie nicht zu unterschätzender Schritt auf dem Weg zu einer immer anspruchsvolleren und nachhaltigeren Biokraftstoffpolitik ist.

Angesichts der großen Komplexität und der Vielzahl der durch die Biokraftstoffpolitik tangierten Bereiche ist es schwierig, Maßnahmen zu treffen, die die Mehrzahl der Bereiche und damit auch die Mehrzahl der offenen Fragen abdecken.

Wie bereits im Rahmen der Darstellung der deutschen Nachhaltigkeitsverordnungen und des „Entwurfs einer Biomasse-Nachhaltigkeitsverordnung" (BioNachV) dargestellt, gingen einige vernünftige und innovative Ansatzpunkte Deutschlands hinsichtlich der Förderung von nachhaltigen Biokraftstoffen durch die Parallelität von deutscher Gesetzgebung und der Entwicklung der RED auf europäischer Ebene unter.

Hinsichtlich der konkreten Nachhaltigkeitsvoraussetzungen bezüglich des Anbaus der Biomasse für die Herstellung von Biokraftstoffen, orientierte sich Deutschland letzten Endes an den europäischen Vorgaben und setzte keine eigenen Impulse. Die Nachhaltigkeitskriterien wurden wortwörtlich übernommen. Hinsichtlich des Ziels der Richtlinie sind die Vorgaben (der Richtlinie) ohnehin verpflichtend.

Deutschland kam seinen Berichtspflichten jeweils verspätet, aber im Übrigen in zufriedenstellender Art und Weise nach. Der Wert der regelmäßigen und rechtzeitigen Berichterstattung darf nicht unterschätzt werden, da eine regelmäßige Überprüfung des Status quo und die aus der dokumentierten Entwicklung gezogenen Schlussfolgerungen, bzw. daraus erwachsenen Anpassungen der Europäischen, mithin nationalen Biokraftstoffpolitik, die essentielle Voraussetzung für eine Annäherung an den Anspruch der Nachhaltigkeit ist.

Die verspäteten Veröffentlichungen liegen möglicherweise an anderen Mitgliedstaaten und nicht an Deutschland selbst – sofern die Europäische Kommission die Berichte aller Mitgliedstaaten gleichzeitig veröffentlichen will. Den von Europa vorgegebenen Berichtspflichten kommt Deutschland nach. Hinsichtlich der materiellen Anforderungen und eingeräumten Spielräume wird Deutschland aber mehr Profil zeigen müssen, da die Biokraftstoffnovelle nur einen „Richtwert" bezüglich der Verwendung von fortschrittlichen Biokraftstoffen angibt. Im Übrigen verschärft die Biokraftstoffnovelle bezüglich der Nachhaltigkeitskriterien nur die Anforderungen an das Treibhausgas-Verminderungspotenzial wesentlich. Daran muss sich Deutschland natürlich orientieren. Allerdings sind auch die Anforderungen an das Treibhausgas-Verminderungspotenzial ebenfalls nur Mindestangaben.

Bisher verlangte Deutschland von den Marktakteuren nicht mehr ab, als unbedingt nötig. Hätte Deutschland jedoch die europäischen und zusätzlich eigene Nachhaltigkeitskriterien aufgestellt, so hätten Biokraftstoffe, die dadurch ja trotzdem die allgemeinen Nachhaltigkeitskriterien erfüllt hätten, angerechnet werden können. Diese Option wurde jedoch, wohl verständlicherweise, niemals angedacht.

Da Deutschland nicht aus der Deckung kam, sondern gemäß der europäischen Vorgaben agierte, verpasste es die deutsche Biokraftstoffpolitik jedoch, die heimische Biokraftstoffindustrie auf die Zukunft vorzubereiten.

Von Anfang an war nämlich ersichtlich wie sich die europäische Biokraftstoffpolitik entwickeln würde, und dass Elektromobilität und, sofern flüssige Biokraftstoffe Verwendung finden sollen, nur Biokraftstoffe der zweiten und dritten Generation langfristig Bestand haben werden. Die deutsche Biokraftstoffpolitik hatte hiervon auch Kenntnis , da sie die Regelung einführte bzw. übernahm, wonach der Beitrag von Biokraftstoffen, die aus Abfällen, Reststoffen, zellulosehaltigem Non-Food-Material und lignozellulosehaltigem Material hergestellt werden, doppelt gewichtet werden gegenüber dem sonstiger Biokraftstoffe

Dass die deutsche Biodieselproduktion auf Basis von Raps mittel- bis kurzfristig keine wesentliche Rolle mehr spielen wird, war von Beginn der iLUC-Debatte absehbar. Die fortgesetzte Förderung der Biodieselindustrie erfolgte somit fahrlässig und unter Missachtung von Grundsätzen des Vertrauensschutzes. Da zukünftig vermehrt Elektrizität oder gasförmige Biokraftstoffe berücksichtigt werden können und diese Energiearten auch in anderen energiepolitisch relevanten Sektoren eingesetzt werden können, empfiehlt sich eine Fokussierung auf diese Bereiche. Die Förderung der Elektromobilität könnte unter Einbeziehung der deutschen Automobilindustrie und Energiewirtschaft erfolgen und die Produktion von Biogas/ Bioerdgas die strukturschwachen, landwirtschaftlich geprägten Regionen weiterhin fördern. Sofern auch eine Wasserstoffinfrastruktur aufgebaut werden soll, könnte der überschüssige Strom aus erneuerbaren Quellen dazu verwendet werden, Wasserstoff durch eine Hydrolyse von Wasser zu produzieren

Ob Deutschland mit der im BImSchG verankerten Dekarbonisierung die Ziele der RED/ Biokraftstoffnovelle einhalten kann, wird sich zeigen.

FAZIT: SOLA DOSIS FACIT VENENUM?

Teil 1   Causa cessante cessat effectus

Angesicht von kontinuierlich über 40 Mrd. (40.000.000.000) Liter Kraftstoff, die Deutschland jährlich verbraucht, also mehr als 18.000 Schwimmbecken mit einer Größe von 50 x 25 x2 m, drängt sich das eingangs erwähnte Zitat geradezu auf, dass nämlich die benötigte Menge an Biokraftstoffen jegliches Bemühen um Nachhaltigkeit zunichtemacht.

Abbildung 14: Kraftstoffverbrauch von Pkw und Kombi in Millionen Litern

	1995	2000	2005	2010	2011
Benzin	39.816	38.129	32.520	27.724	27.705
Diesel	7.447	8.260	12.740	16.149	16.613
Summe	47.263	46.389	45.260	43.873	44.318
Benzin	100 %	96 %	82 %	70 %	70 %
Diesel	100 %	111 %	171 %	217 %	223 %
Summe	100 %	98 %	96 %	93 %	94 %

	2012	2013	2014	2015	2016**
Benzin	26.283	25.738	25.712	25.304	25.309
Diesel	17.499	18.439	19.293	20.020	20.817
Summe	43.782	44.177	45.005	45.324	46.126
Benzin	66 %	65 %	65 %	64 %	64 %
Diesel	235 %	248 %	259 %	269 %	280 %
Summe	93 %	93 %	95 %	96 %	98 %

© Umweltbundesamt;
https://www.umweltbundesamt.de/daten/verkehr/kraftstoffe

Die Frage, ob die Europäische Biokraftstoffpolitik (überhaupt) weitergeführt werden soll, ist eindeutig mit einem „Ja" zu beantworten. Und nicht nur, weil es dazu keine Alternative gibt.

Obwohl festgestellt wurde, dass die europäische Biokraftstoffpolitik immer noch erhebliche Defizite aufweist, vermutlich sogar schon irreparable Schäden hervorgerufen hat und jedenfalls bezüglich weiter Teile der ökologischen Sphäre und hinsichtlich der gesellschaftlichen Sphäre ebenfalls in nicht unbeachtlichem Umfang dem Leitbild der Nachhaltigkeit nicht entspricht.

Und ungeachtet dessen, dass beginnend mit der Biokraftstoffrichtlinie, über die Erneuerbare Energien Richtlinie, bis hin zur hier als Novelle der Erneuerbare Energien Richtlinie bezeichneten Richtlinie EU 2015/1513, eine derart große, behäbige, aber auch komplexe und interdisziplinäre, gleichzeitig nur einen Teil der europäischen Energiepolitik abbildenden Teildisziplin geschaffen wurde, die sich „dennoch" weiterhin und zu Recht großen Kritiken ausgesetzt sieht.

Die „Lösung der Probleme" wird nicht in einem sofortigen Stopp der Biokraftstoffpolitik liegen. Biosprit stoppen und die „fatale Politik per Verordnung sofort beenden"[932] ?!

Aufgrund der mit dem Begriff der Nachhaltigkeit verbundenen Hoffnungen und der dem Begriff nicht gerecht werdenden Umsetzungen sind derartige Forderungen zwar nachvollziehbar.

Ein vollständiger, abrupter Ausstieg aus einer mengenorientierten Förderung wäre jedoch als überstürzt zu bezeichnen,[933] zumal so

---

[932] https://www.braunschweig-spiegel.de/index.php/politik/politik-umwelt/6332-biosprit-sofort-stoppen (letztmalig abgerufen am 10.06.2018), Anhang 1. LX.
[933] Vgl. Gawel, E10-Ist die Klimapolitik mit Agrarstoffen auf dem richtigen Kurs? in: Zeitschrift für Umweltrecht, 2011, 338.

die durch die bisherige Biokraftstoffpolitik bereits hervorgerufenen Schäden oder negativen Begleiterscheinungen nicht verschwinden würden und die bisher getätigten Investitionen und technischen Entwicklungen überwiegend umsonst erfolgt wären.

Gerade da der Anspruch an das Konzept der Nachhaltigkeit so groß ist, konnte die Umsetzung der Nachhaltigkeit nur dann angegangen werden, wenn zunächst auch suboptimale Ansätze gewählt wurden und die als Hindernisse der vollständigen Umsetzung einer nachhaltigen Biokraftstoffpolitik identifizierten Probleme sukzessive abgearbeitet werden.

Die Lösung kann, ganz im Sinne der prozessualen Komponente der Nachhaltigkeit, nur in der kontinuierlichen Verbesserung, bestehend aus Bewertung von Bestandsaufnahmen und Maßnahmen, Optimierung und Umsetzung liegen.

Teil 2   Ein Fazit - Vorschläge zur Annäherung an eine nachhaltigere Biokraftstoffpolitik

Das abschließende Fazit muss denklogisch in weiten Teilen die Kritikpunkte und Lösungsimpulse wieder aufgreifen, die bezüglich der als Richtlinie ausgestalteten europarechtlichen Vorgaben zu entnehmenden Rahmenbedingungen der derzeitigen Biokraftstoffpolitik formuliert wurden, so dass insofern vollständig auf Kapitel 3, Teil 7, I - VI verwiesen werden kann.
In Kapitel 3, Teil 7, VI wurden drei Ansätze genannt, deren Beachtung oder Umsetzung als für eine nachhaltige Biokraftstoffpolitik wesentlich erachtet werden („Verringerung des Anteils von Biokraftstoffen der ersten Generation", „Förderung der Nebeneffekte", „Realistisches Fördern und Fordern"), die wegen ihrer derzei-

tigen Ausgestaltung aber als dem Leitbild diametral entgegenstehende Probleme bewertet werden müssen.

Abschließend soll der Fokus auf nachfolgenden 5 Ansätze gelegt werden, deren Berücksichtigung aufgrund ihrer horizontalen Ausstrahlungswirkung und sofern sie im Rahmen der zukünftigen Weiterentwicklung der europäischen Biokraftstoffpolitik mehr in den Fokus gerückt und berücksichtigt würden, zu einer erheblichen Annäherung der europäischen Biokraftstoffpolitik an das Leitbild der Nachhaltigkeit führen würden.

I. Zielgerichteteres Fördern (Unter- und Unter-Unterquoten)

Die Europäische Union sollte neben den „Unterquoten" für Biokraftstoffe der zweiten oder dritten Generation noch weitere, insbesondere rohstoffspezifische Quoten für Biokraftstoffe der ersten Generation einführen. Mittelfristig muss von dem Gießkannenprinzip Abstand genommen werden und auf eine, auf einige wenige, durch technisch geschultes Personal ausgesuchte Technologien zur Herstellung von Biokraftstoffen der ersten Generation konkretisierte und reduzierte Förderung gewechselt werden.

Biokraftstoffe der ersten Generation sollten zukünftig nur noch aus den besten, effizientesten und nachhaltigsten Rohstoffen hergestellt werden. Hierzu könnten die im Jahr 2014 von der deutschen Fachagentur für nachwachsende Rohstoffe herausgegebenen „Basisdaten Bioenergie Deutschland 2014"[934], bzw. entsprechende aber aktualisierte Literatur herangezogen werden und neben dem Energieertrag und dem Treibhausgas-Verminderungspotenzial auch die regionale Verfügbarkeit, die

---

[934] Fachagentur nachwachsende Rohstoffe (FnR), 2014, Basisdaten Bioenergie, S. 22 ff.

Konkurrenz zum Lebensmittelmarkt, der Wasserverbrauch während des Anbaus[935], das Erfordernis von Agrochemikalien oder der Stand der technischen Entwicklung berücksichtigt werden.

Durch zusätzliche Multiplikationsfaktoren würde die Bevorzugung dieser Rohstoffe nochmals erhöht.

Solange die Quotenvorgaben bezüglich Biokraftstoffen der dritten Generation weiterhin vernachlässigbar gering sind und die Quotenverpflichtung in Höhe von 10% weit überwiegend durch Biokraftstoffe der ersten Generation gedeckt wird, muss die Zusammensetzung der zur Produktion von Biokraftstoffen der ersten Generation verwendeten Biomasse für die Zeit, in der Biokraftstoffe der ersten Generation ausgeschlichen werden, durch mengenbezogene und auf andere Aspekte bezugnehmende Unterquoten reglementiert werden.

II. Beschaffung von Biomasse (Verfügbarkeit)

Jede Biokraftstoffpolitik muss auch die anwendungsübergreifenden Sektoren im Auge behalten, da die Anbaufläche und die Rohstoffe begrenzt sind. Die Biokraftstoffindustrie kann sich nicht ohne Weiteres ein Primat zuschreiben.

Die FnR nennt 20[936] Anwendungsfelder für nachwachsende Rohstoffe, darunter so alltägliche Anwendungen wie Arzneipflanzen, aber auch „Faserputze" für den ökologischen Häuserbau oder jegliche Form von Ölen und Schmierstoffe für die Industrie. Möglich ist vieles und die Ersetzung aller auf Erdöl basierenden Produkte durch pflanzliche Fette und Öle ist technisch möglich. Ohne

---

[935] Vgl. nachfolgende Ziffer 2.
[936] FnR, nachwachsende Rohstoffe https://www.fnr.de/nachwachsende-rohstoffe/ueberblick/ (letztmalig abgerufen am 10.06.2018), Anhang 1.LXIV.

ein funktionierendes Konzept der Nachhaltigkeit, dass auch die weltweiten Kapazitäten und Entwicklungen bezüglich der Beschaffung der erforderlichen Rohstoffe zur Verarbeitung in anderen Anwendungsfelder berücksichtigt, ist von dem „Schwenk" auf nachwachsende Rohstoffe abzuraten.

Die derzeitige Entwicklung zeigt, dass der Mangel an Biomasse an sich, was wiederum an der begrenzten weltweiten Anbaufläche liegt, eines der virulentesten Probleme der Biomassenutzung in allen seinen Facetten ist. Die mit dem vermehrten Anbau von nachwachsenden Rohstoffen einhergehende zunehmende Knappheit an Trinkwasser[937] stellt neben dem Mangel an Anbaufläche eine weitere, als virulent zu bezeichnende und ebenfalls zu berücksichtigenden Problematik dar.

Angesichts der Gefahr einer durch den Biomasseanbau verursachten Wasserknappheit bzw. dessen vollständigen Fehlens in den Anbauregionen und entlang der in Anspruch genommenen Oberflächen,- und oberflächennahen Gewässer, erscheint eine Beschäftigung mit Fragen, ob sich aus einem Kilo Zuckerrüben die gleiche Menge Bioethanol herstellen lässt, wie aus der äquivalenten Menge Zuckerrohr, als unangebracht.

---

[937] Beispielhaft für die Jatrophanuss, http://www.heise.de/tr/artikel/Der-grosse-Durst-der-Jatropha-276525.html (letztmalig abgerufen am 08.06.2019), Anhang 1.II.

Daher ist es auch nicht verwunderlich, dass eine große Zahl der noch offenen Fragen nicht nur die Biokraftstoffe tangieren, sondern alle potenziellen Anwendungsbereiche von nachwachsenden Rohstoffen, nämlich insbesondere:

- den Umgang mit dem zunehmenden Druck auf die Rohstoffe,
- den Umgang mit dem zunehmenden Druck auf die Anbauflächen,
- den Umgang mit dem für den Anbau benötigten Wassers,
- die Ausweitung der Nachhaltigkeitskriterien auf andere Sektoren,
- die Ausweitung und Modifizierung der Nachhaltigkeitskriterien an sich.

Die Zerstörung von schützenswerten Gebieten, die Vertreibung von indigenen Völker und die Missachtung von Landnutzungsrechten, schlechte Arbeitsbedingungen und fehlender Natur- und Gesundheitsschutz bei der Veredelung und Verarbeitung der Rohstoffe sowie die Schwierigkeiten der Beweisführung eines verminderten Kohlenstoffdioxidausstoßes sind weitere, bereits öfter erwähnte und ebenfalls in Zusammenhang mit „Dem Biomasseanbau" und somit aber auch der Biokraftstoffproduktion stehende Probleme.

Die Schwierigkeit der Beweisführung eines verminderten Kohlenstoffdioxidausstoßes ist insbesondere im Zusammenhang mit der Biokraftstoffproduktion zu nennen. Im Übrigen ist eine eindeutige Zuordnung dieser Probleme zu einem Biomasse-Anwendungsgebiet bzw. einer Sphäre nicht möglich, allerdings – aufgrund der Wechselwirkung der Sphären – auch nicht erforderlich.

Innerhalb der europäischen Biokraftstoffpolitik sind selbst die Nachhaltigkeitskriterien bzgl. des Anbaus der Rohstoffe, also die am ausdifferenziertesten formulierten Nachhaltigkeitskriterien, nicht weitreichend genug.

Den bereits in der RED erwähnten Bedenken hinsichtlich der Auswirkungen der Biokraftstoffpolitik auf indirekte Landnutzungsänderungen begegnet man nun durch die Biokraftstoffnovelle, jedoch in einer sehr zurückhaltenden Art und Weise. Vom Ansatz und der gewählten Mechanismen her, ist das formulierte Maßnahmenpaket, das nicht nur die Berücksichtigung von Treibhausgas-Malussen beinhaltet, jedoch ein Schritt in die richtige Richtung.

Solange jedoch unklar ist, wo die erforderliche Biomasse angebaut werden kann oder die technische Weiterentwicklung nicht dazu führt, dass der Druck auf die zur Verfügung stehende Anbaufläche sinkt bzw. eine Inanspruchnahme von landwirtschaftlicher Anbaufläche gänzlich entfällt, sollte von einer Ausweitung der Quotenverpflichtung abgesehen werden und jedenfalls die anderweitige Verwendung und Nachfrage nach der Biomasse für andere Anwendungsbereiche im Rahmen der Ermittlung der für die Biokraftstoffpolitik erforderlichen Anbaufläche berücksichtigt werden.

III. Wissensmanagement, Continous Improvement, Transparenz

Die Produktion von Biokraftstoffen stellte eine neue technische Entwicklung dar, bei der zum Zeitpunkt des Erlasses der RED noch relativ wenige Erfahrungen vorlagen und nicht jegliche Konsequenzen einer großindustriellen Biokraftstoffproduktion im Vorhinein identifiziert oder Wissenslücken durch langwierige Grundlagenforschung geschlossen und dementsprechende Vorkehrungen bezüglich der negativen Auswirkungen getroffen wurden. Die RED selbst sollte dazu beitragen die Entwicklung des Marktes zu fördern[938] oder Entwicklungsinitiativen anzuregen[939]. Um außerdem die Biokraftstoffpolitik besser lenken und nachhaltig ausgestalten zu können, sollten die Erfahrungen aus der Praxis von den Mitgliedstaaten[940] an die Kommission rückgespiegelt und dort ausgewertet werden.

Daher sollten mehrere als solche auch identifizierte mittelbare und als negativ bewertete Auswirkungen und Folgen einer Biokraftstoffpolitik bzw. unmittelbare negative Auswirkungen eines zunehmenden Anbaus der Biomasse beobachtet und dokumentiert werden. Auf die Formulierung von harten Nachhaltigkeitskriterien wurde jedoch verzichtet.

Die Auswertung der Berichte und gewonnenen Informationen sind außer für die Bewertung des Status quo der Biokraftstoffpolitik auch für die Fortentwicklung der europäischen Energiepolitik für den Zeitrahmen nach 2020 von erheblicher Bedeutung.

Aus Wissensdefiziten folgt zwangsläufig eine zögernde Politik, die nicht in der Lage ist, durch langfristige Vorgaben Vertrauenstatbestände zu schaffen, für Investitionssicherheit zu sorgen und den technischen Fortschritt voranzutreiben

Weder die Mitgliedstaaten noch die Kommission selbst kamen ihren Pflichten zur Vorlage von Berichten und Analysen gemäß Art. 22, Art. 23 und Art. 17 Abs. 7 RED vollumfänglich und fristgerecht nach.

Das Signal das davon ausgeht, dass auch die Europäische Kommission ihren in der Richtlinie explizit genannten Pflichten durch die fristgerechte Vorlage von dezidiert ausgearbeiteten und den An-

---

[938] Erwägensgrund 4 RED.
[939] Erwägensgrund 3 RED.
[940] Art 22 RED.

forderungen von Art 23 Abs. 1 – 10 RED vollumfänglich entsprechenden Berichten und Analysen nicht nachkommt, ist verheerend und zeigt zugleich den Stellenwert, den die Europäische Kommission der europäischen Biokraftstoffpolitik beimisst.
Da sich die von der Kommission zusammenzustellenden Berichte oftmals auf die gemäß Art. 22 RED von den Mitgliedstaaten vorzulegenden Berichte stützen,[941] ist es ferner nicht nachvollziehbar, warum die Kommission die Einhaltung der Berichtspflichten durch die Mitgliedstaaten nicht strenger überwacht.

Neben der Erfüllung der Berichtspflichten versäumt es die Europäische Kommission zusätzlich, Dritten die einfache Partizipation und Kenntnisnahme der europäischen Biokraftstoffpolitik zu ermöglichen. In den Fällen, in denen den Berichtspflichten durch Kommission oder Mitgliedsstaaten nachgekommen wurde, wurde Dritten die Kenntnisnahme der Berichte durch die kontraintuitive Hinterlegung auf der eigens einzurichtenden Online-Transparenzplattform[942] zusätzlich erschwert.

Erwähnt werden soll als ein Beispiel von vielen, der „Bericht über die Ratifizierung von explizit genannten internationalen Verträgen durch Staaten, die für die Biokraftstoffproduktion der Europäischen Union eine besonders wichtige Rolle spielen" und welche erstmals im Dezember 2012 veröffentlicht werden sollte. Tatsächlich findet man diese Auskunft in einer, den Fortschrittsbericht aus dem Jahr 2015 begleitenden Arbeitsunterlage der Kommissionsdienststelle, die ferner nur in englischer Sprache erhältlich ist.[943]

---

[941] Vgl. Art. 23 Abs. 1 RED.
[942] Art. 24 RED.
[943] SWD(2015) 117 final, Commission staff working document, Technical assessment of the EU biofuel sustainability and feasibility of 10% renewable energy target in transport, accompanying the document „report from the Commission to the European Parliament, the Council, the European Economic and Social Committee and the Committee of the Regions – Renewable energy progress report, COM(2015) 293 final.

Eine intuitivere, chronologische oder zu den Artikeln der RED zugeordneten Anordnung der Dokumente, die oftmals durchaus erstellt wurden und vorhanden sind, würde die Nachvollziehbarkeit der Biokraftstoffpolitik wesentlich erhöhen.

Da der Grad der Annäherung der europäischen Biokraftstoffpolitik an das Leitbild der Nachhaltigkeit auch davon abhängen wird, dass die gewonnenen Erkenntnisse zeitnah ausgewertet, das Ergebnis der Auswertung der zukünftigen Biokraftstoffpolitik zugrunde gelegt und die zukünftige Ausrichtung der Biokraftstoffpolitik gegenüber den Marktakteuren frühzeitig kommuniziert wird, muss das Wissensmanagement erheblich verbessert werden.

IV. Verstärkte Bezugnahme zu bestehenden Regelwerken

Die europäische Biokraftstoffpolitik muss direkter und verbindlicher mit bereits bestehenden Konventionen „verlinkt" werden. Diese behandeln schon mehrere Jahre die betreffenden Materie, sind entsprechend ausdifferenziert und haben ihre Anforderungen ebenfalls über die Jahre angepasst und fehlende Definitionen von Tatbestandmerkmalen erarbeitet oder ausgearbeitete Listen/Karten mit schützenswerten Gebieten/ Spezien oder verbotenen Anbaumethoden/Agrochemikalien vorliegen.

Durch eine Kooperation und Orientierung an bereits bewährten Abkommen würde für die Europäische Union eine Win-Win-Situation entstehen, bei der die Europäische Union das Fachwissen und die Regelwerke anderer internationaler Organisationen nutzen, und zugleich das eigene Verhalten, von dem Vorwurf der Parteilichkeit freihalten, da die Nachhaltigkeitskriterien und Anforderungen von Dritten definiert worden wären..

Die Empfehlung des Rückgriffs auf bereits bestehende Informationsquellen findet man in Erwägungsgrund 78 RED, in dem die FAO-Hungerkarte genannt wird. Bzgl. der Übernahme bestehender Definitionen, wie zum Beispiel Feuchtgebiete, wird auf das als Ramsar-Konvention bezeichnete „Übereinkommen über Feuchtgebiete, insbesondere als Lebensraum für Wasser- und Watvögel, von internationaler Bedeutung" verwiesen.[944]

Zu denken wäre außerdem an die ILO-Kernarbeitsnormen, d.h. die Übereinkommen 29, 87, 98, 100, 105, 111, 138, 182, die nicht nur ratifiziert worden sein müssten, sondern deren Einhaltung auch aktiv durch die privatrechtlich organisierten Zertifizierungssysteme der Europäischen Union oder die ILO selbst überprüft werden müssten. Bisher muss nur die Kommission dem Europäischen Parlament und dem Rat lediglich alle 2 Jahre berichten, ob das betreffende Land alle der folgenden Übereinkommen der Internationalen Arbeitsorganisation ratifiziert und umgesetzt hat.

Tatsache ist, dass die ILO-Kernarbeitsnormen von wesentlichen Rohstoffzulieferern, wie die USA, Brasilien, Malaysia und Indien nicht unterzeichnet wurden und/oder eingehalten werden. Durch das gute Berichts- und Überwachungssystem der ILO, könnte über die Implementierung eines Sanktionssystems nachgedacht werden, welches, WTO-konform und auf jahresaktuelle Daten zurückgreifend, den Zugang zum europäischen Biokraftstoffmarkt reguliert.

Hinsichtlich der adäquaten Verwendung von Agrochemikalien sollte man sich an den Berichten der WHO, FAO und des Pesticides Action Networks bzw. an dessen Datenbank[945] orientieren. Länder, die Biomasse für die Biokraftstoffproduktion herstellen, sollten

---

[944] Erwägensgrund 73 RED.
[945] Pesticide Database, http://www.pesticideinfo.org/
(letztmalig abgerufen am 08.06.2019), Anhang 1.LXVIII.

außerdem das Rotterdamer Übereinkommen[946], das Basler Übereinkommen[947] und die Stockholmer Konvention[948] unterzeichnet haben.

Wenngleich die Europäische Union einen Großteil ihrer Verantwortung auf kleinere, in ihrer finanziellen und personellen Ausstattung mit der Europäischen Kommission nicht vergleichbaren Organisationen „abdrücken" würde, zeichnen sich diese Organisationen durch eine größere Sachnähe gegenüber der oft praxisfernen und bürokratischen Europäischen Union aus und können zudem ihre Schlussfolgerungen mit weniger diplomatischer Rücksichtnahme ziehen.

V. WTO

Die Möglichkeiten der Europäische Union im Rahmen der ihr zugewiesenen Kompetenzen, die bzw. ihre Biokraftstoffpolitik in Europa zu regeln und weitere Optimierungen vorzunehmen, stoßen dort an ihre Grenzen, wo der Außenhandel betroffen und auch andere Rechtsregime, insbesondere das der Welthandelsorganisation[949], zu beachten sind

Sicherlich wünschenswert, aber mit dem Recht der WTO nur schwer vereinbar, wäre eine höhere Diversität der die Rohstoffe

---

[946] Rotterdam Convention on the Prior Informed Consent Procedure for Certain Hazardous Chemicals and Pesticides in International Trade http://www.pic.int/Home/tabid/855/language/en-US/Default.aspx (letztmalig abgerufen am 08.06.2019), Anhang 1.LXIVI.

[947] Basel Convention on the Control of transpoundary Movements of Hazardous Wastes and Their Disposal http://www.pic.int/Home/tabid/855/language/en-US/Default.aspx (letztmalig abgerufen am 08.06.2019), Anhang 1.LXIVI.

[948] Stockholm Convention on persistent Organic Pollutants; POP-Convention http://www.pic.int/Home/tabid/855/language/en-US/Default.aspx (letztmalig abgerufen am 08.06.2019), Anhang 1.LXIVI.

[949] World Trade Organisation, WTO.

produzierenden Länder durch auf Kontinente bezogene (Südost-Asien, Afrika, Nord und Mittelamerika, Südamerika, Eurasien) oder länderspezifische Höchstquoten (USA, Indonesien, Ukraine, Russland, Mozambique).

Mengenmäßige Beschränkungen, die Bedingung der Vermarktung von Biokraftstoffen an die Ratifizierung von Internationalen Übereinkommen sowie eine unterschiedliche Behandlung durch steuerliche oder nicht-steuerliche Regelungen[950] hindern den „Freihandel" zwangsweise und machen eine Kollision durch überzogene Forderungen bzw. deren Umsetzung in das europäische Recht mit dem Rechtsregime der WTO unvermeidlich.

Doch ist auch dem Recht der WTO kein Absolutheitsanspruch zuzusprechen, und die Auslegung erfolgt meistens von Fall zu Fall. Die Interessen der Umwelt wurden sicherlich nicht grundlos in das Vertragswerk der WTO aufgenommen; vgl. Art. XX lit. b) GATT, Art. XX lit. g). Gemäß Kahl eröffnet das Regulierungsanliegen der Erhaltung erschöpflicher Naturressourcen unter Art. XX lit. g) GATT die Möglichkeit, handelspolitisch solche Produktionsmethoden einzudämmen, die sogenannte „Global Commons", wie den tropischen Regenwald bzw. die Biodiversität als Ganzes, bedrohen[951] oder den Klimawandel, das Artensterben, Wassermangel, den Verlust an Anbaufläche fördern.

An der Verhältnismäßigkeit einer den Welthandel einschränkenden Maßnahme bestünde jedenfalls aufgrund der überragenden Wichtigkeit der Schutzgüter (Naturschätze von gemeinsamem Interesse) kein Zweifel.[952]

---

[950] *Kahl*, Biokraftstoffe im Rechtsregime der WTO unter besonderer Berücksichtigung ihrer biorelevanten Eigenschaften, S. 174.
[951] *Kahl*, Biokraftstoffe im Rechtsregime der WTO unter besonderer Berücksichtigung ihrer biorelevanten Eigenschaften, S. 176.
[952] Hennig, Nachhaltige Landnutzung, 2017, S.454.

Es sind die interpretativen Spielräume des WTO-Rechts zu nutzen, um handelspolitische Instrumente rechtmäßig in den Dienst des Umweltschutzes stellen zu können.[953] Die Europäische Union erwähnt das Erfordernis einer WTO-Kompatibilität erstmals in ihrem GRÜNBUCH, ein Rahmen für die Klima- und Energiepolitik bis 2030[954]. Auch der deutsche BioNachV-Entwurf erwähnte die WTO und erfasste dadurch genau dieses Problem, dass Nachhaltigkeitsvorgaben als Protektionismus i.S.d. Rechts der WTO ausgelegt und deren internationalen Anwendbarkeit im Wege stehen könnte. Nur wenn die europäische Biokraftstoffpolitik in der Lage ist, sich in das Regime der WTO einzupassen und dieses für sich zu nutzen, hat sie das Potential, den mit der Formulierung der den weltweiten Anbau von Biomasse betreffenden Nachhaltigkeitsvorgaben als weltweit zu beachtendes Anforderungsprofil zur Durchsetzung zu helfen.

Nachhaltigkeit ist ein Konstrukt, das materielle und prozessuale Komponenten sowie Aspekte der inter- und intragenerationellen Gerechtigkeit beinhaltet, wobei sich Gehalt und Umfang an der Tragweite des Sachverhalts orientiert, dem Nachhaltigkeit zugeordnet werden soll.

Nachhaltigkeit bestimmt somit die Entscheidungsfindung, Zielbestimmung und Umsetzung der Ziele gleichermaßen.

---

[953] *Kahl*, Biokraftstoffe im Rechtsregime der WTO unter besonderer Berücksichtigung ihrer biorelevanten Eigenschaften, S: 176.
[954] Vgl. Kapitel 3, Teil 4, I, 3, vii, COM(2013) 169 final endgültig.

Die rechtliche Förderung von Biokraftstoffen durch Deutschland und die Europäische Union findet statt, und kann auch unter quantitativen, technischen und administrativen Gesichtspunkten als erfolgreich bezeichnet werden, da sie diesbezüglich „funktioniert".

Neben dem technologischen Fortschritt wäre auch der nicht zu unterschätzende, in den letzten Jahren erfolgte Aufbau des hinter der Biokraftstoffpolitik stehende Verwaltungs- und Behördenapparates, sowie die Etablierung von Zertifizierungssystemen und Zertifizierungsstellen ohne die bisherige Biokraftstoffpolitik in dieser Form nicht erfolgt. Bereits heute sind einzelne Zertifizierungssysteme in der Lage, einzelnen Mengen von auf den Markt gebrachten Biokraftstoffe die genauen Ausgangsstoffe zuzuordnen oder eine detailgenaue Wiedergabe des Ortes anzugeben, an dem die Rohstoffe angebaut, geerntet bzw. zur Weiterverarbeitung gesammelt wurden. [955]

Im Hinblick auf das Leitbild der Nachhaltigkeit ist der derzeitige Rechtsrahmen jedoch überwiegend unzureichend und verkennt die von dem Anspruch einer nachhaltigen Politik ausgehenden Anforderungen.

Dem der prozessualen Komponente des Nachhaltigkeitsbegriffs innewohnenden Imperativ folgend, ist daher die europäische Biokraftstoffpolitik kontinuierlich an dem übergeordneten Optimum auszurichten und entsprechend anzupassen.

---

[955] Diese, im Zertifizierungssystem ISCC als Erst-Erfasser oder *First-Gathering-Point* bezeichnete Sammelstellen, sammeln die Biomasse zur Weiterverarbeitung ein http://www.iscc-system.org/zertifikate-inhaber/gueltige-zertifikate/ (letztmalig abgerufen am 08.06.2019), Anhang 1.LXVIII.

ANHANG 1: LITERATURVERZEICHNIS

MONOGRAPHIEN, BERICHTE, STUDIEN

Aresta, Michele	Aresta (Hrsg.), 2010, Carbon Dioxide as a Chemical Feedstock, S.
Atkinson, Rob	Sustainability in European environmental policy: challenges of governance and knowledge, London 2011 zit.: Atkinson, 2011, Sustainability in European Environmental Policy, S.
Beaucamp, Guy	Das Konzept der zukunftsfähigen Entwicklung im Recht: Untersuchungen zur völkerrechtlichen, europarechtlichen, verfassungsrechtlichen und verwaltungsrechtlichen Relevanz eines neuen politischen Leitbildes, Tübingen 2002 zit.: Beaucamp, 2002, Das Konzept der zukunftsfähigen Entwicklung, S.
Birkmann, Jörn	Monitoring und Controlling einer nachhaltigen Raumentwicklung: Indikatoren als Werkzeuge im Planungsprozess, Dortmund 2004 zit.: Birkmann, 2004, Monitoring und Controlling, S.

Brandenburgische Energie Technologie Initiative (ETI)	Energieholz aus Kurzumtriebsplantagen, Leitfaden für Produzenten und Nutzer im Land Brandenburg, 1. Auflage, Potsdam 2013 zit.: Brandenburgische Energie Technologie Initiative, Energieholz, S. Erhältlich unter: https://www.eti-brandeburg.de/fileadmin/user_upload/downloads_2013/KUP_Leitfaden_2013_lowres.pdf (letztmalig abgerufen am 23.04.2018).
Braune, Bernhard	Rechtsfragen der nachhaltigen Entwicklung im Völkerrecht, Frankfurt am Main 2005 zit.: Braune, 2005, Rechtsfragen der nachhaltigen Entwicklung, S.
Bühler, Tobias	Biokraftstoffe der ersten und zweiten Generation, Hamburg 2010 zit.: Bühler, 2010, Biokraftstoffe, S.
Clearingstelle EEG	Biomasse Nachhaltigkeitsverordnung – Entwurf mit Begründung vom 5.12.2007. Entwurf einer Verordnung über Anforderungen an eine nachhaltige Erzeugung von Biomasse zur Verwendung als Biokraftstoff, Berlin, 2007. zit.: Clearingstelle EEG, BioNachV-Entwurf, S. erhältlich unter: https://www.clearingstelle-eeg.de/node/195 (letztmalig abgerufen am 23.04.2018)

Deutsche Energie Agentur (DENA)	Biomethan für den Kraftstoffmarkt, Übergang in ein neues Förderregime effizient gestalten, Berlin 2015 zit.: Dena, Biokraftstoffe für den Kraftstoffmarkt, S. erhältlich unter: http://www.biogaspartner.de/fileadmin/biogas/Downloads/Artikel/2015_03_17_Positionspapier_Biomethan_im_KraftstoffmarktP.pdf (letztmalig abgerufen am 23.04.2018).
Ekardt, Felix	Das Prinzip der Nachhaltigkeit – Generationengerechtigkeit und globale Gerechtigkeit, München 2005 zit.: Ekardt, 2005, Das Prinzip der Nachhaltigkeit, S.
Fachagentur nachwachsende Rohstoffe (FnR)	Synthetische Biokraftstoffe, Techniken – Potenziale – Perspektiven, Münster 2005 zit.: Fachagentur nachwachsende Rohstoffe (FnR), 2005, Schriftenreihe „Nachwachsende Rohstoffe", Bd. 25, Synthetische Biokraftstoffe, S.
Fachagentur nachwachsende Rohstoffe (FnR)	Marktanalyse nachwachsende Rohstoffe, 1. Auflage, Gülzow 2006 zit.: Fachagentur nachwachsende Rohstoffe (FnR), 2006, Marktanalyse nachwachsende Rohstoffe, S.

Fachagentur nachwachsende Rohstoffe (FnR)	Biokraftstoffe, Eine vergleichende Analyse, 2. Auflage, Gülzow 2009 zit.: Fachagentur nachwachsende Rohstoffe (FnR), 2009, Bio-Kraftstoffe – eine vergleichende Analyse, 2. Auflage, S.
Fachagentur nachwachsende Rohstoffe (FnR)	Basisdaten Bioenergie Deutschland 2014, Festbrennstoffe, Biokraftstoffe, Biogas, Gülzow 2014 zit.: Fachagentur nachwachsende Rohstoffe (FnR), 2014, Basisdaten Bioenergie, S.
Fachagentur nachwachsende Rohstoffe (FnR)	Biokraftstoffe, 4 Auflage, Gülzow 2014 zit.: Fachagentur nachwachsende Rohstoffe (FnR), 2014, Biokraftstoffe, 4. Auflage, S.
Farm Foundation	What´s Driving Food Prices in 2011, Abbott, Philip C./ Hurt, Christopher/ Tyner, Wallace E, Oak Brook 2011. zit.: Farm Foundation 2011, Food Prices, S. Erhältlich unter: https://www.farmfoundation.org/news/articlefiles/105-FoodPrices_web.pdf (letztmalig abgerufen am 23.04.2018).

Friends of the Earth	Africa: up for grabs. The scale and impact of land grabbing for agrofuels, 2010 zit.: Friends of the Earth 2010, Africa up for grabs, S. Erhältlich unter: https://www.foeeurope.org/agrofuels/FoEE_Africa_up_for_grabs_2010.pdf (letztmalig abgerufen am 23.04.2018).
Frenzel, Eike Michael	Nachhaltigkeit als Prinzip der Rechtsentwicklung, 2005 zit.: Frenzel, 2005, Nachhaltigkeit als Prinzip, S.
Geibler, Justus von	Nachhaltigkeit in globalen Wertschöpfungsketten – nicht-staatliche Standards als Steuerungsinstrument im internationalen Biomassehandel, Marburg 2010 zit.: von Geibler, 2010, Nachhaltigkeit in globalen Wert-schöpfungsketten, S.
Global Bioenergy Partnership	GBEP Secretariat, Sustainability Indicators for Bioenergy, First Edition, December 2011 zit.: GBEP 2011, Sustainability Indicators, S. Erhältlich unter: http://www.globalbioenergy.org/fileadmin/user_upload/gbep/docs/Indicators/The_GBEP_Sustainability_Indicators_for_Bioenergy_FINAL.pdf (letztmalig abgerufen am 23.04.2018).

Global Bioenergy Partnership	GBEP Activity Group 2 (AG 2) of the Working Group on Capacity Building (WGCB), Scope of Work for the production of an "Implementation guide on the use of the GBEP Sustainability Indicators for Bioenergy zit.: GBEP 2015, Scope of work for an Implementation Guide, S.
Grunwald, Armin/ Kopfmüller, Jürgen	Nachhaltigkeit, 2. Auflage, Frankfurt 2012.
Hees, Wolfgang/ Müller, Oliver/ Schüth, Matthias	Volle Tanks – leere Teller: Der Preis für Biokraftstoffe: Hunger, Vertreibung, Umweltzerstörung, 2007 zit.: Vgl. Hees, Müller, Schüth (Hrsg.), Caritas International 2007, Volle Tanks - leere Teller, S.
Henning, Bettina	Nachhaltige Landnutzung und Bioenergie – Ambivalenzen, Governance, Rechtsfragen, Marburg 2017 zit.: Henning, Nachhaltige Landnutzung und Bioenergie, 2017, S.

Hirschl, Bernd/ Dietz, Kristina/ Vogelpohl, Thomas/ Dunkelberg, Elisa/ Backhouse, Maria/ Herrmann, Roul/ Brüntrup, Michael	Biokraftstoffe zwischen Sackgasse und Energiewende, München 2014 zit.: Hirschl et al., 2014, Biokraftstoffe zwischen Sackgasse und Energiewende, S.
Hofer, Peter/ Scheelhase, Janina/ Wolff, Heimfried	Nachhaltige Entwicklung im Energiesektor? – Erste deutsche Branchenanalyse zum Leitbild von Rio, Berlin 1998 zit.: Hofer, Scheelhaase, Wolff, 1998, Nachhaltige Entwicklung im Energiesektor, S.
ifeu – Institut für Energie und Umweltforschung	Synopse aktueller Modelle und Methoden zu indirekten Landnutzungsänderungen ILUC, Fehrenbach, Horst/ Giedrich Jürgen/ Reinhardt Guido, Rettenmaier, Nils, Heidelberg 2009 zit.: ifeu 2009, Synopse, S. Erhältlich unter: http://www.bdbe.de/application/files/2414/3566/9623/IFEU_ILUC_deutsch.pdf (letztmalig abgerufen am 23.04.2018).

International Energy Agency (IEA)	Biofuels for Transport, An international perspective, Paris 2004 zit.: International Energy Agency (IEA), 2004, Biofuels for Transport, S.
International Food Policy Research Institute (IFPRI)	Global Trade and Environmental Impact of the EU Biofuels Mandate, Al-Riffai, Perrihan/ Dimaranan, Betina/ Laborde, David, 2010 zit.: IFPRI 2010, Trade and Environmental Impact of the EU Biofuels Mandate, S. Erhältlich unter https://www.ifpri.org/publication/global-trade-and-environmental-impact-study-eu-biofuels-mandate (letztmalig abgerufen am 23.04.2018).
Jachtenfuchs, Markus	International policy making as a learning process: The European Union and the greenhouse effect, Avebury 1996 zit.: Jachtenfuchs, 1996, International policy making as a learning process, S.
Kahl, Hartmut	Biokraftstoffe im Rechtsregime der WTO unter besonderer Berücksichtigung ihrer umweltrelevanten Eigenschaften, Berlin 2008.
Kaltschmitt, Martin/ Hartmann, Hans	Energie aus Biomasse, Grundlagen, Techniken und Verfahren, Berlin 2001 zit.: Kaltschmitt, Hartmann (Hrsg.), 2001, Energie aus Biomasse, S.

Ninck, Mathias	Zauberwort Nachhaltigkeit, Zürich 1997.
Mathis, Klaus	Nachhaltige Entwicklung und Generationengerechtigkeit, Tübingen 2017.
Misereor	Positionspapier „Biokraftstoff" E 10, Aachen 2011 zit.: Misereor 2011, Positionspapier „Biokraftstoff" E 10, S. Erhältlich unter: https://www.misereor.de/fileadmin/publikationen/positionspapier-e10-kraftstoff-2011.pdf (letztmalig abgerufen am 23.04.2018).
Ministerium für Klimaschutz, Umwelt, Landwirtschaft Natur- und Verbraucherschutz des Landes Nordrhein Westfahlen (MKULNV)	Leitfaden Rahmenbedingungen für Windenergieanlagen auf Waldflächen in Nordrhein Westfahlen MKULNV 2012, Düsseldorf 2012. zit.: MKULNV, Windenergieanlagen auf Waldflächen 2012, S. Erhältlich unter: https://www.wald-und-holz.nrw.de/fileadmin/Windenergie/Dokumente/Leitfaden_Windenergie_im_Wald.pdf (letztmalig abgerufen am 23.04.2018).

Soetaert, Wim/ Vandamme, Erick J.	Biofuels, Chichester, 2009 zit.: Soetaert, Vandamme, 2009, Biofuels, S.
The Kiel Institute for the World Economy	Kiel Policy Brief 17/ 2010, Biokraftstoffe und Emissionen aus Landnutzungsänderungen, Lange Mareike/ Bruhn, Dominique, Kiel 2009 zit.: The Kiel Institute 2009, Emissionen aus Landnutzungsänderungen, S. Erhältlich unter: https://www.die-gdi.de/uploads/media/biokraftstoffe-und-emissionen-aus-landnutzungsanderungen.pdf (letztmalig abgerufen am 23.04.2018).
Umweltbundesamt	EUROSTAT-Vorhaben des Umweltbundesamtes, Harmonisierung der Energiedaten zur CO_2-Berechnung –Endbericht, Ziesing, Hans-Joachim/ Matthes, Felix Christian/ Wittke, Franz/ Leonhardt, Heike, Berlin 2003 zit.: Umweltbundesamt 2003, Harmonisierung der Energiedaten, S. Erhältlich unter: http://www.umweltbundesamt.de/publikationen/harmonisierung-energiedaten-zur-co2-berechnung (letztmalig abgerufen am 23.04.2018).

Umweltinstitut München e.V.	Münchner Stadtgespräch, Nr. 47. Dezember 2007, Agro Sprit – die verheerende Bilanz der Energiepflanzen. Erhältlich unter: http://www.umweltinstitut.org/fileadmin/Mediapool/Downloads/01_Themen/02_Energie-und-Klima/m-stadtgespraeche47.pdf (letztmalig abgerufen am 23.04.2018).
Weiler, Elmar/ Nover, Lutz	Weiler, Nover, 2008, Allgemeine und molekulare Botanik, S.
Worldwatch Institute	Worldwatch Institute, Biofuels for transport: global potential an implications for energy and agriculture zit.: Worldwatch Institute 2007, Biofuels for transport, S.
Zürcher, Ulrich	Die Idee der Nachhaltigkeit unter spezieller Berücksichtigung der Gesichtspunkte der Forsteinrichtungen, Zürich 1965 zit.: Zürcher, 1965, Die Idee der Nachhaltigkeit, S.

AUFSÄTZE

Brinktrine, Ralf	Das Recht der Biokraftstoffe, in: Europäisches Umwelt,- und Planungsrecht (EurUP), 2010, S. 2 ff.
Ekardt, Felix	Nachhaltigkeit und Recht: Eine kurze Anmerkung zu Smeddinck, Tomerius/Magsig und anderen juristischen Aufsätzen, in: Zeitschrift für Umweltpolitik & Umweltrecht (ZfU), 2008, S. 233 ff. zit.: Ekardt, Eine kurze Anmerkung, in: Zeitschrift für Umweltpolitik & Umweltrecht (ZfU), 2008, S.
Frenz, Walter	Deutsche Umweltgesetzgebung und Sustainable Development, in: Zeitschrift für Gesetzgebung (ZG), 1999, 143 ff.
Gawel, Eric	E10 – Ist die Klimapolitik mit Agrarstoffen auf dem richtigen Kurs in Zeitschrift für Umweltrecht (ZUR), 2011, S. 337 f.
Haratsch, Andreas	Kompetenz und Kompetenzausübung der EU auf dem Gebiet von Energiepolitik und Klimaschutz, in: Bitburger Gespräche, 2008/ II, S. 79 ff.

Heselhaus, Sebastian	Biokraftstoffe und das Recht auf Nahrung in: Archiv des Völkerrechts (AVR), 2009, S. 93 ff.
Kotzur, Markus	Nachhaltigkeit im Völkerrecht – eine sektorenübergreifende und systembildende Ordnungsidee, in: Jahrbuch des öffentlichen Rechts der Gegenwart (JöR), 2009, S. 503 ff.
Oschmann, Volker	Scheitert die europäische Richtlinie für Erneuerbare Energien an der Rechtsgrundlage? – Ein Beitrag zur Abgrenzung von Art. 95 EGV und Art. 175 EGV, in: Zeitschrift für Neues Energierecht (ZNER), 2001, S: 84 ff.
Rehbinder, Manfred	Das deutsche Umweltrecht auf dem Weg zur Nachhaltigkeit, in: Neue Zeitschrift für Verwaltungsrecht (NVwZ), 2002, S. 657ff.
Schröder, Meinhard	Sustainable Development – Ausgleich zwischen Umwelt und Entwicklung als Gestaltungsaufgabe der Staaten, in Archiv des Völkerrechts (AVR), 2006, S. 273 ff.

LEHRBÜCHER, KOMMETARE

Calliess, Christian/ Ruffert, Matthias	EUV/ AEUV Kommentar, 5. Auflage, München 2016 zit.: Autor in: Calliess, Ruffert (Hrsg.), 2016, EUV/AEUV, 5. Auflage, Art., Rn.
Groeben, Hans von der/ Schwarze, Jürgen	Kommentar zum Vertrag über die Europäische Union und zur Gründung der Europäischen Gemeinschaft, 6. Auflage, Baden- Baden 2003 zit.: Autor in: von der Groeben, Schwarze (Hrsg.), 2003, Vertrag über die EU, 6. Auflage, Art., Rn.
Groeben, Hans von der/ Schwarze, Jürgen/ Hatje, Armin	Europäisches Unionsrecht, Vertrag über die Europäische Union Vertrag über die Arbeitsweise der Europäischen Union, Charta der Grundrechte der Europäischen Union, 7. Auflage, Bd. 1, Baden-Baden, 2015 zit.: Autor in: von der Groeben, Schwarze, Hatje (Hrsg.), 2015, Europäisches Unionsrecht, 7. Auflage, Bd. 1, Art., Rn.
Herrmann, Christoph/ Weiß, Wolfgang/ Ohler, Christoph	Welthandelsrecht, 2. Auflage, München 2007 zit.: Herrmann, Weiß, Ohler Welthandelsrecht, 2. Auflage, 2007, S.

Oppermann, Thomas/ Classen, Claus Dieter/ Nettesheim, Martin	Europarecht, 7. Auflage, München 2016 zit.: Oppermann, Classen, Nettesheim 2016, Europarecht, 7.Auflage, S.
de Ruyt, Jean	L´acte unique européen, 2. Auflage (deux. Édit.), Bruxelles 1989 zit.: de Ruyt 1989, L´acte unique européen, S.
Streinz, Rudolf	EUV/ AEUV Vertrag über die Europäische Union und Vertrag über die Arbeitsweise der Europäischen Union, 2. Auflage, München 2012 zit.: Autor in: Streinz 2012, EUV/ AEUV, 2. Auflage, Art., Rn.
Schwarze, Jürgen	EU-Kommentar, 3. Auflage, Baden-Baden 2012 zit.: Autor in: Schwarze (Hrsg.), 2012, EU-Kommentar, 3. Auflage, Art., Rn.
Wohlfahrt, Ernst/ Everling, Ulrich/ Glaesner, Hans Joachim u.a.	Die Europäische Wirtschaftsgemeinschaft. Kommentar zum Vertrag, Berlin 1960 zit.: Wohlfahrt, Everling, Glaesner, 1960, Die Europäische Wirtschaftsgemeinschaft.

ANHANG 2: SCREENSHOTS DER ZITIERTEN INTERNETSEITEN

I.

https://www.process.vogel.de/clariant-startet-zellulose-ethanol-anlage-in-straubing-a-372052/

II.

http://www.heise.de/tr/artikel/Der-grosse-Durst-der-Jatropha-276525.html

III.

http://www.pflanzenforschung.de/biosicherheit/lexikon/810.lignin.html

IV.

http://docplayer.org/10224613-Sunfuel-der-weg-zur-nachhaltigen-mobilitaet.html

V.

http://www.biomasse-nutzung.de/choren-schliest-sud-chemie-offnet-%E2%80%93-Biokraftstoffe-der-2-generation-weiterhin-auf-der-suche

VI.

http://www.carmen-ev.de/mobilitaet/1307-fortschrittliche-biokraftstoff-pilotanlage-in-betrieb-genommen

VII.

https://portals.iucn.org/library/sites/library/files/documents/WCS-004.pdf

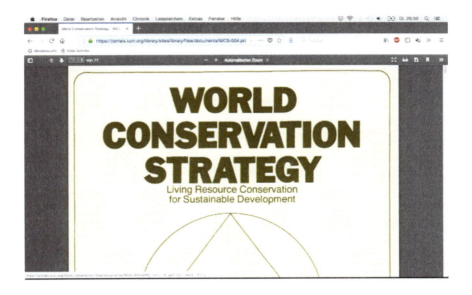

VIII.

http://www.un-documents.net/our-common-future.pdf

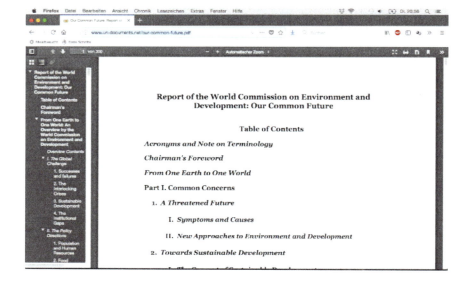

IX.

http://www.un-documents.net/our-common-future.pdf

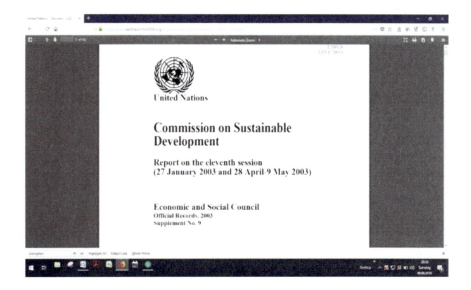

X.

http://www.politische-union.de/euv/euv3.htm

XI.

http://www.consilium.europa.eu/ueDocs/cms_Data/docs/pressData/de/ec/00200-r1.d1.pdf

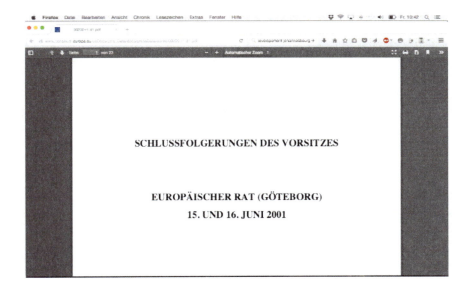

XII.

http://register.consilium.europa.eu/pdf/de/05/st10/st10255.de05.pdf

XIII.

http://register.consilium.europa.eu/pdf/de/06/st10/st10917.de06.pdf

XIV.

http://www.un-documents.net/ocf-02.htm#I

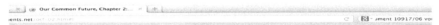

I. The Concept of Sustainable Development

4. The satisfaction of human needs and aspirations in the major objective of development. The essential needs of vast numbers of people in developing countries for food, clothing, shelter, jobs - are not being met, and beyond their basic needs these people have legitimate aspirations for an improved quality of life. A world in which poverty and inequity are endemic will always be prone to ecological and other crises. Sustainable development requires meeting the basic needs of all and extending to all the opportunity to satisfy their aspirations for a better life.

5. Living standards that go beyond the basic minimum are sustainable only if consumption standards everywhere have regard for long-term sustainability. Yet many of us live beyond the world's ecological means, for instance in our patterns of energy use. Perceived needs are socially and culturally determined, and sustainable development requires the promotion of values that encourage consumption standards that are within the bounds of the ecological possible and to which all can reasonably aspire.

6. Meeting essential needs depends in part on achieving full growth potential, and sustainable development clearly requires economic growth in places where such needs are not being met. Elsewhere, it can be consistent with economic growth, provided the content of growth reflects the broad principles of sustainability and non-exploitation of others. But growth by itself is not enough. High levels of productive activity and widespread poverty can coexist, and can endanger the environment. Hence sustainable development requires that societies meet human needs both by increasing productive potential and by ensuring equitable opportunities for all.

7. An expansion in numbers can increase the pressure on resources and slow the rise in living standards in areas where deprivation is widespread. Though the issue is not merely one of population size but of the distribution of resources, sustainable development can only be pursued if demographic developments are in harmony with the changing productive potential of the ecosystem.

8. A society may in many ways compromise its ability to meet the essential needs of its people in the future - by overexploiting resources, for example. The direction of technological developments may solve some immediate problems but lead to even greater ones. Large sections of the population may be marginalized by ill-considered development.

9. Settled agriculture, the diversion of watercourses, the extraction of minerals, the emission of heat and noxious gases into the atmosphere, commercial forests, and genetic manipulation are all examples or human intervention in natural systems during the course of development. Until recently, such interventions were small in scale and their impact limited. Today's interventions are more drastic in scale and impact, and more threatening to life-support systems both locally and globally. This need not happen. At a minimum, sustainable development must not endanger the natural systems that support

XV.

*http://environmentandhumanrights.org/resources/
Rio%20Declaration.pdf*

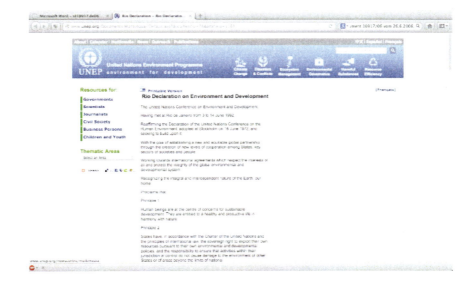

XVI.

http://eur-lex.europa.eu/LexUriServ/LexUriServ.do?uri=CELEX:41993X0517:DE:HTML

XVII.

http://www.org/fileadmin/user_upload/docs/WhitePaper-GBEP.pdf

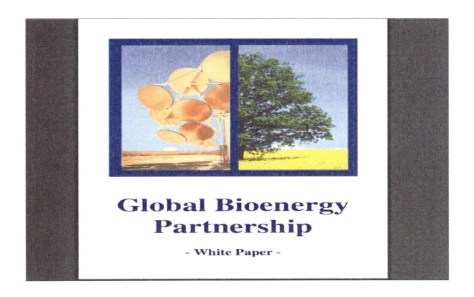

XVIII.

http://www.globalbioenergy.org/fileadmin/user_upload/gbep/docs/TOR_text_only_updated_November_2012.pdf

TERMS OF REFERENCE
FOR THE GLOBAL BIOENERGY PARTNERSHIP (GBEP)

The G8 Gleneagles Plan of Action endorsed the launch of a Global Bioenergy Partnership by stating that "We (the G8) will promote the continued development and commercialization of renewable energy by ...launching a Global Bioenergy Partnership to support wider, cost effective, biomass and biofuels deployment, particularly in developing countries where biomass use is prevalent, following the Rome International Workshop on Bioenergy".

The undersigned entities (collectively the "Partners") set forth the following Terms of Reference for the Global Bioenergy Partnership (referred to as "the Partnership"), a framework for international co-operation on a holistic approach to bioenergy development and deployment through partnerships among developed countries, developing countries, and countries with economies in transition, the private sector, the research institutes, the development banks, and other relevant international, intergovernmental and non-governmental organizations.

1. Purpose

To provide a forum for dialogue on effective policy frameworks, identifying ways and means to facilitate investment and transfer of technology. It will also enhance collaborative project development and their implementation, with a view to optimise the contribution of bioenergy to sustainable development, taking account of environmental, social and economic factors. It also provides a voluntary, non-binding framework for Partners to organise, articulate and implement targeted international research, development, deployment, demonstration and commercial activities, to be related to production, delivery, conversion, use and trade (local, regional or international), of bioenergy.

2. Functions

Through the Partnership, the Partners will seek to:

2.1 Create a global high level policy dialogue on bioenergy, supporting national, regional and international bioenergy policy discussions, that facilitate international cooperation and market development.

2.2 Develop and encourage collaborative project activities in the bioenergy field.

---

¹ Biomass shall mean every type of organic material derived directly or indirectly from photosynthesis, excluding that of geological origin (e.g., coal, oil, etc.). Heat, electricity, gaseous or liquid biofuels that is bioenergy can be obtained from biomass by means of conventional or advanced sustainable technologies.

XIX.

https://www.oeko.de/aktuelles/2011/nachhaltigkeitsindikatoren-fuer-bioenergie-international-anerkannt/

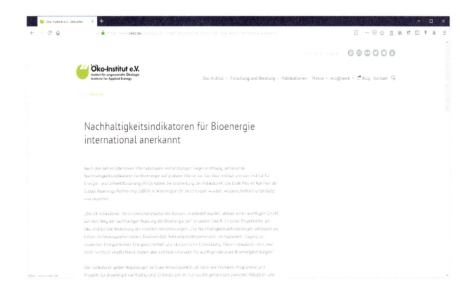

XX.

http://www.globalbioenergy.org/programmeofwork/task-force-on-sustainability/gbep-report-on-sustainability-indicators-for-bioenergy/en/

XXI.

http://epp.eurostat.ec.europa.eu/tgm/refreshTableAction.do?tab=table&plugin=1&pcode=tsdcc340&language=de

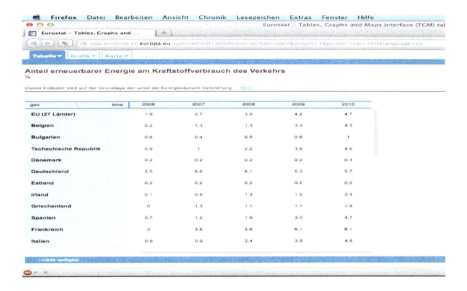

XXII.

http://www.ecologic.eu/de/1491

XXIII.

https://www.greenpeace.de/themen/waelder/meilenstein-palmoelgigant-verspricht-stopp-der-urwaldzerstoerung

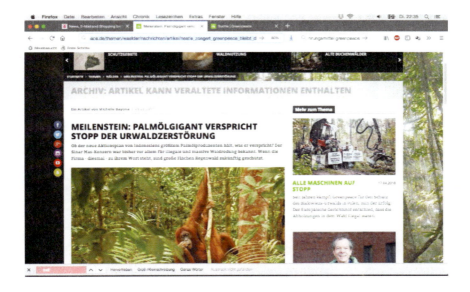

XXIV.

https://www.greenpeace.de/sites/www.greenpeace.de/files/publications/greenpeace-factsheet-palmoel-indonesien-20190118.pdf

XXV.

http://ec.europa.eu/archives/european-council/index_de.htm

XXVI.

http://data.consilium.europa.eu/doc/document/ST-7775-2006-INIT/de/pdf

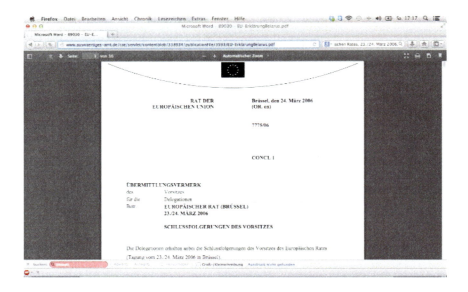

XXVII.

https://register.consilium.europa.eu/doc/srv?l=DE&f=ST%207224%202007%20INITv

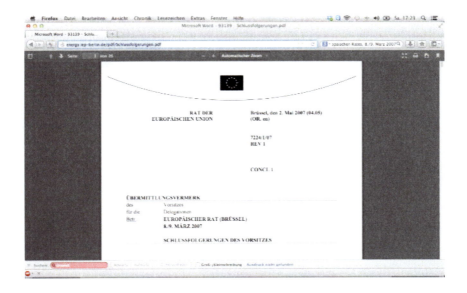

XXVIII.

http://register.consilium.europa.eu/pdf/en/08/st07/st07652-re01.en08.pdf

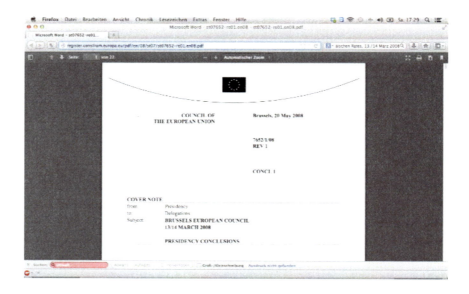

XXIX.

https://www.consilium.europa.eu/uedocs/cms_data/docs/pressdata/de/ec/106824.pdf

XXX.

*https://eur-lex.europa.eu/legal-
content/DE/TXT/PDF/?uri=CELEX:52013DC0169&from=EN*

XXXI.

http://www.cop21.gouv.fr/en

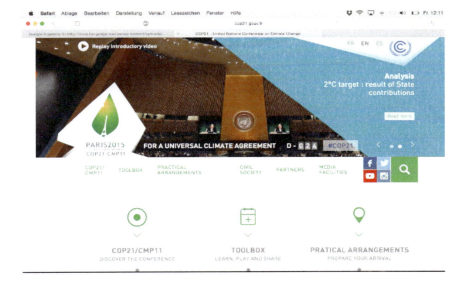

XXXII.

http://data.consilium.europa.eu/doc/document/ST-169-2014-INIT/de/pdf

XXXIII.

http://data.consilium.europa.eu/doc/document/ST-11-2015-INIT/de/pdf

XXXIV.

*http://www.zew.de/de/publikationen/publikation.php3?
action=detail&nr=4131*

XXXV.

http://www.tagesspiegel.de/weltspiegel/die-tortillakrise/806060.html

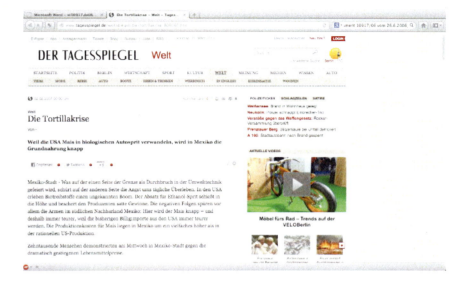

XXXVI.

http://www.umweltbundesamt.de/sites/default/files/medien/publikation/long/2613.pdf

XXXVII.

https://www.presseportal.de/pm/37587/3077278

XXXVIII.

www.faz.net/s/Rub163D8A6908014952B0FB3DB178F372D4/Doc~E67BA79BBB58E4D5092EE4182EC40BFDB~ATpl~Ecommon~Scontent.html.

XXXIX.

http://www.euractiv.de/handel/Biokraftstoffe-handel-und-nachha-linksdossier-189240

XL.

http://www.ebb-eu.org/EBBpressreleases/Review_iLUC_IfW_final.pdf

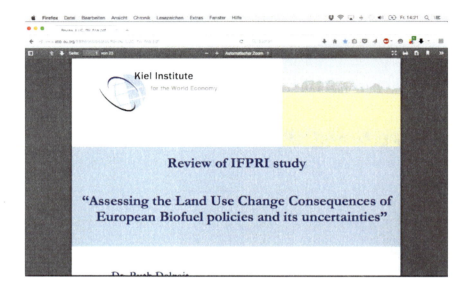

XLI.

https://ec.europa.eu/energy/sites/ener/files/swd_2012_0344_ia_resume_en.pdf

XLII.

http://publiceye.ch/de/hall-of-shame/

XLIII.

https://www.ise.fraunhofer.de/de/forschungsprojekte/konversion-von-co2-und-h2-zu-methanol-als-nachhaltigem-chemischen-energiespeicher.html

XLIV.

http://www.iscc-system.org

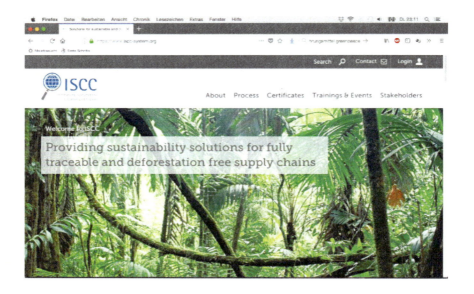

XLV.

http://www.iwr.de/biodiesel/auto.html

XLVI.

https://www.mpg.de/4387747/stickstoff_duenger_klimawandel

XLVII.

http://www.bmel.de/DE/Landwirtschaft/Foerderung-Agrarsozialpolitik/_Texte/Cross-Compliance.html

XLVIII.

http://www.spiegel.de/wirtschaft/ethanolsprit-aus-brasilien-blut-im-tank-a-602457.html

XLIX.

http://www.hwwi.org/uploads/tx_wilpubdb/HWWI_Policy_Report_Nr._5.pdf

L.

http://www.euwid-energie.de/news/neue-energien/einzelansicht/Artikel/hohe-anteile-palm-und-sojaoel-in-europaeischen-biodiesel-proben.html

LI.

http://biokraftstoffe.fnr.de/kraftstoffe/biodiesel/rohstoffe/

LII.

*http://ec.europa.eu/eurostat/ramon/nomenclatures/
idex.cfm?TargetUrl=LST_NOM_DTL&StrNom=NUTS_2013&StrLanguageCode=D
E&IntPcKey=33896143&StrLayoutCode=HIERARCHIC*

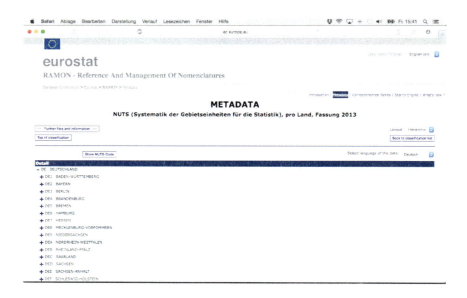

LIII.

http://www2.epa.gov/renewable-fuel-standard-program

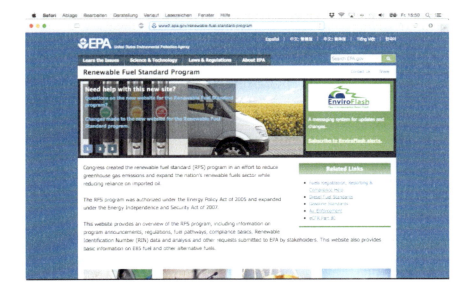

LIV.

http://survey.ituc-csi.org/?lang=en

LV.

http://www.survivalinternational.de/indigene/penan

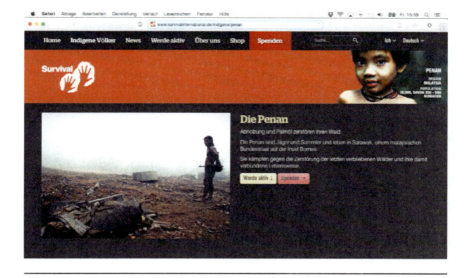

LVI.

http://chm.pops.int/default.aspx

LVII.

https://www.bundesfinanzministerium.de/Web/DE/Service/Publikationen/Monatsbericht/Archiv-2001-2008/archiv-2001-2008.html

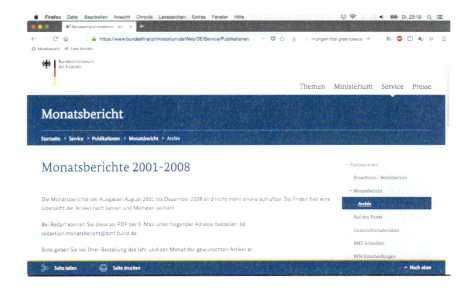

LVIII.

https://www.bgbl.de/xaver/bgbl/start.xav?startbk=Bundesanzeiger_BGBl#__bgbl__%2F%2F%5B%40attr_id%3D%27bgbl106s1534.pdf%27%5D__1528623401847*

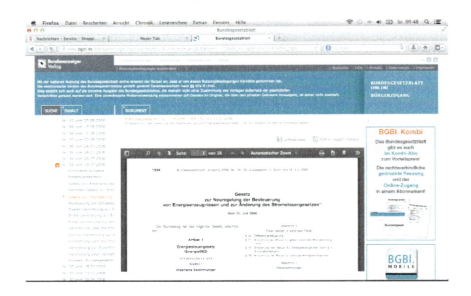

LIX.

https://www.youtube.com/watch?v=1BCA8dQfGi0&feature=related

LX.

https://www.braunschweig-spiegel.de/index.php/politik/politik-umwelt/6332-biosprit-sofort-stoppen

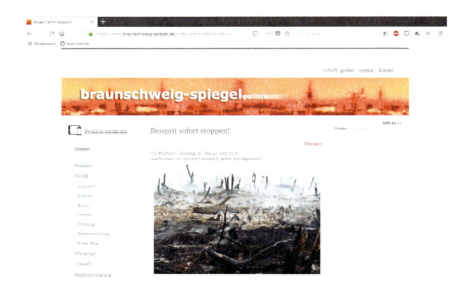

LXI.

https://ec.europa.eu/energy/sites/ener/files/documents/CountryDatasheets_June2015.pdf

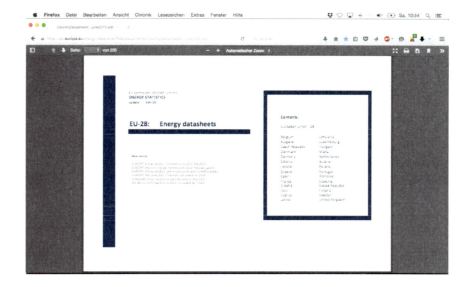

LXII.

http://ec.europa.eu/energy/en/topics/renewable-energy

LXIII.

http://www.erneuerbare-energien.de/EE/Redaktion/DE/Downloads/Berichte/fortschrittsbericht-artikel-22-richtlinie-2009-28-eg.html

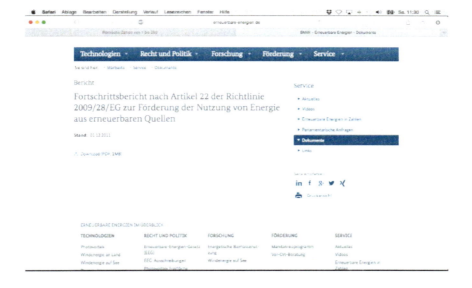

LXIV.

http://www.fnr.de/nachwachsende-rohstoffe/ueberblick/

LXV.

http://www.pesticideinfo.org

LXVI.

http://www.pic.int/Home/tabid/855/language/en-US/Default.aspx

LXVII.

http://www.e10-kraftstoff.de/e10-news/wird-e10-abgeschafft.html

LXVIII.

http://www.iscc-system.org/zertifikate-inhaber/gueltige-zertifikate/